한일관계사연구논집 12

고대 왕권과 한일관계

한일관계사연구논집 편찬위원회 편

景仁文化社

발 간 사

　최근 한국과 일본 두 나라는 새로운 미래를 함께 열어가기 위한 공동의 노력을 전개하고 있다. 양국의 정치지도자나 여론 주도층에서는 동아시아 내지 세계 인류의 발전과 번영을 위해 양국이 공동으로 노력해나가야 한다는 사실에 적지 않게 공감하고 있다. 특히 오늘과 내일의 역사를 주도할 두 나라의 젊은이들도 점차 과거의 관념에서 벗어나 새로운 양국 관계를 형성해 가려고 한다. 이는 양국 관계의 전개에 있어서 매우 바람직한 현상으로 생각된다. 이와 같은 공감대는 해방 이후 반세기 이상이 지나서야 비로소 나타날 수 있었다.

　그러나 현재 한일 양국이 인류의 발전을 위해 공동보조를 견지하기 위해서는 더 큰 노력을 기울여야 한다. 특히 오늘의 역사연구자와 역사교육자들, 그리고 교육행정가들은 미래사의 주역이 될 양국의 젊은이들에게 중등학교 교육을 통해서 양국 간의 관계사에 대한 정확한 지식을 전수해야 할 책임을 지고 있다. 과거사에 대한 이해 없이는 미래에 대한 건전한 전망도 불가능하기 때문이다.

　그럼에도 불구하고 한국의 연구자들은 일본의 중등학교 역사교육 과정에서 사용되는 일부 교과서에 대해 적지 않은 문제를 제기해 왔다. 이 문제를 해결하기 위해 양국 정부수반의 합의에 따라 2002년도부터 한일역사공동연구위원회가 설치되어 양국간의 역사문제에 대한 공식적 논의를 착수하게 되었다. 특히 제2기 한일역사공동연구위원회는 2007년도부터 활동을 시작하여 2009년도 말에 그 상호연구를 마무리 지을 수 있었다.

　생각해보건대, 한국과 일본 두 나라는 분명 그 문화와 역사가 다른 나라이다. 그러나 한국과 일본 두 나라는 선사시대 이래 오늘에 이르기까지 긴밀한 관계를 유지해 왔다. 이 역사적 사실에서 양국 간에는 특별한 관계사가 성립되었다. 한일관계사 속에는 외교관계나 문화관계 등 평화적 상호관계가 있었다. 이와 함께 한국과 일본 두 나라는 때로는 전쟁관계에 놓이기도 했다.

더욱이 한국은 20세기에 이르러 일본 제국주의의 식민지로 전락되었다. 식민지 지배에 대한 한국인의 거부와 저항은 한일양국간의 상호관계를 적대관계로 변질시켰다. 이 적대관계는 해방과 그 이후에 체결된 한일간의 조약에 의해서 법적으로는 청산되었다. 그러나 일본의 중등학교 역사교과서에 수록된 정당하지 못한 내용이 전달될 경우에는 그 적대관계가 재차 형성되었고, 미래사에 대한 암담한 전망 때문에 양국의 상호관계가 냉각되기도 했다.

이에 양국의 연구자들은 그 과거사가 미래를 향하려는 길목에 장애가 됨을 공감했다. 그리하여 연구자들은 새로운 미래사를 전개하기 위한 전제조건으로 양국의 역사문제에 대한 해결을 위해 진지하게 토론하고 의견을 나누었다. 한일역사공동연구위원회는 이를 위해 출범했으며, 제2기 한일역사공동연구위원회의 한국측 위원회는 제1기의 전례에 따라 양국간에 합의한 공동주제에 대해 다시 심화연구를 추진했다.

그 결과 각 분과에서는 각기의 공동주제에 대한 이해의 심화를 위해 소주제들을 정하여 이에 대한 심화연구가 이루어졌다. 4개 분과가 각기 추진해온 그 세부 주제에 대한 연구는 모두 76편의 전문적 논문으로 정리되었다. 그런데 제1기의 경우에는 그 연구결과를 모아서 한일관계사연구논집 편찬위원회의 명의로 ≪한일관계사연구논집≫(전10권)을 간행한 바 있었다. 이에 이어서 한일역사공동연구위원회 제2기 한국측위원회도 그 논집을 이어받아 제11집부터 21집까지의 일련번호를 부여하여 간행하게 되었다. 이번에 간행된 책자에는 영문과 일문의 요약을 첨부했다. 특히 영문 요약문의 최종 검토작업은 한지은 선생과 UBC의 Franklin Rausch 선생이 나누어서 해주었다. 그동안 연구에 참여한 위원 및 공동연구원, 그리고 이 책의 간행에 도움을 준 모든 분들에게 특별히 감사드린다.

2010.3.

한일관계사연구논집 편찬위원회 위원장 조　광

<목 차>

고대 왕권의 성장과 한일관계*
-임나 문제를 포함하여-

김 태 식**

* 이 논문은 ≪제2기 한일역사공동연구보고서 제1권≫(2010, 한일역사공동연구위원회)에서 일부 수정하여 수록한 것임.
** 홍익대학교 역사교육과 교수

I. 서 론

　4~6세기는 한반도와 일본열도를 포함한 동북아시아 역사에서 매우 활발한 성장의 시대였다. 이 시기에 중국은 5호16국시대를 거쳐 남북조시대로 정비되어, 만리장성 안에서 중국인 한족과 이방인 호족이 함께 공존하면서 민족적, 문화적 융합을 이루었다. 북쪽에서는 새로운 통치자로 대두한 胡族이 한족의 체제와 문화를 수용하면서 중국화되었고, 남쪽에서는 북쪽에서 이동한 중국계 僑民들이 새로운 지역으로 중원 문화의 확산을 도모하였다.[1]

　그 시기에 北魏는 남쪽으로 南朝 국가들과 대결하고 북쪽으로 유목제국인 柔然과 대립하는 과정에서 동방의 강국인 高句麗의 독자적 세력권을 확인해주고 상호 교역을 통한 공존을 모색하였고, 남조의 東晉·宋·齊·梁 등은 북위와의 대결을 치르면서 百濟와 활발하게 교역하며 때로는 고구려와의 교섭도 마다하지 않았다. 고구려와 백제는 이러한 국제 환경을 최대한 이용하여 성장하였으며, 그 외곽의 新羅·加耶·倭는 다시 고구려와 백제의 대결 과정에서 그들로부터 문화를 전수받으며 국가적 성장을 이루었다.

　이 시기에는 한반도에 고구려·백제·가야·신라라는 4개의 문화 중심이 자리 잡고 있었고, 한반도처럼 분명하지는 않지만 일본열도에도 다원적인 문화 중심들이 성립하여 있었기 때문에, '한일관계'라는 단순한 용어 아래 그들 사이의 국제관계를 설명하기란 쉽지 않다. 특히 한국사 연구자들은 평소에 일본열도를 염두에 둔 연구 전통이 거의 없어서, 4~6세기의 한일관계사를 체계적으로 서술하는 것은 불가능에 가까운 일이 아닐 수 없다.

---

1) 朴漢濟, 1988 ≪中國中世胡漢體制研究≫ (一潮閣)

반면에 일본사 연구자들의 경우에는 상황이 조금 다른 듯하다. 일본 고대사를 서술한다는 것은 中國史書의 倭人傳이나 ≪三國史記≫에 보이는 왜인들의 활동을 연구하는 것이었기 때문에, 일본 고대사학계에서는 한일 또는 중일관계사에 대한 연구 전통이 깊다. 또한 사료적 신빙성의 문제는 있다고 하더라도 ≪日本書紀≫의 해당 시기 기사들은 상당수가 한반도 제국과의 관계를 기준으로 삼고 있기 때문에, 이에 관한 연구도 풍부하다. 즉, 일본의 고대사 연구는 그 자체가 한일관계사에 바탕을 둔 것이었다고 할 수 있다.

그러나 일본에서의 고대 한일관계사 연구가 아무리 두텁다고 해도 이는 다분히 自國民들만을 위한 설명 체계였고, 그것이 상대국인 他國民까지 설득할 수 있는 객관적인 것인지는 의문의 여지가 있다. 그 중에서 과거 일부의 연구는 한반도 남부지역을 지배 또는 경영의 대상으로 삼아 고대로부터 일본의 우월성을 선양하기도 하였다.[2] 근래에 들어 일본 고대사는 고고학적 발굴과 금석문·목간 연구 등의 증거 자료를 통하여 점진적으로 객관성을 높여가고 있지만, 과거의 편린은 아직도 일본의 여러 개설서와 교과서에 남아 있다.

그에 비해 한국에서의 고대 한일관계사 연구는 분량도 절대적으로 부족할 뿐만 아니라 체계적이지 못하다. 얼마간의 연구가 있다고 하더라도, 이른바 '任那日本府說'의 설명 체계를 극복하기 위하여 무조건적인 부정을 반복하거나, 혹은 ≪日本書紀≫ 기사의 주어를 대부분 왜왕이 아닌 백제왕으로 바꾸어 보아야 한다든가,[3] 거기 나오는 백제·신라·가야 등은 한반도가 아닌 일본열도에 있던 分國으로 보아야 한다는 것과[4] 같은 극단적인 전제조건을 내세우는 경우가 많았다.

---

2) 末松保和, 1949 ≪任那興亡史≫ (大八洲出版) ; 1956 再版, (吉川弘文館)
3) 千寬宇, 1977·1978 <復元加耶史> 上·中·下 ≪문학과 지성≫ 28·29·31; 1991 ≪加耶史研究≫ (一潮閣)
4) 金錫亨, 1966 ≪초기조일관계연구≫ (사회과학출판사) ; 1988 ≪초기조일관

특히 고대 한일관계사에서 가장 문제가 되는 것은 4~6세기의 가야에 대한 선입견이다. 이제 한일 양국의 고대사 연구자들 사이에는 임나일본부설을 인정한다고 公言하는 사람은 극히 드물다.[5] 임나일본부설은 20세기 전반기를 거치면서 ≪日本書紀≫, ≪宋書≫ 倭人傳, 廣開土王陵碑文 등의 검토를 통하여 뒷받침된 당시의 학문적 성과인 것처럼 보이지만, 동시에 그것은 일본의 조선 침략 및 식민지주의를 긍정하는 데에 기여하려는 목적이 있었으므로,[6] 그것이 21세기인 지금에 와서 설득력을 잃는 것은 당연한 일이다.

그런데 자세히 살펴보면, 모든 이의 의견이 합일되어 부정하는 것은, 4세기 후반에 왜군이 가야 지역을 군대로 정벌한 후에 이를 지배하였고 그 통치기관으로서 임나일본부가 있었다는 논리일 뿐이다. 그 가설을 부정한다고 공언해도, 그와 비슷한 기조를 바탕으로 가야를 바라보는 시각, 즉 가야를 경시하는 논리들이 아직도 많이 존재하고 있다.[7]

그리하여 최근의 연구에서도 왜군이 4세기 후반에 가야를 정벌하지는 않았지만 6세기 전반에 가야는 백제와 신라 등에게 위협을 받고 있어서 왜국에 구원 요청을 하였으므로 그 후로 가야는 왜의 강한 영향력 아래 놓이게 되었다거나,[8] 혹은 그 이전에도 가야 지역은 그런 논리의 연장으로 어느 정도 왜의 영향력 아래 있었다고 보는 견해가 있다.[9] 이런 인식들을 정리해 본다면, 가야는 鐵資源을 생산하고 있었으

계사 (하)≫ (사회과학출판사)

5) 구체적인 연구사에 대해서는, 본고 제4장 제3절 참고.

6) 山崎雅稔, 2002 <廣開土王時代の高句麗の南進と倭王權の展開> ≪廣開土太王과 高句麗 南進政策≫ 高句麗硏究會 編, (學硏文化社) 97

7) 金泰植, 2004 <加耶史輕視論への批判> ≪國立歷史民俗博物館硏究報告≫ 110 (國立歷史民俗博物館, 佐倉) 566

8) 大山誠一, 1980 <所謂'任那日本府'の成立について> 上・中・下 ≪古代文化≫ 32-9・11・12 (古代學協會, 京都) ; 1999 ≪日本古代の外交と地方行政≫ (吉川弘文館, 東京)

9) 鈴木英夫, 1996 ≪古代倭國と朝鮮諸國≫ (靑木書店)

나, 소국들로 분립되어 있어서 힘이 약했고, 그래서 일본 大和朝廷에
대하여 의존관계를 맺고 있었다는 것이다.

이처럼 이제 가야 지배 기구로서의 임나일본부의 존재를 인정하는
연구자는 거의 없으나, 그럼에도 불구하고 왜 왕권이 가야에게 강한
영향력을 미치고 있었다고 한다. 사람들은 누구나 自己中心으로 세상
을 바라보는 눈을 가지고 있으므로 이를 탓할 수 없다. 사료가 부족한
고대사의 특성상, 주변의 어떤 지역을 희생양으로 삼으면 역사의 전개
상황을 설명하기가 용이하다. 그러나 그것이 역사적 사실에 위배된다
면 곤란하다.10)

어떤 사람들은 가야는 소국들이 分立하고 중앙집권체제를 완성하지
못해 힘이 약하였고 하나의 국가로 취급할 수 없다고 한다. 그러면 서
양 중세의 봉건국가들은 중앙집권화를 이루지 못하였으니 그 시대의
역사를 인정하지 않을 것인가? 또는 그리스가 소국으로 분립되어 있었
기 때문에 그 주변 세력들의 강한 영향력 또는 지배 아래 들어가 있었
을 것이라고 당연시 할 것인가? 보다 중요한 것은 그 세력의 실체와
여건 및 기능이다.

늦어도 3세기 이후로 가야연맹은 고구려·백제·신라와 관계를 맺을
때 대외적으로 하나의 정치체로서 역할을 하였으며, 장기간에 걸친 문
화적 축적을 토대로 삼아 대외적으로 고대국가와 같은 면모를 보여
479년에 중국 南齊로부터 책봉을 받기도 하였고, 후술하듯이 510년대
의 대가야는 북부 가야 지역을 포괄하는 초기 고대국가를 형성했다.
가야연맹이 아무리 중앙집권적인 고대국가 체제를 완성하지 못했다고
하더라도 한반도에서 이들의 존재를 제외하고는 적어도 4세기부터 6
세기까지 300년간의 역사를 제대로 구성할 수 없다.

그리하여 실로 고대사 분야에서는 加耶史를 둘러싼 韓日關係史의 상

---

10) 金泰植, 2004 <앞 논문> 566~567

호 반성 및 연구 진작을 위하여 한일역사공동연구위원회가 성립된 것
이 아닐까 한다. 제1기 3년간의 연구는 매우 활발하고 진지한 것이었
다. 그리하여 서로 상대방 연구자의 존재를 의식하면서, 4~6세기의 한
일관계에 대하여 학설사를 정리하고 그 문제점을 논하는 장편의 연구
들이 발표되었다.[11] 고대사를 담당한 제1분과의 제1기 연구가 부족한
점이 많았다고 하더라도, 기존의 한일관계에 대한 편견을 일부 불식시
키고 약간의 진전을 이루었음은 분명하다. 즉 4~6세기에 왜군의 가야
정복이나 지배는 없었으며 근래에 전문 연구자로서 임나일본부설을 주
장하거나 믿는 사람은 없다는 점에 다시 동의하였다.[12]

그러나 그 연구들은 너무나 전문적이고 복잡한 것이었기 때문에, 교
과서나 개설서 집필자들을 위한 지침이 되지 못한 듯하다. 이런 반성
에 바탕을 두고 제1분과의 제2기 연구위원들은 좀 더 넓은 시기에 걸
쳐 개설적인 서술에 바탕을 둔 한일관계사를 쓰려고 노력하였다. 그러
면서도 양국의 연구 상황을 충실하게 반영하는 전문성도 잃지 말고,
집필자 자신의 판단은 분명하게 제시할 필요가 있다. 본고는 그러한
취지 아래 작성되었다.

이는 참으로 어려운 과제가 아닐 수 없다. 한국 고대사에서 4~6세
기는 고구려·백제·신라·가야 4국의 왕권이 상호 갈등 속에서 단계적
으로 성장하는 역동적인 시대였으며, 그러한 점은 왜의 왕권도 다르지
않았다고 보인다. 이 시기에는 지배층들의 고분에 부장품을 많이 묻는
시기였기 때문에, 각 지역에서 출토되는 유물들도 너무 많다. 게다가
이 시기에는 국경을 넘어 왕래하거나 주거지를 옮기는 移民者들도 적
지 않았다고 판단된다. 온전한 한일관계사라면 이 모든 것을 종합하여

---

11) 한일역사공동연구위원회, 2005 ≪한일역사공동연구보고서≫ 제1권 ; 日韓歷
史共同硏究委員會, 2005 ≪日韓歷史共同硏究報告書 第1分科篇≫ (韓歷史共
同硏究委員會, 東京)

12) ≪위 책≫ 437~443 ; 日本語版, 311~313

정리해야 할 것이나, 이것은 너무나 방대한 작업이고 또 필자의 능력
에는 그런 여력도 없다. 따라서 본고에서는 4~6세기 한반도와 일본열
도 각 정치세력 사이의 관계를 왕권 성장과 관련하여 개관하는 것을
주요 임무로 삼고자 하였다. 그리고 4~6세기 한일관계에서 주요 쟁점
을 이루고 있던 任那問題는 사료상의 문제점뿐만 아니라 학설의 연구
동향까지 포함하려고 한다.

　본고의 제2장에서는 4세기의 한일관계를 정리한다. 이 시기는 중국
을 제외한 동북아시아에서 성장이 가장 앞섰던 고구려와 백제가 왕권
강화에 따른 중앙집권체제를 완성하면서 그 둘이 4세기 후반에 패권을
다투고, 그에 따라 신라, 가야, 왜 등의 주변 세력이 여기에 휘말리는
상황을 검토해 보고자 한다. 그에 더하여 임나 문제와 관련하여 ≪일
본서기≫ 神功 49년조 기사 및 광개토왕릉비문의 해석에 대한 연구 성
과를 포함할 것이다.

　그에 이어 제3장에서는 대체로 5세기의 한일관계를 정리한다. 이 시
기에는 고구려가 동북아시아의 절대 강자로 군림하면서 남하 정책을
추진하고, 이에 따라 백제·가야·신라가 연합하여 이에 대항하는 국제
관계를 살펴보고자 한다. 고구려 남하의 위기 속에서 백제가 한 차례
좌절의 위기를 겪고 신라와 가야가 그 와중에 왕권 강화를 이룩하는
과정도 검토한다. 이 당시의 왜는 가야의 제세력들과 교역하기도 하고
한반도 남부로부터의 유망민을 수용하면서 고대국가 형성을 위한 물적
토대를 마련하였으며 일단의 왕권 강화도 이룩하였다. 왜 5왕이 중국
宋에 요구한 諸軍事號와 왜왕 武 상표문에 대한 이해 문제도 여기에
포함된다.

　마지막으로 제4장에서는 6세기의 한일관계를 정리해 보고자 한다.
이 시기에는 백제가 부흥하여 주변 지역에 대한 외교를 주도하고, 신
라가 그동안의 문화적 축적을 바탕으로 중앙집권체제를 마련하여 본격

적으로 팽창하는 것이 역사 전개의 핵이었다고 보인다. 그에 따라 가
야 제국이 일시적인 제도 정비를 이루었다가 결국은 몰락하고, 왜는
고급 정신문화를 수용하여 국가체제를 정비해나가는 과정을 살펴볼 것
이다. 이 시기의 ≪日本書紀≫ 欽明朝 기록에 나오는 이른바 '任那日
本府'의 성격에 대한 논란은 부정적 한일관계사라고 할 수 있는 임나
문제의 가장 중요한 쟁점이다.[13]

Ⅱ. 고구려와 백제의 쟁패 및 신라·가야·왜의 동향

1. 고구려·백제의 발전과 가야·왜의 교류

1) 고구려의 왕권 성장과 낙랑 병합

4세기는 동아시아에서 중국 漢族 중심의 국제질서가 무너지고 동북
아시아 여러 종족의 운동력이 확산되는 시기였다. 중국에서는 291년
西晉의 洛陽에서 8王의 亂이 시작된 이후, 북방의 匈奴와 鮮卑가 여러
가지 계기로 인하여 長城 안으로 혼입되어 들어오고 關中의 氐族과 羌

---

13) 본고의 서론을 제외한 제2장부터 결론까지의 내용은 2007년 6월부터 2009년
   11월까지 진행된 제2기 한일역사공동연구위원회에서 발표되었던 내용들을
   종합한 것이다. 제2장은 同 위원회 제1분과 제6차 합동회의(宮崎, 2008. 1.
   26.)와 제7차 합동회의(全州, 2008. 3. 15.)에서 발표되었고, 제3장은 제14차
   합동회의(濟州, 2009. 5. 16.)에서 발표되었으며, 제4장은 제12차 합동회의(岡
   山, 2009. 1. 31.)에서 발표되었다. 그리고 마지막 結論은 전체 위원이 모인 심
   포지엄(東京, 2008. 12. 29.)에서 발표되었던 要旨이다. 물론 이 보고서에 실린
   내용은 分科會議에서의 질의·토론과 追後 연구를 거쳐 문장을 일부 수정한
   것이다.

族의 독립이 잇따랐다. 그에 따라 서진은 지배력이 급격히 약화되다가
멸망하고, 317년에 그 일족인 司馬睿가 양자강 이남에 망명정권 東晉
을 세웠다.

　華北에서는 흉노족 劉淵이 303년에 漢(후의 前趙)을 건국하면서 혼
란스러운 5호16국시대가 시작되었다. 그 후 羯族의 石勒이 319년에 後
趙를 세우고 세력을 키우더니 329년에 前趙를 멸망시키고 화북 일대를
장악하였다. 요동에서는 慕容廆가 307년에 鮮卑大單于를 자칭하며 세

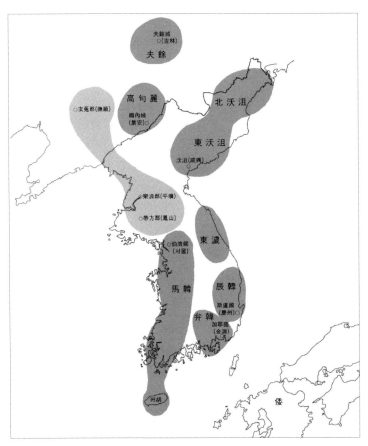

[지도 1] 3세기의 한반도 정세

력을 구축하여, 321년에는 襄平과 平郭을 거점으로 군사력을 증강하였고, 337년에는 燕王을 자칭할 정도로 강성해졌다.[14]

고구려는 3세기 후반에 서진의 혼란을 틈타 동옥저 및 동예 지역을 다시 회복하고,[15] 西川王 때에는 각 지역에 온존하던 那部 지배세력을 수도인 王都로 집결시켜 중앙 행정 단위인 方位部로의 편제를 완료함으로써[16] 5部體制를 질적으로 전환하여 연방제적인 초기 고대국가를 벗어나 왕과 중앙귀족에 의한 중앙집권적 통치체제를 마련하였다.

이러한 왕권의 성장을 토대로 삼아, 고구려 美川王은 313년에 낙랑군을, 314년에 대방군을 멸망시키는 성과를 올렸다. 이로써 400여 년 동안 한반도 서북부를 차지하고 있던 중국 군현 세력은 일소되었다.

그러나 고구려의 팽창은 요동 지방에 세력을 구축하던 선비족과의 대결을 불가피하게 하였다. 그리하여 319년과 320년에 東夷校尉·平州刺史 崔毖와 鮮卑 段部·宇文部 등과 연합하여 前燕을 공격하였으나 모두 실패하였다. 330년 이후로는 華北의 後趙와 화친을 맺고 전연을 견제하다가 342년에 慕容皝의 공격을 받아 丸都城이 함락되고 王母 周氏와 남녀 5만이 포로로 잡혀가는 패배를 맛보았다.[17] 그 후 고구려 故

---

14) 余昊奎, 2000 <4세기 동아시아 국제질서와 고구려 대외정책의 변화 - 對前燕 關係를 중심으로 - > ≪역사와 현실≫ 36 (역사비평사, 서울)

15) 林起煥, 2004 <고구려와 낙랑의 관계> ≪韓國古代史研究≫ 34, 156

16) 林起煥, 1995 ≪高句麗 集權體制 成立過程의 研究≫ (경희대학교 박사학위논문) 57 ; 2004 ≪고구려 정치사 연구≫ (한나래, 서울) 104~105 ; 余昊奎, 1995 <3세기 고구려의 사회변동과 통치체제의 변화> ≪역사와 현실≫ 15 (한국역사연구회) ; 윤성용, 1997 <고구려 귀족회의의 성립과정과 그 성격> ≪한국고대사연구≫ 11 (한국고대사연구회) ; 盧泰敦, 1999 ≪고 구려사 연구≫ (사계절, 서울) 167~168

17) ≪三國史記≫ 卷18, 高句麗本紀6 故國原王 12년, "十一月 皝自將勁兵四萬 出南道 以慕容翰·慕容覇爲前鋒 別遣長史王㝢等 將兵萬五千 出北道以來侵. (中略) 諸軍乘勝 遂入丸都 王單騎走入斷熊谷. 將軍慕興埋 追獲王母周氏及王 妃而歸. 會王㝢等 戰於北道 皆敗沒 由是 皝不復窮追 遣使招王 王不出. (中略) 皝從之 發美川王墓 載其尸 收其府庫累世之寶 虜男女五萬餘口 燒其宮室 毁丸

國原王은 343년에 평양 東黃城으로 옮겨 거의 30년에 걸쳐 이 지역에 대한 지배체제 정비에 힘을 쏟았으며, 그동안 전연은 352년에 後趙를 멸망시키고 화북 일대까지 장악하는 등 중원 경영에 몰두하느라 고구려와 군사적 충돌 없이 소강상태를 유지하였다.

2) 전기 가야와 왜의 교류

한반도 남부의 낙동강 유역에서는 3세기 말 이후 김해 지방을 중심으로 하여 가야 소국연맹체가 독점적으로 영도되기 시작하였다. 이 때 가야국의 중심은 김해시 서쪽의 주촌면 일대에 있다가 현재의 김해 시내 쪽으로 옮겨졌으며, 그 최초의 고분은 김해시 大成洞 29호분[18]이다. 이 고분은 대형 덧널무덤[木槨墳]으로서 단단한 도질토기를 다량 부장하고 순장을 하였으며 오르도스 청동솥[銅鍑], 철제 갑주, 기승용 마구 등의 북방문화 요소를 부장하여, 강하고 부유한 지배자의 면모를 보여주었다.[19] 북방문화 요소는 김해 지방의 가야국이 한반도 서북 지역과 원활한 교역 활동을 하고 있던 2세기 후반부터 나타나기 시작하였으나, 3세기 말, 4세기 초 중국 북부를 중심으로 하여 동북아시아 세계에 전해진 외부 충격으로 인하여 집중적으로 나타난 것이다.[20] 즉 4세기의 가야는 북방 유목민족의 기마 무장을 일부 받아들이는 한편, 그들의 철제 미늘갑옷에 자극을 받아 긴 철판들을 가죽이나 못으로 연결한

都城而還"
18) 慶星大學校博物館, 2000 ≪金海大成洞古墳群Ⅰ≫ (경성대학교박물관, 부산) 141~153
19) 申敬澈, 2000 <金官加耶의 성립과 연맹의 형성> 부산대학교 한국민족문화연구소 편, ≪加耶 各國史의 재구성≫ (혜안, 서울) 45~72
20) 宋桂鉉, 2000 <토론 요지: 金官加耶의 성립과 연맹의 형성> 부산대학교 민족문화연구소 편, ≪加耶 各國史의 재구성≫ (혜안, 서울) 85~87

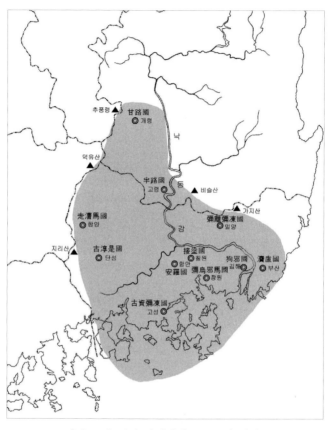

[지도 2] 전기 가야연맹 소국들의 위치

판갑옷과 투구를 개발하였다.[21] 일부 학자들은 이를 전형적인 기마 무장이 아니라고 부인하기도 하나, 비록 重裝騎兵이 조직적이며 체계화되어 있지는 않아도 가야에 기병이 존재하고 가야의 일부 엘리트계층이 중장 기마전술을 수용했다는 점은 인정해야 한다.[22]

그러나 고구려에 의한 낙랑 – 대방군의 멸망은 한반도 동남부에서

---

21) 申敬澈, 1994 <加耶 초기마구에 대하여> ≪釜大史學≫ 18 ; 2000 <金官加耶의 성립과 연맹의 형성> ≪加耶 各國史의 재구성≫

22) 李蘭暎·金斗喆, 1999 ≪韓國의 馬具≫ (韓國馬事會 馬事博物館, 果川) 219~220

그들과의 원거리 무역을 통해 발전하던 김해 가야국의 영도력에 큰 지장을 초래하였다. 그리하여 마산 서쪽의 고성, 사천 등에 있는 浦上八國이 맹주국인 김해 가야국을 공격하는 등 난조를 드러내었고, 그 후 가야연맹은 함안 安羅國 중심의 서부 지역과 김해 加耶國 중심의 동부 지역으로 분열되었다.[23] 4세기의 고식 도질 무개고배가 분화하여, 筒形高杯는 주로 마산 서쪽에서 진주까지 나타나고, 外反口緣 無透窓高杯가 주로 창원 동쪽에서 김해·부산 지방까지 나타나는 것은 그 분열 양상을 반영한다.[24]

한편 4세기의 일본열도는 소국연맹체의 사회구조를 이루고 있었다. 이 시기의 연맹체는 주도 세력이 하나로 고정되어 있던 것이 아니었다. 기원전 1세기부터 3세기까지는 주로 북부 九州 세력이 철기 제작에 쓰이는 가야의 板狀鐵斧를 독점하였으나,[25] 古墳時代 前期가 시작되는 3세기 후반에 畿內의 邪馬台國이 近畿 각지와 瀬戸內海 연안 각지의 여러 세력을 결집하여 한반도 남부, 특히 弁辰 즉 가야와 철 자원을 둘러싼 상호작용의 주체로 대두되었다.[26] 그러나 철은 가야 지역에서 생산된다고 해도, 상당수의 선진문물은 중국 방면에서 생산되는 것

23) 金泰植, 1994 <咸安 安羅國의 成長과 變遷> ≪韓國史研究≫ 86 (한국사연구회, 서울) 60

24) 安在晧·宋桂鉉, 1986 <古式陶質土器에 관한 약간의 고찰-義昌 大坪里出土品을 通하여-> ≪嶺南考古學≫ 1 (嶺南考古學會, 大邱) 50~53 ; 趙榮濟, 1986 <西部慶南 爐形土器에 대한 一考察> ≪慶尙史學≫ 2 (慶尙大學校, 晋州) 24 ; 朴升圭, 1993 <慶南 西南部地域 陶質土器에 대한 研究> ≪慶尙史學≫ 9 (慶尙大學校, 晋州) 4~5 ; 金泰植, 2002 ≪미완의 문명 7백년 가야사 1권≫ (푸른역사, 서울) 134~137

25) 武末純一, 2002 <日本の九州および近畿地域における韓國系遺物-土器·鐵器生産關係を中心に-> ≪古代 東亞細亞와 三韓·三國의 交涉≫ (福泉博物館, 부산) 88

26) 白石太一郎, 2000 ≪古墳と古墳群の研究≫ (塙書房) ; 2002 <倭國誕生> ≪倭國誕生(日本の時代史1)≫ (吉川弘文館) ; 2006 <倭國の形成と展開> ≪古代史の流れ(列島の古代史8)≫ (岩波書店) 29

을 가야가 한반도 서북 지역을 통하여 중개하는 것이므로, 그 교역관 계는 동아시아 전반의 형세에 따라 연동되어 움직이는 측면이 컸다.

4세기 전반에는 중국 西晉의 혼란으로 인한 東部都尉의 몰락, 중국 동북부 및 한반도 북부 고구려의 낙랑·대방군 병합, 이에 따른 가야연 맹의 동서 분열 등으로 말미암아, 일원적인 문화의 흐름이 이어지지 않았다. 따라서 그 시기에는 3세기에 성립했던 畿內 大和 중심의 연맹 체도 그다지 큰 기능을 발휘하지 못하고 각자 한반도 남부의 여러 세 력들과 개별적인 교섭을 하였다.

철제 판갑옷의 분포로 보아 4세기 전반의 국제교역 체계는 고구려 - 신라 - 가야(부산·김해) - 왜로 이어지는 것이었다고도 하고,[27] 또 당 시에 함안 안라국 양식의 繩蓆文兩耳附打捺壺의 유례가 對馬의 아사히 야마[朝日山] 고분, 福岡縣 히가시모다[東下田] 유적, 니시신마치[西 新町] 유적, 島根縣 가미나가하마[上長浜] 패총, 鳥取縣 아오키이나바 [青木稻場] 유적 등에서 발견되었으며,[28] 금관가야 양식의 토기는 일본 열도에서 주로 大阪을 중심으로 한 近畿 지방과 東海 지방에서 주로 출토되었다고 한다.[29] 이는 동서로 구분된 전기 가야연맹이 각기 다른 경로로 일본열도와 교류하는 면모를 보인 것이라고 할 수 있다. 한편 4세기 전반의 일본열도 近畿地方에서는 기존의 문화 축적을 토대로 하 여 奈良 남부 중심의 세력이 청동거울, 벽옥제 가래 모양 팔찌[鍬形石] 와 바퀴 모양 팔찌[車輪石] 등과 같은 종교적 성격의 위세품 분급체계 를 갖추고 있었다.

27) 李賢惠, 1988 <4세기 加耶社會의 交易體系의 變遷> ≪韓國古代史硏究≫ 1, (韓國古代史硏究會) 175

28) 朴天秀, 2002 <考古資料를 통해 본 古代 韓半島와 日本列島의 相互作用> ≪韓國古代史硏究≫ 27 (韓國古代史學會) 59 ; 2007 ≪새로 쓰는 고대한일교 섭사≫ (사회평론, 서울) 51

29) 朴天秀, 2007 ≪새로 쓰는 고대 한일교섭사≫ (사회평론, 서울) 78

3) 백제의 왕권 성장과 중앙집권체제 정비

백제는 3세기 후반에 해당하는 古爾王 후기에 중국 군현의 간섭과 마한 소국연맹체의 테두리를 벗어나 독자적으로 部體制를 시행하는 초기 고대국가로 성장하였다.[30] 고이왕 이후의 백제는 낙랑과 지속적으로 적대관계를 유지하여, 298년과 304년에는 責稽王과 汾西王이 낙랑과의 대결 과정에서 살해되기도 하였다.[31] 그러나 백제는 4세기 전반에 肖古系의 比流王이 40여 년간 재위하면서 왕권을 다진 이후, 4세기 중후반 近肖古王 때에 이르러서는 중앙집권화를 완비하고 대외적인 팽창을 시작할 수 있었다. 백제 왕실의 고분군인 서울 석촌동 고분군에서는 4세기 후반에 基壇式 돌무지무덤[積石塚]이 새로이 나타났고 그 중에 최초의 것이면서 최대(한 변 길이 50m)의 것인 석촌동 3호분은 근초고왕릉으로 추정된다.[32]

한강 하류 유역에서 출토된 4세기 東晉의 유물로는 청동 자루솥[鐎斗], 晉式 금동 허리띠[銙帶] 金具 등이 있어서, 백제와 동진 사이의 교섭을 확인할 수 있다. 그에 더하여 동진의 청자는 백제 지역에 속하는

---

30) 盧泰敦, 1975 <三國時代의 '部'에 關한 研究-成立과 構造를 中心으로-> ≪韓國史論≫ 2 (서울대학교 국사학과, 서울) 14
  盧重國, 1988 ≪百濟政治史研究≫ (一潮閣, 서울) 98
  金泰植, 2003 <初期 古代國家論> ≪강좌 한국고대사≫ 2 (駕洛國史蹟開發研究院) 50
31) ≪三國史記≫ 卷24, 百濟本紀2 古爾王 13년 8월, "魏幽州刺史毋丘儉與樂浪太守劉茂·朔方太守王遵 伐高句麗. 王乘虛遣左將眞忠 襲取樂浪邊民. 茂聞之怒. 王恐見侵討 還其民口"; 責稽王 13년 9월 "漢與貊人來侵 王出禦爲敵兵所害薨"; 汾西王 7년 "春二月 潛師襲取樂浪西縣. 冬十月 王爲樂浪太守所遣刺客賊害薨"
32) 金元龍·李熙濬, 1987 <서울 石村洞 3호분의 연대> ≪斗溪 李丙燾博士 九旬記念 한국사학논총≫

서울의 풍납토성, 몽촌토성, 석촌동 고분군을 비롯하여 경기도 포천 자
작리, 강원도 원주 법천리, 충남 천안 화성리 고분 등지에서 다수 출토
되었다. 이는 고구려나 신라, 가야, 왜 등과 달리, 백제에는 낙랑군과
대방군의 축출 이후 중국계 이주민들이 다수 그 영역으로 들어와 지배
계급의 일부를 구성하며 동진 청자와 같은 중국 본토 문화의 수요층으
로 작용하였기 때문이라고 추정된다.33) 그 결과 마한 지역 내에서 한
강 유역을 점유한 백제의 우위는 크게 두드러지기 시작하였다.

그리하여 백제 근초고왕은 366년과 368년에 걸쳐 신라에 사신을 보
내 우호를 다짐으로써 남방을 안정시키고, 369년에는 雉壤(황해도 연
백군 은천면)에서 고구려 2만 병을 맞이하여 5천여 명을 殺獲하였으며,
371년에는 군사 3만을 거느리고 고구려 평양성을 공격하여 故國原王
을 살해하였다.34) 369년과 371년의 전투는 백제의 對 고구려 전쟁에서
절정을 이루는 승리였으며, 377년에도 백제 3만 군이 평양성을 치는
등 우세는 한동안 지속되었다.35)

이러한 승세를 바탕으로 백제 근초고왕(餘句)은 372년에 동진에 사
신을 파견하여 '鎭東將軍 領樂浪太守'를 책봉 받고,36) 그 후로도 동진
과의 교류를 지속하였으며,37) 이를 전후하여 博士 高興에게 國史인 ≪書

---

33) 權五榮, 2003 <백제의 對中交渉의 진전과 문화변동> ≪강좌 한국고대사≫
    4 (駕洛國史蹟開發硏究院) 6∼11

34) ≪三國史記≫ 卷24, 百濟本紀2 近肖古王 21년 3월, "遣使聘新羅"; 같은 王
    23년 3월, "遣使新羅 送良馬二匹"; 같은 王 24년 9월, "高句麗王斯由帥步騎
    二萬 來屯雉壤 分兵侵奪民戶. 王遣太子以兵徑至雉壤 急擊破之 獲五千餘級
    其虜獲分賜將士"; 같은 왕 26년, "高句麗擧兵來 王聞之 伏兵於浿河上 俟其
    至急擊之 高句麗兵敗北. 冬 王與太子帥精兵三萬 侵高句麗 攻平壤城. 麗王斯
    由力戰拒之 中流矢死. 王引軍退 移都漢山"

35) ≪위 책≫ 近仇首王 3년 10월, "王將兵三萬 侵高句麗平壤城"

36) ≪위 책≫ 近肖古王 27년 정월, "遣使入晉朝貢"; ≪晉書≫ 卷9, 帝紀9 簡文
    帝 咸安2년 "春正月辛丑 百濟·林邑王各遣使貢方物 (中略) 六月 遣使拜百濟
    王餘句爲鎭東將軍領樂浪太守"

記≫를 편찬케 하였다.[38] 얼마 후 枕流王이 384년과 385년에 걸쳐 불교를 공인하였다는 것으로[39] 보아, 이 당시에 백제의 중앙집권적 고대국가 체제가 완비되었다고 볼 수 있다. 4세기 후반부터 5세기 후반의 사이에 서울 석촌동 고분군이 정비되고 지방의 주요 고분군들이 사라지는 현상은,[40] 지방 세력가들이 몰락하고 중앙집권화가 비약적으로 강화된 면모를 반영한다.

백제는 이러한 성장을 배경으로 삼아, 한편으로는 남쪽으로 마한 잔여세력을 억압하여 영역 확대에 나서고, 한편으로는 동진으로부터 수입한 선진문물을 토대로 하여 가야 및 왜로 연결되는 교역로를 개척하였다.[41] 그 당시에 백제의 공세로 인하여 영역에 포함된 범위는 전라북도 서쪽 방면까지 미쳤다.[42] 또한 백제는 전남 해안의 해남·강진 방면 세력의 대외교섭권을 박탈하여 세력 확장을 위한 교두보를 마련하였으며,[43] 해안에서 벗어난 영암이나 나주 등의 영산강 유역 세력에는 무력적인 제재 없이 공납적 지배를 하였다.[44]

---

37) ≪三國史記≫ 卷24, 百濟本紀2 近肖古王 28년 2월, “遣使入晉朝貢”; 近仇首王 5년 3월 “遣使朝晉 其使海上遇惡風 不達而還”; 枕流王 원년 7월 “遣使入晉朝貢”

38) ≪위 책≫ 近肖古王 30년, “冬十一月 王薨. 古記云「百濟開國已來 未有以文字記事 至是得博士高興 始有書記」 然高興未嘗顯於他書 不知其何許人也”

39) ≪위 책≫ 枕流王 元年 9월, “胡僧摩羅難陁自晉至 王迎之致宮內 禮敬焉 佛法始於此”; 같은 왕 2년 2월, “創佛寺於漢山 度僧十人”
   盧重國, ≪앞 책≫ 115

40) 朴淳發, 1997 <漢城百濟의 中央과 地方> ≪백제의 중앙과 지방≫ (忠南大學校 百濟研究所) 151

41) 金泰植, 1997 <百濟의 加耶地域 關係史: 交涉과 征服> ≪백제의 중앙과 지방≫ (忠南大學校 百濟研究所) 48~51

42) <위 논문> 51

43) 權五榮, 1999 ≪복암리고분군≫ (전남대박물관) 310

44) 李賢惠, 2000 <4~5세기 영산강 유역 토착세력의 성격> ≪歷史學報≫ 166, 30; 文安植·이대석, 2004 ≪한국고대의 지방사회 - 영산강유역의 역사와 문화를 중심으로 - ≫ (혜안, 서울) 107

4) 神功紀 49年條의 해석과 칠지도

임나일본부설과 관련하여 4세기 한일관계사의 쟁점은 일본 제14대 仲哀王의 왕비인 神功이 '신라'를 정벌했는가의 여부에 있다. 그 근거가 되는 사료는 ≪古事記≫ 중권과 ≪日本書紀≫ 神功 즉위전기에 나온다.

그 기사들에 따르면 神功王后가 탄 배를 물고기들이 업고 날랐다거나,[45] 그 배를 받치고 있던 파도가 멀리 신라 땅의 절반을 잠기게 하였다거나,[46] 이를 보고 신라왕이 두려워서 즉시 항복하여 스스로 말 사육하는 곳이 되어 공물을 바치겠다고 맹세했다는[47] 점이 공통적으로 나오고 있다. 그 결과 ≪고사기≫에서는 신라국을 '御馬甘'으로 삼고 백제국을 '渡屯家'로 정하였다고 하고,[48] ≪일본서기≫에서는 신라를 '飼部'로 삼고 高麗·百濟 두 나라를 '內宮家屯倉'으로 정하고 이를 '三韓'이라고 불렀다고 하여[49] 약간 차이가 난다.

---

45) ≪古事記≫ 中卷, 仲哀天皇, "故 備如敎覺 整軍雙船 度幸之時 海原之魚 不問 大小 悉負御船而渡"; ≪日本書紀≫ 卷9, 神功皇后 卽位前紀 仲哀九年 冬十月 己亥朔 辛丑, "從和珥津發之. 時飛廉起風, 陽侯擧浪, 海中大魚, 悉浮扶船"

46) ≪古事記≫ 中卷, 仲哀天皇, "爾 順風大起 御船從浪 故 其御船之浪瀾 押騰新 羅之國 旣到半國"; ≪日本書紀≫ 卷9, 神功皇后 卽位前紀 仲哀九年 冬十月 己亥朔 辛丑, "則大風順吹 帆舶隨波 不勞櫓楫 便到新羅. 時隨船湖浪 遠逮國 中 卽知 天神地祇悉助歟"

47) ≪古事記≫ 中卷, 仲哀天皇, "於是其國王畏惶奏言 自今以後 隨天皇命而爲御 馬甘 每年雙船 不乾船腹 不乾舵檝 共與天地 無退仕奉"; ≪日本書紀≫ 卷9, 神功皇后 卽位前紀 仲哀九年 冬十月 己亥朔 辛丑, "新羅王 於是 戰戰慄慄厝 身無所. (中略) 因以叩頭之曰 從今以後 長與乾坤 伏爲飼部. 其不乾船柂 而春 秋獻馬梳及馬鞭. 復不煩海遠 以每年貢男女之調"

48) ≪古事記≫ 中卷, 仲哀天皇, "故是以新羅國者 定御馬甘 百濟國者 定渡屯家"

49) ≪日本書紀≫ 卷9, 神功皇后 卽位前紀 仲哀九年 冬十月 己亥朔 辛丑, "乃解 其縛爲飼部 遂入其國中 封重寶府庫 收圖籍文書. (中略) 於是 高麗·百濟二國 王 聞新羅收圖籍 降於日本國 密令伺其軍勢 則知不可勝 自來于營外 叩頭而款

이른바 '신공황후의 신라 정토' 또는 '신공황후의 삼한 정벌'이라고도 불리는 이 기사는 위와 같이 사실성이 희박하고 설화의 면모를 보이고 있다. 이 관념은 663년에 백제부흥군을 돕던 왜군이 白江口 전투에서 신라군에게 패배한 후에 실제로 이를 주도했던 여왕인 齊明을 모델로 삼아 조작되어[50] 712년에 편찬된 ≪고사기≫와 720년에 편찬된 ≪일본서기≫에 기록된 것으로 추정된다. 이는 그 설화가 신라에 대한 강한 복수심을 표현하고 있고, 고구려·백제·신라를 '삼한'으로 부르는 7세기 후반 이후의 용어[51]를 답습하고 있음을 보아 알 수 있다.

신공왕후의 신라 정벌 및 임나 지배라는 것은 이미 에도시대의 ≪고사기≫ 및 ≪일본서기≫에 대한 국학 연구 때부터 기정사실로 인정되어 있는 상태였다. 에도시대의 한 연구에 의하면, 崇神王 말년에 任那王에게 비단을 주었는데 신라가 이를 가로챘기 때문에, 결국 신공왕후가 임나를 위하여 신라를 정벌하여 韓地에 일본부를 두고 宰에게 맡겨 다스렸는데, 신라가 일본의 은혜를 위배하고 欽明王 23년에 임나를 침략하여 멸망시켰으니, 신공왕후 이래 593년 동안 임나가 존속했다는 것이었다.[52] 에도시대의 연구는 ≪일본서기≫의 편년을 그대로 인정하면서, 崇神 말년(B.C. 30)부터 欽明 23년(562)까지를 임나 지배 기간으로 설정하였다.

日 從今以後 永稱西蕃 不絶朝貢 故因以 定內宮家屯倉 是所謂之三韓也. 皇后
從新羅還之"

50) 直木孝次郞, 1988 <神功皇后傳說の成立> ≪古代日本と朝鮮·中國≫ (講談社
學術文庫)

51) 盧泰敦, 1982 <三韓에 대한 認識의 變遷> ≪韓國史研究≫ 38 (韓國史研究會)

52) 松下見林, 1688 ≪異稱日本傳≫ 卷下, 東國通鑑卷之一 新羅始祖八年條 註釋,
"仍齎赤絹一百正 賜任那王 然新羅人遮之於道而奪焉 其二國之怨 始起於此際
矣 終至神功皇后得征之 蓋爲任那征之也 (中略) 於是 韓地置日本府 任宰以治
之 新羅當親戴我與天地不變 而時逆天昔孟 違我恩義 數侵任那 至欽明天皇二
十三年 新羅遂滅任那 自神功皇后以來五百九十三年 任那之存如此永久也 此
非神功皇后之大神餘烈乎"

그러나 일본 근대 사학에서는 좀 더 합리적인 자세를 취하여, 崇神紀와 垂仁紀의 임나 관계기사는 '임나 조공의 전설'로서 史實의 기재가 아니나, 神功紀 끝 무렵부터는 사실의 기재이되 연대는 깎아내려야 한다고 보았다.[53] 신공기 즉위전기와 달리 그 후반부에는 신공왕후가 직접 출정한 것이 아니라 장군들을 보내 신라를 정벌했다고 나오는데, 이러한 주장 이후로 ≪일본서기≫ 신공 49년(369) 조 기사가 임나 지배 개시의 '史實'로 주목받기 시작하였다.

그 사료의 줄거리는 神功 49년에 왜가 장군들을 파견하여 신라를 친 결과 比自烋(경남 창녕), 南加羅(경남 김해), 喙國(경남 창녕군 영산면), 安羅(경남 함안), 多羅(경남 합천), 卓淳(경남 창원), 加羅(경북 고령) 등의 일곱 나라[54]를 평정하였고, 서쪽으로 돌아 南蠻 忱彌多禮(전남 해남)를 잡아 백제에게 주었으며, 이에 그 왕 肖古와 왕자 貴須도 군사를 거느리고 와서 모이니 比利(전북 군산), 辟中(전북 김제), 布彌支(전남 담양), 半古(전남 나주시 반남면) 등의 네 읍이 저절로 항복하였다는 것이다.[55]

---

53) 末松保和, 1949 ≪任那興亡史≫ (大八洲出版) ; 1956 再版, (吉川弘文館) 21~22

54) '比自烋 등의 일곱 나라'는 그 위치가 모두 加耶聯盟에 속한 소국들이므로 이 후로는 '加耶 7國'이라고 칭함.

55) ≪日本書紀≫ 卷9, 神功皇后攝政 49年 3月, "以荒田別鹿我別爲將軍 則與久氐等 共勒兵而度之 至卓淳國 將襲新羅. 時或曰 兵衆少之 不可破新羅. 更復奉上沙白蓋盧 請增軍士. 卽命木羅斤資沙沙奴跪[是二人 不知何姓人也 但木羅斤資者 百濟將也.] 領精兵 與沙白蓋盧共遣之. 俱集于卓淳 擊新羅而破之. 因以平定比自烋南加羅喙國安羅多羅卓淳加羅七國. 仍移兵 西廻至古奚津 屠南蠻忱彌多禮 以賜百濟 於是 其王肖古及王子貴須 亦領軍來會 時比利辟中布彌支半古四邑 自然降服"

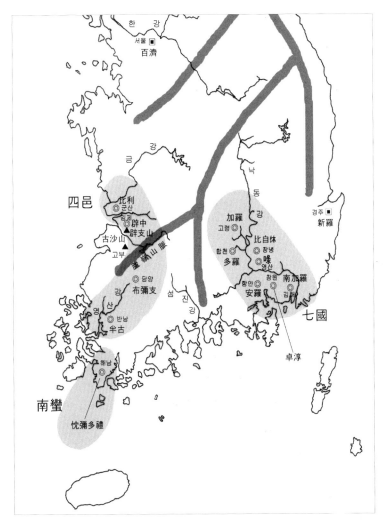

[지도 3] 神功紀 49년 조의 한반도 관련 지명

그리하여 ≪일본서기≫를 다른 사료들과 비교하면서 합리적으로 설명하려고 한 연구자들은 이 기사의 연대를 백제의 근초고왕 때와 비교하여 369년으로 확정하고, 4세기 후반 왜의 임나 정벌을 사실로 인식하였다.[56] 이는 칠지도와 광개토왕릉비의 명문 연구를 통하여 일본 학계에서 널리 사실로 인정받고 일본 고대사 서술의 기준으로 자리 잡게 되었다.

그러나 현대 일본 사학의 발전에 따라 1970년대 이후로는 일본에서도 그 기사 및 사실 모두를 부정하는 방향으로 전환되었다.[57] 즉 ≪일본서기≫에서는 6세기의 사실을 말하는 繼體紀 및 欽明紀 이후의 사료가 되어야 사실성을 인정할 수 있고, 그 이전의 사료는 인정하기 어렵다는 논지이다.

한편 위의 신공기 49년 조 기사에 나오는 백제장군 木羅斤資가 ≪삼국사기≫ 백제본기 蓋鹵王 말년(475) 조에 나오는 木劦滿致의 부친이므로, 목라근자의 생존연대와 관련지어 이 기사의 일부가 서기 429년의 것이라는 3周甲引下論[58]이 제기되어 주목을 끌었다. 그러나 그의 주장이나, 그에 바탕을 둔 記事分解論[59]도 木氏 문제만 제외하고는 가야 7국 평정에 대하여 부정 일변도이다.

한국의 연구자들은 신공기 49년 조 기사가 '왜의 가야 정벌'을 나타낸다고 인정한 경우가 거의 없고, 이를 4세기 후반 백제의 마한 잔여 세력 정벌로만 보려는 견해가 있다가[60], 1980년대 이후로는 각기 다른 시각을 보이게 되었다. 즉 그 기사의 주석에 '백제장군 목라근자'가 나

---

56) 末松保和, 1949 ≪앞 책≫ 58~63 ; 三品彰英, 1962 ≪日本書紀 朝鮮關係記事 考證≫ 上卷 (吉川弘文館, 東京)

57) 井上秀雄, 1973 ≪任那日本府と倭≫ (東出版) ; 請田正幸, 1974 <六世紀前期の日朝關係－任那'日本府'を中心として－> ≪朝鮮史研究會論文集≫ 11 ; 大山誠一, 1980 <所謂'任那日本府'の成立について> 上・中・下 ≪古代文化≫ 32-9・11・12 (古代學協會, 京都) ; 鈴木英夫, 1987 <加耶・百濟と倭－'任那日本府'論－> ≪朝鮮史研究會論文集≫ 24

58) 山尾幸久, 1983 ≪日本古代王權形成史論≫ (岩波書店)

59) 田中俊明, 1992 ≪大加耶連盟の興亡と'任那'≫ (吉川弘文館)

60) 李丙燾, 1937 <三韓問題의 新考察> 六 ≪震檀學報≫ 7 ; 1976 ≪韓國古代史研究≫ (博英社, 서울)

오는 것을 계기로 삼아 가야 7국 평정의 주체를 왜에서 백제로 교체하여 이를 369년 백제에 의한 가야 정벌로 보는 견해가 나왔고,[61] 혹은 그 연대를 429년으로 늦추어야 하나 그 역시 木羅氏 家系傳承의 그릇된 주장일 뿐이라고 보는 견해도 있으며,[62] 기사 전체를 후대 사실의 반영이라고 하여 전면 부정하기도 하였다.[63]

한편 《일본서기》에서 그 존재 사실이 분명한 6세기 전반 欽明紀 2년(541) 조 기사에 나오는 백제 聖王의 언급에 의하면, "조상인 速古王과 貴首王 때에 安羅, 加羅, 卓淳 旱岐 등이 사신을 보내 서로 친하게 지냈다"[64]고 하였다. 사료 상으로 보아 이 기록이 4세기 후반 백제와 가야의 관계를 보여주는 더욱 중요한 것이라고 하겠다.

그러므로 신공기 49년 조 기사와 흠명기 2년 조의 기사를 연결해 보면, 4세기 후반에 백제나 왜가 가야에 군대를 보내 평정하고 지배한 것이 아니라, 백제가 가야와 처음으로 친교를 트고, 이를 토대로 가야와 밀접한 교역을 이루고 있던 왜와 연결된 것임을 알 수 있다.[65] 지금

---

61) 千寬宇, 1977·1978 <復元加耶史> 上·中·下, 《문학과 지성》 28·29·31 ; 1991 《加耶史硏究》 (一潮閣) ; 金鉉球, 1985 《大和政權의 對外關係硏究》 (吉川弘文館) ; 1993 《任那日本府硏究》 (一潮閣) ; 朱甫暾, 1995 <序說─加耶史의 새로운 정립을 위하여> 《加耶史硏究》 (경상북도) ; 盧重國, 1995 <大加耶의 정치·사회구조> 《加耶史硏究》 (경상북도)

62) 李根雨, 1994 <日本書紀에 인용된 百濟三書에 관한 연구> (한국정신문화연구원 박사학위논문)

63) 李永植, 1995 <百濟의 加耶진출과정> 《韓國古代史論叢》 7 (駕洛國史蹟開發硏究院) ; 延敏洙, 1998 《고대한일관계사》 (혜안)

64) 《日本書紀》 卷19, 欽明天皇 2年 4月, "聖明王曰 昔我先祖速古王·貴首王之世 安羅·加羅·卓淳旱岐等 初遣使相通 厚結親好 以爲子弟 冀可恒隆"

65) 金泰植, 1994 <廣開土王陵碑文의 任那加羅와 '安羅人戍兵'> 《韓國古代史論叢》 6 (駕洛國史蹟開發硏究院) ; 李鎔賢, 1999 <加耶と東アジア諸國> (國學院大學 博士學位論文) ; 南在祐, 2003 《안라국사》 (혜안) ; 白承玉, 2003 《가야 각국사 연구》 (혜안) ; 白承忠, 2005 <日本書紀 神功紀 소재 한일관계 기사의 성격> 한일관계사연구논집 편찬위원회 편, 《광개토대왕비와 한

까지 알려진 고고학적인 유적, 유물의 존재 상태로 보아도 이런 상정이 적합하다. 그러므로 신공기 49년 조 기사는 이른바 '任那日本府'라는 용어는 물론이고 그 성립과도 전혀 관계없는 기사이다.

한편 위의 가야 7국 평정 기사 뒤를 이어 신공기 52년 조에는 왜국이 바다 서쪽[海西]을 잘라 백제에게 준 보답으로 백제가 왜국에 사신 보내 七枝刀와 七子鏡을 주었다는[66] 기사가 나오고 있다. 그런데 1874년에 일본 奈良縣 天理市 布留町에 있는 石上神宮의 宮司(菅政友)에 의하여 칠지도가 발견되고, 이어서 이것이 곧 ≪일본서기≫ 神功紀에 나오는 '七枝刀'라는 연구 결과가 발표되었다.[67]

칠지도 명문[68]과 관련하여 가장 중요한 문제는 제작 연대이다. 제작 연대를 밝히는 데 중요한 열쇠인 연호의 첫 번째 글자에 대하여 칠지도 발견 초기의 연구자들[69]은 대개 '泰初'로 판독하여, 칠지도 제작 연도를 西晉 泰始 4년(268)으로 보았다. 그러나 신공기의 기년을 2주갑 내리는 것이 타당하다는 수정론[70]이 널리 퍼지고, 이를 '泰和'로 판독

일관계≫ (경인문화사)

66) ≪日本書紀≫ 卷9, 神功皇后 52년 9월 정묘삭 병자, "久氏等從千熊長彦詣之 則獻七枝刀一口‧七子鏡一面 及種種重寶 仍啓曰 臣國以西有水 源出自谷那鐵山. 其邈七日行之不及 當飮是水 便取是山鐵 以永奉聖朝 乃謂孫枕流王曰 今我所通 海東貴國 是天所啓. 是以垂天恩 割海西而賜我 由是 國基永固. 汝當善脩和好 聚斂土物 奉貢不絶 雖死何恨. 自是後 每年相續朝貢焉"

67) 星野恒, 1892 <七枝刀考> ≪史學雜誌≫ 37 (東京)

68) [前面] 泰□四年五月十六日丙午正陽造百練(鍊)七支刀(出)辟百兵宜供供侯王□□□□(祥)

   [後面] 先世以來未有此刀百濟王世(子)奇生聖音故爲倭王旨造傳示後世

69) 菅政友, 1907 <大和國石上神宮寶庫所藏七支刀> ≪菅政友全集≫ 雜稿 1 ; 高橋健自, 1914 <京畿旅行談> ≪考古學雜誌≫ 5~3 ; 喜田貞吉, 1918 <石上神宮の神寶七枝刀> ≪民族と歷史≫ 1~1 ; 大場磐雄, 1929 ≪石上神宮寶物誌≫ (吉川弘文館) ; 末永雅雄, 1941 <象嵌銘文を有する鉾 －七支刀> ≪日本上代の武器≫ (弘文堂)

70) 末松保和, 1949 ≪任那興亡史≫ (大八洲出版) ; 1956 再版, (吉川弘文館)

하여 칠지도 제작 연도를 東晉 太和 4년(369)으로 보는 연구 결과[71]가
나온 이후에는 대부분의 연구자들[72]이 이를 따르고 있다.

　반면 한국 쪽에서는 이를 백제 고유의 연호로 보는 것이 일반적이다.
거기서는 '泰和'를 백제 근초고왕의 연호로서 서기 372년일 것으로 보
기도 하고,[73] 백제 연호가 失傳되어 구체적인 연대는 알 수 없으나 5세
기 무렵일 것으로 추정하기도 하였다.[74] 혹은 날짜 간지를 중시하여 태
화 4년을 腆支王 때인 408년으로 보기도 하고,[75] 혹은 좀 더 면밀하게
고찰하여 백제 고유 연호인 '奉□'로 보고 무령왕 4년인 504년으로 보

71) 福山敏男, 1951 <石上神宮の七支刀> ≪美術研究≫ 158 ; 1951 <石上神宮の
　　七支刀 補考> ≪美術研究≫ 162 ; 1952 <石上神宮の七支刀 再補> ≪美術
　　研究≫ 165 ; 1969 ≪日本建築史研究≫ 재수록 ; 1971 ≪論集日本文化の起
　　源≫ 2 (平凡社 재수록)

72) 榧本杜人, 1952 <石上神宮の七支刀と其銘文> ≪朝鮮學報≫ 3 (朝鮮學會, 天
　　理) ; 西田長男, 1956 <石上神宮の七支刀の銘文> ≪日本古典の史的研究≫ (理
　　想社) ; 三品彰英, 1962 <石上神宮の七支刀> ≪日本書紀朝鮮關係記事考證≫
　　上 (吉川弘文館) ; 藤間生大, 1968 <七支刀> ≪倭の五王≫ (岩波新書) ; 栗原
　　朋信, 1970 <七支刀の銘文よりみた日本と百濟 東晉の關係> ≪歷史敎育≫ 18~4 ;
　　上田正昭, 1971 <石上神宮と七支刀> ≪日本なかの朝鮮文化≫ 9 ; 古田武彥,
　　1973 ≪失われた九州王朝≫ (朝日新聞社) ; 佐伯有淸, 1977 ≪七支刀と廣開土
　　王碑≫ (吉川弘文館) ; 坂元義種, 1978 <古代東アジアの日本と朝鮮－大王の成立
　　をめぐって－> ≪古代東アジアの日本と朝鮮≫ (吉川弘文館) ; 神保公子, 1981
　　<七支刀銘文の解釋をめぐって> ≪東アジア世界における日本古代史講座≫ 3 ;
　　鈴木靖民, 1983 <石上神宮七支刀銘についての一試論> ≪坂本太郎頌壽記念
　　日本史學論集≫ 上 ; 木村誠, 2000 <百濟史料としての七支刀銘文> ≪人文學
　　報≫ 306 (東京都立大學 人文學部) ; 濱田耕策, 2005 <4세기의 일한관계>
　　≪한일역사공동연구보고서≫ 1 (한일역사공동연구위원회)

73) 李丙燾, 1974 <百濟七支刀考> ≪震檀學報≫ 38 (진단학회, 서울) ; 1976 ≪韓
　　國古代史研究≫ (博英社) 재수록

74) 金錫亨, 1963 <삼한 삼국의 일본열도 내 분국에 대하여> ≪력사과학≫
　　1963-1 ; 1966 ≪초기조일관계연구≫ (사회과학출판사)

75) 손영종, 1983 <백제 7지도의 명문해석에서 제기되는 몇 가지 문제> 1 ≪력
　　사과학≫ 1983-4

기도 하였다.[76] 일본에서도 중국사의 관점에서 이 문제를 검토하여 동
진 태화 4년설을 부정하고 南宋 泰始 4년(468)설이 나온 바 있다.[77]

또한 고고학적으로 보아 칠지도는 鐵製三叉鉾, 鐵製蛇行劍, 有棘鐵
器(=有刺利器) 등과 형태적으로 유사하고 그 유물들은 6세기 전반에
성행하였다는 것을 밝힌 논고[78]도 있고, ≪일본서기≫에 백제사신이
칠지도와 함께 가져갔다고 나오는 칠자경은 백제 무령왕릉 출토경과
일본 출토의 七獸帶鏡을 말한다는 견해[79]도 있다. 그렇다면 칠지도는
무령왕릉의 축조 시기인 525년 무렵 또는 그보다 앞서는 가까운 시기
에 만들어진 것으로 보아야 하므로, 칠지도의 존재가 신공기의 사료적
가치를 보증해 줄 수 없게 된다.

2. 고구려와 백제의 쟁패 및 그 결과

1) 고구려의 중앙집권체제 정비 및 신라와의 연결

고구려는 371년에 故國原王이 백제의 공격을 받아 평양성에서 전사
하는 어려움을 겪고,[80] 거듭되는 외환 속에 주변 국가에 대한 거시적

---

76) 延敏洙, 1994 <七支刀銘文の再檢討 - 年號の問題と製作年代を中心に- > ≪年
   報 朝鮮學≫ 4
77) 宮崎市定, 1982 <七支刀銘文試釋> ≪東方學≫ 64 ; 1983 ≪謎の七支刀 -
   五世紀の東アジアと日本- ≫ (中央公論社) ; 1992 ≪謎の七支刀(文庫版)≫ (中
   央公論社) ; 李進熙, 1987 <日本にある百濟の金石史料> ≪馬韓百濟文化研究
   の成果と課題(第九回馬韓百濟文化國際學術會議)≫ (圓光大學校 馬韓百濟文化
   研究所)
78) 村上英之助, 1978 <考古學から見た七支刀の製作年代> ≪考古學研究≫ 25-3
79) 樋口隆康, 1972 <武寧王陵出土鏡と七子鏡> ≪史林≫ 55-4
80) ≪三國史記≫ 卷18, 高句麗本紀6 故國原王 39년, "秋九月 王以兵二萬 南伐
   百濟 戰於雉壤 敗績" ; 같은 왕 41년, "冬十月 百濟王率兵三萬 來攻平壤城.
   王出師拒之 爲流矢所中. 是月二十三日 薨. 葬于故國之原"

외교와 안정된 지배질서 창출의 필요성을 절실히 느꼈다. 그리하여 小獸林王은 前秦王 苻堅과 교류하여 불교를 받아들이고 태학을 세우고 373년에 율령을 반포함으로써 성숙한 고대국가 체제를 완성하였다. 그를 이은 故國壤王은 後燕과 대결하면서 한편으로는 한반도 동남부의 신라에 사신을 보내 수호하였다. 이 때 고구려가 신라를 지원하면서 왕족 實聖을 인질로 받은 것은,[81] 대대적인 백제 정벌을 앞두고 신라가 백제와 연결되는 것을 봉쇄하기 위한 외교 전략이었다.

이러한 대내외적인 정비에 힘입어 고구려는 391년에 廣開土王이 왕위에 오르면서부터 契丹과 後燕 및 백제에게 공세를 취하였다. 그래서 남쪽으로는 즉위 첫 해부터 백제를 공격하기 시작하여 10성을 빼앗고 關彌城(경기도 파주시 탄현면?)[82]을 함락시키더니, 396년에는 백제 58城 700村을 빼앗고 백제왕의 동생과 大臣 10인을 잡아 돌아옴으로써, 한강 이북지역을 모두 점령하였다.[83] 또한 서북쪽으로는 402년까지 요동의 주요 거점을 취득하고 후연과 공방을 거듭하다가[84] 407년 馮跋

---

81) ≪위 책≫ 故國壤王 8년, "春 遣使新羅修好 新羅王遣姪實聖爲質"

82) 尹日寧, 1990 <關彌城位置考 －廣開土王碑文·三國史記·大東地志를 바탕으로－> ≪北岳史論≫ 2 (국민대 국사학과) 103~164

83) ≪三國史記≫ 卷18, 高句麗本紀6 廣開土王 원년 "秋七月 南伐百濟 拔十城"; 같은 왕 2년, "秋八月 百濟侵南邊 命將拒之"; 같은 왕 3년, "秋七月 百濟來侵 王率精騎五千 逆擊敗之 餘寇夜走. 八月 築國南七城 以備百濟之寇"; 같은 왕 4년, "秋八月 王與百濟戰於浿水之上 大敗之 虜獲八千餘級"; ≪廣開土王陵碑文≫ 永樂 6년, "丙申 王躬率水軍 討伐殘國. (中略) 於是 得五十八城 村七百 將殘主弟幷大臣十人 旋師還都"

84) ≪三國史記≫ 卷18, 高句麗本紀6 廣開土王 원년, "九月 北伐契丹 虜男女五百口 又招諭本國陷沒民口一萬而歸"; 같은 왕 9년 2월, "燕王盛 以我王禮慢 自將兵三萬襲之 以驃騎大將軍慕容熙爲前鋒 拔新城·南蘇二城 拓地七百餘里 徙五千餘戶而還"; 같은 왕 11년, "王遣兵攻宿軍 燕平州刺史慕容歸 棄城走"; 같은 왕 13년, "冬十一月 出師侵燕"; 같은 왕 14년, "春正月 燕王熙來攻遼東城 且陷 熙命將士 '毋得先登 俟剗平其城 朕與皇后乘轝而入' 由是 城中得嚴備 卒不克而還"; 같은 왕 15년, "冬十二月 燕王熙襲契丹 至陘北 畏契丹之衆

의 쿠데타로 慕容王室이 무너짐으로써 요하 일대를 안정적으로 확보하
게 되었다.

신라는 訖解尼師今을 끝으로 昔氏 王統이 단절되고 356년에 奈勿尼
師今이 왕위에 오른 후 외교에 적극적인 면모를 보였다. 377년에 신라
가 前秦에 사신을 파견할 때 고구려의 사신과 동행했다가,[85] 381년
(혹은 382년)에 신라가 고구려를 통해 사신 衛頭를 전진에 파견했다든
가,[86] 392년에 고구려와 우호의 대가로 實聖을 볼모로 보냈다든가[87]
하는 것은 이를 반영한다. 이는 신라로서는 국가 발전에 대한 위기인
동시에 기회이기도 하였다.

여기서 주목해야 할 것은 4세기 후반의 30여 년에 걸쳐 옛 대방 지
역의 소유권을 둘러싸고 고구려와 백제 사이에 기나긴 쟁탈전이 벌어
졌다는 점이다. 백제로 볼 때는 근초고왕, 근구수왕, 진사왕, 아신왕에
걸치는 기간이었고, 고구려로 볼 때는 고국원왕, 소수림왕, 고국양왕,
광개토왕에 걸치는 기간이었다. 전투가 일어났던 주요 지역은 雉壤(황
해도 연백군 은천면), 浿河(예성강) 강변, 平壤城(평양시), 水谷城(황해
도 신계군 다율면), 都坤城, 石峴等 10여 성, 關彌城, 靑木嶺(경기도 개
성 부근) 등이었다.[88] 즉 369년부터 399년까지의 30년간에 걸쳐, 황해

欲還. 遂棄輜重 輕兵襲我. 燕軍行三千餘里 士馬疲凍 死者屬路 攻我木底城 不
克而還"

85) ≪資治通鑑≫ 卷104, 晉紀26 太元 2년, "春 高句麗·新羅·西南夷 皆遣使入貢
于秦"

86) ≪三國史記≫ 卷3, 新羅本紀3 奈勿尼師今 26년(381), "遣衛頭入苻秦 貢方物.
苻堅問衛頭曰 卿言海東之事與古不同 何耶. 答曰 亦猶中國 時代變革 名號改
易 今焉得同" ; ≪太平御覽≫ 卷781, 東夷新羅條에 인용된 ≪秦書≫에는 같
은 내용의 기사가 苻堅建元18年(382) 조에 나오고 있다.

87) ≪三國史記≫ 卷3, 新羅本紀3 奈勿尼師今 37년, "春正月 高句麗遣使. 王以高
句麗强盛 送伊飡大西知子實聖爲質"

88) ≪三國史記≫ 卷24, 百濟本紀2 近肖古王 24년(369), "秋九月 高句麗王斯由帥
步騎二萬 來屯雉壤 分兵侵奪民戶 王遣太子以兵徑至雉壤 急擊破之 獲五千餘

도 및 경기 북부지역에서는 10여 차례의 전쟁이 일어났던 것이다. 초
기에는 백제가 황해도 남부 및 예성강 유역을 차지하고 있는 상태에서
황해도 북부 및 평양성까지 넘보곤 하였으나, 392년 이후로는 전세가
역전되어 고구려가 예성강 유역까지 차지하고 한강 이남까지 넘보는
상태였다.

고구려와 백제 사이의 쟁패는 단순한 영역 다툼에 그치는 것이 아니
라 고대국가 운영에 필요한 고급 문화에 대한 소유권 다툼이기도 하였
다. 옛 낙랑군과 대방군 지역은 起源 상으로는 고조선의 유민들이 살
고 있었다고 하나, 後漢 초기 이후 중국화가 급속히 진행되어 당대의
中原文化를 시차 없이 수용해 왔던 귀족층이 광범위하게 존재하고 있
었다.[89] 그래서 고구려는 이 지역을 무리하게 직접 통치하기보다 4세

級 其虜獲分賜將士"; 같은 왕 26년(371), "高句麗擧兵來. 王聞之 伏兵於浿河
上 俟其至急擊之 高句麗兵敗北. 冬 王與太子帥精兵三萬 侵高句麗 攻平壤城.
麗王斯由力戰拒之 中流矢死. 王引軍退 移都漢山"; 같은 왕 30년(375), "秋七
月 高句麗來攻北鄙水谷城陷之. 王遣將拒之 不克 王又將大擧兵報之"; 近仇首
王 2년(376) "冬十一月 高句麗來侵北鄙"; 같은 왕 3년(377), "冬十月 王將兵
三萬 侵高句麗平壤城. 十一月 高句麗來侵"; ≪三國史記≫ 卷25, 百濟本紀3
辰斯王 3년(387), "秋九月 與靺鞨戰關彌嶺不捷"; 같은 왕 5년(389), "秋九月
王遣兵侵掠高句麗南鄙"; 같은 왕 6년(390), "九月 王命達率眞嘉謨 伐高句麗
拔都坤城 虜得二百人"; 같은 왕 8년(392), "秋七月 高句麗王談德 帥兵四萬
來攻北鄙 陷石峴等十餘城. 王聞談德能用兵 不得出拒. 漢水北諸部落多沒焉.
冬十月 高句麗攻拔關彌城"; 阿莘王 2년(393), "秋八月 王謂武曰 關彌城者 我
北鄙之襟要也. 今爲高句麗所有 此寡人之所痛惜 而卿之所宜用心而雪恥也. 遂
謀將兵一萬 伐高句麗南鄙. 武身先士卒 以冒矢石 意復石峴等五城 先圍關彌
城. 麗人嬰城固守 武以糧道不繼 引而歸"; 같은 왕 3년(394), "秋七月 與高句
麗戰於水谷城下 敗績"; 같은 왕 4년(395), "秋八月 王命左將眞武等 伐高句
麗. 麗王談德 親帥兵七千 陣於浿水之上拒戰. 我軍大敗 死者八千人. 冬十一月
王欲報浿水之役 親帥兵七千人 過漢水 次於靑木嶺下 會大雪 士卒多凍死 廻軍
至漢山城 勞軍士"; 같은 왕 7년(398), "秋八月 王將伐高句麗 出師至漢山北
柵. 其夜 大星落營中有聲. 王深惡之 乃止"; 같은 왕 8년(399), "秋八月 王欲
侵高句麗 大徵兵馬. 民苦於役 多奔新羅 戶口衰減"
89) 尹龍九, 1989 <樂浪前期 郡縣支配勢力의 種族系統과 性格> ≪歷史學報≫

기 중엽부터 5세기 초에 걸쳐 平東將軍·樂浪相 冬壽, 帶方太守 張撫夷, 幽州刺史 鎭 등의 중국 망명객을 대표자로 내세워 그들의 막부 조직을 통해 간접 통치하였다.[90] 백제가 빼앗으려고 한 것도, 고구려가 막으려고 한 것도, 바로 그들의 선진 문화와 기술 인력이었다.

4세기 후반에 한반도를 둘러싼 국제적 교섭 및 전쟁의 이면에는 고구려와 백제 사이의 옛 대방 지역의 영역과 문화 인력에 대한 소유권 다툼이 기조를 이루고 있었던 것이다. 이처럼 4세기 후반 한반도 관련 국제 정세의 기본은 고구려와 백제 양대 강국의 대결 구도였다. 그에 비하면 한반도 남부의 신라와 가야는 그에 부수적으로 연동되어 움직이는 측면이 강하였다.

2) 광개토왕릉비에 나오는 왜군의 성격

4세기 후반 김해 중심의 東部 加耶는 대방-가야-왜의 교역로에서 대방이 사라진 상태에서 왜와의 교역에 더욱 몰두할 수밖에 없었다. 4세기 후반에 속하는 김해 대성동 2호분, 13호분, 23호분에서 일본계 위세품인 바람개비형 청동기[巴形銅器]가 나오는 것은 이를 반영한다. 이러한 시기에 백제의 근초고왕이 가야와 교류를 원하자 가야제국은 이를 좋은 기회로 여겨 낙랑-대방을 대신하여 백제와 교역을 시작하였다.[91]

여기서 가야의 중개능력은 富와 기술과 무력을 모두 갖춘 데서 나오

---

126 (歷史學會) 140

90) 林起煥, 1995 <4세기 고구려의 樂浪·帶方地域 경영> ≪歷史學報≫ 147 (歷史學會) 42

91) ≪日本書紀≫ 卷19, 欽明天皇 2年 4月條, "聖明王曰 昔我先祖速古王貴首王之世 安羅加羅卓淳旱岐等 初遣使相通 厚結親好 以爲子弟 冀可恒隆"

는 것이지, 단순히 백제와 왜 사이의 교역을 위한 지리적 편의성에서
만 나오는 것은 아니었다. 김해의 가야국의 우월성은 철 생산과 철기
제작기술과 무력의 측면에서도 확인할 수 있으니, 김해 대성동 고분군
에서 출토한 다량의 덩이쇠[鐵鋌]와 철제 종장판 釘結 판갑옷 및 기마
무장 관련 유물 등은 이를 보여준다. 이는 가야가 백제를 통하여 옛 대
방 지역, 즉 황해도 방면과 교역할 수 있게 되고, 또 이어서 그 지역의
고구려 – 백제간 전쟁의 여파로 발생한 유이민을 수용함으로써 가능했
다.[92]

그에 더하여 백제와의 교역이 시작되자, 동서로 분열되었던 가야연
맹은 4세기 후반에 다시 김해의 加耶國을 중심으로 일원적으로 통합되
어, 백제와 왜 사이의 중개기지로서 안정적인 교역체계를 형성하게 되
었다. 광개토왕릉비문이나 ≪삼국사기≫ 强首傳에 보이는 '任那加羅
(任那加良)'라는 명칭은, 김해의 가야국을 중심으로 한 전기 가야연맹
의 4세기 후반 당시의 이름이며 존재방식이었고, 그 명칭의 기원은 창
원의 임나국과 김해의 加耶國의 합칭에 있었다.[93]

한편 일본열도에서 4세기 중엽부터 후반까지 거대 고분의 조영 상
황을 보면, 최대 고분들의 중심지가 기존의 奈良盆地 동남부에서 북부
의 사키[佐紀] 고분군으로 옮겨지나, 그 외의 지역에서도 분구 길이
200m를 넘는 거대한 前方後圓墳이 각지에 출현하고 있는 점이 주목된
다.[94] 그리고 그 때까지도 고분 부장품은 4세기 전반과 마찬가지로 주

---

92) 金泰植・宋桂鉉, 2003 ≪韓國의 騎馬民族論≫ (韓國馬事會・馬事博物館, 果川)
　　193~196

93) 金泰植, 1994 <廣開土王陵碑文의 任那加羅와 '安羅人成兵'> ≪韓國古代史
　　論叢≫ 6 (駕洛國史蹟開發研究院, 서울) 86

94) 白石太一郎, 2006 <倭國의 形成과 展開> ≪古代史의 흐름(列島의 古代史8)≫
　　(岩波書店) 50. 즉, 그 시기에 奈良盆地 西南部의 葛城地方에는 廣陵町 스야
　　마[巢山] 고분이나 川西町 시마노야마[島の山] 고분, 南河內의 古市 고분군에
　　도 쓰도시로야마[津堂城山] 고분이 만들어지고 있다.

술적·종교적 농경의례 물품이 주류를 이루고 있을 뿐, 새로운 발전의 기운은 나타나지 않았다. 이 사실은 한반도와의 교류가 부진한 상태가 지속되면서 왜국 수장연합 맹주의 통합력이 극히 불안정해진 것을 보이고 있다.

그러나 4세기 말엽에서 5세기 초의 일본열도에서는 河內 羽曳野市·藤井寺市의 후루이치[古市] 고분군과 堺市 모스[百舌鳥] 고분군을 축조한 신흥 세력이 갑자기 대두하였다. 이들은 교역이나 대외교섭을 중시하며 가야의 철의 교역체계를 장악하여 철제 갑주를 공급하는 새로운 위세품 체제를 구축함으로써 정권을 장악했다고[95] 한다. 다만 같은 시기의 고분 규모로 보아, 당시의 吉備 지방도 그와 유사한 움직임을 보이며 경쟁적으로 대외교역과 세력 확대에 열중하였다고 보이므로, 畿內 세력의 '장악'이라는 표현은 좀 더 후대의 사실로 미루어야 한다. 일본열도의 두 지역에 이러한 새로운 기운이 나타난 것은 일본열도의 사정보다는 한반도의 사정에 의하여 촉발되었을 개연성이 더욱 높다.

전통적으로 가야와 왜는 物的 자원인 철소재와 선진문물 및 人的 자원인 노동력[96]을 교환하는 긴밀한 교역관계를 가지고 있었고, 4세기 이후로는 선진문물 공급의 부진으로 인하여 양자의 교류가 소강상태를 유지하였으나, 4세기 말엽이 되자 한반도의 상황이 긴박해지면서 양자의 교류관계는 가야의 군수물자 수출 및 工人 지원[97]과 왜의 군사력 동원[98] 문제가 중요시되었다. 그 시기에 河內 지방을 중심으로 한 왜

---

95) 田中晋作, 1990 <百舌鳥·古市古墳群の被葬者の性格について> ≪古代學研究≫ 122 (古代學協會) ; 2000 <巴形銅器について> ≪古代學研究≫ 151

96) 신경철, 2000 <앞의 논문> 73~77

97) 4세기 말엽 이후 일본열도의 새로운 무기와 마구는 낙동강 하류 금관가야의 것이 도입되거나 또는 그 영향 아래 만들어진 것이다. 이에 대해서는 田中晋作, 橋本達也, 宋桂鉉, 小林謙一, 金斗喆, 千賀久 등의 연구가 있으며, 그에 대한 연구사 정리는 金泰植·宋桂鉉, 2003 ≪韓國의 騎馬民族論≫ (韓國馬事會·馬事博物館) 161~164 참조.

왕권은 吉備 지방을 비롯한 주변 지역 수장들과의 주도권 경쟁을 위하여 가야의 철과 기술을 필요로 하였고, 김해의 가야국을 중심으로 한 임나가라 왕권은 낙동강 유역을 둘러싼 신라와의 쟁패 및 백제와의 교류 과정에서 왜의 인력, 특히 군대가 필요하였기 때문이다.

서기 391년에 고구려 광개토왕이 왕위에 오르자, 백제 중심으로 재편되어가던 한반도 정세는 큰 변화를 일으켜, 백제 阿莘王은 396년에 고구려군의 도성 포위로부터 벗어나기 위해 영원히 '奴客'이 되겠다는 맹세까지 하였다.[99] 이에 백제 아신왕은 397년 왜국과 우호를 맺으려고 태자 腆支를 보냈으니, 여기에는 任那加羅, 즉 금관가야의 협조가 필수적이었다. 이에 백제는 가야를 매개로 하여 왜군을 끌어들였던 것이다.[100] 백제가 4세기 말 고구려와의 전쟁에 임나가라와 왜를 끌어들인 조치는, 西晉이 3세기 말 4세기 초의 극심한 내란 중에 병력 보급을 위하여 五胡를 끌어들인 것과 마찬가지의 행위였다.

광개토왕은 신라의 구원 요청을 받고 400년(永樂 10년 庚子)에 步騎 5만을 신라에 보냈다. 신라에 들어와 있던 왜군은 고구려군을 보고 물

---

98) 鈴木靖民, 2002 <倭國と東アジア> ≪日本の時代史2 倭國と東アジア≫ (吉川弘文館, 東京) 15

99) ≪廣開土王陵碑文≫ 永樂六年 丙申, "王躬率水軍 討伐殘國. 軍□□首 攻取壹八城 臼模盧城 各模盧城 幹氐利城 □□城 閣弥城 牟盧城 弥沙城 □舍蔦城 阿旦城 古利城 □利城 雜珍城 奧利城 勾牟城 古模耶羅城 莫□□□□城 □而耶羅城 瑑城 於利城 農□城 豆奴城 沸□□利城 弥鄒城 也利城 大山韓城 掃加城 敦拔城 □□□城 婁賣城 散那城 那旦城 細城 牟婁城 于婁城 蘇灰城 燕婁城 析支利城 巖門□城 □城 □□□□□□□利城 就鄒城 □拔城 古牟婁城 閏奴城 貫奴城 彡穰城 曾□城 □□盧城 仇天城 □□□□□其國城. 殘不服義 敢出迎戰. 王威赫怒 渡阿利水 遣刺迫城 □□歸穴 □便圍城. 而殘主困逼 獻□男女生口一千人 細布千匹 跪王自誓 從今以後 永爲奴客. 太王恩赦先迷之愆 錄其後順之誠. 於是 得五十八城 村七百 將殘主弟幷大臣十人 旋師還都"

100) 金泰植, 2005 <4世紀의 韓日關係史-廣開土王陵碑文의 倭軍問題를 中心으로-> ≪한일역사공동연구보고서≫ 1 (한일역사공동연구위원회) 70~74

러갔다.101) 여기서 왜군이 경주로부터 멀리 떨어진 김해 방면까지 도
망해 갔다는 것은, 그 왜군이 원래부터 임나가라의 지원에 의존하는
세력이었음을 보인다.

광개토왕릉비에 나오는 왜군의 성격에 대해서, 임나일본부설에서는
南韓(任那)에 地盤을 두고 고구려의 남침에 반격하는 日本軍이라고 보
고 있으나,102) 최근의 학자들은 그 왜군은 당시 각국의 대등한 국제관
계 속에서 들어온 것이고 규모도 그리 크지 않았는데, 광개토왕의 업
적을 강조하려는 고구려에 의하여 왜군의 활동이 과장되었다고 보고
있다. 다만 이를 주도한 것이 倭였는가,103) 百濟였는가,104) 加耶였는
가105)에 대해서는 관점이 갈리고 있다.

광개토왕릉비문의 ‘倭賊’이란 것은 실은 백제의 후원을 받는 가야-
왜 연합군인데, 고구려는 그 연합군 중에 복식이 다른 왜를 과도하게
인식하고 또 왜인들이 일부 섞여 있는 군대를 경멸하는 의식 아래 그
렇게 지칭한 것이다.106) 이는 ≪南齊書≫ 百濟傳에서 북위와 친하게

---

101) ≪廣開土王陵碑文≫ 永樂十年庚子, “敎遣步騎五萬 往救新羅. 從男居城 至
新羅城 倭滿其中. 官軍方至 倭賊退却 乘背急追 至任那加羅從拔城 城卽歸服
安羅人戍兵. 拔新羅□農城 倭寇萎潰 城夫十九 盡煞抑徙 安羅人戍兵. 師□
□□□其□□□□□□□□言□□□□□□□□□□□□□□□□□□□□
□□□□□□□辭□□□出□□□□□□□殘□潰□□城 安羅人戍兵. 昔新
羅寐錦 未有身來服事 □□□□廣開土境好太王□□□□寐錦□□僕勾□□
□□朝貢”

102) 末松保和, 1949 ≪앞의 책≫ 71~78

103) 武田幸男, 1985 <四~五世紀の朝鮮諸國> 三上次男 外, ≪シンポジウム好太
王碑≫ (東方書店, 東京) ; 濱田耕策, 2005 <4세기의 일한관계> ≪한일역
사공동연구보고서≫ 1 (한일역사공동연구위원회)

104) 千寬宇, 1977·1978 <復元加耶史> 上·中·下 ≪문학과 지성≫ 28·29·31 ;
1991 ≪加耶史研究≫ (一潮閣) ; 金鉉球, 1993 ≪任那日本府研究≫ (一潮閣)

105) 김태식, 2005 <4세기의 한일관계사-광개토왕릉비문의 왜군문제를 중심으
로-> ≪한일역사공동연구보고서≫ 1 (한일역사공동연구위원회)

106) <위 논문> 45

지내고 있던 고구려의 군대를 '魏虜'라고 칭한 것과[107] 마찬가지의 어법이다.

≪三國史記≫ 朴堤上傳에 그가 왜국에 도착했을 때(신라 눌지왕 2년, 418)의 기사에 의하면, 前에 백제인이 왜에 들어와 신라와 고구려가 왜왕국을 침략하려 한다고 '讒言'하여, 왜가 병사를 보내 '新羅國境의 밖'에서 '邏戌'케 하였는데, 고구려가 쳐들어와 왜의 '邏人'을 모두 잡아 죽였으므로, 왜왕이 백제인의 말을 참으로 믿었다고 한다.[108]

여기서 백제인의 유도로 왜의 순라병이 신라국경 밖, 즉 가야 지역에 들어와서 주둔하게 되었음을 알 수 있다. 이로 보아 왜병의 규모는 대군이 아니라 정세를 탐지하기 위한 소규모의 순라병에 지나지 않았고, 이 왜군의 동원에 백제의 의도와 가야의 협력이 작용하였다는 것을 확인할 수 있다.

당시에 고구려의 무장체계는 쇠투겁창 중심의 重裝騎兵과 步兵이 조화를 이루는 단계에서 밀집대형 騎兵隊로 넘어가는 과도기의 것이었다.[109] 가야의 무장체계는 살상력이 극대화된 단면 마름모꼴 쇠투겁창과 長頸式 쇠화살촉으로 개량되어 있었고, 防護具도 이에 대응하여 철제 종장판 釘結 판갑옷으로 전환되었으며, 목심철판피 발걸이와 하트 모양 말띠드리개도 보유하여 중장 기마전술의 구사가 가능한 수준의 것이었다.[110]

---

107) ≪南齊書≫ 卷58, 列傳39 百濟國, "是歲(490) 魏虜又發騎數十萬攻百濟 入其界. 牟大遣將沙法名・贊首流・解禮昆・木干那 率衆襲擊虜軍 大破之"
108) ≪三國史記≫ 卷45, 列傳5 朴堤上傳, "遂徑入倭國 若叛來者. 倭王疑之. 百濟人前入倭 讒言新羅與高句麗謀侵王國. 倭遂遣兵邏戌新羅境外 會高句麗來侵 幷擒殺倭邏人. 倭王乃以百濟人言爲實"
109) 余昊奎, 1999 <高句麗 中期의 武器體系와 兵種構成> ≪韓國軍事史研究≫ 2 (國防軍史研究所, 서울) 71~73
110) 金斗喆, 2003 <武器・武具 및 馬具를 通해 본 加耶의 戰爭> 韓國民族文化研究所 編, ≪加耶考古學의 새로운 照明≫ (혜안, 서울) 145

반면에 왜의 무장체계는 단검, 단도, 두께가 얇은 양날창[鈹]과 쇠화살촉 등으로 이루어졌으며, 양날창과 쇠화살촉은 어느 정도의 갑옷과 방패만 있으면 치명상을 입힐 수 없을 정도로 가벼워서, 실전적인 무기로서보다는 과시적인 위세품으로서의 성격이 강하였다.[111] 또한 4세기 후반에 일부 나타나는 일본열도의 수신판 혁철 판갑옷[竪矧板革綴短甲]과 방형판 혁철 판갑옷[方形板革綴短甲]은 한반도 남부의 종장판 정결 판갑옷[縱長板釘結板甲]의 영향을 받아 만들어진 것이나, 가야의 판갑옷을 제대로 구현하지 못하여 전체 구조나 제작 기법에 상당한 차이가 있는 미숙한 것이었다.[112]

그 결과 가야를 매개로 하여 동원된 왜군들은 위와 같은 무장 수준의 차이로 인하여 한반도 내에서 독자적인 행위를 하기 보다는 가야군대의 하급단위로 편제되어 활용되었을 것이다.[113] 그들은 가야의 의도에 따라 對新羅 戰線에 투입되기도 하고 백제와 가야의 교섭에 따라 고구려와의 전쟁에 투입되기도 하였으니, 실상 광개토왕릉비에 나오는 '倭賊' 또는 '倭寇'는, 가야군을 주력으로 삼고 있으면서 왜의 원군이 일부 가세된 가야-왜 연합군이었다.

3) 백제의 대패 및 전기 가야연맹의 해체

400년, 즉 庚子年의 전투는 고구려측 비문의 기술에 따라 고구려군

---

111) 松木武彦, 1999 <古墳時代の武裝と戰鬪> ≪戰いのシステムと對外戰略≫ (東洋書林, 東京)
112) 橋本達也, 2002 <古墳時代甲冑の系譜－朝鮮半島との關係－> ≪第5回 歷博國際シンポジウム 古代東アジアにおける倭と加耶の交流 發表要旨(國立歷史民俗博物館 발표요지)≫ (佐倉) 115~118
113) 金斗喆, 2005 <4세기 후반~5세기 초 고구려·가야·왜의 무기·무장체계 비교> 한일관계사연구논집편찬위원회 편, ≪광개토대왕비와 한일관계≫ (景仁文化社) ; 金泰植, 2005 <앞 논문> 73

과 왜군이 치른 것처럼 되어 있으나, 실상은 해당 지역인 낙동강 유역
을 둘러싼 양대 세력, 즉 신라와 가야 사이의 패권 경쟁이었다고 보는
것이 정당하다. 고구려의 步騎 5만 대군은 소수의 왜군을 겨냥한 군대
가 아니라, 신라의 요청에 따라 그 배후의 가야연맹 핵심부를 치기 위
해 동원된 것이라고 보아야 한다. 고구려는 가야 정벌을 통하여 백제
와 왜를 견제하는 효과를 얻었을 뿐만 아니라 신라로부터도 일정한 반
대급부를 취하였을 것이다.

임나가라에서 합쳐진 가야-왜 연합군은, 추격해 온 고구려-신라 연
합군이 城에 이르자 곧 항복하였다. 가야 자체의 전반적인 군비나 전
투 능력은 신라에 비하여 손색이 없었으나, 그를 구원한다는 명목으로
남하해 온 고구려의 대군에 비하면 열세였기 때문이다. 그 직후에 고
구려는 평정한 임나가라에 '羅人', 즉 순라병을 두어 지키게 하였다.
물론 여기서의 '安羅人戍兵'이라는 구절을 함안 안라국의 수비대를 가
리키는 명사로 보는 견해도 있으나, 그렇게 되면 문맥이 닿지 않는다.
다만 고구려가 순라병을 두었다고 해도, 이 지역은 고구려에 인접한
곳이 아니었기 때문에 고구려가 신라군을 배제하고 이를 독자적으로
유지할 수는 없었을 것이다.[114]

그런데 광개토왕릉비문에 의하면 永樂 14년 甲辰條에도 '倭'가 나온
다. 거기서 왜군이 帶方界, 즉 황해도 방면에 침입하였다가 고구려 평
양에서 출동한 광개토왕이 이끄는 군대에게 토벌되었다는 줄거리는 명
백하다.[115] 다만 이 비문만으로는 왜와 백제의 연계성이 불확실하기
때문에, 이 기사를 그저 왜군의 반격으로만 보기도 하고,[116] 백제와의

---

114) 金泰植, 1994 <廣開土王陵碑文의 任那加羅와 '安羅人戍兵'> ≪韓國古代史
論叢≫ 6, 99~100

115) ≪廣開土王陵碑文≫ 永樂十四年甲辰條, "而倭不軌 侵入帶方界 □□□□□
石城 □連船□□□ 王躬率□□ 從平穰 □□□鋒相遇. 王幢要截盪刺 倭寇
潰敗 斬煞無數"

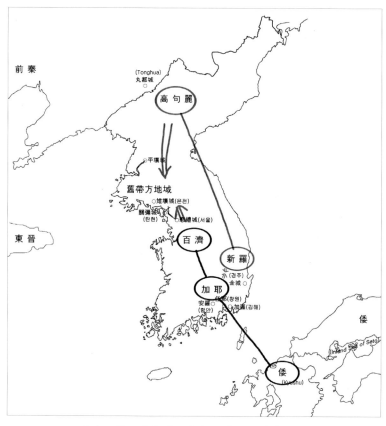

[지도 4] 4세기 말 5세기 초의 동아시아 정세

결탁에 의한 공동작전으로 보기도 한다.[117] 404년에는 왜군이 어째서
九州, 가야, 백제를 지나 帶方界에까지 나타나 고구려와 싸웠는가? 대
방계는 당시에 고구려와 백제의 경계지역이었다.

---

116) 末松保和, 1949 ≪任那興亡史≫ 75
117) 李丙燾, 1976 ≪韓國古代史硏究≫ (博英) 384 ; 王健群, 1984 ≪好太王碑硏
究≫ (吉林出版社) ; 王健群 著, 林東錫 譯, 1985 ≪廣開土王碑硏究≫ (역민
사, 서울) 275 ; 鈴木靖民, 1988 <好太王碑の倭の記事と倭の實體> 讀賣テレ
ビ放送 編, ≪好太王碑と集安の壁畵古墳≫ (木耳社, 東京) 63~64

여기서 생각해 볼 것은 그 왜군이 가야를 돕기 위한 군대인가, 또는 백제를 돕기 위한 군대인가 하는 점이다. 397년에 아신왕이 왜국과 우호를 맺었다거나,[118] 광개토왕이 399년에 백제와 왜가 화통한다는 것을 듣고 평양성으로 내려갔다는 것으로[119] 보아, 일단 백제의 원병이었다고 생각된다. 404년에 대방계에 나타나 (殘兵과 화통하여?) 배를 이어 공격하다가 궤멸 당했다는 '倭寇', 즉 가야-왜 연합군은 백제를 위해 동원된 것이라고 할 수 있다.

399년과 400년에 신라를 침입했다는 왜군은 행동반경으로 보아 가야를 위해 일하고 있었다. 그 동안의 고고학적 발굴 성과나 기록으로 보아서도, 왜군은 가야를 위한 군대였다고 보는 것이 타당하다. 당시의 일본열도에 가야의 문물은 많은 영향을 미쳤으나 백제의 문물이라고 볼 수 있는 것은 거의 나타나지 않고[120] 있기 때문이다. 그렇다면 404년의 왜병도 백제가 위기의식을 조장하여 끌어들인 것이었으나, 역시 가야를 매개로 하지 않고서는 불가능한 것이었다.

즉 김해의 가야국은 대내적으로 가야연맹 내에서의 주도권을 장악하고, 대외적으로 신라에 대항하고 백제와의 선진문물 교류에 응하기 위하여 왜의 군사력을 동원한 것이다. 그러므로 이는 고대 일본의 이

---

118) ≪三國史記≫ 卷25, 百濟本紀3 阿莘王 6年, "夏五月 王與倭國結好 以太子腆支爲質"

119) ≪廣開土王陵碑≫ 永樂九年 己亥, "百殘違誓 与倭和通. 王巡下平穰. 而新羅遣使白王云 倭人滿其國境 潰破城池 以奴客爲民 歸王請命. 太王恩慈 矜其忠誠 特遣使還 告以密計"

120) 일본열도 소재 4세기의 백제계통 문물로는 兵庫縣 데아이[出合] 유적의 窯와 甕, 시루[甑], 無文 內拍子 등의 軟質土器에 불과하고, 長野縣 아사가와바타[淺川端] 유적 출토 馬形帶鉤도 백제 중앙보다는 天安을 포함한 牙山灣 일대로부터 이입된 것으로 보인다. 이 유적의 마형대구는 같은 長野縣의 네쯔카 유적에서 金海市 良洞里 古墳群 출토품과 같은 계통의 蕨手紋裝飾附鐵劍이 출토되고 있어 역시 金海 지역의 중개로 반입되었을 가능성이 높다. 朴天秀, 2007 ≪새로 쓰는 고대한일관계사≫ (사회평론, 서울) 78~79

른바 '南韓經營'이라는 차원이 아니라, 평상적인 가야와 왜 사이의 인적·물적 자원교역 전통이 백제의 개입으로 증폭되어 고구려와의 전쟁에 투입된 것, 즉 백제의 이민족 동원능력이라는 차원으로 이해해야 할 것이다.

《三國史記》 新羅本紀에 나오는 신라를 침공한 倭人·倭兵은 시기적으로 제한되어 있어서 사료 原典에 대하여 추구할 문제점을 가지고 있고, 그러면서도 대체로 계절적으로 약탈을 행하는 해적의 성격을 띤다고 보이나[121] 그 중에 일부는 가야의 지원을 받은 왜군이 가야 영역에 들어와 있다가 신라를 공략하는 경우도 있었을 것이다.[122]

결국 고구려-신라 연합군의 임나가라 정복지에 대한 순라병 설치를 비롯한 일련의 전투로 인하여, 4세기 이후 본격화된 영남 지역의 패권경쟁에서, 고구려의 무력을 앞세운 신라는 결정적으로 가야보다 앞설 수 있게 되었으며, 백제는 옛 대방 지역의 영토와 함께 가야 지역을 중개기지로 하는 대왜 교역망을 상실하게 되었다.[123] 이 사건의 여파로 백제의 右翼이면서 김해의 加耶國을 대표로 하는 전기 가야연맹은 막을 내렸다. 고구려군의 南征은 전기 가야연맹을 해체시키면서 한반도 사국의 세력판도를 백제 위주로부터 고구려 위주로 바꾸어 놓았으며, 그 중에서 가장 큰 희생의 제물은 가야였다.

---

121) 旗田巍, 1975 <三國史記新羅本紀にあらわれた倭> 《日本文化と朝鮮》 2

122) 《三國史記》 卷3, 新羅本紀3 慈悲痲立干 6년(463)조, "春二月 倭人侵歃良城 不克而去 王命伐智·德智 領兵伏候於路 要擊大敗之 王以倭人屢侵疆場 緣邊築二城"의 歃良城 침입 기사가 그런 것 중의 하나이나, 그 전에도 그런 성격의 것이 있을 수 있다.

123) 金泰植, 2005 <4世紀의 韓日關係史-廣開土王陵碑文의 倭軍問題를 中心으로-> 《한일역사공동연구보고서》 1 (한일역사공동연구위원회)

Ⅲ. 고구려의 남진과 백제·가야·신라·왜의 저항

1. 5세기 전반의 한반도와 일본열도

1. 고구려와 백제의 국제교류망 구축

고구려는 4세기 말 5세기 초의 광개토왕 재위 기간 중에 광대한 영토를 획득하였다. 서쪽으로는 요하까지 닿았고, 서북으로 거란을 쳐서 일부를 귀속시키고, 북으로 북부여를 점령하여 말갈족의 대부분을 복속시키고, 동으로 동부여를 병탄하였으며, 남으로 백제를 쳐서 한강 이북을 차지하였다. 長壽王은 이를 바탕으로 427년에 평양으로 천도하여124) 안정을 도모하였으며, 436년에는 北燕 왕 馮弘의 무리를 받아들이면서125) 北魏와 긴장관계를 맺기도 하였다.

그러나 고구려는 대체로 중국의 東晉, 宋 및 北魏와 조공관계를 맺고 우호적인 교역을 이루었다. 5세기의 각종 국제 기록들을 통관해 볼 때,126) 5세기 당시 동북아시아 동북부의 중추적 중개 교역자였던 고구

---

124) ≪三國史記≫ 卷18, 高句麗本紀6 長壽王 15년, "移都平壤"
125) ≪위 책≫ 長壽王 24년, "夏四月 魏攻燕白狼城 克之. 王遣將葛盧·孟光 將衆 數萬 隨陽伊至和龍 迎燕王"
126) ≪宋書≫ 卷97, 列傳57 夷蠻 東夷高句驪國, "高句驪王高璉 晉安帝義熙九年 (413) 遣長史高翼 奉表獻赭白馬. (中略) 璉每歲遣使 十六年(439) 太祖欲北討 詔璉送馬, 璉獻馬八百匹. (中略) 大明三年(459) 又獻肅愼氏楛矢石砮"; ≪北 史≫ 卷94, 列傳82 室韋國(南室韋), "多猪·牛. (中略) 其國無鐵, 取給於高麗. 多貂"; ≪建康實錄≫ 南齊 高麗傳, "其官位加長史司馬參軍之屬. 拜則申一 脚 坐則跪 行則走 以爲恭敬 國有銀山 採爲貨 並人參貂皮. 重中國綵纈 丈夫 衣之 亦重虎皮"; ≪魏書≫ 卷100, 列傳88 高句麗, "後貢使相尋 歲致黃金二 百斤 白銀四百斤"

려의 위치를 알 수 있다. 즉 고구려는 挹婁, 南室韋, 夫餘, 涉羅 등의
주변 민족에게 철기 생활도구 등을 공급하고 그 대가로 담비를 비롯한
동물 가죽이나 천연 보석류를 받아 중국 남북조에 중개 교역하고, 자
신들이 생산하는 銀이나 말을 중국에 보내고 그 대가로 중국 문물을
수입하였다. 고구려의 성장 동력은 동북아 일대의 광범위한 영역에 걸
쳐 성장하던 서로 다른 민족들의 문화적 차이를 알고 이를 총괄하는
대표자가 되어 중국과 중개 교역하던 능력에 있었던 것이다.[127]

반면에 397년에 왜국에 갔다가 405년에 귀국하여 왕이 된 백제 전
지왕은[128] 409년과 418년에 왜국과의 공식적 교섭을 이루었고,[129] 이
런 성향은 毗有王 즉위 직후인 428년까지 이어졌다.[130] 그러나 비유왕
은 얼마 후 왜국 일변도의 교섭에서 벗어나 고구려에 대항하는 중국
남조 및 한반도 남방 제국의 동맹 네트워크를 구성하려고 노력하였다.
그가 429년, 430년, 440년, 450년에 걸쳐 중국 남조의 宋나라에 사신을
보내고,[131] 한반도 남부 쪽으로도 433년 및 434년에 신라에 사신을 파

---

127) 金昌錫, 2004 <高句麗 초·중기의 對中 교섭과 교역> ≪新羅文化≫ 24 (東
國大學校 新羅文化研究所) 24 ; 金泰植, 2006 <韓國 古代諸國의 對外交易
-加耶를 中心으로-> ≪震檀學報≫ 101, 6

128) ≪三國史記≫ 卷25, 百濟本紀3 腆支王 卽位年, “阿莘在位第三年 立爲太子.
六年 出質於倭國. 十四年 王薨 王仲弟訓解攝政 以待太子還國. 季弟碟禮殺訓
解 自立爲王. 腆支在倭聞訃 哭泣請歸. 倭王以兵士百人衛送. 旣至國界 漢城
人解忠來告日 大王棄世 王弟碟禮殺兄自王 願太子無輕入. 腆支留倭人自衛
依海島以待之. 國人殺碟禮 迎腆支卽位”

129) ≪위 책≫ 腆支王 5년, “倭國遣使 送夜明珠 王優禮待之” ; 같은 왕 14년,
“夏 遣使倭國 送白綿十匹”

130) ≪위 책≫ 毗有王 2년, “倭國使至 從者五十人”

131) ≪宋書≫ 卷97, 列傳57 夷蠻傳 百濟國, “(元嘉)七年 百濟王餘毗 復修貢職
以映爵號授之. 二十七年 毗上書獻方物 私假臺使馮野夫西河太守 表求易林·
式占·腰弩 太祖並與之” ; ≪三國史記≫ 卷25, 百濟本紀3 毗有王 3년, “秋
遣使入宋朝貢” ; 같은 왕 4년, “夏四月 宋文皇帝 以王復修職貢 降使册授先
王映爵號” ; 같은 왕 14년, “冬十月 遣使入宋朝貢”

건하여 좋은 말과 흰 매를 보내132) 우호관계를 튼 것은 이를 말해준다.

또한 이를 전후해서 백제는 영산강 유역에 대해서도 적극적인 교섭 의지를 보였다. 5세기 중반 이후 나주 반남 고분군의 성장은 백제의 이러한 조치에 영향을 받았던 것이다. 5세기 중후반의 것으로 추정되는 나주 반남면 신촌리 9호분의 대형 독무덤에서 백제 계통의 금동관과 금동장식신발 등의 복식 유물과 백제 계통의 은상감 단봉문 고리자루큰칼[銀象嵌單鳳文環頭大刀]이 출토된 것은 주목할 만하다.133) 백제계 유물의 새로운 등장은 백제와의 보다 직접적인 교섭에 의한 것이 틀림없다. 독무덤[甕棺]이라는 묘제는 그대로 유지되고 있음으로 보아 아직 이 지역의 토착 세력이 완전히 해체되지는 않은 듯하나, 5세기 중반에는 그 首長이 백제의 벼슬을 받고 대외적으로 '백제의 영토'라고 칭해졌을 가능성도 있다.

한편 5세기 전반의 백제가 왜와 교류를 하기 위해서는 여전히 가야 세력의 중개가 필요하였을 것이다. 그런데 ≪日本書紀≫ 神功紀와 應神紀의 기록에는 서기 262년에 백제 장군인 木羅斤資가 왜왕의 명령을 받아 加羅의 사직을 복구해 주었다거나,134) 294년에 그의 아들인 木滿致가 아버지의 공으로 任那를 오로지하고 백제와 왜국을 왕래하면서 백제 조정에서 높은 권세를 누렸다는135) 등의 기록이 나온다. 이 기사

---

132) ≪三國史記≫ 卷25, 百濟本紀3 毗有王 7년 "遣使入新羅請和" ; 같은 왕 8년, "春二月 遣使新羅 送良馬二匹 秋九月 又送白鷹"

133) 이정호, 1999 <영산강유역의 고분 변천과정과 그 배경> 崔盛洛 編著, ≪榮山江流域의 古代社會≫ (學研文化社) 114

134) ≪日本書紀≫ 卷9, 神功皇后 攝政 62년(262), "新羅不朝. 卽年 遣襲津彦擊新羅.[百濟記云 壬午年 新羅不奉貴國. 貴國遣沙至比跪 令討之. 新羅人莊飾美女二人 迎誘於津. 沙至比跪 受其美女 反伐加羅國. 加羅國王己本旱岐 及兒百久至・阿首至・國沙利・伊羅麻酒・爾汶至等 將其人民 來奔百濟. 百濟厚遇之. 加羅國王妹旣殿至 向大倭啓云 天皇遣沙至比跪 以討新羅. 而納新羅美女 捨而不討 反滅我國. 兄弟人民 皆爲流沈. 不任憂思 故以來啓. 天皇大怒 卽遣木羅斤資 領兵衆來集加羅 復其社稷. (下略)]"

들을 문장 그대로 믿을 수는 없지만, 《三國史記》 百濟本紀 蓋鹵王 21년(475) 조의 木劦滿致와 관련하여 그 편년을 3갑자 내려서 보고[136] 제한적인 사실성을 인정한다면 그 시기를 442년 및 474년으로 결정하게 되어, 5세기 중엽 이후로 '加羅' 즉 고령의 伴跛國을 중심으로 한 백제-왜 교류 관계가 존재했던 것을 추정해 볼 수 있다. 이는 백제 귀족인 목씨의 활동을 매개로 하여[137] 고령의 반파국이 백제의 대왜 교통에 협조한 것을 가리키는 것이 아닐까 한다.[138] 多沙城을 백제의 '往還路驛'으로 주었다는 神功紀 50년 조의 기사로 보아,[139] 430년 이래 백제와 반파에 의하여 경남 하동 방면이 대왜 교역의 중간 기착지로 이용된 것을 짐작할 수 있다. 백제가 가야 지역 중에서도 내륙 깊은 곳에 있던 고령의 반파국에 주목하지 않을 수 없었던 이유는, 그들의 제철 산업 기반과 대왜 교역 능력 때문이라고 할 수 있다.

백제 계통의 금은상감 고리자루큰칼이 5세기 2/4분기로 편년되는 고령 지산리 32NE-1호분과 남원 월산리 M1-A호분에서 출토된 것은,

---

135) 《日本書紀》 卷10, 應神天皇 25년(294) "百濟直支王薨. 卽子久爾辛立爲王. 王年幼. 木滿致執國政 與王母相婬 多行無禮. 天皇聞而召之. [百濟記云 木滿致者 是木羅斤資討新羅時 娶其國婦而所生也. 以其父功 專於任那. 來入我國 往還貴國. 承制天朝 執我國政 權重當世. 然天朝聞其暴 召之.]"

136) 山尾幸久, 1978 <任那に關する一試論 - 史料の檢討を中心に->《古代東アジア史論集》 下卷 (末松保和博士古稀記念會編) (吉川弘文館) 198~202

137) 李道學, 1995 《백제 고대국가 연구》 (一志社) 195~197

138) 《宋書》 卷97, 夷蠻傳 百濟國條의 기록으로 보아, 蓋鹵王 4년(458)에 왕의 추천으로 송나라로부터 관작을 받은 11인 중에 8인이 백제의 왕족인 餘氏인데 그들과 어깨를 나란히 하여 木羅斤資로 추정되는 木衿이 龍驤將軍의 작호를 받은 것은, 개로왕이 그의 이러한 공로를 크게 인정한 덕분이라고 보인다. 金琪燮, 2000 《백제와 근초고왕》 (學研文化社) 166

139) 《日本書紀》 卷9, 神功皇后 攝政 50년(250) "夏五月 千熊長彦·久氐等 至自百濟. 於是 皇太后歡之 問久氐曰 海西諸韓 旣賜汝國 今何事以頻復來也. 久氐等奏曰 天朝鴻澤 遠及弊邑. 吾王歡喜踊躍 不任于心. 故因還使 以致至誠. 雖逮萬世 何年非朝. 皇太后勅云 善哉汝言. 是朕懷也. 增賜多沙城 爲往還路驛"

백제 귀족인 목씨의 활동 결과를 반영한다고 보인다.[140] 다만 고령 지산리 고분군의 해당 시기 유물에 백제계 문물의 요소는 고리자루큰칼과 같은 일부 위세품에 지나지 않고, 토기를 비롯한 대부분의 생활 유물은 재지 기반의 독자적인 것이었다는 점으로 보아, 이 당시에 목씨의 매개를 통해 고령 지방에 미친 백제의 영향력은 강압적인 것이 아니라 고령 세력의 선택에 의한 상호동맹적인 성격의 것이었음을 알 수 있다.

2) 신라의 6부체제 형성과 대외관계

신라는 4세기 말 5세기 초에 고구려 군대의 도움을 받아 가야-왜 연합군을 물리치고 낙동강 동쪽의 가야 세력을 대부분 복속시키면서 크게 성장하였다. 신라의 초기 왕릉인 돌무지덧널무덤[積石木槨墳]의 출토품에 靑銅壺杅, 銀盒을 비롯한 각종 고구려 계통 漢式 청동용기 뿐만 아니라 중앙아시아의 페르시아, 흑해 연안, 카자흐스탄, 스키타이, 중국 북방의 흉노를 비롯한 胡族의 물품들이 출토된 것으로 보아[141] 신라는 고구려를 매개로 한 교역을 통해 활발한 문화 변혁을 이루어나 갔음을 알 수 있다.[142] 그 대가로 신라는 한동안 고구려의 정치적 영향력에 시달려야 했다.

392년에 고구려에 볼모로 갔던 實聖이 401년에 돌아온 후[143] 그 이

---

140) 淸州 新鳳洞 고분군의 출토 유물을 기반으로 하여 백제 귀족 木氏의 세력 근거지로 淸州 지역을 손꼽는 견해가 있다. 朴淳發, 2000 <百濟의 南遷과 榮山江流域 政治體의 再編> ≪韓國의 前方後圓墳≫ (충남대학교출판부) 130

141) 崔秉鉉, 1992 ≪新羅古墳研究≫ (一志社) 347~351

142) 金泰植, 2006 <韓國 古代諸國의 對外交易-加耶를 中心으로-> ≪震檀學報≫ 101.

143) ≪三國史記≫ 卷3, 新羅本紀3 奈勿麻立干 37년, "春正月 高句麗遣使. 王以

듬해에 奈勿王이 죽고 실성이 왕위에 올랐다든가, 417년에 실성왕은
고구려군을 이용하여 訥祇를 죽이려 하였으나 눌지가 이를 역이용하여
실성을 죽이고 왕위에 올랐다든가[144] 하는 것은 이를 보여주고 있다.
그러나 신라는 한편으로는 고구려의 영향력을 배경으로 삼고 한편으로
는 스스로를 신라 지역 통합의 주체로 부각시킴으로써 커다란 국가적
성장을 이루어 초기 고대국가로 발돋움했다. 이는 신라가 언제 部體制
를 성립시켰는가와 같다고 할 수 있다. 여기서 部는 외교권과 무역권
은 박탈당하였으나 자치권을 유지하고 있는 단위정치체였다가,[145] 고
대국가 완성 단계 이후로는 수도 내의 행정구역으로 전환되는 존재를
가리킨다.[146]

高句麗强盛 送伊湌大西知子實聖爲質" ; 같은 왕 46년, "秋七月 高句麗質子
實聖還"

144) ≪위 책≫ 訥祇麻立干 卽位年, "奈勿王三十七年 以實聖質於高句麗. 及實聖
還爲王 怨奈勿質己於外國 欲害其子以報怨 遣人招在高句麗時相知人 因密告
見訥祇則殺之. 遂令訥祇往 逆於中路. 麗人見訥祇 形神爽雅 有君子之風 遂告
曰 爾國王使我害君 今見君 不忍賊害 乃歸. 訥祇怨之 反弑王自立" ; ≪三國
遺事≫ 第18, 實聖王條, "王忌憚前王太子訥祇有德望 將害之 請高麗兵而詐
迎訥祇. 高麗人見訥祇有賢行 乃倒戈而殺王 乃立訥祇爲王而去"

145) 盧泰敦, 2000 <초기 고대국가의 국가구조와 정치운영> ≪韓國古代史研究≫
17, 26

146) 기존 설의 추이를 살펴보면 초기에는 신라의 六部 성립 시기를 5세기 후반 이
후로 보았으나[末松保和, 1936 <新羅六部考> ; 1954 ≪新羅史の諸問題≫, 재
수록 ; 李丙燾, 1937 <三韓問題의 新考察(六)> ≪震檀學報≫ 7 ; 金哲埈,
1952 <新羅 上代社會의 Dual Organization> ≪歷史學報≫ 1·2), 部體制라는
이름으로 심화시킨 연구에서는 5세기 전반 訥祇麻立干 대를 주목하다가, 최
근으로 올수록 그 시기를 점점 올려 잡아 3세기 중엽까지 올라갔으며[全德在,
1992 <新羅 6部體制의 變動過程 研究> ≪韓國史研究≫ 77 ; 1996 ≪新羅六
部體制研究≫ (一潮閣)], 그 중에는 1세기 초로 올려 잡은 견해도 있다[李鍾旭,
1980 <新羅上古時代의 六村과 六部> ≪震檀學報≫ 49 ; 李文基, 1981 <金
石文資料를 통하여 본 新羅의 六部> ≪歷史敎育論集≫ 2 ; 崔在錫, 1987
<新羅의 六村·六部> ≪韓國古代社會史研究≫ (一志社) ; 朱甫暾, 1992 <三
國時代의 貴族과 身分制> ≪韓國社會發展史論≫ (一潮閣)]. 연구 초기에는

신라의 경우에는 고분 유물 상으로 보아 위세품을 주변의 部로 추정되는 親新羅系 지방 세력들에게 賜與하는 현상이 전형적으로 나타나는 시기가 5세기이다. 5세기 초부터 6세기 초에 걸쳐 강원도 삼척, 경상북도 순흥, 안동, 의성, 선산, 성주, 칠곡, 대구, 경산, 영일, 경상남도 창녕, 양산, 부산 등에서 신라 계통의 금동관, 귀걸이, 허리띠장식 등이 출토되었다.[147] 거기서 출토된 신라 冠의 양식적 齊一性은 마립간 시기에 착장형 위세품의 分與를 매개로 중앙과 지방 정치체 사이에 형성된 간접 지배 양상에 기반을 두고 있다.[148]

이러한 신라의 위세품들이 출토된 지방은 아직 그 지역 지배층의 통치 기반이 신라에 의해 완전히 해체되지는 않았다고 하더라도, 이미 신라의 영역 내에 포함되어 신라 왕권에게 일정한 규제를 받고 있었다고 판단된다.[149] 뿐만 아니라, 그 지역의 고분들은 5세기 전반 이후 신라계 유물들이 유입되면서 규모도 커지고 부장품도 많아지는 특징이 있다. 이는 그들이 신라 왕권의 지원을 받으며 발전하고 있음을 보여주고 있다.[150] 그러므로 신라의 6부체제는 5세기 전반에 성립되었으며, 그 결과 선산, 대구, 경산, 창녕, 양산, 부산 등지를 아우르는 초기 고대국가를 성립시켰다고 보아야 한다. ≪삼국사기≫에서 눌지왕이 位

都城의 행정구역을 6부로 구분하고 그 위에 6部貴族制가 운영된 시기를 6部制라고 칭했기 때문에, 그 성립 시기를 5세기 후반 이후로 잡는 것이 당연하다. 그러나 部體制에 대한 새로운 개념이 도입된 단계에 와서는, 연맹 소속국들의 외교권이 왕권에 의하여 통제되어 대외관계의 창구가 단일화되는 시기를 중시하였다.

147) 李漢祥, 1995 <5～6세기 新羅의 邊境支配方式> ≪韓國史論≫ 33, (서울대학교 국사학과) 63
148) 咸舜燮, 2002 <신라와 가야의 冠에 대한 序說> ≪大加耶와 周邊諸國≫ (高靈郡·韓國上古史學會) 146
149) 金泰植, 1985 <5세기 후반 大加耶의 발전에 대한 硏究> ≪韓國史論≫ 12, 47～49; 2002 ≪미완의 문명 7백년 가야사 1권≫ (푸른역사) 162～163
150) 李熙濬, 2007 ≪신라고고학연구≫ (사회평론) 243～244

號를 尼師今에서 麻立干으로 고친 첫 왕으로 기록되고 있음은 이런 연유에서이다.

눌지마립간은 고구려 군대의 도움을 받아 417년에 왕위에 올랐으나, 그 후 418년에 水酒村干(경북 예천), 一利村干(고령군 성산면), 利伊村干(영주) 등을 불러 의논하여 歃良州干(양산) 堤上을 보내 고구려와 왜에 볼모로 보낸 동생들을 귀환시키고,[151] 433년과 434년에 이어진 백제의 화친 요청을 수락함으로써[152] 고구려의 영향력을 배제하려고 노력하였다.

다만 고구려 계통 청동용기의 출토가 5세기 후반까지 이어지는 것으로 보아, 신라는 아직 고구려와의 단절을 추진할 수는 없었다. 그럼에도 불구하고 신라 내에서 反고구려의 분위기는 무르익어 450년에 신라 何瑟羅城(강원 강릉) 성주가 悉直(삼척) 들에 들어와 사냥하던 고구려 변방의 장수를 죽이는 사건이 일어나기도 하였다.[153] 그러나 고구려가 사신과 군사를 내어 이에 항의하자 신라 왕이 겸손한 말로 사과했다는 것으로 보아,[154] 신라는 아직 고구려를 무시할 수 없었던 것이다.

---

151) ≪三國史記≫ 卷45, 列傳5 朴堤上傳, "及訥祇王卽位 思得辯士 往迎之 聞水酒村干伐寶靺·一利村干仇里迺·利伊村干波老三人有賢智 召問曰 吾弟二人質於倭·麗二國 多年不還 兄弟之故 思念不能自止 願使生還 若之何而可. 三人同對曰 臣等聞歃良州干堤上 剛勇而有謀 可得以解殿下之憂. 於是 徵堤上使前 告三臣之言而請行. 堤上對曰 臣雖愚不肖 敢不唯命祇承. (下略)"; ≪三國史記≫ 卷3, 新羅本紀3 訥祇麻立干 2년, "春正月 親謁始祖廟 王弟卜好 自高句麗 與堤上奈麻還來. 秋 王弟未斯欣 自倭國逃還"

152) ≪三國史記≫ 卷3, 新羅本紀3 訥祇麻立干 18年, "春二月 百濟王送良馬二匹. 秋九月 又送白鷹. 冬十月 王以黃金明珠 報聘百濟"

153) ≪위 책≫ 訥祇麻立干 34年, "秋七月 高句麗邊將 獵於悉直之原 何瑟羅城主三直 出兵掩殺之"

154) 위와 같은 조, "麗王聞之怒 使來告曰 孤與大王 修好至歡也 今出兵殺我邊將 是何義耶. 乃興師侵我西邊 王卑辭謝之 乃歸"

3) 가야 지역의 세력 구도 변화

전기 가야연맹의 소멸과 함께 일시적으로 약화되었던 가야 지역은 멸망하지 않고 지속적으로 존속하고 있었으나, 그들이 국제 관계 속에서 어떤 위치에 있었는지는 문헌상으로 확인되지 않는다. 고고학적인 유적 상황을 토대로 5세기 이후 가야 지역 내부의 정세를 정리해 보면, 낙동강 동쪽 지역은 신라 문화권으로 이탈해 들어가고, 낙동강 서쪽의 후기 가야 문화권은 그 내부에서 고령권, 함안권, 고성 – 진주권, 김해권 등의 4개 권역으로 구분된다.

첫째, 신라에 자발적으로 투항하였다고 보이는 성주, 창녕, 양산, 부산 지역은 5세기 내내 크게 발전하여 고분 규모가 커지고 경주 계통의 유물이 풍부하게 나타난다. 이 지역은 원래 가야연맹 소속이었으나, 신라에 복속하는 대가로 독립적인 지역 지배권을 신라로부터 인정받고 그 후원을 받으면서 발전하고 있었던 것이다.155) 이들은 김해의 맹주국이 약화된 것을 계기로 대왜 교역을 주도하면서 신라 문물을 중개하기도 하고, 가야제국의 팽창을 견제하는 역할을 담당하였다.

둘째, 조개무지[貝塚] 및 대형 덧널무덤[木槨墓] 등이 다량 출토되던 김해를 중심으로 한 낙동강 하구 유역의 해안 지대에서는 5세기에 들어오면서 갑자기 고분 유적의 수효가 줄어들고 규모도 소형 돌덧널무덤[石槨墓] 정도로 축소되고, 일부 신라 계통 유물이 복합되는 현상이 나타났다. 이러한 현상은 그 지역에서 번성하였던 전기 가야연맹의 소멸을 직접적으로 반영하는 것이다.156)

셋째, 함안에는 의령, 칠원, 마산, 진북, 군북을 포함한 일대에 소형 군집분과 중소형 봉토분으로 조합된 하위 고분군 그룹들을 거느린 도

---

155) 金泰植, 2002 ≪미완의 문명 7백년 가야사 1권≫ (푸른역사) 168
156) ≪위 책≫ 169

항리 고분군이 비약적인 발전을 보이는 것이 특징적이다. 그러나 함안 양식 토기 문화권은 다른 지역으로 문화권이 넓혀지지도 못하였고, 다른 문화권의 침범을 거의 허용하지도 않아서[157] 고립적이고 자급자족적 특성을 보여주었다.

넷째로, 고성, 사천, 진주 지방에 걸친 고성 양식 토기의 존재 범위는 매우 넓게 나타나서, 그에 인접한 거창, 함양, 아영 지방의 세력권이나 함안, 의령, 칠원 지방의 세력권과 활발하게 교류하는 면모를 띠었다.[158] 그러나 이 토기권은 그들 사이에 토기 양식이 유사하다는 것을 알 수는 있어도 발전의 주체를 찾을 수 없는 특이한 존재 양상을 보이고 있다. 이는 연맹 전체의 발전을 선도할 수 있는 강대한 힘과 경제력을 갖춘 존재가 배출될 수 없는 한계성이 있었다는 것을 반영한다.[159]

다섯째로, 전기 가야시대에 후진 지역이었던 고령, 합천, 거창, 함양 등의 내륙 산간 지역은 5세기 전반 이래로 가야의 기존 문화 내용이 축적되어 5세기 중엽 이후에는 대형 분구묘를 축조하면서 발전하는 면모를 보였다. 묘제나 유물의 성격 면에서 그들은 4세기 이전 진변한 공통 문화기반을 계승하면서, 전반적인 경제력 및 지배 권력이 점진적으로 성장하였다.[160]

이로 보아 5세기 전반 가야 지역에서 국제교역 입지 조건이 가장 좋은 김해, 창원 일대의 세력은 극도로 쇠락한 채 어느 정도 신라의 영향력 아래 들어 있었다. 나머지 경남 서남부 지역이나 경상 내륙 산간 지

157) 李盛周, 1999 <考古學을 통해 본 阿羅加耶> ≪考古學을 통해 본 加耶(제23회 한국고고학 전국대회 발표요지)≫ (韓國考古學會)
158) 安在晧, 1997 <鐵鎌의 변화와 劃期> ≪加耶考古學論叢≫ 2 (駕洛國史蹟開發研究院, 서울) 79~88 ; 朴天秀, 1999 <器臺를 통하여 본 加耶勢力의 動向> ≪加耶의 그릇받침≫ (國立金海博物館) 98
159) 金泰植, 2002 ≪미완의 문명 7백년 가야사 2권≫ (푸른역사) 179~182
160) 金泰植, 1993 ≪加耶聯盟史≫, 一潮閣, 88~90; 2002 ≪미완의 문명 7백년 (가야사 1)≫ (푸른역사) 170~171

역의 소국들은 독립성을 유지하고 있었으나, 서로 분산된 상태로 존재하고 있어서 국제 관계에서 이전보다 위축된 모습을 보였다.

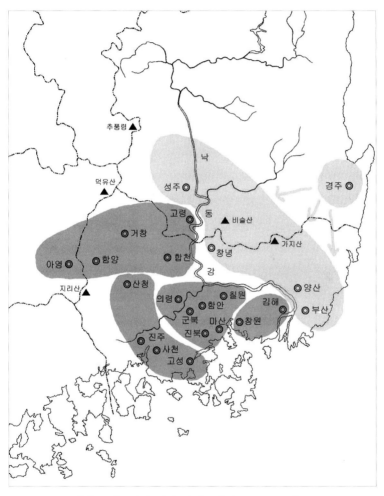

[지도 5] 5세기 전반 가야문화권 考古遺蹟 변동

4) 일본열도의 문화 변동과 그 성격

4세기에서 5세기로 넘어가면서 한반도 남부와 일본열도 사이의 대외교류에는 큰 변화가 일어났다. 즉, 5세기 전반에는 김해의 가야국이 크게 약화됨으로써 일본열도에 철이나 선진문화를 수출할 수 있는 주도세력이 사라졌기 때문에, 그 주변의 가야 소국과 옛 가야 소국들이 각자의 노력으로 소규모로 왜와 교섭하였다.

오사카부[大阪府] 오바테라[大庭寺] 유적의 TG232폐기장에서 출토된 鉢形器臺의 문양 구성은 부산 복천동 21-22호분과 거의 일치하며, 그에 이어 복천동 10-11호분 계통의 문양도 나타난다.[161] 부산 복천동 고분군 축조 세력, 즉 瀆盧國은 4세기에는 가야계통에 속한 세력이었으나 5세기 초에 신라계통의 문물을 출토하기 시작하였으므로, 이들은 김해의 加耶國이 약화된 시기에 그를 대신하여 한동안 일본열도 긴키 지방과의 교섭을 주도하였다고 판단된다.

반면에 함안 양식의 繩蓆文打捺壺가 나가사키현[長崎縣] 다이쇼군야마[大將軍山] 고분이나 후쿠오카현[福岡縣] 히가시시모다[東下田] 유적에서 출토된 것으로 보아,[162] 함안의 안라국은 3~4세기 단계에 이어 5세기에 일본열도와의 독자적인 교류를 좀 더 강화시켰다고 보인다. 통형고배를 중심으로 하는 초기 스에키는 일본 四國 지방의 가가와현[香川縣] 미야야마[宮山]窯와 미타니사부로이케[三谷三郎池]窯 및 에히메현[愛媛縣]의 고분군 등에서 출토되고 있어서, 이 지역에는 함안의 안라국 계통의 工人이 파견되어 활약하였음을 알 수 있다.[163] 한편 고성 양식의 三角形透窓高杯와 水平口緣壺 등으로 보아, 후쿠오카현[福

---

161) 朴天秀, 2007 ≪새로 쓰는 古代 韓日交涉史≫ (社會評論, 서울) 50
162) ≪위 책≫ 51
163) ≪위 책≫ 216~217

岡縣] 아사쿠라[朝倉]窯와 인근 고테라[古寺]고분군 및 이케노우에[池の 上] 고분군의 스에키는 고성 고자국과의 교류를 통하여 工人을 받아들 인 것이라고 보인다.[164]

이렇게 볼 때 5세기 전반의 일본열도는 近畿의 왜 왕권과 부산 독로 국과의 관계가 주류를 이룬다고 하더라도, 四國 호족, 九州 호족세력들 도 각기 가야연맹의 유력 소국들인 안라국 및 고자국과 별개의 관계를 맺으면서 독자적인 교섭활동을 이루고 있었음을 알 수 있다.

한일 간의 철과 기마 문물 교류에 관해서는 근래에 들어 기초적인 자료 면에서 대체적인 공통점에 도달하였다. 즉 일본에서 제철이 행해 지지 않던 5세기까지는 교역을 통하여 가야로부터 철소재를 입수해서 이를 가지고 鍛冶 과정을 거쳐 철기를 생산하였으며, 6세기 이후 왜의 단야와 제철 개시도 가야 또는 백제 남부 지방에서 건너간 사람들에 의하여 전개되었다는 것이다.[165] 뿐만 아니라 4세기 내지 5세기 전반 일본열도의 기마 관련 무기와 마구는 낙동강 하류역 금관가야의 것이 도입되거나 또는 그 영향 아래 만들어진 것이며, 5세기 후반의 일본 마구는 대가야의 것을 수용하여 재지화시킨 것이라고 한다.[166]

---

164) ≪위 책≫ 222

165) 藤尾愼一郎, 2004 <彌生時代の鐵> ≪國立歷史民俗博物館研究報告≫ 110 (佐倉) ; 東潮, 2004 <弁辰と加耶の鐵> ≪國立歷史民俗博物館研究報告≫ 110 (佐倉) ; 穴澤義功, 2004 <日本古代の鐵生産> ≪國立歷史民俗博物館研究報告≫ 110 (佐倉) ; 大澤正己, 2004 <金屬組織學からみた日本列島と朝鮮半島 の鐵> ≪國立歷史民俗博物館研究報告≫ 110 (佐倉)

166) 田中晋作, 2004 <古墳時代の軍事組織について> ≪國立歷史民俗博物館研究 報告≫ 110 (佐倉) ; 宋桂鉉, 2004 <加耶古墳の甲胄の變化と韓日關係> ≪國 立歷史民俗博物館研究報告≫ 110 (佐倉) ; 橋本達也, 2002 <古墳時代甲胄 の系譜－朝鮮半島との關係－> ≪第5回 歷博國際シンポジウム 古代東アジアに おける倭と加耶の交流 發表要旨≫ (國立歷史民俗博物館, 佐倉) ; 金斗喆, 2004 <加耶と倭の馬具> ≪國立歷史民俗博物館研究報告≫ 110 (佐倉) ; 千 賀久, 2004 <日本出土の'非新羅系'馬裝具の系譜－大加耶圈の馬具との比較を 中心に－> ≪國立歷史民俗博物館研究報告≫ 110 (佐倉)

또한 그 중 일부는 좀 더 구체적으로, 일본 畿內 신흥 세력의 무기와 갑주 및 마구는 김해 금관가야에서 건너간 공인에 의하여 도입된 것이며, 5세기 후반의 일본 갑주와 무기, 마구 등은 한반도의 대가야 또는 백제에서 건너간 공인에 의하여 새로운 생산 체제가 만들어져 곧 재지화하였다고 보았다.[167] 4~5세기에 일본열도로 건너간 한반도계 이주민들은 주로 항만 등에 거주하면서 교역에 종사하거나, 또는 지방 수장이나 왜 왕권 등에 의하여 工房에 배치되어 철기 제작, 토기 제작 등에 종사했다고 한다. 이들 교역 종사자와 각종 기술을 갖춘 공인들은 일종의 가치 높은 상품으로서 대체로 한반도 쪽 정권의 원조 아래 교역되었다고 보고 있다.[168]

기술자 파견, 또는 증여는 4세기 말 이후부터 시작되어 6세기 전반까지의 시기에 한정된 가야-왜 사이의 교역 방식이었다고 할 수 있다. 그 援助工人의 기술 수준이나 규모 등의 범위는 가야와 왜의 여러 제세력의 협의 아래 결정되었을 것이다. 이처럼 5세기 일본열도의 물질문화 발전에는 援助工人이 중요한 역할을 행하였지만, 그것만을 원인으로 보기에는 그 변혁의 속도가 너무 급격한 것으로 보이는데 문제가 있다.

한일간의 소규모 교류로 인한 직접적 결과로는 믿을 수 없을 만큼, 일본열도의 고분 문화는 4세기까지와 5세기 이후의 사이에 극히 큰 차이를 보인다. 매장시설에 대해서는, 그때까지의 竪穴系의 매장시설과

---

167) 田中晋作, <위의 논문> ; 千賀久, <위의 논문> ; 金泰植·宋桂鉉, 2003 ≪韓國의 騎馬民族論≫ (韓國馬事會·馬事博物館) 165

168) 그들이 한반도에서 전해준 交易 對象이었다면, 왜 왕권은 때에 따라 달라지는 상대방 정권, 즉 금관가야, 대가야, 또는 백제에게 무엇을 지불하였는가? 그 가장 주요한 것은 군사병력 또는 노동인원이었던 듯하다. 그리고 이들도 한반도에 왔다가 일이 끝난 후에 돌아가는 것이 아니라 대개 상대방 측의 처분에 맡겨서 영구 거주하게 되는 경우가 대부분이 아니었을까 한다. 金泰植·宋桂鉉, 2003 ≪앞의 책≫ 172

는 별도로, 새로이 한반도의 영향을 받아 橫穴系의 매장시설이 4세기 말엽의 九州 지역에서 생겨나서 西日本, 東日本의 각지로 확산된다. 부장유물에서는 그때까지 전혀 보이지 않았던 마구가 부장되게 되고, 무기·무구 등도, 劍이 차츰 刀로 바뀌고, 弓矢에서도 살상력이 뛰어난 細身의 鐵鏃이 주류를 이루게 된다. 더욱이 갑옷과 투구에도 새로운 鋲留 기술로 제작된 强固한 판갑옷이나 小札을 꿰매 맞춘 활동적인 미늘 갑옷이 출현한다. 또한 그때까지는 그다지 보이지 않았던 금동제의 장신구류 등도 많아진다. 사람들의 생활에서도, 종래의 수혈식 주거에 화덕이 부설되게 되고, 또한 土師器에 더하여 새로이 한반도의 도질토기의 영향을 받은 須惠器 생산이 시작되어 널리 쓰이게 된다.[169]

그리하여 4세기 말에서 5세기 초에 일본열도에 갑자기 나타난 각종 선진문물 제작 기술은 평상적인 한일간 문화 교류의 결과라기보다 다수의 이민과 함께 전해진 것으로 보는 견해가 많다.[170] 4~5세기에 해당한다고 볼 수 있는 ≪日本書紀≫ 武烈紀 이전 시기의 일본 대외관계 기사에서도 한반도에서 일본열도로의 대량 이민을 전하고 있다. 그 이주민들을 이주 원인별로 분류하면, 자발적으로 왜국으로 건너갔다는 경우로서 都怒我阿羅斯等의 童女, 天日槍과 그 從人, 弓月君과 120縣,

---

169) 白石太一郎, 2006 <倭國の形成と展開> ≪古代史の流れ(列島の古代史8)≫ (岩波書店) 45

170) 江上波夫, 1984 <日本における國家の形成－倭人の國から大和朝廷へ－> ≪東洋研究≫ 72 ; 1992 ≪江上波夫の日本古代史－騎馬民族說四十五年－≫ (大巧社, 東京) 256~257 ; 崔秉鉉, 1992 <考古學的으로 본 加耶와 日本의 관계> ≪韓國史市民講座≫ 11 (一潮閣, 서울) 111~117 ; 中村潤子, 1991 <騎馬民族說の考古學> ≪考古學その見方と解釋≫ (筑摩書房) ; 森浩一 編, 1993 ≪馬の文化叢書 第一卷 古代 －埋もれた馬文化≫ (馬事文化財團, 橫浜) 483 ; 酒井淸治, 2001 <倭における初期須惠器の系譜と渡來人> ≪4~5世紀 東亞細亞 社會와 加耶(제7회 加耶史 국제학술회의 발표요지)≫ (김해) 99~101 ; 申敬澈, 2000 <금관가야의 성립과 연맹의 형성> 부산대학교 한국민족문화연구소 편, ≪가야 각국사의 재구성≫ (혜안) 78

阿知使主·都加使主와 17縣, 貴信, 紀生磐宿禰 등이 있다. 다음으로 한
반도 삼국이 왜국의 요구에 따르거나 조공으로 보냈다는 사례로서 眞
毛津, 阿直岐, 王仁, 木滿致, 能匠, 新齊都媛과 7婦女, 池津媛＝適稽女郎,
今來才伎, 須流枳·奴流枳, 斯我君 등이 있다. 또한 전쟁을 통해 포로로
잡혀갔다는 경우로서 草羅城 俘人, 4邑 人民, 韓奴 6口 등이 있다.171)

그 이민의 성격에 대한 기존 설을 보면, 渡來人의 공급을 안정화시
키기 위해 한반도 제국을 蕃國으로 예속시킨 결과,172) 또는 임나 경영
의 결과에 따른 한국·중국계 주민의 이동이라고 보는 견해173)도 있으
나, 기마민족의 정복이라고 보는 견해,174) 금관가야의 해체에 따른 피
난민 행렬,175) 또는 금관가야 왕권과의 교섭에 따라 畿內 왜왕권에 원
조된 加耶工人과 전기 가야연맹의 해체에 따른 流亡民, 즉 가야계 이주
민에 의하여 이루어졌다고 보는 견해176) 등이 있다.

여기서 자발적 이민자들의 모국은 한반도의 고구려·백제·신라·가야
의 4국에 골고루 분포한다고 하였으나, 실제로는 대다수가 고구려와

---

171) 金泰植, 1998 <日本書紀에 나타난 韓國古代史像> ≪韓國古代史硏究≫ 14
   (韓國古代史學會)

172) 石母田正, 1973 ≪日本古代國家論≫ (岩波書店) ; 1989 ≪石母田正著作集≫
   4 ; 吉村武彦, 2006 <ヤマト王權と律令制國家の形成> ≪列島の古代史8 古代
   史の流れ≫ (岩波書店) 94

173) 末松保和, 1949 ≪任那興亡史≫ 264 ; 關晃, 1956 ≪歸化人≫ (至文堂) ;
   1996 ≪古代の歸化人(關晃著作集 第三卷)≫ (吉川弘文館) 10~11 ; 上田正
   昭, 1965 ≪歸化人－古代國家の成立をめぐって－≫ (中央公論社, 東京)
   다만 우에다의 渡來人說은 가야 지역에 일본 야마토 정부의 세력이 4세기부
   터 6세기까지 존재했다는 것은 인정하면서도, 한반도에서 일본으로 주민들
   이 건너와 일본 고대문화 건설에 기여한 것을 '歸化'라는 말로 일률적으로
   표현할 수는 없고, 그 도래인의 구성에는 중국계보다 한국계가 훨씬 더 중요
   한 비중을 차지하고 있었다고 강조한 점에 의미가 있다.

174) 江上波夫, 1992 ≪앞 책≫ 256~257

175) 申敬澈, 2000 <앞 논문> 78

176) 金泰植·宋桂鉉, 2003 ≪韓國의 騎馬民族論≫ (韓國馬事會·馬事博物館, 果
   川) 215~219

백제의 접경지대인 옛 낙랑·대방군 지역과 신라와 가야의 접경지대인 낙동강 연안에 거주하였던 것으로 추정된다. 이 시기의 한반도에서 전쟁의 승자는 고구려와 신라였고 패자는 백제와 가야였다. 그러므로 전쟁에 시달리거나 패배한 대방계 백제인들과 낙동강 유역의 가야인들 상당수가 일본열도로 피난한 것으로 볼 수 있다. 특히 그 시기는 김해 중심의 전기 가야와 고령 중심의 후기 가야 사이의 전환기에 해당한다. 가야의 유망민들은 경상남북도 내륙 산간지역으로 도피하기도 하였으나, 가까이 교류하던 일본열도로도 상당수 도피하였던 것이다.

2. 고구려의 팽창과 한반도 남부의 동향

1) 고구려의 남진과 백제의 남천

5세기 후반에 고구려는 동북아시아 동북부의 중추적 중개교역자로 성장하여, 중국 남북조와의 안정적인 국제관계를 바탕으로 주변 지역에 대한 영토 확장을 도모하였다. 그리하여 고구려는 479년에는 외몽고 지방의 柔然과 모의하여 흥안령산맥 일대의 거란족 일파인 地豆于의 분할 점령을 시도하였고,[177] 남쪽으로는 한강 이남에 대한 남진정책을 추진하였다. ≪삼국사기≫의 기록으로 보아, 고구려는 450년, 454년, 468년, 481년에 걸쳐 신라를 공격하였고,[178] 455년과 475년에

---

177) ≪魏書≫ 契丹國傳 太和 3년(479), "高句麗竊與蠕蠕謀 欲取地豆于以分之. 契丹懼其侵軼 其莫弗賀勿于率其部車三千乘·衆萬餘口 驅徙雜畜 求入內附 止於白狼水東"

178) ≪三國史記≫ 卷18, 高句麗本紀6 長壽王 38년(450), "新羅人襲殺邊將 王怒 將擧兵討之 羅王遣使謝罪 乃止"; 같은 왕 42년(454), "秋七月 遣兵侵新羅北 邊"; 같은 왕 56년(468), "春二月 王以靺鞨兵一萬 攻取新羅悉直州城"; ≪三國史記≫ 卷3, 新羅本紀3 炤知麻立干 3년(481), "三月 高句麗與靺鞨入

는 백제를 침공하였다.[179] 그 당시 한반도 남부 3국, 즉 백제·신라·가야의 성장 및 공동 대응으로 인하여 고구려의 한강 이남 공략은 쉽지 않았다. 그러나 고구려 장수왕은 결국 475년 백제 수도 慰禮城(서울 송파구)을 함락하고 蓋鹵王을 전사시켰다. 이는 한반도 정세의 판도를 뒤흔드는 큰 사건이었다.

백제 개로왕은 비유왕을 이어 적극적인 외교정책을 추진하여 457년, 458년, 471년에 중국 남조의 宋에 사신을 보내 조공하고,[180] 472년에는 북위에 국서를 보냈으며,[181] 461년에는 왜국에 동생 昆支를 보내 우호를 닦았다.[182] 또한 늦어도 5세기에 백제는 지방 지배의 거점이 되는 일부 성읍에 자제·종족 등의 지방관을 파견하여 통치하는 檐魯制를 실시하고 있었다고 추정되며,[183] 5세기 중반 이후로 나주 반남 고분군

北邊 取狐鳴等七城 又進軍於彌秩夫 我軍與百濟·加耶援兵 分道禦之 賊敗退 追擊破之泥河西 斬首千餘級"

179) ≪三國史記≫ 卷3, 新羅本紀3 訥祗麻立干 39년(455), "冬十月 高句麗侵百濟 王遣兵救之"; 같은 책, 慈悲麻立干 17년(474), "秋七月 高句麗王巨連 親率兵攻百濟. 百濟王慶 遣子文周求援. 王出兵救之 未至百濟已陷 慶亦被害" 다만 신라본기의 慈悲麻立干 17년 조 기사는 고구려본기 및 백제본기와 비교해 보았을 때 기년이 1년 틀린 것이다.

180) ≪宋書≫ 卷97, 列傳57 百濟國, "毗死 子慶代立 世祖大明元年 遣使求除授 詔許. 二年 慶遣使上表曰「臣國累葉 偏受殊恩 文武良輔 世蒙朝爵. 行冠軍將軍右賢王餘紀等十一人 忠勤宜在顯進 伏願垂愍 並聽賜除.」仍以行冠軍將軍右賢王餘紀 爲冠軍將軍. 以行征虜將軍左賢王餘昆·行征虜將軍餘暈 並爲征虜將軍. 以行輔國將軍餘都·餘乂 並爲輔國將軍. 以行龍驤將軍沐衿·餘爵 並爲龍驤將軍. 以行寧朔將軍餘流·糜貴 並爲寧朔將軍. 以行建武將軍于西·餘婁 並爲建武將軍. 太宗泰始七年 又遣使貢獻"

181) ≪魏書≫ 卷100, 列傳88 百濟國, "延興二年 其王餘慶始遣使上表曰(下略)"

182) ≪日本書紀≫ 卷14, 雄略天皇 5년, "夏四月 百濟加須利君[盖鹵王也] 飛聞池津媛之所燔殺[適稽女郎也] 而籌議曰 昔貢女人爲采女 而旣無禮 失我國名 自今以後不合貢女. 乃告其弟軍君[昆支也]曰 汝宜往日本以事天皇. 軍君對曰 上君之命不可奉違 願賜君婦而後奉遣. 加須利君則以孕婦 旣嫁與軍君曰 我之孕婦旣當産月 若於路産 冀載一船 隨至何處速令送國. 遂與辭訣 奉遣於朝"

183) 盧重國, 1988 ≪百濟政治史研究≫ (一潮閣) ; 1991 <百濟의 檐魯制 實施와

축조 세력 등에 문물 지원을 지속하면서 영향력을 강화해나갔다. 그러나 백제 내부에서는 급속한 중앙집권력 강화 과정에서 사회적 내분과 민심 이반 현상이 나타나, 결국 475년에 고구려의 침공을 막지 못하고 수도 위례성이 함락되었다. 이에 文周王이 熊津(충남 공주)으로 천도하여 수습을 도모하였으나, 477년에 병관좌평 解仇의 반란이 일어나고[184] 문주왕과 三斤王이 재위 3년 만에 죽는[185] 등의 혼란을 겪었다.

여기서 문제가 되는 것은 고구려와 백제 사이의 국경선이다. 왜냐하면 475년의 漢城(위례성) 함락에도 불구하고, ≪삼국사기≫에서는 그 후의 기사에서도 마치 고구려와 백제 사이의 국경선이 黃海道 방면이었던 것처럼 기술하고 있기 때문이다. 그래서 그 이후에도 백제가 계속해서 한강 유역의 한성을 영유하였다는 것을 긍정하는 견해,[186] 부정하는 견해,[187] 일시 회복하였었다는 견해[188] 등으로 나뉘어 있고, 최근에는 한강 이남 금강 유역인 대전 월평동 유적[189]과 청원 남성곡 유

編制基準> ≪啓明史學≫ 2 ; 金英心, 1990 <5~6세기 百濟의 地方統治體制> ≪韓國史論≫ 22
盧重國은 擔魯制 실시의 기원을 4세기 후반 近肖古王 대에 두고 있고, 金英心은 5세기 중후반 蓋鹵王 대에 두고 있다.

184) ≪三國史記≫ 卷26, 百濟本紀4 文周王 3년, "秋八月 兵官佐平解仇 擅權亂法 有無君之心 王不能制. 九月 王出獵 宿於外 解仇使盜害之 遂薨"

185) ≪위 책≫ 三斤王 3년, "冬十一月 王薨"

186) 千寬宇, 1976 <三韓의 국가형성> ≪韓國學報≫ 3 (一志社) 115 ; 김영관, 2000 <백제의 웅진천도의 배경과 한성경영> ≪忠北史學≫ 11·12합, 75~91 ; 김병남, 2002 <백제 웅진시대의 북방 영역> ≪白山學報≫ 64, 131~156 ; 2004 <백제 웅진 천도 초기의 북방영역 관련 지명 분석> ≪韓國上古史學報≫ 52, 5~23

187) 李基白, 1978 <웅진시대 백제의 귀족세력> ≪백제연구≫ 9 (충남대 백제연구소) 7 ; 盧重國, 2006 <5~6세기 고구려와 백제의 관계> ≪北方史論叢≫ 11 (高句麗歷史財團) 19~22

188) 朴燦圭, 1991 <백제 웅진초기 북경문제> ≪史學志≫ 24 ; 梁起錫, 2005 <5~6세기 백제의 북계－475~551 백제의 한강유역 영유문제를 중심으로－> ≪博物館紀要≫ 20 (단국대학교 昔宙善기념박물관) 48

적190)에서 고구려 유적과 유물들이 확인되고 있어서 연구가 새로운 국
면으로 접어들고 있다. 최근에 나온 종합적 견해로서는, 고구려의 최대
남한계선을 예산읍에서 천안을 거쳐 청원을 지나 대전을 거쳐 괴산에
이르는 일대까지로 보는 견해와,191) 대체로 경기도와 충청남도의 경계
선에 따라 나뉘나 충청북도 일대는 대부분 고구려의 영역에 속한 것으
로 보는 견해192) 등이 있다.

2) 대가야의 대두와 대왜 교류

가야 지역은 5세기 중엽 이후 고령 지방을 중심으로 하여 재기하게
된다. 그 기반은 첫 번째로 이 지역의 농업 생산성이 매우 높았다는 점
을 들 수 있고, 두 번째로 이 지역은 전쟁의 피해를 입지 않아서 고령
의 伴跛國이 전기 가야의 선진 기술자들을 받아들여 가야산 기슭의 철
광산을 개발하여 독자적인 제철 능력을 갖추게 되었다는 점이며,193)
세 번째는 이들이 백제 및 왜와 대외 교류를 활발히 하여 가야 지역
전체의 교류 중심으로 부상되었다는 점을 들 수 있다.194)

고령 지방에 전하는 대가야 伊珍阿豉王 신화로 보아,195) 5세기 중엽

---

189) 국립공주박물관・충남대학교박물관, 1999 ≪大田 月坪洞遺蹟≫

190) 忠北大學校博物館, 2004 ≪淸源 南城谷 高句麗遺蹟≫

191) 盧重國, 2006. <앞 논문> 30

192) 金泰植 외 6인, 2008 ≪韓國 古代 四國의 國境線≫ (書景文化社) 31~32, 89

193) 金泰植, 1986 <後期加耶諸國의 성장기반 고찰> ≪釜山史學≫ 11 (부산사
    학회) ; 1993 ≪加耶聯盟史≫ (一潮閣) 91~95

194) 金泰植, 2007 <加耶와의 관계> ≪百濟文化史大系 제9권: 百濟의 對外交涉≫
    (忠淸南道歷史文化研究院, 公州)

195) ≪新增東國輿地勝覽≫ 卷29, 高靈縣 建置沿革, "按崔致遠釋利貞傳云 伽倻
    山神正見母主 乃爲天神夷毗訶之所感 生大伽倻王惱窒朱日・金官國王惱窒靑
    裔二人 則惱窒朱日爲夷珍阿豉王之別稱 靑裔爲首露王之別稱"

에 고령의 반파국은 大加耶로 국명을 바꾸면서 후기 가야연맹을 형성
하였다. ≪宋書≫ 倭人傳에 나오는 왜 5왕 중 왜왕 濟가 451년에 '使持
節都督倭新羅任那加羅秦韓慕韓六國諸軍事安東將軍倭國王'이라는 작호
를 받은 것으로 보아 고령 반파국이 加羅國으로 국호를 바꾼 것은 5세
기 중엽 이전으로 올려보아야 한다.[196] 또한 대가야는 5세기 중엽부터
거창, 함양, 아영, 운봉을 거쳐 섬진강 하류로 통하는 반월형 교역루트
를 개척하여,[197] 소백산맥을 서쪽으로 넘어 전북 남원, 임실, 전남 여
수, 순천, 광양 등지의 세력들을 연합하면서 영역을 확장하였다. 그러
한 개척에 힘입어 加羅王 荷知는 479년에 중국 남제에 조공하여 '輔國
將軍 本國王'의 작호를 받았다.[198] 그에 이어 대가야는 481년에는 신
라에 군대를 보내 고구려의 남진을 물리치는데 협조하기도 하고,[199]
496년에는 신라에 흰 꿩을 보내 우호를 닦았다.[200] 후기 가야연맹이
가장 번성하였던 5세기 후반 및 6세기 초에 대가야는 호남 지역 6개
소국과 영남 지역 16개 소국을 합하여 모두 22개 소국을 아우르고 있
었다.[201] 이는 고고학적인 조사에 의한 움식 돌덧널무덤[竪穴式石槨墳]
및 가야토기의 분포권과도 일치한다. 고령 지산리 고분군을 비롯하여,
경남 합천 옥전 고분군, 산청 중촌리 고분군, 함양 백천리 고분군, 전

---

196) 李鎔賢, 1999 ≪加耶と東アジア諸國≫ (日本 國學院大學 博士學位論文)

197) 朴天秀, 1997 <政治體의 相互關係로 본 大伽耶王權> 仁濟大 加耶文化硏究所
    編, ≪加耶諸國의 王權≫ (新書苑) 186

198) ≪南齊書≫ 卷58, 列傳39 東南夷傳 東夷, "加羅國 三韓種也. 建元元年 國王
    荷知使來獻. 詔曰 量廣始登 遠夷洽化. 加羅王荷知 款關海外 奉贊東退. 可授
    輔國將軍本國王"

199) ≪三國史記≫ 卷3, 新羅本紀3 炤知麻立干 3年, "三月 高句麗與靺鞨入北邊
    取狐鳴等七城 又進軍於彌秩夫. 我軍與百濟加耶援兵 分道禦之. 賊敗退. 追擊
    破之泥河西 斬首千餘級"

200) ≪위 책≫ 炤知麻立干 18年, "春二月 加耶國送白雉 尾長五尺"

201) 金泰植, 2002 ≪미완의 문명 7백년 가야사 1권≫ 182~183 ; 같은 책 2권,
    205~207

북 남원 월산리 고분군, 전남 순천 운평리 고분군 등에서 출토된 유물들의 유사성은 그런 상황을 반영하는 것이다. 그 중에서 고령 지산리 고분군의 유물은 다른 지역들의 것에 비해 질과 양의 측면에서 우월성을 유지하였다.

5세기 후반부터 6세기 전반까지에 걸쳐 발전한 가야 왕권의 성격에 대해서는 여러 견해가 있다. 5~6세기 후기 가야 문화권은 고령권, 함안권, 고성 – 진주권, 김해권의 4개 권역으로 나뉘고, 각 권역은 상호간에 서로 다른 특징과 발전과정을 보인다. 그리하여 후기 가야 문화권의 정치 상황에 대해서는 분립적인 것으로 보는 견해들이 많이 나오고 있다. 그에 대한 견해로는 ①가야 단일 연맹체론,[202] ②가야 소국 분립론,[203] ③대가야 연맹론,[204] ④가야 지역 연맹체론[205] 등이 있다. 이러한 학설 상황으로 보아, 가야 지역은 독립적인 여러 소국들이 합쳐진 하나의 연맹체로 인정할 수 있되, 그 소국들은 연맹체에 특유한 分節體系의 존재 양상을 띠어 3~4개의 小地域聯盟體로 나뉘어 있었다고 할 수 있다.

또한 많은 학자들은 5세기 후반을 대가야의 고대국가 형성 시기로

---

202) 李丙燾, 1976 <加羅諸國의 聯盟體> 《韓國古代史研究》 (博英社) ; 金廷鶴, 1982 <古代國家의 發達(伽耶)> 《韓國考古學報》 12 (한국고고학회) ; 1987 <加耶의 國家形成段階> 《精神文化研究》 32 ; 金泰植, 1993 《加耶聯盟史》 (一潮閣) ; 2002 《미완의 문명 7백년 가야사 1~3권》 (푸른역사)

203) 李永植, 1985 <加耶諸國의 國家形成問題 – 加耶聯盟說의 再檢討와 戰爭記事分析을 중심으로-> 《白山學報》 32 ; 1993 《加耶諸國と任那日本府》 (吉川弘文館, 東京) ; 白承玉, 2003 《加耶 各國史 研究》 (혜안) ; 南在祐, 2003 《安羅國史》 (혜안)

204) 田中俊明, 1992 《大加耶連盟の興亡と任那》 (吉川弘文館) 158~159

205) 權鶴洙, 1994 <가야 제국의 상관관계와 연맹구조> 《한국고고학보》 31 ; 白承忠, 1995 <가야의 지역연맹사 연구> (부산대학교 박사학위논문) ; 金世基, 盧重國, 朴天秀, 李明植, 李熙濬, 朱甫暾 編, 1998 《가야문화도록》 (경상북도) ; 李炯基, 2009 《大加耶의 形成과 發展 研究》 (景仁文化社)

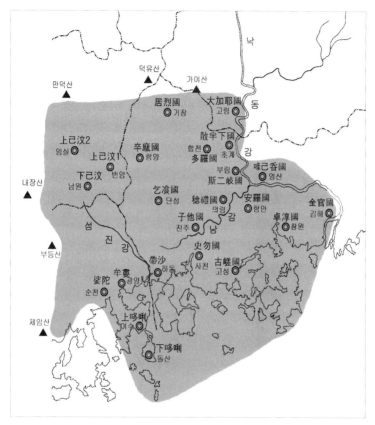

[지도 6] 후기 가야연맹의 최대판도

논하고 있다.206) 그런데 부체제가 형성되는 시기를 초기 고대국가로 인정한다면, 적어도 왕이 각부의 무력을 통제할 수 있을 것과 왕 우위 의 관등 서열화가 이루어졌을 것 등의 기준이 갖추어졌어야 한다.207)

---

206) 李熙濬, 1995 <토기로 본 대가야의 권역과 그 변천> ≪가야사연구≫ (경상 북도) ; 朴天秀, 1996 <大伽耶의 古代國家 形成> ≪碩晤尹容鎭敎授停年退 任紀念論叢≫ ; 金世基, 1995 <대가야 묘제의 변천> ≪가야사연구≫ (경 상북도) ; 1997 <加耶의 殉葬과 王權> ≪加耶諸國의 王權≫ (新書苑) ; 2003 ≪고분 자료로 본 대가야 연구≫ (學硏文化社)

207) 金泰植, 2003 <初期 古代國家論> ≪강좌 한국고대사≫ 2 (가락국사적개발

그러나 남제에 사신을 보내 작호를 받았다는 정도만으로는 증거가 부족하여 연맹체의 강화로 보아야 할지 초기 고대국가로 보아야 할지 판단하기 어렵다.

5세기 중엽에 가야 지역이 고령의 대가야를 중심으로 재통합되자, 그 이후로는 대가야가 왜와의 교역을 주도하였다. 대가야는 야마토[大和]를 비롯한 일본열도 각지의 작은 세력과도 교류하며 덩이쇠[鐵鋌]와 더불어 장신구, 마구 등의 물품들을 수출하고, 왜로부터 왜인 병력을 들여다 활용하였다. 대가야 계통 유물은 5세기 중엽에 에히메현[愛媛縣] 기노모토[樹之本] 고분에서 고령 양식의 목항아리[長頸壺]가 출토된 이후 일본전역으로 확대되어, 후쿠이현[福井縣] 니혼마쓰야마[二本松山] 고분, 사이타마현[埼玉縣] 이나리야마[稻荷山] 고분, 와카야마현[和歌山縣] 오타니[大谷] 고분, 구마모토현[熊本縣] 에타후나야마[江田船山] 고분 등에서 고령 양식 토기와 대가야의 금동관, 귀걸이를 비롯한 위세품들이 나타났다.[208] 또한 고령, 합천, 함양, 남원, 임실 등의 대가야 권역에서 출토되는 따비형, 鐵鋤形, 鐵斧形, 낫형 등의 축소모형 철제 농기구가[209] 6세기 초엽까지 일본열도에서 성행하고 있었다는 사실은,[210] 고령 지방의 반파국이 왜와 교류한 것을 반영한다.

한편 가야에 의하여 왜의 무력 강화를 위한 원조로서 5세기 중반부터 후반의 일본열도에 말을 사육하는 馬飼集團의 집중적인 이주가 이루어졌으나, 대가야의 상황에 비하면 왜의 중장 기마군단은 성립되지 않았다고 보이며, 6세기에 들어가서는 武裝보다 裝飾馬具의 생산이 성

연구원) 23~30

208) 朴天秀, 1995 <渡來系文物에서 본 加耶와 倭에서의 政治的 變動> ≪待兼山論叢(史學編29)≫ (大阪大學文學部, 大阪) ; 1996 <日本 속의 加耶文化> ≪加耶史의 새로운 理解(發表要旨)≫ (韓國古代史研究會)

209) 金在弘, 2006 <大加耶地域의 鐵製農器具 - 小形鐵製農器具와 살포를 중심으로-> ≪大加耶의 成長과 發展≫ (고령군·한국고대사학회)

210) 都出比呂志, 1967 <農具鐵製化의 두の劃期> ≪考古學研究≫ 13-3

행하게 되었다.[211] 또한 5세기 말엽에는 일본열도에서 자체적으로 철생산도 이루어지기 시작하였는데, 철생산 기술은 대가야가 아닌 다른 가야 소국, 또는 영산강 유역의 백제계통 소국들로부터 전해졌을 것으로 보는 견해도 있다.[212]

3) 고구려에 대한 신라의 대응

신라는 5세기 전반에 고구려의 보호 및 지원을 받으며 성장하였으나, 위기상황을 극복하고 안정을 되찾음에 따라 그 내부에서 고구려의 영향력을 배제하려는 사회적 요구가 높아지게 되었다. 그런데 이와 관련하여 ≪日本書紀≫ 雄略 8년(464) 조에 신라 땅에서 고구려군과 任那王이 보낸 왜군이 대적한다는 기사가 있어서, 그 의미에 대한 해석이 문제가 된다.[213] 여기서 '고구려가 군사 100인을 신라에 주둔시켰

---

211) 千賀久, 2002 <加耶と倭の馬文化> ≪第5回 歷博國際シンポジウム 古代東アジアにおける倭と加耶の交流 發表要旨≫ (國立歷史民俗博物館, 佐倉) 171~174 ; 2004 <日本出土の'非新羅系'馬裝具の系譜> ≪國立歷史民俗博物館研究報告 110－第五回歷博國際シンポジウム: 古代東アジアにおける倭と加耶の交流－≫ (國立歷史民俗博物館, 佐倉) 283~307

212) 東潮, 2004 <弁辰と加耶の鐵> ≪國立歷史民俗博物館研究報告 110－第五回歷博國際シンポジウム: 古代東アジアにおける倭と加耶の交流－≫ (國立歷史民俗博物館, 佐倉) 31~54

213) ≪日本書紀≫ 卷14, 雄略天皇 8년, "春二月 遣身狹村主靑·檜隈民使博德 使於吳國. 自天皇卽位 至于是歲 新羅國背誕 苞苴不入 於今八年. 而大懼中國之心 脩好於高麗. 由是 高麗王遣精兵一百人 守新羅. 有頃 高麗軍士一人 取假歸國. 時以新羅人爲典馬[典馬 此云于麻柯比] 而顧謂之曰 汝國爲吾國所破 非久矣.[一本云 汝國果成吾土 非久矣.] 其典馬聞之 陽患其腹 退而在後. 遂逃入國 說其所語. 於是 新羅王乃知高麗僞守 遣使馳告國人曰 人殺家內所養鷄之雄者. 國人知意 盡殺國內所有高麗人. 惟有遺高麗一人 乘間得脫 逃入其國 皆具爲說之. 高麗王卽發軍兵 屯聚筑足流城[或本云 都久斯岐城] 遂歌儛興樂. (中略) 二國之怨 自此而生.[言二國者 高麗·新羅也.] 膳臣等謂新羅曰 汝以至

다'든가, '신라가 고구려군을 닭의 수컷에 비유하며 살해했다'든가, 또는 '고구려가 신라의 筑足流城을 쳐들어왔다'든가 하는 등의 사실을 드러내고 있어서, 여기에는 신라측의 原典에 바탕을 둔 상당한 구체성이 보인다.[214]

다만 雄略紀 8년 조에 나오는 '日本府' 관련 구절은 신라왕이 임나왕에게 사람을 보내 日本府의 行軍元帥 등에게 구원을 청했다는 내용을 보여서 주목된다. '日本府'라는 이름은 ≪일본서기≫에서도 이 대목에서 처음으로 나타난 것이다. 그러나 여기서 주석의 밑줄 친 부분[215]은 고유명사를 제외하고는 모두 ≪漢書≫ 高帝紀와 ≪三國志≫ 魏書 武帝紀의 문장을 거의 그대로 수록한 것이다.[216] 그 전투 장면이나 신라왕의 발언 내용도 ≪日本書紀≫ 편찬자의 모방 작문이다. 이를 제외하고 남는 것은 '신라왕이 임나왕에게 日本府 行軍元帥의 구원을 요청했다'는 사실과 가시하데노 오미 이카루가[膳臣斑鳩] 등 3인의 일본인명 뿐이다.

그러므로 이는 ≪일본서기≫ 편찬자의 의도에 의하여 몇몇 일본인명과 그들의 활약 내용이 추가되면서 원전이 크게 변형된 것이라고 볼 수밖에 없다. 그 당시 가야 군대 안에 왜인 병력이 어느 정도 포함되어 있었을 가능성은 있으나, 사태의 주역이 아니었던 왜인들의 家傳에 전

弱 當至强. 官軍不救 必爲所乘 將成人地 殆於此役. 自今以後 豈背天朝也"

214) 高寬敏, 1996 <五世紀, 新羅の北邊> ≪三國史記の原典的硏究≫ (雄山閣出版) ; 1997 ≪古代朝鮮諸國と倭國≫ (雄山閣出版) 146

215) ≪日本書紀≫ 卷14, 雄略天皇 8년 2월, "於是 新羅王 夜聞高麗軍四面歌儛 知賊盡入新羅地. 乃使人於任那王曰 高麗王征伐我國. 當此之時 若綴旒然. 國之危殆 過於累卵. 命之脩短 太所不計. 伏請救於日本府行軍元帥等. 由是 任那王勸膳臣斑鳩[斑鳩 此云伊柯屢俄]吉備臣小梨難波吉士赤目子 往救新羅. 膳臣等 未至營止. 高麗諸將 未與膳臣等相戰 皆怖. 膳臣等乃自力勞軍 令軍中 促爲攻具 急進攻之. 與高麗相守十餘日 乃夜鑿險 爲地道 悉過輜重 設奇兵. 會明 高麗謂膳臣等爲遁也 悉率來追. 乃縱奇兵 步騎夾攻 大破之"

216) 小島憲之, 1962 ≪上代日本文學と中國文學≫ 上 (塙書房) 325

하는 모호한 서술이 ≪일본서기≫ 편찬자로 하여금 조작을 감행케 한 것이다.[217) 따라서 이를 이른바 '任那日本府' 관련 자료로 이용할 수는 없다.

이를 제외하고 생각하면 신라가 任那王 즉 가야에게 구원을 요청했다는 사실이 남는다. 이는 ≪삼국사기≫에 481년 고구려가 신라의 狐鳴城(경북 영덕군 영덕읍) 등 일곱 성을 빼앗고 彌秩夫(경북 포항시 흥해읍)에 진군하였는데, 신라군이 백제와 가야의 구원병과 함께 이를 막았다는 기록[218)과 상당히 일치한다. 그렇다면 신라가 가야에 구원을 요청하였다는 기사가 전혀 근거 없는 것이라고 말하기는 어렵다.

또한 고구려와 신라가 처음으로 간격이 벌어지는 상황으로는 ≪삼국사기≫에서 450년에 고구려의 변방 장수가 悉直(강원 삼척시)의 들에서 사냥하는 것을 何瑟羅城主 三直이 군사를 내어 죽이자 고구려가 신라의 서쪽 변경을 침입하였다는 기사가 나오고,[219) 그에 이어 454년에 고구려가 신라의 북쪽 변경을 침범하였다는 기사,[220) 468년에 고구려가 말갈과 함께 북쪽 변경 悉直城을 습격하였다는 기사[221) 등이 나온다. 고구려군이 침범했다는 筑足流城이라는 지명에 대해서는 음운상의 비교에 의하여 達句伐城, 즉 지금의 대구로 보는 견해가 있다.[222) 그러나 '筑足流'는 '達句伐'보다는 '悉直'과 비슷한 어감을 주며, 실직

---

217) 金泰植, 2006 <5~6세기 高句麗와 加耶의 관계> ≪북방사논총≫ 11 (고구려역사재단) 124~127

218) ≪三國史記≫ 卷3, 新羅本紀3 炤知麻立干 3年, "三月 高句麗與靺鞨入北邊 取狐鳴等七城 又進軍於彌秩夫. 我軍與百濟·加耶援兵 分道禦之 賊敗退 追擊 破之泥河西 斬首千餘級"

219) ≪위 책≫ 訥祇麻立干 34년, "秋七月 高句麗邊將 獵於悉直之原. 何瑟羅城主 三直 出兵掩殺之. 麗王聞之怒 使來告曰 孤與大王 修好至歡也 今出兵殺我邊將 是何義耶. 乃興師侵我西邊. 王卑辭謝之. 乃歸"

220) ≪위 책≫ 訥祇麻立干 38년, "八月 高句麗侵北邊"

221) ≪위 책≫ 慈悲麻立干 11년, "春 高句麗與靺鞨 襲北邊悉直城"

222) 末松保和, 1949 ≪任那興亡史≫ (大八洲出版) ; 1956 再版, (吉川弘文館) 86

(강원 삼척)은 450년과 468년에 신라와 고구려 사이에 분쟁이 일어난 곳이었다.

그러므로 雄略紀 8年條의 한반도 관련 기사는 464년의 1년에 그치는 편년 기사로 다룰 수 있는 것이 아니라, 450년에 신라와 고구려 사이에 분쟁이 벌어지고 그에 이은 일련의 사건 결과 481년에 신라가 가야에 구원을 요청하여 가야군이 그에 가담한 것을 모두 가리킨다고 하겠다. 그 당시에 왜군이 가야군의 일원으로 참여했었는가의 여부는 확실치 않으나, 전통적으로 가야와 왜 사이에 이루어지던 물적·인적 자원교역 형태로 말미암아[223] 가야군대 안에 왜인 병력이 어느 정도 포함되어 있었을 가능성은 높다.

이로 보아 고구려는 백제뿐만 아니라 신라 쪽으로도 영토 확장을 도모하여, 450년 이후 悉直州城(강원 삼척)을 치기 시작하여 468년에 빼앗고, 481년에는 彌秩夫(경북 포항시 흥해읍)까지 쳐내려갔다. 이에 대하여 백제 東城王은 대내적으로 국력을 회복하는 한편, 대외적으로는 481년에 신라를 구원하여 고구려군의 남진을 물리치고 493년에 신라에게 청혼하여 결혼 동맹을 맺음으로써[224] 안정을 도모하였다. 또한 가야도 481년에 신라를 구원하고 496년에 신라에 흰 꿩을 보냈다는[225] 것으로 보아 그들의 우호관계는 상당 기간 지속되었다. 이로 보아 5세기 후반의 한반도 정세는 고구려의 남진에 대처하여 백제-신라-가야가 군사동맹을 맺어 방어하는 형국이라고 할 수 있다. 이 당시 사료에 보이는 왜군은 고구려의 남진을 막는 주력이 아니라 가야군에 소속된

---

223) 金泰植, 2005 <4世紀의 韓日關係史-廣開土王陵碑文의 倭軍問題를 中心으로-> ≪韓日歷史共同研究報告書≫ 1 (韓日歷史共同研究委員會) 72

224) ≪三國史記≫ 卷26, 百濟本紀4 東城王, 15년 "春三月 王遣使新羅請婚 羅王 以伊湌比智女 歸之"

225) ≪三國史記≫ 卷3, 新羅本紀3 炤知麻立干 18년, "春二月 加耶國送白雉 尾長五尺"

[지도 7] 482년 한반도 사국의 국경선[226)

부수적인 존재였을 뿐이다.

　이처럼 신라는 5세기 후반에 백제 및 가야와의 협력을 토대로 고구려의 남진을 저지하여 소백산맥 이북과 강원도 강릉 일대까지 영토를

---

226) 金泰植 外 6人, ≪한국 고대 사국의 국경선≫ (서경문화사) 45

보존하였으니,[227] 이를 바탕으로 하여 慈悲麻立干은 469년에 수도의 坊里名을 정하고,[228] 炤知麻立干은 487년에 神宮을 짓고 사방에 郵便驛을 설치하고 官道를 수리하는 등[229] 중앙 통치 기반을 닦았다. 특히 신라가 470년부터 474년 사이에 소백산맥 추풍령 방면의 안팎으로 三年山城(충북 보은), 芼老城(경북 군위군 효령면), 一牟城(충북 청원군 문의면), 沙尸城(충북 옥천군 이원면), 沓達城(경북 상주시 화서면), 仇禮城(충북 옥천군 옥천읍), 坐羅城(충북 영동군 황간면) 등을 축성하고,[230] 486년에 三年城(충북 보은)과 屈山城(충북 옥천)을 개축했다는 것은[231] 인상적이다. 이런 일련의 조치들은, 당시의 신라가 바깥으로 국경선을 정비하고 안으로 수도를 정비하면서 그로 통하는 통신망을 구축하는 모습을 반영한다.

4) 顯宗紀 3年 是歲條의 해석

≪日本書紀≫ 顯宗 3년(487) 조에 고구려와 백제 및 가야의 관계를 추정케 하는 기사가 나오고 있다. 문제도 많고 해독도 어려운 그 기사를 인용하면 다음과 같다.

이 해에 기노 오히하노 스쿠네[紀生磐宿禰]는 任那에 머물러 있으면서 고구려[高麗]에 교통하고, 서쪽에서 三韓의 왕이 되려고 하여 官府를 정비

227) 姜鍾薰, 2008 <5세기 후반 고구려와 신라의 국경선> ≪韓國 古代 四國의 國境線≫ (書景文化社) 119~121
228) ≪三國史記≫ 卷3, 新羅本紀3 慈悲麻立干 12년, "春正月 定京都坊里名"
229) ≪위 책≫ 炤知麻立干 9년, "春二月 置神宮於奈乙 奈乙始祖初生之處也. 三月 始置四方郵驛 命所司修理官道"
230) ≪위 책≫ 慈悲麻立干 13년, "築三年山城"; 같은 왕 14년, "春二月 築芼老城"; 같은 왕 17년, "築一牟·沙尸·廣石·沓達·仇禮·坐羅等城"
231) ≪위 책≫ 炤知麻立干 8년, "春正月 拜伊湌實竹爲將軍 徵一善界丁夫三千 改築三年·屈山二城"

하고 스스로 신성하다고 칭했다. 任那 左魯 那奇他甲背 등의 계책을 사용하여 백제의 適莫爾解를 爾林<이림은 고구려의 땅이다.>에서 죽였으며, 帶山城을 쌓고 동쪽 길[東道]을 막아 지켜서 양곡 운반하는 나루를 차단하여 군사들을 굶어 지치게 하였다. 백제왕은 크게 노하여 領軍 古爾解와 內頭 莫古解 등을 파견하여 무리를 이끌고 帶山에 모여 공격하였다. 이에 오히하노 스쿠네는 군대를 내보내 맞받아 쳤는데, 담기가 더욱더 왕성해져서 향하는 곳마다 모두 격파하고 한 사람이 백 사람을 당해냈다. 그러나 시간이 지나자 병사가 다하고 힘이 지쳐서 일이 성취되지 못함을 알고 임나로부터 돌아왔다. 그리하여 백제국은 佐魯 那奇他甲背 등 300여 명을 죽였다.[232]

　　임나일본부설에서는 이를 왜의 호족인 紀生磐宿禰에 의한 임나 지배가 백제의 남진으로 쇠퇴하기 시작했다는 관점에서 해석한다.[233] 그러나 이 기사에서 紀生磐宿禰는 木氏 계통 백제 귀족 중의 하나로서 이 당시에 왜국으로 망명한 사람이며, 那奇陀甲背는 가야 재지의 小君長으로서 백제와 협력해온 武官으로 보아야 한다.[234]

　　여기서 중요한 것은 사건이 발생한 지역인데, 그 爾林에 대해서는 이설이 많아, 이를 전북 임실군으로 보는 견해,[235] 전북 김제군 청하면

---

232) ≪日本書紀≫ 卷15, 顯宗天皇 3년, "是歲 紀生磐宿禰 跨據任那 交通高麗. 將西王三韓 整脩官府 自稱神聖. 用任那左魯那奇他甲背等計 殺百濟適莫爾解 於爾林.[爾林 高麗地也] 築帶山城 距守東道 斷運粮津 令軍飢困. 百濟王大怒 遣領軍古爾解·內頭莫古解等 率衆趣于帶山攻. 於是 生磐宿禰 進軍逆擊 膽氣益壯 所向皆破 以一當百 俄而兵盡力竭 知事不濟 自任那歸. 由是 百濟國殺 佐魯那奇他甲背等三百餘人"

233) 末松保和, 1949 ≪앞 책≫

234) 金泰植, 1993 ≪加耶聯盟史≫ (一潮閣, 서울) 244~249 ; 李鎔賢, 1997 <五世紀末における加耶の高句麗接近と挫折> ≪東アジアの古代文化≫ 90 ; 1999 ≪加耶と東アジア諸國≫ (日本 國學院大學 博士學位論文) 42~43

235) 鮎貝房之進, 1937 <日本書紀朝鮮地名考> ≪雜攷≫ 7 下卷, 25~27 ; 延敏洙, 1990 <六世紀前半 加耶諸國을 둘러싼 百濟·新羅의 動向-소위 '任那日本府'說의 究明을 위한 序章-> ≪新羅文化≫ 7 (東國大學校 新羅文化研究所) 106~112 ; 李永植, 1995 <百濟의 加耶進出過程> 한국고대사회연구소

(옛 지명 乃利阿)으로 보는 견해,[236] 경기도 임진(옛 지명 津臨城)으로 보는 견해,[237] 충북 음성(옛 지명 仍忽縣) 또는 괴산(옛 지명 仍斤內郡)으로 보는 견해[238] 등이 있다. 그러나 면밀하게 조사해 보면, 이림은 충북 음성으로 한정되며, 帶山城은 괴산군 도안면의 道薩城과 동일시할 수 있다.[239] 그렇다면 일단 5세기 후반에 고구려의 영역이 충북 일대까지 깊숙이 내려와 있었다는 것을 ≪삼국사기≫ 외의 다른 자료로 확인할 수 있다는 점에 의의가 있다.

이를 토대로 기사를 재해석하면, 487년에 백제가 고구려 영토였던 이림(충북 음성)을 공격하는 과정에서, 백제군의 일원으로 참가했던 목씨 세력 紀生磐 및 가야의 나기타갑배 일행이 고구려와 내통하여 백제의 적막이해를 죽였다는 것이다. 게다가 그들은 대산성(충북 괴산군 도안면)을 쌓아 백제군의 보급로를 차단함으로써 백제에 대한 적대행위를 하였다. 그러나 백제군의 반격에 의하여 가야의 나기타갑배 등 300여 명이 죽임을 당했고, 나기타 집단의 일부는 가야 남부의 안라로 망명하게 되었으며 紀生磐은 왜국으로 망명했다고 추정된다.

그러므로 顯宗紀 3년 是歲條의 기사는 紀氏家傳에 근거를 둔 것으로서, 왜인 호족의 임나에서의 군사 활동을 보이는 것처럼 되어 있으나, 실은 백제 귀족 목씨의 배반 및 왜국으로의 망명 과정을 왜곡 기술한

편, ≪韓國古代史論叢≫ 7 (가락국사적개발연구원, 서울) 207 ; 南在祐, 2003 ≪安羅國史≫ (혜안, 서울) 211~212

236) 末松保和, 1956 ≪앞 책≫ 76~77

237) 山尾幸久, 1978 <任那に關する一試論 – 史料の檢討を中心に– > 末松保和博士古稀記念會 編, ≪古代東アジア史論集≫ 下卷 (吉川弘文館) 218 ; 白承忠, 1995 ≪加耶 地域聯盟史 研究≫ (부산대 박사학위논문) 262~263

238) 李鎔賢, 1997 <五世紀末における加耶の高句麗接近と挫折> ≪東アジアの古代文化≫ 90 ; 1999 ≪加耶と東アジア諸國≫ (日本 國學院大學 博士學位論文) 46~47

239) 金泰植, 2006 <5~6세기 高句麗와 加耶의 관계> ≪北方史論叢≫ 11 (高句麗歷史財團) 136~140

것이라고 하겠다. 이로 보아 5세기 후반에 백제는 가야 세력과 협력관계를 맺고 있었으나, 웅진 천도 이후 그 권위가 흔들려 귀족 내부에서도 반란 행위가 일어나고 있었고 거기서 발생한 유망민은 또 가야나 왜로 흘러가고 있었다. 또한 가야군은 경우에 따라 신라를 지원하기도 하고 백제를 지원하기도 하면서 간접적으로 고구려와 적대적인 입장에 섰으나, 이는 모두 자국의 이익을 취하기 위한 행동이었음을 알 수 있다. 그리하여 백제를 지원하여 무엇인가 대가를 취하기도 하고, 경우에 따라서는 고구려군과 내통하여 백제군을 배반하기도 하였던 것이다.

3. 왜 5왕의 작호와 백제의 호남 서부지역 경략

1) 고구려왕·백제왕·왜왕의 장군호

≪宋書≫ 倭國傳에는 왜의 5왕, 즉 讚·珍·濟·興·武가 宋에 조공하여 작호를 취득한 사정이 전하고 있다. 그 기사로 보아, 421년과 425년에 倭讚의 조공이 있었고, 438년에는 倭王 珍이 '使持節 都督倭百濟新羅任那秦韓慕韓六國諸軍事 安東大將軍 倭國王'을 자칭하였으나 송은 '安東將軍 倭國王'만 승인하였다. 443년에는 왜왕 濟가 조공하여 '安東將軍 倭國王'을 제수받았고, 451년에는 '使持節 都督倭新羅任那加羅秦韓慕韓六國諸軍事'를 加號하고 安東將軍은 그대로 두었다. 462년에는 世子 興이 조공하여 '安東將軍 倭國王'을 제수받았고, 479년에는 왜왕 武가 조공하여 '使持節 都督倭百濟新羅任那加羅秦韓慕韓七國諸軍事 安東大將軍 倭國王'를 자칭하였으나 '百濟'를 제외하고 '使持節 都督倭新羅任那加羅秦韓慕韓六國諸軍事 安東大將軍 倭王'으로 임명되었다.[240]

---

240) ≪宋書≫ 卷97, 列傳 第57 夷蠻傳 東夷, "倭國 在高驪東南大海中 世修貢職. 高祖永初二年 詔曰 倭讚萬里修貢 遠誠宜甄 可賜除授. 太祖元嘉二年 讚又遣

여기서 왜 5왕이 자칭하거나 제수받은 爵號는 都督諸軍事號, 將軍號, 王號로 이루어져 있고, 각국의 왕이 제수받은 장군호에는 각각 차등이 있다고 보인다. ≪宋書≫ 百官志에 의하면 征東, 鎭東, 安東의 3將軍號는 모두 제3품에 해당하며 정원은 1명이다. 각국의 왕들이 중국 남조로부터 받은 장군호를 비교하면 다음과 같다.

〈표 1〉 4~5세기 각국왕의 將軍號

국명	고구려왕	백제왕	왜왕	가라왕
장군호	征東將軍(413, 高璉) 征東大將軍(420, 高璉) 征東大將軍(422, 高璉) 車騎大將軍(463, 高璉) 驃騎大將軍(479, 高璉) 征東大將軍(493, 高雲)	鎭東將軍(372, 餘句) 鎭東將軍(416, 餘映) 鎭東大將軍(420) 鎭東大將軍(430, 餘毗) 鎭東大將軍(?, 牟大)	安東將軍(438, 珍) 安東將軍(443, 濟) 安東將軍(451, 濟) 安東大將軍(478, 武) 鎭東大將軍(479, 武)	輔國將軍(479, 荷知)

<표 1>에서 5세기에 중국 남조로부터 받은 장군호를 다른 나라들과 비교해 보았을 때, 고구려왕은 征東(大)將軍 또는 車騎大將軍을 제수받고 백제왕은 鎭東(大)將軍을 제수받았으며, 왜국왕은 安東(大)將軍을 제수받았다. 그런데 이들은 모두 정3품 上位의 벼슬들이나, 그 사이에는 정동장군이 제일 높고 그 다음이 진동장군이며, 그 다음의 안동

司馬曹達 奉表獻方物. 讚死 弟珍立 遣使貢獻. 自稱使持節都督倭百濟新羅任那秦韓慕韓六國諸軍事安東大將軍倭國王. 表求除正. 詔除安東將軍倭國王. 珍又求除正倭隋等十三人平西征虜冠軍輔國將軍號. 詔並聽. 二十年 倭國王濟遣使奉獻. 復以爲安東將軍倭國王. 二十八年 加使持節都督倭新羅任那加羅秦韓慕韓六國諸軍事 安東將軍如故. 幷除所上二十三人軍號. 濟死 世子興 遣使貢獻. 世祖大明六年 詔曰 倭王世子興 奕世載忠 作藩外海 稟化寧境 恭修貢職. 新嗣邊業 宜授爵號 可安東將軍倭國王. 興死 弟武立. 自稱使持節都督倭百濟新羅任那加羅秦韓慕韓七國諸軍事安東大將軍倭國王. (中略) 詔除武使持節都督倭新羅任那加羅秦韓慕韓六國諸軍事安東大將軍倭王"

장군은 비교적 하위라는 서열이 있다는 것이 기본적 인식이다.[241] 가라왕은 479년에 처음 조공하여 비교적 낮은 정3품 하위의 輔國將軍을 제수받았다. 그렇다면 왜 5왕이 자신보다 서열이 높은 장군호를 보유한 백제를 포함시킨 한반도 남부 지역의 諸軍事號를 자칭했다는 것이 무리라는 점은 자명해진다.

다만 고구려왕, 백제왕, 왜왕의 장군호들은 서열 차이가 아니라 조공 순서에 따른 차이이고 계급 상으로는 서로 대등하다는 반론이 나오기도 하였다.[242] 그러나 승진 사례를 살펴 볼 때 그 사이에 서열은 정동장군, 진동장군, 안동장군의 순서였다. 479년의 南齊 성립 직후에 고구려왕이 車騎大將軍에서 驃騎大將軍으로 승진하고,[243] 왜왕이 안동대장군에서 진동대장군으로 승진한 것[244]은 이를 확인시켜 준다. 그러므로 정동장군 고구려왕이 제일 높았고, 그 다음이 진동장군 백제왕이었으며, 안동장군 왜국왕이 가장 하위에 위치하고 있었다. 그러한 장군호는 5세기 당시의 중국이 매긴 각국의 실력을 반영한다고 볼 수 있다.

2) 왜 5왕 제군사호의 실효성 여부

5세기 한일관계사의 쟁점은 《송서》 왜국전에 나오는 왜왕 武 등의 5왕이 자칭하거나 받은 작호 중에서 장군호보다도 都督諸軍事號였

241) 坂元義種, 1978 《古代東アジアの日本と朝鮮》 (吉川弘文館) ; 盧重國, 2005
    <5세기 한일관계사-"宋書" 倭國傳의 검토-> 《한일역사공동연구보고서》
    1 (한일역사공동연구위원회)

242) 石井正敏, 2005 <5世紀의 日韓關係-倭의 五王과 高句麗·百濟-> 《한일
    역사공동연구보고서》 1 (한일역사공동연구위원회)

243) 《南齊書》 卷58, 列傳39 高麗國, "宋末 高麗王樂浪公高璉爲使持節散騎常侍
    都督營平二州諸軍事車騎大將軍開府儀同三司. 太祖建元元年 進號驃騎大將軍"

244) 《南齊書》 卷58, 列傳39 倭國 "建元元年 進新除使持節都督倭新羅任那加羅
    秦韓(慕韓)六國諸軍事安東大將軍倭王武 號爲鎭東大將軍"

다. 여기서의 도독제군사호는 '都督'과 '諸軍事' 사이에 들어간 지역에 대하여 군사권을 가진다는 의미이다. 그런데 왜 5왕이 중국 남조와 교섭을 하는 과정에서 그 지역에 왜 뿐만 아니라 한반도 남부의 여러 국가를 포함하여 요구한 점이 문제가 되는 것이다.

한반도 남부와 관련된 제군사호만을 다시 정리하면, 왜는 438년에 百濟 新羅 任那 秦韓 慕韓의 군사권을 송에 요구하였다가 하나도 인정받지 못하였고, 451년에 백제를 빼고 가라가 추가된 新羅 任那 加羅 秦韓 慕韓의 군사권을 인정받았으며, 479년에 百濟 新羅 任那 加羅 秦韓 慕韓의 군사권을 송에 요구하였다가 백제를 뺀 나머지를 인정받았다. 그렇다면 실제로 5세기 당시의 왜국은 거기에 거명된 여러 국가들에 대한 군사권을 가지고 있었고 이를 국제적으로 공인받았던 것일까? 그 성격은 무엇인가 하는 것이다.

여기서의 논쟁점은 위의 '제군사호'가 각국의 군사권에 대한 (1) 실제를 반영하는가, (2) 단순한 왜왕의 의도를 반영하는가, (3) 단지 일본열도의 대내용 거짓 작호인가, (4) 혹은 일본열도 내의 여러 종족(이른바 '渡來人')에 대한 통수권인가 하는 점들에 있다.

(1)번의 주장에서는, 왜군이 실제로 한반도 남부에 진출하였으므로 한반도 남부의 군사권 소유와 안동대장군호의 획득을 송에 요구한 것이라고 함으로써, 이를 임나일본부설의 주요 근거로 삼고 있다.[245] 혹은 왜왕이 백제를 추가하는 것은 인가받지 못하였지만 실제로 신라나 임나·가라 등은 모두 왜의 군사 영역에 편입되었다가, 479년에 加羅王 荷知가 輔國將軍에 제수되었을 때 任那 이하가 자칭호에서 제외된 것이라고도 하였다.[246]

---

245) 末松保和, 1949 ≪앞 책≫ ; 藤間生大, 1968 ≪倭の五王≫ (岩波新書) ; 吉村武彦, 2006 <ヤマト王權と律令制國家の形成> ≪古代史の流れ(列島の古代史8)≫ (岩波書店)

246) 平野邦雄, 1980 <金石文の史實と倭五王の通交> ≪岩波講座 日本歷史 1(原

(2)번의 주장들을 살펴보면, 남조가 자기 지배 외의 지역에 대해서는 현지 실력자의 주장을 될 수 있는 한 그대로 인정하려는 방침을 가지고 있었기 때문에 동일지역의 군사권이나 행정권을 동시에 복수의 여러 외국의 왕에게 주었으며, 따라서 이와 같은 칭호는 현실적으로 지배권을 확립하지 않았어도 자칭할 수 있었고 임명받기도 했다고 하였다.[247] 그렇기 때문에 중국 황제의 책봉이나 관작이 당시의 국제관계 위에서 어느 정도의 효력을 가지고 있었는지는 의문이라는 것이다.[248]

혹은 왜왕의 도독제군사호에 포함되어 있는 한반도의 지명은 실제로 현지의 왕 혹은 수장을 통해 軍丁·軍資의 징발이 가능한 유력한 나라이므로 왜왕은 한반도 남부에서의 잠재적 군사행동권을 요구한 것이라고 하였다.[249] 혹은 왜왕 武의 祖禰의 시기에 왜가 한반도의 95국을 평정한 것은 과거에 왜왕의 한반도에서의 군사 활동을 시사하는 것이나 武의 시대에 한반도 남부의 都督號를 자칭하고 있어도 왜왕의 현실적 지배를 반영하고 있다고는 말하기 어렵다고 하였다.[250]

또는 좀 더 분명하게, 왜왕은 고구려의 영역을 제외한 한반도 대부분 지역에 대한 군정권 승인을 宋왕조에 요청하였으나 이는 왜국이 실제로 이 지역을 지배하였다는 것을 의미하는 것은 아니며, 이 시기의 백제나 신라는 분명 독립국이었으며, 가야 소국들도 결코 왜의 지배 아래 있었던 것이 아니므로, 왜왕의 관작을 통해 왜왕이 한반도 남부를 군사 지배하였다고 보는 것은 경솔한 생각이라고 말하였다.[251] 또한 이를 인정하여, 도독제군사호는 기본적으로 해당 지역에 대한 군사

始·古代1)≫ (岩波書店)
247) 坂元義種, 1978 ≪古代東アジアの日本と朝鮮≫ (吉川弘文館)
248) 江畑武, 1968 <四〜六世紀の朝鮮三國と日本−中國との冊封をめぐつて−> ≪朝鮮史研究會論文集≫ 4
249) 山尾幸久, 1989 ≪古代の日朝關係≫ (塙書房)
250) 鈴木英夫, 1996 ≪古代の倭國と朝鮮諸國≫ (靑木書店)
251) 熊谷公男, 2001 ≪日本の歷史03 大王から天皇へ≫ (講談社)

적 지배권을 의미하는 것으로 이해해도 좋을 것이나, 이 칭호를 얻었다고 하여 그 영역에 대해 실질적 지배를 하였다는 것을 의미하지는 않는다고 본 견해도 있다.[252]

그러나 이들의 주장은 왜왕의 한반도 '支配'는 아니라고 해도 왜왕의 상대적 '優位'는 인정하고 있다. 예를 들어 5세기에 왜는 신라와 백제로부터 복종의 증거로 質을 취하였으므로 왜국과 신라·백제와의 관계는 상하 복속관계에 있었으며 그 활동의 場은 한반도 남부 일대에 미쳤다고 생각되므로 왜왕의 제군사호는 실질을 동반하지 않은 허공의 것이 아니라는 것이다.[253] 혹은 4세기 후반 이후 왜국과 한반도 제국의 관계는 기본적으로 대등한 관계였으나, 가야 제국은 소국이었기 때문에 왜국과의 사이에 어느 정도 의존·보호 관계가 형성되어 있었고, 왜는 백제·신라에 대해서도 상황에 따라 군사력 제공에 대한 대가로 왕족 출신의 質을 요구하고 정치적 개입도 하였으므로, 왜왕이 고구려를 제외한 한반도 전역의 軍政權을 송에게 요청한 것은 왜왕이야말로 反고구려 세력의 맹주임을 나타내는 것이고 그러한 지위를 국제적으로 확립하고자 한 것이었다고 하였다.[254] 즉 이는 왜왕의 한반도 남부 제국에 대한 실질적 지배까지는 상정할 수 없어도 왜왕은 이를 의도하고 있었으며, 한반도 남부 지역에서의 왜군의 군사적 활동, 정치적 개입 등의 사례로 보아 왜왕의 주장에는 상당한 근거가 있다는 것이다.

(2)번을 주장하는 이 가운데 한국 쪽 견해들을 보면, 왜왕이 송에 요구한 장군호가 백제가 받은 진동대장군보다 낮다는 것은 왜왕 스스로가 백제왕보다 하위라는 것을 인정한 셈이므로, 백제가 포함된 도독제군사호를 근거로 삼아 왜가 한반도를 군사적으로 지배했다고 보는 것

---

252) 石井正敏, 2005 <5세기의 일한관계 - 왜의 오왕과 고구려·백제 - > ≪한일 역사공동연구보고서≫ 1 (한일역사공동연구위원회)

253) 坂元義種, ≪앞 책≫

254) 熊谷公男, ≪앞 책≫

[지도 8] 5세기 후반 한일관계 지명도

은 의문이라고 하였다.[255] 또한 중국 쪽의 견해에서는, 왜왕 珍, 濟, 武
가 한반도 남부 제국에 대한 군사지배권을 요구한 것은 역사상 처음이

---

255) 延敏洙, 1998 ≪고대한일관계사≫ (혜안)

지만 이는 개인적인 요구에 불과하며, 백제, 신라, 가라 등을 포함한
自稱號를 반복해서 요청한 사실 자체가 왜가 한반도 남부를 통치한 사
실이 없었음을 보여주는 것이라고 하였다.[256]

(3)번의 주장에서는, 한반도 제국이 포함된 왜왕의 자칭호는 대외적
으로는 백제가 중심이 된 백제 – 신라 – 가야 – 왜 연합이라고 하는 對
고구려 외교망에 참여한 왜가 연합세력의 주축을 놓고 백제와 경쟁하
기 위해 의도적으로 칭한 것이며, 대내적으로 일본열도의 통합을 추진
하면서 한반도 제국과의 교역권을 장악하자 이를 여러 호족들에게 보
여주기 위한 방편으로 칭함으로써 송으로부터 인정받아 신뢰성을 부가
하려고 한 것이므로, 이는 왜가 한반도 제국을 지배한 사실을 보여주
는 것이 아니라고 하였다.[257]

(4)번의 주장에서는, 당시의 일본열도 내에 한반도 계통의 소국이나
이주민들이 많이 실재한 것을 근거로 하여 왜왕이 일본열도 내의 여러
세력을 총괄하기 위해서 해당 소국이나 이주민들의 본거지를 나열한
것에 지나지 않는다고 하였다. 즉 6국 내지 7국 중의 첫 자리에 놓인
‘倭’는 畿內 지방의 야마토국이고 그 나머지는 일본 야마토 지방 부근
의 한반도 계통 소국들에 지나지 않는다거나,[258] 혹은 중국 남조나 백
제에서 이주민 계열의 인물들에게 자신의 통치가 미치지 않는 지역의
작호를 주거나 인정받았던 것과 마찬가지로 왜도 한반도 남부로부터의
이주민(‘渡來人’)들에게 그 본거지의 작호를 주고 왜왕은 이를 통괄하
는 권위를 획득하려고 한 것이라고 하였다.[259]

---

256) 王健群, 1992 <임나일본부와 왜의 오왕> ≪가야문화≫ 5

257) 盧重國, 2005 <5세기 한일관계사 – “송서” 왜국전의 검토 – > ≪한일역사공
     동연구보고서≫ 1 (한일역사공동연구위원회)

258) 金錫亨, 1966 ≪초기조일관계연구≫ (사회과학출판사)

259) 李永植, 1988 <5세기 倭王 稱號의 해석을 둘러싼 一視角> ≪史叢≫ 34 ;
     1993, ≪加耶諸國と任那日本府≫ (吉川弘文館)

이로 보아 일본 학자들은 대개 (1), (2)번을 주장하고 있고, 한국 학자들은 (3), (4)번을 주장하고 있다. 그 중에 (1)번과 (4)번은 약간 지나친 주장이고, 문제의 해답은 (2)번과 (3)번 사이에 있을 것으로 보인다. 그렇다면 왜왕의 '제군사호'는 한반도 남부 각국의 군사적 지배에 대한 실제를 반영하거나 혹은 일본열도 내의 여러 종족에 대한 통수권을 가리키는 것이 아니라, 단순한 왜왕의 희망사항을 반영하거나 혹은 일본열도 통치를 위한 대내용 작호에 지나지 않는 것이다.

그러므로 왜 5왕이 중국 황제로부터 한반도 남부지역명이 포함된 제군사호를 인정받은 것과 왜왕이 실제로 한반도 남부지역에서 군사권을 발휘할 수 있었던가는 전혀 별개의 문제였으며, 한반도 남부의 문헌 사료나 고고학 자료로 볼 때 그런 증빙은 없다. 혹시 이 사실을 언급하지 않고 단지 ≪송서≫에 나오는 왜왕의 제군사호 인정 기사만 강조하면, 역사 기술로서 틀린 것은 아니라고 해도, 역사적 사실을 오도할 우려가 있어서 곤란하다. 왜냐하면 그럴 경우에 전문적 지식이 없는 사람들은 왜가 실제로 한반도 남부의 군사권을 장악하고 있었다고 오해할 가능성이 있기 때문이다. 왜 5왕의 제군사호는 일종의 외교 행위에 지나지 않았고 한반도 남부의 상황에 영향을 미칠 수 없는 것, 즉 실효성이 없는 것이었다.

3) 왜왕 武 상표문과 수장통합체 형성

중국 남조 송나라 順帝 昇明 2년(478)에 왜왕 武가 보낸 상표문 중에 다음과 같은 구절이 나온다.

본국[왜]은 멀리 떨어져 있으면서 책봉을 받아 해외의 제후국이 되었습니다. 옛날 할아버지와 아버지[祖禰] 때부터 몸소 갑옷과 투구를 입고 산을

넘고 내를 건너느라고 편안하게 쉴 새가 없었습니다. 동쪽으로는 毛人 55
國을 정복하고, 서쪽으로는 衆夷 66국을 복속시켰으며, 바다 북쪽의 95국
을 건너가 평정하였습니다.[260]

위의 기록에서 왜왕 武의 祖禰가 평정하였다는 바다 북쪽의 95국이
어느 곳인가 하는 점이 문제이다. 여기서의 논쟁점은 바다 북쪽의 95
국이 (1) 한반도 남부이고 실제로 평정했다고 보는가,[261] (2) 한반도 남
부이나 실제보다 과장된 표현으로서 왜왕의 희망사항을 나타낸 것인
가,[262] (3) 한반도와 관계없는 규슈 지방일 뿐인가[263] 하는 몇 가지 점
으로 나뉘고 있다.

山尾幸久의 연구에 의하면, 이 상표문은 문장 수식이 매우 심하므로
'征', '服', '平' 등의 문자를 글자 뜻 그대로 객관시하는 것은 가능하지
않다고 한다. 당시 야마토 왕권이 일본열도나 한반도에서 무엇인가의
직접적 접촉을 가지고 있던 지역집단을 '잠재적 군사행동권'과 관련시
켜 의미 붙인 것이며, 이와 같은 의미를 가진 '平'字에 의하여 과거 야
마토 왕권의 임나 지배를 객관시 또는 실체시하는 이유로는 될 수 없
다고 하였다.[264]

이제 왜왕 무의 상표문과 관련하여 (1)번처럼 실제로 왜가 한반도
남부지역을 정벌하고 지배했다고 보는 사람은 찾기 어렵다. (2)번의 주
장처럼 왜왕의 의도된 계산이든, 아니면 (3)번의 주장처럼 후세 학자들

---

260) ≪宋書≫ 卷97, 列傳57 夷蠻傳 東夷, "順帝昇明二年 遣使上表曰 封國偏遠
    作藩于外. 自昔祖禰 躬擐甲冑 跋涉山川 不遑寧處. 東征毛人五十五國 西服衆
    夷六十六國 渡平海北九十五國"

261) 末松保和, 1949 ≪앞 책≫ ; 平野邦雄, 1980 <앞 논문> ; 鬼頭淸明, 1994
    ≪大和朝廷と東アジア≫ (吉川弘文館)

262) 山尾幸久, 1989 ≪앞 책≫ ; 鈴木英夫, 1996 ≪앞 책≫ ; 熊谷公男, 2001
    <앞 논문> ; 石井正敏, 2005 <앞 논문>

263) 盧重國, 2005 <앞 논문>

264) 山尾幸久, 1989 ≪古代の日朝關係≫ (塙書房) 226

의 지명 고증 착오이든, 5세기의 왜왕이 한반도 남부를 군사적으로 통솔하고 있다는 것을 중국으로부터 인정받고자 했던 점은 사실일 수도 있으나, 가장 중요한 것은 그것이 실효성이 없었다는 점이다. 적어도 근래의 한일학계는 이런 정도로 공통된 인식을 가지고 있다.

그 상표문에서 더욱 중시되어야 할 것은 왜왕 武의 자부심으로서, 일본열도의 각 지역 수장을 통합한 최고 권력자라는 사실의 언명이라고 해야 할 것이다. 埼玉縣과 熊本縣에서 출토된 鐵劍銘을 통해서 獲加多支鹵大王, 즉 왜왕 武(雄略)의 통치 범위가 關東부터 九州에 이르는 지역이었음을 확인할 수 있다. 다만 이 단계에서 지방의 수장층은 직접 畿內의 大王에게 봉사하는 것이 아니고, 대왕의 아래에서 특정의 職掌을 분담하는 중앙호족과 그 職掌을 통하여 연결되어 있었고, 그 지방 수장의 독립성은 공고하게 유지되었던 듯하다.

4) 호남 서부지역의 전방후원분 문제

5세기의 한일관계를 둘러싸고 근래에 새로운 문제가 제기되었는데, 그것은 전남 영산강 유역에서 발견된 10여 기의 '前方後圓墳'이다. 이를 나열해 보면, 전북 고창군 공음면 칠암리 고분, 전남 영광군 법성면 월산리 월계 1·2호분, 함평군 월야면 예덕리 신덕 1호분, 함평읍 장년리 장고산 고분, 영암군 시종면 태간리 자라봉 고분, 해남군 북일면 방산리 장고봉 고분, 용두리 고분, 광주시 광산구 월계동 1·2호분 등을 들 수 있다.

일본열도의 전방후원분과 유사한 성격을 띠는 고분들이 전남 해안 및 영산강 유역에서 출토된 사실을 놓고, 그 축조 세력의 성격에 대해서 이들을 (1) 在地首長으로 보는 견해와 (2) 倭人으로 보는 견해로 크게 나눈다. 그 안에서 (1)군에 속하는 견해로는 ① 영산강 유역의 재지

수장들의 대왜 친연성 주장에 의한 것으로 보는 獨立的 在地首長說[265]
과 ② 백제왕권과 연계 하에 재지수장이 전방후원분을 묘제로 채택한
것으로 보는 百濟連繫 在地首長說[266]이 있다. (2)군에 속하는 견해는
좀 더 복잡하여 ① 철의 교역을 위해 九州 또는 왜왕권에서 영산강 유
역으로 들여보낸 집단이주민으로 보는 移住倭人說(=慕韓說),[267] ② 영
산강 유역에서 在地人化하고 있던 왜인으로 보는 在地化倭人說,[268] ③

265) 岡內三眞, 1996 <前方後圓形墳の築造モデル> ≪韓國の前方後圓墳≫ (雄山
閣) ; 土生田純之, 2000 <韓·日 前方後圓墳의 比較檢討> ≪韓國의 前方後圓
墳≫, 충남대출판부 ; 2006 ≪古墳時代の政治と社會≫ (吉川弘文館) ; 申敬澈,
2000 <고대의 낙동강, 영산강, 그리고 왜> ≪한국의 전방후원분≫ (충남대
출판부) ; 朴淳發, 2000 <백제의 남천과 영산강유역 정치체의 재편> ≪한
국의 전방후원분≫ (충남대출판부) ; 2001 <榮山江流域における前方後圓墳の
意義> ≪朝鮮學報≫ 179 ; 朝鮮學會 編, 2002 재수록 ≪前方後圓墳と古代
日朝關係≫ (同成社) ; 2003 <百濟の南遷と倭> ≪檢証古代日本と百濟≫
(大巧社) ; 申大坤, 2001 <榮山江流域の前方後圓墳> ≪飛鳥の王權と加賀の渡
來人≫ (石川縣立歷史博物館, 金澤) ; 田中俊明, 2001 <韓國の前方後圓形古
墳の被葬者·造墓集團に對する私見> ≪朝鮮學報≫ 179 ; 朝鮮學會 編, 2002
재수록, ≪前方後圓墳と古代日朝關係≫ (同成社) ; 柳澤一男, 2002 <全南地
方の榮山江型石室の系譜と前方後圓墳> 朝鮮學會 編, ≪前方後圓墳と古代日
朝關係≫ (同成社) ; 李暎澈, 2006 <前方後圓形古墳と墳周土器> ≪海を渡っ
た日本文化≫ (鑛脈社) ; 辻秀人, 2006 <榮山江流域의 前方後圓墳과 倭國
周緣地域의 前方後圓墳> ≪百濟研究≫ 44 (忠南大學校 百濟研究所, 大田) ;
2007 <榮山江流域の前方後圓墳と倭國周緣域の前方後圓墳> ≪歷史と文化≫
42 (東北學院大學)
266) 禹在柄, 2004 <榮山江流域 前方後圓墳의 出現과 그 背景> ≪湖西考古學≫
10 (湖西考古學會)
267) 東潮, 1995 <榮山江流域と慕韓> ≪展望考古學≫, 考古學研究會40周年紀念
論叢 ; 2001 <倭と榮山江流域-倭韓の前方後圓墳をめくって-> ≪朝鮮學報≫
179 (朝鮮學會, 天理) ; 朝鮮學會 編, 2002 <倭と榮山江流域> ≪前方後圓墳
と古代日朝關係≫ (同成社) ; 柳澤一男, 2008 <韓國の前方後圓墳と九州> ≪古
代日本の異文化交流≫ (勉誠出版) ; 李鎔賢, 2008 <韓國古代における全羅道
と百濟·加耶·倭> ≪古代日本の異文化交流≫ (勉誠出版) ; 鈴木英夫, 2008
<韓國の前方後圓墳と倭の史的動向> ≪古代日本の異文化交流≫ (勉誠出版)
268) 土生田純之, 2008 <前方後圓墳をめぐる韓と倭> ≪古代日本の異文化交流≫

백제가 남방 개척을 위해 왜인을 받아들여 정착시킨 것으로 보는 倭系 百濟官僚說,[269] ④ 한반도에서 일본열도로 건너갔던 이주민이 전방후 원분 축조기술을 가지고 돌아와서 만들었다는 歸鄕倭人說,[270] ⑤ 나주 반남 지역에 있던 독자적 정권이 백제에 대항하기 위해 왜인을 받아들 인 것으로 보는 倭系 潘南官僚說[271] 등으로 나뉘어 다양한 이설을 표 출하며 대립하고 있다.

어느 쪽으로 보든 간에 전남 영산강 유역이 5세기 후반 내지 6세기 전반에 일본열도와 깊은 관계를 가졌던 것은 부인하기 어렵다. 이 문 제에 대한 논쟁은 한창 진행 중이며, 아직 어떤 설도 우위를 차지하지 못하고 있다. 다만 이를 ≪일본서기≫의 문헌기록에 나오는 '임나' 문 제와 직접 관련짓는 견해는 없는 실정이다.

(勉誠出版)

269) 朱甫暾, 2000 <백제의 영산강유역 지배방식과 전방후원분 피장자의 성격> ≪한국의 전방후원분≫ (충남대출판부) ; 山尾幸久, 2001 <五,六世紀の日朝 關係 - 韓國の前方後圓墳の一解釋 -> ≪朝鮮學報≫ 179 (朝鮮學會) ; 西谷 正, 2002 <韓國の前方後圓墳をめぐる諸問題> 朝鮮學會 編, ≪前方後圓墳と古 代日朝關係≫ (同成社) ; 朴天秀, 2002 <고고자료를 통해 본 고대 한반도와 일본열도의 상호작용> ≪한국고대사연구≫ 27 (한국고대사학회) ; 2002 <榮山江流域における前方後圓墳の被葬者の出自とその性格> ≪考古學研究≫ 49-2 (考古學研究會, 岡山) ; 2003 <榮山江流域と加耶地域における倭系古墳の 出現過程とその背景> ≪熊本古墳研究≫ 1 (熊本古墳研究會, 熊本) ; 2003 <榮山江流域における前方後圓墳の出現の歷史的背景> ≪東アジアの古代文化≫ 117 (大和書房, 東京) ; 2004 <榮山江流域における前方後圓墳が提起する諸問 題> ≪歷史と地理≫ 577 (山川出版社, 東京) ; 2007 ≪加耶と倭 韓半島と日 本列島の考古學≫ (講談社) ; 2007 ≪새로 쓰는 고대 한일교섭사≫ (서울평 론, 서울) ; 2008 <榮山江流域における前方後圓墳からみた古代の韓半島と日本 列島> ≪古代日本の異文化交流≫ (勉誠出版)

270) 林永珍, 1997 <湖南地域 石室墳과 백제의 관계> ≪湖南考古學의 제문제(제 21회 한국고고학회 발표요지)≫ (한국고고학회)

271) 林永珍, 2000 <영산강유역 석실봉토분의 성격> ≪영산강유역 고대사회의 새로운 조명≫ (역사문화학회·목포대박물관, 목포) ; 2003 <百濟の成長と馬 韓勢力, そして倭> ≪檢証古代日本と百濟≫ (大巧社)

주장하는 사람들의 숫자로 보아 초기에는 (1)-①의 독립적 재지수
장설이 가장 많은 지지를 받았다. 이는 전남지역 전방후원분의 축조방
식이나 출토유물이 일본열도의 것과 다른 점이 많다고 하는 점에서 주
장되었다. 인용 및 논문 게재 숫자로 보아서는 (2)-③의 왜계 백제관
료설도 만만치 않은 관심을 끌고 있다. 영산강 유역 전방후원분이 주
변의 재지수장 계열과 전혀 관계없이 돌연 출현하였고, 그들이 의도적
으로 분산 배치되었으며, 그중 일부에 백제의 위신재가 부장된 점 등
은 왜계 백제관료설의 큰 장점이라고 할 수 있다.

 (2)-①·②의 이주왜인설은 초기에는 미약하였으나 최근 들어 갑자
기 대두하고 있으며, 특히 土生田純之와 柳澤一男은 (1)-①을 주장하
다가 이것으로 바꾸었다는 점에서 주목된다. 이런 연구 동향으로 보아,
전방후원분의 축조 주체를 전남 지역의 재지수장으로 보는 견해보다
왜인으로 보는 견해가 좀 더 강해지는 추세라고 할 수 있다. 다만 백제
의 영향력을 중시하는 왜계 백제관료설에서는 그 축조 시기를 6세기
전반으로 보고, 일본열도의 선택을 중시하는 이주왜인설에서는 이를 5
세기 후반으로 보고 있어서, 편년의 문제도 남아있는 상태이다.

 다만 ≪南齊書≫ 百濟國傳 永明 8년(490) 조272)와 建武 2년(495)
조273)에 나오는 기록으로 보아, 백제의 지방관에 대한 王·侯 작호 책

---

272) ≪南齊書≫ 卷58, 列傳39 百濟國, "報功勞勤 實存名烈. 假行寧朔將軍臣姐瑾
　　等四人 振竭忠効 攘除國難 志勇果毅 等威名將 可謂扞城 固蕃社稷 論功料勤
　　宜在甄顯. 今依例輒假行職. 伏願恩愍 聽除所假. 寧朔將軍·面中王姐瑾 歷贊
　　時務 武功並列 今假行冠軍將軍·都將軍·都漢王. 建威將軍·八中侯餘古 弱冠
　　輔佐 忠効夙著 今假行寧朔將軍·阿錯王. 建威將軍餘歷 忠款有素 文武列顯
　　今假行龍驤將軍·邁盧王. 廣武將軍餘固 忠効時務 光宣國政 今假行建威將軍·
　　弗斯侯"

273) ≪위 책≫ 建武 2년, "牟大遣使上表曰 (中略) 今假沙法名行征虜將軍·邁羅王
　　贊首流爲行安國將軍·辟中王 解禮昆爲行武威將軍·弗中侯 木干那 前有軍功
　　又拔臺舫 爲行廣威將軍·面中侯. 伏願天恩特愍聽除. (中略) 詔可 並賜軍號"

봉은 전국적으로 설정된 것이 아니라 5세기 후반부터 말기에 걸쳐 전남 서부 일대가 백제의 직할 영역으로 편입되면서 나타난 과도기적 현상이고, 王·侯號 보유자는 이 지역에 분봉된 항구적 지배자가 아니라 5년 안에 교체되곤 하는 지방관으로서의 성격을 띠고 있다. 그렇다면 적어도 5세기 말 당시에 영산강 유역 전방후원분 피장자는 王侯制와 관련된 지방관 본인이 아니라 오히려 그 지방관에게 복종하고 있던 자들이라고 볼 수밖에 없다.274) 어느 설을 취하든 간에 이 점은 중시되어야 할 것이다.

백제 東城王은 자신이 중국이나 한반도 및 왜에서 국제적으로 인정받는 세력임을 입증하기 위해서 외교적으로 여러 가지 노력을 하였다. 전남 지역에 대해서는 통치 가능한 곳에 지방관을 파견하고 이를 중국으로부터 인정받으려고 했다. 동성왕의 484·486년275)과 490·495년의 네 차례에 걸친 南齊 조공과 그 중 490년대 두 차례의 王·侯 작호 가칭은 이와 밀접한 관련이 있다. 또한 일본 九州의 熊本縣 江田 船山 고분의 백제 계통 금동관이나 금동 장식신발 및 고리자루큰칼 같은 부장품에 보이듯이, 백제는 일본열도 각지에도 백제의 선진 문물을 파급시켜 자신과의 연계 필요성을 입증해 보이기도 했다. 동성왕이 481년에 가야와 함께 신라에 원병을 보내 고구려군을 물리치고, 485년에 신라에 사신을 보내 예방한 것이나,276) 493년에 신라에 혼인을 청하여 결혼 동맹을 맺은 것도277) 그러한 외교의 일환이었다. 한편으로는 498년

---

274) 金泰植, 2008 <고대 한일관계사의 새로운 지평 - 朴天秀, 2007. 11 "새로 쓰는 고대 한일교섭사", 사회평론 - > ≪한국고대사연구≫ 50 (한국고대사학회)

275) ≪三國史記≫ 卷26, 百濟本紀4 東城王 6년, "春二月 王聞南齊祖道成 册高句麗巨璉爲驃騎大將軍 遣使上表請內屬 許之. 秋七月 遣內法佐平沙若思 如南齊朝貢 若思至西海中 遇高句麗兵 不進"; 같은 왕 8년 "三月 遣使南齊朝貢"

276) ≪위 책≫, 東城王 7년, "夏五月 遣使聘新羅"

에 耽羅를 빌미로 삼아 武珍州(지금 광주광역시)까지 진격하여 무력시위를 하기도 했던 것이다.[278] 백제의 이러한 노력들의 결과, 호남 서부의 영산강 유역은 대부분 6세기 초까지는 백제의 직접적인 지배 영역으로 편입되었다고 볼 수 있다.

Ⅳ. 백제·왜의 연결과 신라의 가야 병합

1. 가야를 둘러싼 백제와 신라의 경쟁

1) 백제의 부흥과 호남 동부지역 병합

5세기 말 이후 6세기에 들어서도 고구려는 계속해서 백제와의 전쟁을 치르고 있었다. ≪삼국사기≫ 고구려본기의 기록으로 보아,[279] 495년부터 512년 사이의 전쟁터는 북으로 水谷城(황해 신계군 다율면)이나 高木城(경기 연천군 연천읍)으로부터 남으로 漢城(서울 송파구) 또는 圓山城(충북 음성)에 이르기까지 변화하고 있으며, 이것이 사실이라면 당시 양국의 공방이 매우 치열하고 영토 소유의 변화가 심하였음을

---

277) ≪위 책≫, 東城王 15년, "春三月 王遣使新羅請婚 羅王以伊飡比智女 歸之"

278) ≪위 책≫, 東城王 20년, "八月 王以耽羅不修貢賦 親征至武珍州. 耽羅聞之 遣使乞罪 乃止.[耽羅 卽耽牟羅.]"

279) ≪三國史記≫ 卷19, 高句麗本紀7 文咨明王 4년(495), "八月 遣兵圍百濟雉壤城 百濟請救於新羅 羅王命將軍德智 率兵來援 我軍退還"; 같은 왕 12년(503), "冬十一月 百濟遣達率優永 率兵五千 來侵水谷城"; 같은 왕 15년(506), "冬十一月 遣將伐百濟 大雪 士卒凍皸而還"; 같은 왕 16년(507), "冬十月 遣使入魏朝貢 王遣將高老 與鞨謀 欲攻百濟漢城 進屯於橫岳下 百濟出師逆戰 乃退"; 같은 왕 21년(512), "秋九月 侵百濟 陷加弗·圓山二城 虜獲男女一千餘口"

알 수 있다.

그러나 475년의 위례성 함락 이후 한강과 금강 사이의 영토, 즉 충북 청원 남성곡 유적과 대전 월평동 유적 및 서울시 송파구 몽촌토성 등에 대한 고구려의 점유 기간이 그리 길지 않았다고 추정되고, 반면에 고구려가 영위한 한강 이북 아차산 제4보루의 토기류는 제작기법이나 형태상의 특징으로 보아 그 중심 연대가 6세기경으로 추정된다.[280] 그렇다면 6세기 초에는 백제의 반격이 이루어져 고구려군이 물러감에 따라 양국의 戰線이 한강 하류에 근접한 것이라고 하겠다. 521년에 백제 武寧王이 중국 梁나라에 사신을 보내 "거듭 고구려를 격파하고 이제 비로소 더불어 通好하게 되었다"고 한 것은[281] 이를 말해준다. 게다가 앞 절에서 언급했듯이 백제는 6세기 초까지 호남 서부의 영산강 유역을 대부분 영역에 편입시켰다.

이러한 성공적 분위기 속에서 백제 무령왕은 왜와의 직접적인 교역을 위해서는 좋은 항구가 필요하다는 점을 명분으로 내세워,[282] 가야 세력권에 있던 호남 동부를 관통하는 섬진강 유역 및 그 하구를 잠식해 들어갔다. ≪日本書紀≫ 繼體 6년(512) 조부터 10년(516) 조까지 나오는 백제의 任那 4縣 및 己汶・帶沙 공략은 이를 나타낸다.

거기서 임나 4현과 기문 등을 왜왕이 6세기 초에 백제왕에게 '割讓' 했다고 하여, 기존설에서는 그 곳이 원래 왜왕이 지배하는 임나에 속했다고 보았다.[283] 이 지역에 대한 지명 비정은, 今西龍이 己汶을 경북

---

280) 金泰植, 2006 <5~6세기 高句麗와 加耶의 관계> ≪북방사논총≫ 11 (고구려역사재단) 141~142

281) ≪梁書≫ 卷54, 列傳48 諸夷 百濟傳, "普通二年(521) 王餘隆始復遣使奉表稱 累破句驪 今始與通好 而百濟更爲强國"

282) ≪日本書紀≫ 卷17, 繼體天皇 23년 3월, "百濟王謂下哆唎國守穗積押山臣曰 夫朝貢使者 恒避嶋曲[謂海中嶋曲崎岸也 俗云美佐祁.] 每苦風波 因茲 濕所齎 全壞无色. 請 以加羅多沙津 爲臣朝貢津路. 是以 押山臣爲請聞奏"

283) 末松保和, 1949 ≪任那興亡史≫ (大八洲出版) ; 1956 再版, (吉川弘文館)

개령으로 보았다가[284] 전북 남원으로 수정하고,[285] 鮎貝房之進이 임나 4현을 고산, 진산, 상주, 용담으로 각각 비정한 것을[286] 末松保和가 전북 고창과 전남 서부의 영광, 함평, 무안(여기까지 牟婁), 광주, 영암 등지(여기까지 哆唎) 및 전남 동부의 구례(娑陀) 등으로 수정한[287] 후, 일본에서는 지금도 대개 이것을 토대로 역사지도가 그려지고 있다.

그러나 임나 4현 및 기문을 上哆唎=여수, 下哆唎=돌산, 娑陀=순천, 牟婁=광양, 己汶=남원으로 비정하는 설[288]이 나온 이후 한국학계는 대개 이를 지지하고 있으며,[289] 그 성격에 대해서도 왜왕의 임나 할양이라는 측면이 아닌 백제와 대가야의 분쟁에 따른 가야연맹 영토 축소라는 관점에서 다루고 있다.[290] 그 전제의 하나는 대가야 악사인 우륵의 12곡 이름 중에 上奇物, 下奇物, 達已, 勿慧가 나오는데, 이는 임나 4현 중의 上·下多唎, 牟婁 및 己汶과 音相似하므로 이 지역 소국들은 후기 가야연맹에 속한다는 것이다.[291]

120~123

284) 今西龍, 1919 <加羅疆域考> ≪史林≫ 4-3·4; 1970 ≪朝鮮古史の研究≫ (國書刊行會) 재수록

285) 今西龍, 1922 <己汶伴跛考> ≪史林≫ 7-4 ; 1970 ≪朝鮮古史の研究≫ (國書刊行會) 재수록.

286) 鮎貝房之進, 1937 ≪雜攷≫ 7, 下卷, 32~44

287) 末松保和, 1956 ≪앞 책≫ 120~123

288) 全榮來, 1985 <百濟南方境域의 變遷> ≪千寬宇先生還曆紀念 韓國史學論叢≫ 146

289) 順天大學校 博物館, 韓國上古史學會, 2008 ≪전남동부지역의 가야문화(제36회 한국상고사학회 학술발표대회)≫ 2008년 11월 14일 순천대학교 70주년 기념관 2층 대회의실. 이날 발표자 중에 金泰植, 李東熙, 朴天秀, 權五榮은 6세기 초까지 임나 4현으로 추정되는 전남 동부지역이 가야의 영역이었다는 관점에 동의하여 글을 발표하였으며, 田中俊明만은 末松說을 일부 수정하여 임나 4현을 호남 서부의 榮山江 유역으로 비정하였다.

290) 金泰植, 2002 ≪미완의 문명 7백년(가야사 1)≫ (푸른역사) 182~183 ; ≪같은 책≫ 2, 187

291) 金泰植, 1997 <百濟의 加耶地域 關係史: 交涉과 征服> ≪百濟의 中央과

[지도 9] 우륵 12곡 내 가야제국의 위치

또한 2006년에 전라남도 순천시 서면 운평리 1호분에서 5세기 말
내지 6세기 초엽의 고령 양식의 뚜껑목항아리[有蓋長頸壺]와 그릇받침
[器臺]이 출토된 것은[292] 이를 뒷받침하는 고고학적 증거이다. 이로써

地方≫ (충남대학교 백제연구소) 58~60

5세기 후반부터 6세기 초까지의 후기 가야연맹 최대 범위에 호남 동부 지역의 6~7국, 즉 上己汶(전북 장수 번암 혹은 임실), 下己汶(전북 남원), 娑陀(전남 순천), 牟婁(전남 광양), 上哆唎(전남 여수), 下哆唎(돌산) 등이 있었다는 가설은 중요한 근거를 획득하였다.[293]

　繼體紀 6년 조 기사에 의하면, 512년 12월에 백제가 왜에 조공하면서 任那國의 上哆唎, 下哆唎, 娑陀, 牟婁의 4현을 달라고 요구하자, 哆唎國守 호즈미노오미 오시야마[穗積臣押山]가 이에 찬성하는 의견을 왜국 조정에 냈으며, 결국 왜는 그 땅을 백제에게 주었다고 하였다.[294] 여기서 穗積臣押山은 처음에 왜의 사신으로서 백제에 왔지만 다리국에 주재하면서 백제의 이익을 대변하는 것으로 보아, 이미 왜계 백제관료가 되었다고 보아도 좋을 만한 인물이다. 또한 여수·순천의 백제 산성 아래에 있는 고분들은 원래 가야계 석곽이었으나 6세기 전반에 백제의 문물에 경도되면서 백제계 석곽으로 변화해갔다.[295] 이는 해당 지역이 가야 소국이었다가 바로 백제 영토로 전환되어 간 것을 의미한다. 그

---

292) 李東熙, 2006 ≪순천 운평리 고분 발굴조사 자문위원회 자료≫ (전라남도·순천시·순천대학교박물관)

293) 金泰植, 2002 ≪미완의 문명 7백년 가야사 1권≫ (푸른역사) 182~183 ; ≪같은 책≫ 2권, 187 ; 李東熙, 2004 <전남동부지역 가야계 토기와 역사적 성격> ≪한국상고사학보≫ 46 ; 郭長根, 2004 <호남동부지역의 가야세력과 그 성장과정> ≪호남고고학보≫ 20 ; 朴天秀, 2006 <임나사현과 기문·대사를 둘러싼 백제와 대가야> ≪가야, 낙동강에서 영산강으로(제12회 가야사국제학술회의 발표자료집)≫ (김해시)

294) ≪日本書紀≫ 卷17, 繼體天皇 6년, "夏四月 辛酉朔丙寅 遺穗積臣押山 使於百濟 仍賜筑紫國馬冊匹. 冬十二月 百濟遺使貢調. 別表請任那國上哆唎·下哆唎·娑陀·牟婁 四縣 哆唎國守穗積臣押山奏日 此四縣 近連百濟 遠隔日本 且暮易通 鷄犬難別 今賜百濟 合爲同國 固存之策 無以過此 然縱賜合國 後世猶危. 況爲異場 幾年能守. 大伴大連金村 具得是言 同謨而奏 (中略) 由是 改使而宣勅 付賜物幷制旨 依表賜任那四縣"

295) 李東熙, 2007 <백제의 전남 동부 지역 진출의 고고학적 연구> ≪한국고고학보≫ 64, 103

[지도 10] 任那 4縣 및 己汶·帶沙의 위치

러므로 왜의 '임나 4현 할양'이라는 관념은, 그 전에는 그 땅이 왜왕의
소유였다는 것이 아니라,[296] 멀리 떨어져 있는 교역대상자인 왜왕의

---

296) 森公章, 2006 ≪東アジアの動亂と倭國≫ (吉川弘文館) 117에서는 繼體紀 6년
   12월 조의 '임나 4현' 관련 기사에 대하여, "물론 倭國이 朝鮮半島에 領地를
   가진 적은 없었다"고 서술하였다.

금 강
固麻(공주)

百濟

낙 동 강

(고령)
叛波◎

斯羅
(경주)

新羅

(변암)
上己文

多羅◎
(합천)

加耶

卓(창원)

前羅
(함안)

섬 진 강
(광양)
麻連◎

강 산 영

止迷(해남)

下枕羅(제주)

[지도 11] 梁職貢圖 百濟國使傳 '旁小國'의 위치

호응을 얻어 가야의 영토 일부를 빼앗으려는 백제의 외교적 修辭에 현혹되어 생긴 환상일 뿐이다.

그 이듬해에 대가야와 백제는 '己汶'이라는 곳을 놓고 영역을 다투게 되는데, 이 사실은 繼體紀 7년 조 기사에 보인다. 그에 따르면, 백제가 513년 6월에 姐彌文貴將軍과 州利卽爾將軍을 왜에 사신으로 보내, "伴跛國이 백제 땅인 己汶을 공격하여 빼앗았으니, 이를 돌려 달라"고

왜왕에게 요청하였고,[297] 왜는 11월에 己汶과 帶沙를 백제에게 주었다
는 것이다.[298]

여기서 己汶(전북 남원, 임실, 번암)이 원래 백제 땅이었다면, 이를
伴跛, 즉 대가야가 빼앗았다고 하여 왜왕에게 그 환급을 요청하는 것
은 비상식적이며, 왜왕이 이를 돌려줄 권한도 없는 것이다. 이 역시 왜
와의 교역을 빙자하여 가야연맹 소속국을 잠식해 들어오는 백제의 외
교 방식을 보여준다.[299] 왜와 기문국은 선진문물의 면에서 대가야보다
우월한 백제의 유인에 따르지 않을 수 없었을 것이다.[300] 백제의 외교
적 명분에 동의하여 영토 확장에 도움을 준 왜에게 백제는 513년, 516
년에 오경박사 段楊爾, 漢高安茂 등을 보내 유학을 전수하였다.[301] 그
결과 백제가 호남 지역을 모두 영유하게 되어, 가야와 백제는 소백산
맥을 자연적 경계로 삼게 되었다.

그 후의 상황을 보이는 사료로 ≪梁職貢圖≫가 있다. 그에 따르면,
梁 普通 2년(521)에 백제왕이 수도를 固麻(충남 공주)에 두고 지방에는

---

297) ≪日本書紀≫ 卷17, 繼體天皇 7년 6월, "百濟遣姐彌文貴將軍·州利卽爾將軍
　　　副穗積臣押山[百濟本記云 委意斯移麻岐彌] 貢五經博士段楊爾. 別奏云 伴跛
　　　國略奪臣國己汶之地. 伏願天恩 判還本屬"
298) ≪위 책≫ 繼體天皇 7년 11월 신해삭 을묘, "於朝廷 引列百濟姐彌文貴將
　　　軍·斯羅汶得至·安羅辛已奚及賁巴委佐·伴跛旣殿奚及竹汶至等 奉宣恩勅 以
　　　己汶·滯沙 賜百濟國. 是月 伴跛國 遣戢支 獻珍寶 乞己汶之地 而終不賜"
299) 金泰植, 2002 ≪앞 책≫ 1, 188
300) 위치나 정황상의 정확한 설명은 못되나 일본의 吉田連 家系傳承에도 이 지
　　　역이 원래는 三己汶의 넓은 지역이었고 任那에 속했었는데 결국 자발적으로
　　　백제에게 귀속되었다는 내용이 나온다. ≪新撰姓氏錄≫ 左京皇別下 吉田連
　　　條 및 ≪續日本後紀≫ 卷6, 仁明天皇 承和 4년 6월 壬辰朔 己未條 참조.
301) ≪日本書紀≫ 卷17, 繼體天皇 7年(513), "夏六月 百濟遣姐彌文貴將軍·州利
　　　卽爾將軍 副穗積臣押山[百濟本記云 委意斯移麻岐彌] 貢五經博士段楊爾. 別
　　　奏云 伴跛國略奪臣國己汶之地. 伏願天恩 判還本屬"; ≪같은 책≫ 繼體天皇
　　　10年(516), "秋九月 百濟遣州利卽次將軍 副物部連來 謝賜己汶之地. 別貢五
　　　經博士漢高安茂 請代博士段楊爾. 依請代之"

22담로를 두어 통치하였는데, 인접한 소국으로 叛波, 卓, 多羅, 前羅, 斯羅, 止迷, 麻連, 上己文, 下枕羅 등이 그에 부속되어 있다고 하였다.[302] 여기서 斯羅, 즉 신라가 백제에게 부속되었다거나, 혹은 가야연맹의 유력한 소국들인 叛波(경북 고령), 卓(경남 창원), 多羅(합천), 前羅(함안)가 백제에 부속되었다는 것은 과장된 표현이다. 다만 그 이하의 止迷(전남 해남), 麻連(광양), 上己文(전북 임실, 반암), 下枕羅(제주도) 등이 백제에 부속되었다 해도 아직까지 소국으로 존재하고 있다는 것은 중요하다. 지미, 마련 등이 독립을 유지할 수 있었던 것은 가야와의 인접성 때문이었을 것이다. 그렇다면 521년 단계에도 호남 동부의 몇몇 세력은 정치적으로 백제에게 복속되었으나, 아직 지방관이 파견되어 군현으로 편제된 것은 아니어서 여전히 독립성을 유지하고 있었다고 하겠다.

2) 신라의 왕권 성장과 중앙집권체제 정비

신라는 6세기에 들어 智證麻立干이 왕권을 강화하여 '新羅國王'의 尊號를 채택하고(503), 그 후 국내의 州郡縣制를 제정하고(505), 于山國을 정벌하고(512), 阿尸村(경북 의성군 안계면)에 小京을 설치하는 등(514) 서서히 발전하기 시작하였다.[303] 그를 이어 法興王은 兵部 설치

---

302) ≪梁職貢圖≫ 百濟國使 圖經, "普通二年 其王餘隆 遣使奉表云 累破高麗 所治城曰固麻 謂邑檐魯 於中國郡縣 有二十二檐魯 分子弟宗族爲之 旁小國有 叛波·卓·多羅·前羅·斯羅·止迷·麻連·上己文·下枕羅等附之"

303) ≪三國史記≫ 卷4, 新羅本紀4 智證麻立干 4年(503), "冬十月 羣臣上言 始祖創業已來 國名未定 或稱斯羅 或稱斯盧 或言新羅 臣等以爲 新者德業日新 羅者網羅四方之義 則其爲國號宜矣 又觀自古有國家者 皆稱帝稱王 自我始祖立國 至今二十二世 但稱方言 未正尊號 今羣臣一意 謹上號新羅國王 王從之"; 같은 왕 6年(505), "春二月 王親定國內州郡縣 置悉直州 以異斯夫爲軍主 軍主之名 始於此"; 같은 왕 13年(512), "夏六月 于山國歸服 歲以土宜爲貢. 于

(517), 율령 반포와 百官公服 및 위계 설정(520), 불교 공인(528), 上大
等 임명(531), 金官國 병합(532), 建元 年號 제정(536) 등과 같이 중앙집
권 체제를 크게 정비하였다.[304]

한편 589년에 멸망한 양나라의 사서인 ≪梁書≫ 新羅傳에는 5개의
관등만 나오고,[305] 618년에 멸망한 수나라의 사서인 ≪隋書≫ 新羅傳
에 가서야 17개의 관등이 모두 나오기 때문에,[306] 일부 학자들은 6세기
후반까지 신라에는 5개 또는 6개의 京位만이 존재했다거나,[307] 또는 법
흥왕대의 관료제를 신분제와 관련된 衣冠制와 같은 초보적인 것으로
생각해 왔다.[308] 그러나 迎日冷水里碑(503)와 蔚珍鳳坪碑(524)가 발견
된 이후 17관등의 대부분이 법흥왕 때 존재하던 것임이 확인되었
다.[309]

그 외에 학자들은 몇 가지 점을 더 확인하였다. 즉, 법흥왕 11년

山國在溟州正東海島 或名鬱陵島 地方一百里 恃嶮不服. 伊湌異斯夫爲何瑟羅
州軍主 謂 于山人愚悍 難以威來 可以計服. 乃多造木偶師子 分載戰船 抵其
國海岸 誑告曰 汝若不服 則放此猛獸踏殺之. 國人恐懼 則降”; 같은 왕 15年
(514), “春正月 置小京於阿尸村. 秋七月 徙六部及南地人戶 充實之”

304) ≪위 책≫ 法興王 4年(517) “夏四月 始置兵部”; 같은 왕 7年(520), “春正月
頒示律令 始制百官公服 朱紫之秩”; 같은 왕 15年(528), “肇行佛法. (中略)
不復非毁佛事”; 같은 왕 18年(531), “夏四月 拜伊湌哲夫爲上大等 摠知國事.
上大等官 始於此 如今之宰相”; 같은 왕 19年(532), “金官國主金仇亥 與妃及
三子 (中略) 以國帑寶物來降”; 같은 왕 23年(536), “始稱年號 云建元元年”

305) ≪梁書≫ 卷54, 列傳48 新羅, “其官名 有子賁旱支 齊旱支 謁旱支 壹告支 奇
貝旱支”

306) ≪隋書≫ 卷81, 列傳46 新羅國, “其官有十七等 其一曰伊罰干 貴如相國 次
伊尺干 次迎干 次破彌干 次大阿尺干 次阿尺干 次乙吉干 次沙咄干 次及伏干
次大奈摩干 次奈摩 次大舍 次小舍 次吉士 次大烏 次小烏 次造位”

307) 曾野壽彦, 1955 <新羅の十七等の官位成立の年代についての考察> ≪古代硏
究≫ Ⅱ (東京大 敎養學部) 116
宮崎市定, 1959 <三韓時代の位階制について> ≪朝鮮學報≫ 14, 163~164

308) 武田幸男, 1974 <新羅法興王代の律令と衣冠制> ≪古代朝鮮と日本≫ 85~93

309) 盧泰敦, 1989 <蔚珍鳳坪新羅碑와 新羅의 官等制> ≪韓國古代史研究≫ 2, 183

(524) 당시의 6부가 독자적인 단위정치체에서 단순한 王京의 행정구역
으로 변화해가는 과도기적인 성격의 것이었고, 中古期 신라 왕실은 喙
部와 沙喙部를 직접적 지배 기반으로 삼고 있었다는 것이다.[310) 또한
관등으로 干支만을 칭한 존재들은 그가 冠稱한 部의 지배자이며 신라
의 중앙 관등제에 편입되어 있지 않았다는 연구도 나왔다.[311)

왕실이 아닌 사탁부에 소속된 인물들이 중앙 관등을 띠고 있는 것
은, 사탁부를 이루던 지배층들이 수도에 거주하면서 중앙 조정 중심의
17관등 체계에 편입되어 있었다는 것을 의미한다. 그렇다면 524년까지
단지 '干支'만을 칭하던 岑喙部, 本彼部, 斯彼部 등은 신라 왕실의 연합
집단으로 인정받아 중앙의 諸干支會議에 참여하는 권리를 부여받고 있
었으나, 아직 그 지배층의 중앙 이주를 미루고 있던 세력이라고 할 수
있다.[312)

그러나 그 후 불교가 공인되고 531년에 귀족회의 의장으로서 상대
등이 임명된 것은 신라의 왕권이 초월적인 지위로 승격한 것을 보여준
다. 각 部 지배층의 중앙 이주는 강화된 신라 왕권을 토대로 하여 이루
어졌고 部長 가족들은 진골귀족 또는 6두품으로 편입되었을 것이
다.[313) 그러면 수도에 거주하는 왕과 귀족들에 의한 중앙집권적 지배

---

310) 李文基, 1989 <蔚珍鳳坪新羅碑와 中古期의 六部問題> ≪韓國古代史研究≫
    2, 170

311) 全德在, 1996 ≪新羅六部體制研究≫ (一潮閣)

312) 金泰植, 2003 <初期 古代國家論> ≪강좌 한국고대사 2(고대국가의 구조와
    사회1)≫ (駕洛國史蹟開發研究院) 67

313) 봉평비의 인물 배치는 관등 순서대로 되어 있는데, 本彼部의 □夫智 干支와
    岑喙部의 美昕智 干支가 沙喙部의 而粘智 太阿干支보다 상위에 위치하고
    있는 점으로 보아 그들은 추후 眞骨로 편입되었을 가능성이 있다. 즉, 본피
    부와 잠탁부의 長은 아직 중앙 관등에 편입되어 있지 않으면서도 진골만의
    관등인 제5등 大阿湌보다 서열이 높았던 것이다. 그러나 그 후의 왕권 강화
    과정에서 6부 지배층의 신분이 한 단계 격하되었을 수도 있다. 왕비의 아버
    지였던 朴英失 각간이 있었던 牟梁部를 제외한 本彼·習比·漢祇部人의 경우

가 완성되는 것이다.

532년에 신라 군대의 공격으로 멸망한 김해의 金官國은 6부에 속하지 않음에도 불구하고 그 지배자인 仇亥王 일가는 신라 수도로 이주하여 사탁부에 소속되면서 진골로 편입되었다.[314] 이는 常道에 어긋난 특혜로서, 신라가 금관국의 王家를 우대함으로써 여타 가야 제국의 적개심을 누그러뜨리려는 일종의 선전술이었다.[315]

수도 내에 행정구역으로서의 6부 거처가 마련되었다고 해도, 지방의 5부 중심 세력은 상황에 따라 순차적으로 이주해 들어온 듯하다. 대구, 부산 지방 등에서는 5세기 말 무렵에 봉토 직경 20m 이상의 큰 고분군이 없어지고, 양산, 창녕 지방 등에서는 6세기 전반에 그런 현상이 일어난다. 이는 部의 지배층이나 기타 소국 지배층의 中央集住와 관련이 있을 것이다.[316]

3) 대가야의 고대국가 형성과 남부지역 일부 상실

≪日本書紀≫ 繼體 8년(514) 조 기사로 보아, 伴跛(경북 고령의 大加

530년대 이후의 비문이나 문헌 기록에서 大阿湌 이상의 관등을 가진 관리가 한 사람도 발견되지 않으므로, 喙部와 沙喙部를 제외한 4부인들은 6두품에 편제되었다고 보는 견해도 있다. 全德在, 2000 <7세기 중반 관직에 대한 관등규정의 정비와 골품제의 확립> 河一植 외 5인 공저, ≪한국 고대의 신분제와 관등제≫ (아카넷) 309~311

314) ≪三國史記≫ 卷4, 新羅本紀4 法興王 19년, "金官國主金仇亥 與妃及三子 長曰奴宗 仲曰武德 季曰武力 以國帑寶物來降. 王禮待之 授位上等 以本國爲 食邑. 子武力仕至角干"

315) 朱甫暾, 1982 <加耶滅亡問題에 대한 一考察－新羅의 膨脹과 關聯하여－> ≪慶北史學≫ 4

316) 봉토 직경 10m 이하의 고분군은 지방을 막론하고 그 뒤에도 계속 이어지는데, 이는 세력이 약화된 토착 촌주 세력들의 무덤일 것이다.

耶)는 子呑(경남 진주)과 帶沙(경남 하동)에 성을 쌓아 滿奚(전남 광양)에 이어지게 하고, 봉수대와 저택을 설치하여 백제 및 왜국에 대비했다. 또한 爾列比(경남 의령군 부림면)와 麻須比(경남 창녕군 영산면)에 성을 쌓아 麻且奚(경남 삼랑진) 및 推封(경남 밀양)에까지 뻗치고, 사졸과 병기를 모아서 신라를 핍박했다고 한다.[317]

여기서 반파가 성을 쌓은 위치가 고령에서 멀리 떨어진 점이나, 사졸과 병기를 모았다는 표현으로 보아, 대가야국은 연맹의 수도뿐만 아니라 주변의 다른 지방에서도 노동력이나 군대를 동원한 것으로 보인다. 그렇다면 이 기사는 대가야의 왕권이 강화되어 넓은 영역에 걸쳐 무력을 독점한 사실을 반영한다고 인정해도 좋다. 이는 대가야가 백제와의 영역 다툼 과정에서 가야 북부지역에 걸쳐 고대국가를 성립시켰음을 의미한다.

이 당시의 대가야 영역은 지금의 고령군을 중심으로 하여 서쪽으로 거창군, 함양군, 산청군, 진주시 서부, 하동군 일대를 포함하며, 남쪽으로 합천군과 의령군 동부 일부, 창녕군 남부 일부를 포함하는 지역이었다. 이런 범위는 6세기 초에 고령 양식 토기 유형이 유행하던 지역과[318] 거의 일치한다. 그러므로 가야는 늦어도 510년대에는 이 지역에 대한 통제력을 강화하여 초기 고대국가 단계에 이르렀다고 할 수 있다.

다만 이 범위는 가야 소국연맹체라고 여겨지던 지역의 2분의 1 정도에 지나지 않으므로, 나머지 의령 서부, 진주 동부, 함안, 사천, 고성,

---

317) 《日本書紀》 卷17, 繼體天皇 8년 3월, "伴跛築城於子呑‧帶沙 而連滿奚 置烽候邸閣 以備日本 復築城於爾列比‧麻須比 而絙麻且奚‧推封. 聚士卒兵器 以逼新羅 駈略子女 剝掠村邑 凶勢所加 罕有遺類. 夫暴虐奢侈 惱害侵凌 誅殺尤多 不可詳載"

지명 고증에 대해서는 金泰植, 1997 <百濟의 加耶地域 關係史: 交涉과 征服> 《百濟의 中央과 地方》 (忠南大學校 百濟硏究所) 61~67 ; 2002 《미완의 문명 7백년 가야사 1권》 (푸른역사) 188~192 참조.

318) 朴天秀, 1998 <대가야의 역사와 유적> 《가야문화도록》 (경상북도) 14

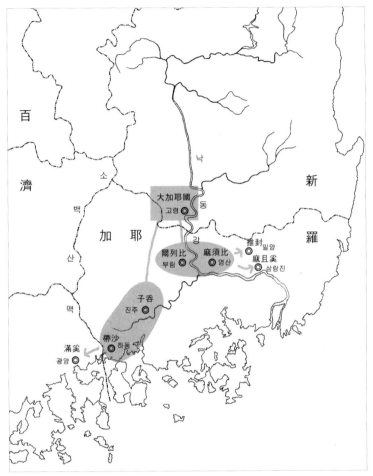

[지도 12] 6세기 초 대가야의 사방 축성

마산, 창원, 김해 등의 세력은 대가야에 통합되지 않고 그대로 가야연맹 소국을 이루는 지위에 있었다고 하겠다. 그 지역은 토기 문화권으로 보아, 함안 양식(함안, 마산, 의령 서부),[319] 고성 – 진주 양식(고성,

---

319) 金正完, 1997 <신라와 가야토기의 발생 및 변화과정> ≪한국고대의 토기≫ (국립중앙박물관) 58

사천, 진주, 산청),[320] 김해 양식(김해, 창원) 토기 유형 등으로 다시 구분된다.

繼體紀 9년(516) 조에는 왜국 사신 物部連과 수군 500명이 帶沙江에 머무른 지 6일 만에 伴跛가 군대를 일으켜 와서 그들을 공격하여 쫓아냈다는 기사가 나온다.[321] 이는 반파, 즉 고령의 대가야가 군대를 일으켜 帶沙江, 즉 하동 부근의 섬진강 유역까지 와서 왜국 사신 일행을 공격한 사건을 말한다. 이것은 고령 지방에 중심을 둔 대가야 왕권의 무력이 멀리 하동 지방까지 미친 것을 나타내므로, 가야 왕권의 무력 독점 사례로 추가할 수 있다.

그런 조건에서 대가야는 보다 큰 권위를 가지고 신라와 결혼 동맹을 맺었다. 즉, 522년에 고령 대가야의 異腦王이 신라에 청혼하자 법흥왕이 이찬 比助夫의 누이동생을 보내주어 결혼이 성립되었다.[322] 얼마 안 있어 대가야에 시집온 신라 왕녀는 月光太子를 낳았으며, 결혼 2년 후인 524년에는 신라국왕이 남쪽 경계를 돌아보며 땅을 개척하는데, 가야 국왕이 와서 만나기도 하였다.[323] 이는 가야연맹의 대표 세력인 고령 대가야의 왕이 신라 법흥왕과 낙동강 방면에서 만나서 영토의 경계를

---

320) 尹貞姬, 1997 <소가야토기의 성립과 전개>, 경남대학교 대학원 석사학위논문. 다만, 晉州, 山清 지방에는 固城－晉州 양식 토기와 高靈 양식 토기가 공존하는 면모를 보이고 있다.

321) ≪日本書紀≫ 卷17, 繼體天皇 9년, "是月 到于沙都嶋 傳聞 伴跛人 懷恨銜毒 恃强縱虐 故物部連 率舟師五百 直詣帶沙江 文貴將軍 自新羅去 夏四月 物部連於帶沙江停住六日. 伴跛興師往伐 逼脫衣裳 劫掠所齎 盡燒帷幕. 物部連等 怖畏逃遁 僅存身命 泊汶慕羅.[汶慕羅 嶋名也]"

322) ≪三國史記≫ 卷4, 新羅本紀4 法興王 9년, "春三月 加耶國王遣使請婚 王以伊湌比助夫之妹送之" ; ≪新增東國輿地勝覽≫ 卷29, 高靈縣 建置沿革 引用 釋順應傳, "大伽倻國月光太子 乃正見之十世孫. 父曰異腦王. 求婚于新羅 迎夷粲比枝輩之女 而生太子 則異腦王 乃惱窒朱日之八世孫也. 然亦不可考"

323) ≪三國史記≫ 卷4, 新羅本紀4 法興王 11년 9월, "王出巡南境拓地. 加耶國王來會"

상호 확인하기 위해 회담을 가졌던 사실을 기록한 것이라고 생각된다.

그러나 신라 법흥왕의 계획된 책동에 의하여 몇 년 후에 이 동맹은 파탄에 이르고, 그에 따라 가야연맹 내부에는 분열의 조짐이 생겨났다. 이를 포착한 신라는 529년을 전후하여 무력 공세를 통하여 㖨己呑國 (경남 창녕군 영산면)으로부터 항복을 받아냈으며, 뒤이어 532년에 金官國(=南加羅國, 김해시), 530년대 후반에 卓淳國(창원)도 신라에 투항하였다. 그런 사이에 백제도 安羅國(함안) 주변의 乞乇城과 久禮牟羅城 (칠원) 등을 침공하여 군대를 주둔시키게 되었다.[324] 이처럼 520년대 후반 이후로 가야연맹이 분열의 조짐과 함께 일부 소국들이 멸망하면서 약세를 보임에 따라, 호남 동부지역의 마지막 소국인 麻連과 上己 文 등도 백제에게 통합되어 군현으로 편제되었을 것으로 추정된다.

4) 磐井의 亂과 교류 패턴의 변화

백제가 호남 동부지역을 점령한 6세기 전반 이후, 한반도 남부지역에서 왜와의 교역을 담당하고 있던 대가야의 역할은 약화되었다. 이는 백제가 가야를 매개로 하지 않고 왜와 직접 교역할 수 있는 통로를 마련하였기 때문이다. 한편 일본열도에서는 527년에 筑紫國造 이와이[磐 井]가 九州 북부에 세력을 뻗치고 있으면서 신라의 뇌물을 받고 반란을 일으켜서, 한반도 각지에서 오는 배들을 주도적으로 유치하였다 가,[325] 이듬해에 중앙귀족인 모노노베노 아라카히[物部麁鹿火]의 토벌

---

324) 金泰植, 1988 <6세기 전반 加耶南部諸國의 소멸과정 고찰> ≪韓國古代史研究≫ 1 (한국고대사연구회)

325) ≪日本書紀≫ 卷17, 繼體天皇 21년 6월 壬午朔 甲午, "近江毛野臣 率衆六萬 欲往任那 爲復興建新羅所破南加羅·㖨己呑 而合任那. 於是 筑紫國造磐井 陰謀叛逆 猶預經年. 恐事難成 恒伺間隙. 新羅知是 密行貨賂于磐井所 而勸防遏 毛野臣軍. 於是 磐井掩據火豊二國 勿使修職. 外邀海路 誘致高麗·百濟·新

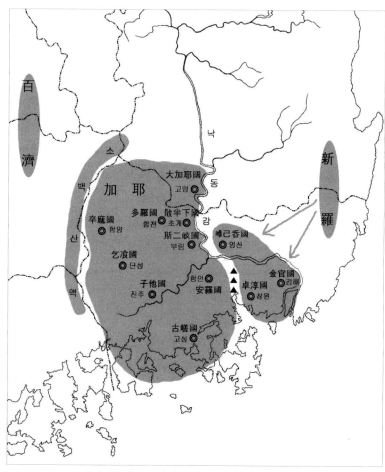

[지도 13] 530년대 말 가야연맹의 지역 범위

군에게 진압당한326) 사건이 일어났다.

　여기서 九州 북부의 호족이 왜국 중앙정권에게 반기를 든 것은 가야

　　羅·任那等國年貢職船. 內遮遣任那毛野臣軍"
326) ≪위 책≫ 繼體天皇 22년 11월 甲寅朔 甲子, "大將軍物部大連麁鹿火 親與
　　賊帥磐井 交戰於筑紫御井郡. 旗鼓相望 埃塵相接 決機兩陣之間 不避萬死之
　　地. 遂斬磐井 果定疆場"

및 신라의 계책과 관련이 있는 것으로 보인다. 이는 백제와 왜국 중앙과의 긴밀한 교류관계를 방해하기 위한 것이었다고 추정된다. 이것을 왜국의 중앙정권이 진압했다는 것은, 한반도와 일본열도 사이의 교류에서 九州 왜인의 중간 역할이 무력화됨을 뜻한다. 결과적으로 510년 및 520년대를 거치면서 고대 한일 교류의 패턴은 기존의 百濟 - 加耶 - 九州倭 - 近畿倭를 거치는 형식으로부터 百濟 - 近畿倭로 직결되는 형식이 우세하게 된 것이다.

그러나 대가야가 호남 동부지역에서 백제와의 대결에서 패배한 이후, 가야 남부지역의 고성군 송학동 1호분 B호석실, 의령군 경산리 1호분, 운곡리 1호분 등에서 왜계 석실구조와 대가야 양식의 토기, 마구, 靑銅鋺 등의 부장품을 갖춘 고분들이 나타났다. 이 고분 구조는 주로 일본 九州 福岡縣과 熊本縣 등에서 나타나며, 해당 시기의 北九州 지역에서도 고령 양식의 귀걸이와 토기, 고성 양식의 토기 등이 나타나므로, 양 지역 사이의 긴밀한 관계가 상정된다.[327] 이는 원거리 중개 능력을 상실한 加耶와 九州倭의 양자 사이에 전통적인 교류 통로가 오히려 강화되고 있었음을 반영하는 것이다.

2. 신라의 팽창과 가야의 소멸

1) 가야의 남북 분열

6세기 중엽 가야 지역의 유적 상황을 살펴보면, 고령, 합천, 거창, 진주 등의 대가야 문화권에는 굴식 돌방무덤 및 三足器 등 백제 문물의 요소들이 약간 추가된다. 반면에 함안, 고성, 사천 등의 가야 서남부지

---

327) 朴天秀, 2007 ≪새로 쓰는 古代 韓日交涉史≫ (社會評論, 서울) 242~243

역은 여전히 기존의 문화 기반을 유지 발전시킬 뿐이고 상대적으로 백제 문물의 영향이 희박하다.[328] 또한 가야 지역 전체의 고분 분포 상황을 통관해 볼 때, 개개의 봉분 및 고분군의 규모가 가장 큰 것은 고령 지산리 고분군과 함안 말산리·도항리 고분군이다. 이는 고령과 함안의 지배 세력들이 가야 말기에 문화 성격이 서로 구별되는 가야 북부 및 남부지역의 중심 세력이었음을 확인케 한다.

이러한 세력 편제는 고령의 대가야국의 패권이 흔들리고 함안의 안라국이 가야연맹 내에서 강화되면서 나타난 현상이다. 520년대 후반에 탁순국이 신라로부터 공격을 받고 그 와중에 탁기탄국이 신라에 병합되자, 가야연맹 내의 남부제국은 그것을 저지하지 못한 대가야를 불신하게 되었다. 그들은 자구책으로 자체 내의 단결을 도모했는데 함안의 안라국이 이를 주도했다. 즉 안라가 높은 건물을 지어서 새로운 정치적 합의체 맹주로서의 면모를 갖추고, 백제, 신라, 왜 등의 사신을 초빙하여 국제회의, 즉 안라회의를 개최한 것은[329] 이를 반영한다.

백제는 이러한 움직임에 반발하여 531년에 안라로 침공해 들어가서 乞乇城을 영유하고,[330] 더 나아가 534년에 탁순국 북방의 久禮牟羅(칠원)에 성을 쌓아 군대를 주둔시켰다.[331] 그 결과 안라 및 그 서남부의

---

328) 金泰植, 1993 ≪加耶聯盟史≫ (一潮閣) 251~253

329) ≪日本書紀≫ 卷17, 繼體天皇 23년 3월, "是月 遣近江毛野臣 使于安羅. 勅勸新羅 更建南加羅·喙己呑. 百濟遣將軍君尹貴·麻那甲背·麻鹵等 往赴安羅 式請詔勅. 新羅恐破蕃國官家 不遣大人 而遣夫智奈麻禮·奚奈麻禮等 往赴安羅 式請詔勅. 於是 安羅新起高堂 引昇勅使. 國主隨後昇階. 國內大人 預昇堂者一二. 百濟使將軍君等 在於堂下. 凡數月再三 謨謀乎堂上. 將軍君等 恨在庭焉"

330) ≪위 책≫ 繼體天皇 25년 12월조 細注의 百濟本記 인용문, "太歲辛亥三月 軍進至于安羅 營乞乇城"

331) ≪위 책≫ 繼體天皇 24년 9월, "於是 阿利斯等 知其細碎爲事 不務所期 頻勸歸朝 尙不聽還. 由是 悉知行迹 心生飜背. 乃遣久禮斯己母 使于新羅請兵 奴須久利 使于百濟請兵. 毛野臣聞百濟兵來 迎討背評[背評地名 亦名能備己富里也] 傷死者半. 百濟則捉奴須久利 枷械枷鏁 而共新羅圍城. 責罵阿利斯等

가야 소국들은 백제의 정치적 영향력 아래 놓였다. 그러나 백제로부터 지속적인 억압을 받고 있던 창원의 탁순국왕이 538년경에 신라군을 불러들여서 반대 집단을 소탕하고 스스로 신라에 편입되었고,[332] 신라는 한 걸음 더 나아가 구례산성(칠원)에 주둔한 백제 군사를 물리쳐 쫓아냈다.[333]

그러자 백제는 가야 지역의 최대 세력인 대가야와 그에 동조하는 가야 북부지역에 선진문물을 나누어 주면서 적극적으로 포섭하였다. 그러한 과정에서 가야 북부의 대가야측 소국들은 신라의 배반과 남부지역 소국들의 독립적 태도에 대응하기 위하여 친 백제적인 성향으로 기울어졌으니, 고령, 거창, 합천 등 대가야 문화권 일부에서 나타나는 백제계 문물 요소는 그의 반영이라 하겠다. 또한 가야 북부 소국 사이에 백제의 권위가 통용되면서 대가야의 통합력은 소국연맹체 수준으로 약화되었다.

반면에 가야 남부지역에는 안라국이 주도하는 자주적 성격의 연맹체가 형성되었다. 久禮牟羅城을 신라가 영유하게 되면서 안라는 신라와 협조하지 않는 한 존속할 수 없는 상황으로 바뀌었다. 이에 안라는 신라 및 왜국과의 친분을 내세움으로써 백제에 대하여 좀 더 독자적인 자세를 취하게 되었고, 대외적으로 대가야에 못지않은 가야연맹 중심 세력의 하나로 대두했다. 이러한 안라의 대두로 말미암아 가야연맹은 남북으로 분열되어 大加耶－安羅 二元體制로 돌입했다.

530년대를 거치면서 가야는 연맹 전체가 남북으로 분열되어, 540년

日 可出毛野臣. 毛野臣 嬰城自固. 勢不可擒. 於是 二國圖度便地 淹留弦晦 築城而還. 號曰久禮牟羅城. 還時觸路 拔騰利枳牟羅·布那牟羅·牟雌枳牟羅·阿夫羅·久知波多枳 五城"

332) ≪日本書紀≫ 卷19, 欽明天皇 2년 4월, "其卓淳 上下携貳 主欲自附 內應新羅 由是見亡" ; 같은 왕 5년 3월, "至於卓淳 亦復然之 假使卓淳國主 不爲內應新羅招寇 豈至滅乎"

333) ≪위 책≫ 欽明天皇 5년 3월, "新羅春取喙淳 仍擯出我久禮山戍 而遂有之"

대에는 백제 및 신라의 침공에 대비하며 독립적으로 생존하기 위한 대책을 모색하였다. 당시에 백제와 신라는 고구려의 남진에 공동 대응하는 나제동맹을 맺고 있었으면서도, 가야 지역의 병합을 위해서는 서로 경쟁하고 있었다. 그러므로 가야연맹이 생존하기 위해서는 백제와 신라와의 경쟁관계를 적절히 이용하는 수밖에 없었다. 그리하여 후기 가야연맹은 고령 대가야국과 함안 안라국 중심의 南北 二元體制로 분열된 상태였음에도 불구하고, 7~8개국의 執事들로 구성된 대외교섭단체를 마련하여 백제와 신라 양측과의 외교 교섭을 도모하였다.

2) 백제의 통치체제 재정비와 외교적 성공

백제의 聖王은 526년에 熊津城(충남 공주)을 수리하고 沙井柵(대전광역시 중구 사정동)을 세워[334] 수도 주변 방어를 튼튼히 하였으며, 이를 토대로 538년에 泗沘(충남 부여)로 천도하고 국호를 南扶餘로 고치는 등[335] 중흥을 꾀하여, 내외 관청을 22부로 확대하고 수도와 지방을 5부와 5방으로 정비하였다.[336] 그는 이러한 통치체제 재정비를 토대로 삼아 적극적인 대외관계를 전개하였다. 그래서 백제는 541년에 梁나라

---

334) ≪三國史記≫ 卷26, 百濟本紀4 聖王 4년(526), "冬十月 修葺熊津城 立沙井柵"
335) ≪三國史記≫ 卷26, 百濟本紀4 聖王 16년(538), "春 移都於泗沘[一名所夫里] 國號南扶餘"
336) ≪北史≫ 卷94, 列傳82 百濟, "其都曰居拔城 亦曰固麻城 其外更有五方 中方曰古沙城 東方曰得安城 南方曰久知下城 西方曰刀先城 北方曰熊津城 (中略) 各有部司 分掌衆務 內官有前內部·穀內部·內掠部·外掠部·馬部·刀部·功德部·藥部·木部·法部·後宮部 外官有司軍部·司徒部·司空部·司寇部·點口部·客部·外舍部·綢部·日官部·市部. 長吏三年一交代 都下有萬家 分爲五部 曰上部·前部·中部·下部·後部 部有五巷 士庶居焉 部統兵五百人 五方各有方領一人 以達率爲之 方佐貳之 方有十郡 郡有將三人 以德率爲之 統兵一千二百人以下 七百人以上. 城之內外人庶及餘小城 咸分隸焉"

에 毛詩博士와 涅槃經義 및 工匠과 畵師 등을 청하고,[337) 신라에 화해를 요청하였으며,[338) 한편으로는 가야연맹의 회의 요청을 받아들였다.

그리하여 541년 4월과 544년 11월의 두 차례에 걸쳐 安羅(경남 함안), 加羅(경북 고령), 卒麻(경남 함양), 散半奚(합천군 초계면), 多羅(합천), 斯二岐(의령군 부림면), 子他(진주시), 久嵯(고성)[339) 등 가야연맹 7~8개 소국의 旱岐 등이 백제 수도에 모였다.[340)

제1차 사비회의에서 가야연맹의 사신단은 자신들의 독립 보장 및 신라의 공격에 대한 우려를 표시하였다.[341) 이에 대하여 백제 성왕은 안이한 자세로 가야연맹 제국을 부속시키려고 하였기 때문에, 상호간의 구체적인 요구 사항이 잠복해 있는 상태에서 별다른 성과를 내지 못했다.

3년 후에 열린 제2차 사비회의에서 백제 성왕은 세 가지 계책을 제시하였다. 그 내용은 (1) 가야연맹 및 왜의 협조 아래 가야의 변경에 6성을 축조하여 이를 바탕으로 신라의 久禮山 5성을 쳐서 회복하고, (2) 안라 중심의 독자 세력 추진 집단을 무력화시키며, (3) 임나의 下韓에 파견된 백제의 郡令・城主는 그대로 유지한다는 것이었다.[342) 성왕

---

337) ≪三國史記≫ 卷26, 百濟本紀4 聖王 19년, "王遣使入梁朝貢 兼表請毛詩博士・涅槃等經義幷工匠・畵師等 從之"

338) ≪三國史記≫ 卷4, 新羅本紀4 眞興王 2년, "百濟遣使請和 許之"

339) 지명 비정에 대해서는 金泰植, 2002 ≪미완의 문명 7백년 가야사 제2권≫ 200~204 참조.

340) ≪日本書紀≫ 卷19, 欽明天皇 2년(541) 4월, "安羅次旱岐夷吞奚・大不孫・久取柔利 加羅上首位古殿奚 卒麻旱岐 散半奚旱岐兒 多羅下旱岐夷他 斯二岐旱岐兒 子他旱岐等 與任那日本府吉備臣[闕名字] 往赴百濟 俱聽詔書"; 같은 왕 5년(544) 11월, "日本吉備臣 安羅下旱岐大不孫・久取柔利 加羅上首位古殿奚 卒麻君 斯二岐君 散半奚君兒 多羅二首位訖乾智 子他旱岐 久嵯旱岐 仍赴百濟"

341) ≪위 책≫ 欽明天皇 2년 4월, "任那旱岐等對曰 (中略) 夫建任那者 爰在大王之意 祇承敎旨 誰敢間言 然任那境接新羅 恐致卓淳等禍[等謂㖨己呑・加羅 言卓淳等國 有敗亡之禍]"

342) ≪위 책≫ 欽明天皇 5년(544) 11월, "竊聞 新羅・安羅兩國之境 有大江水 要

이 제시한 것은 가야 영토에 대한 점진적 침탈 정책에 지나지 않았으
며 가야를 위한 양보는 거의 없었기 때문에 가야연맹 집사들은 그 제
안을 완곡하게 거절하였다.343)

그러자 백제는 545년부터 3년에 걸쳐 문물 증여를 통해서 가야연맹
의 마음을 달래고 왜국에 대해서도 백제 문물의 우수성을 입증시킴으
로써, 그 대가로 기존의 세 가지 계책을 관철시키려고 노력하였다.344)
그 결과 백제와 가야연맹 제국 및 왜로 이어지는 외교－교역망이 구축
되어, 546년에 왜는 말 70필과 배 10척을 보내고,345) 548년에는 왜 병
사를 보내줄 것을 약속했다.346)

이에 대하여 안라국은 위기의식을 느끼고 고구려에게 백제 정벌을
요청했다. 그러나 獨山城, 즉 馬津城(충남 예산군 예산읍) 전투가 신라
의 참전으로 인하여 고구려의 패배로 끝나면서, 고구려와 안라 사이의

害之地也 吾欲據此 修繕六城. 謹請天皇三千兵士 每城充以五百 幷我兵士 勿
使作田 而逼惱者 久禮山之五城 庶自投兵降首 卓淳之國 亦復當興 所請兵士
吾給衣粮 欲奏天皇 其策一也 猶於南韓 置郡令·城主者 豈欲違背天皇·遮斷
貢調之路 唯庶剋濟多難 殲撲强敵. 凡厥凶黨 誰不謀附 北敵强大 我國微弱
若不置南韓 郡領·城主 修理防護 不可以禦此强敵 亦不可以制新羅 故猶置之
攻逼新羅 撫存任那. 若不爾者 恐見滅亡 不得朝聘 欲奏天皇 其策二也 又吉
備臣·河內直·移那斯·麻都 猶在任那國者 天皇雖詔建成任那 不可得也 請 移
此四人 各遣還其本邑. 奏於天皇 其策三也"

343) ≪위 책≫ 欽明天皇 5년 11월, "於是 吉備臣·旱岐等曰 大王所述三策 亦協
愚情而已 今願 歸以敬諮日本大臣[謂在任那日本府之大臣也]·安羅王·加羅王
俱遣使同奏天皇. 此誠千載一會之期 可不深思而熟計歟"

344) ≪위 책≫ 欽明天皇 6년(545) 9월, "百濟遣中部護德菩提等 使于任那 贈吳財
於日本府臣及諸旱岐 各有差"; 같은 왕 7년(546) 6월, "百濟遣中部奈率掠葉
禮等獻調"; 같은 왕 8년(547) 4월, "百濟遣前部德率眞慕宣文·奈率奇麻等
乞救軍. 仍貢下部東城子言 代德率汶休麻那"

345) ≪위 책≫ 欽明天皇 7년(546) 정월, "百濟使人中部奈率己連等罷歸. 仍賜以
良馬七十匹·船一十隻"

346) ≪위 책≫ 欽明天皇 9년(548) 정월, "百濟使人前部德率眞慕宣文等請罷. 因
詔曰 所乞救軍 必當遣救. 宜速報王"

밀통이 발각되었다.[347] 그러자 안라의 상층부는 백제에게 대항할 계책이 궁해져 무력화되었다. 결국 백제의 설득과 문물 증여에 따라 그 뜻이 관철되면서 550년을 전후하여 가야연맹은 백제에게 종속적으로 연합되었다.

3) 신라의 한강 유역 병합

외교적으로 큰 성공을 거둔 백제의 성왕은 551년에 그 권위를 가지고 신라와 동맹하여 고구려의 남부를 쳐서 한강 유역을 회복하였다. ≪일본서기≫ 기사는 백제 성왕이 신라와 임나(=가야)의 군대를 거느리고 고구려를 쳐서 한강 하류지역 漢城과 平壤의 옛 땅 6郡을 수복했다고 기록하고 있다.[348]

한편 신라 眞興王은 제도를 정비하여 왕권을 강화하고 불교 교단을 육성하여[349] 사상적 통합을 도모하면서 사방에 軍主를 파견하여[350] 영토 팽창을 도모하였다. 그리하여 550년에는 고구려의 道薩城(충북 괴산군 도안면)과 백제 金峴城(충북 진천)을 빼앗고,[351] 551년에는 고구

---

347) ≪위 책≫ 欽明天皇 9년 4월, "百濟遣中部扞率掠葉禮等奏曰 (中略) 然馬津城之役[正月辛丑 高麗率衆 圍馬津城] 虜謂之曰 由安羅國與日本府招來勸罰 以事准況 寔當相似 然三廻欲審其言 遣召而並不來 故深勞念"

348) ≪위 책≫ 欽明天皇 12년(551), "是歲 百濟聖明王 親率衆及二國兵[二國謂新羅・任那也] 往伐高麗 獲漢城之地 又進軍討平壤. 凡六郡之地 遂復故地"

349) ≪三國史記≫ 卷4, 新羅本紀4 眞興王 5년, "春二月 興輪寺成 三月 許人出家爲僧尼 奉佛"

350) ≪昌寧眞興王拓境碑≫ (561), "四方軍主. 比子伐軍主 沙喙 登□□智 沙尺干. 漢城軍主 喙 竹夫智 沙尺干 碑利城軍主 喙 福登智 沙尺干 甘文軍主 沙喙 心麥夫智 及尺干"

351) ≪三國史記≫ 卷4, 新羅本紀4 眞興王 11년(550), "春正月 百濟拔高句麗道薩城. 三月 高句麗陷百濟金峴城. 王乘兩國兵疲 命伊湌異斯夫 出兵擊之 取二城 增築 留甲士一千戍之"

러가 영유하고 있던 한강 유역을 백제 성왕과 함께 공격하였다. ≪삼국
사기≫ 신라본기에는 "왕이 居柒夫 등에게 명하여 고구려에 침입케 하
였는데, 이긴 기세를 타고 10개 군을 빼앗았다"[352]고 하였고, 거칠부열
전에는 "백제 사람들이 먼저 平壤을 격파하고 거칠부 등은 승리의 기
세를 타서 竹嶺 바깥, 高峴 이내의 10郡을 취하였다"[353]고 하였다. 이
로 보아, 당시에 백제-가야 연합군은 한강 하류지역을 쳐서 漢城과
平壤(=南平壤, 지금 서울)을 비롯하여 6郡을 회복하였고, 신라군은 한
강 상류지역을 쳐서 竹嶺(충북 단양)과 高峴 사이의 10郡을 취했음을
알 수 있다.

　백제-가야-신라 연합군에 의한 고구려 공격 및 한강 유역 점령은
백제와 신라의 분점으로 끝난 것이 아니라 2년 후에 극적인 반전을 보
였다. 즉 ≪삼국사기≫에 의하면, 553년 7월에 신라가 백제의 동북쪽
변두리를 빼앗아 新州(경기 하남시)를 설치하였기[354] 때문이다. 그러나
같은 사건에 대하여 ≪일본서기≫에서는 552년 是歲條에 "백제가 漢
城과 平壤을 버렸기 때문에 신라가 한성에 들어가 살았다"[355]라고 기
록하였다.

　이 사건에서 신라가 한성을 점령한 시기는 편년 자료의 성격상 ≪삼
국사기≫ 쪽을 따라 553년으로 보는 것이 타당하다. 그 원인에 대해서

---

352) ≪三國史記≫ 卷4, 新羅本紀4 眞興王 12년(551), "王命居柒夫等 侵高句麗
　　　乘勝取十郡"

353) ≪三國史記≫ 卷44, 列傳4 居柒夫, "十二年辛未 王命居柒夫及仇珍大角湌·
　　　比台角湌·耽知迊湌·非西迊湌·奴夫波珍湌·西力夫波珍湌·比次夫大阿湌·未
　　　珍夫阿湌等八將軍 與百濟侵高句麗. 百濟人先攻破平壤 居柒夫等 乘勝取竹嶺
　　　以外高峴以內十郡"

354) ≪三國史記≫ 卷4, 新羅本紀4 眞興王 14년, "秋七月 取百濟東北鄙 置新州
　　　以阿湌武力爲軍主"

355) ≪日本書紀≫ 卷19, 欽明天皇 13년, "是歲 百濟棄漢城與平壤 新羅因此入居
　　　漢城 今新羅之牛頭方·尼彌方也[地名未詳]"

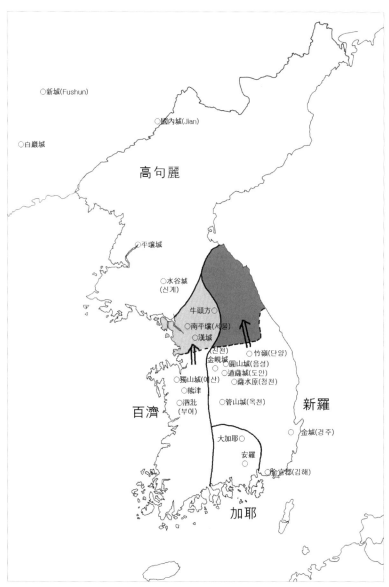

[지도 14] 551년 백제 – 신라 연합군의 한강 유역 공략

[지도 15] 553년 신라의 팽창

는 신라의 일방적인 백제 공격에 의한 한강 하류 점탈로 보기보다는
552년이나 553년 초 고구려와 신라의 和約에 의한 백제 협공으로 보는
것이 일반적이다.356) 그 때 고구려는 이미 상실한 한강 유역과 함께 함

홍평야 일대를 신라에게 넘겨주고, 대신 양국이 화평한 관계를 맺는다는 것이 주된 내용이었을 것으로 추측된다.[357]

4) 가야의 멸망

한강 하류지역을 둘러싼 백제와 신라 사이의 갈등으로 인하여 120년 동안 이어져오던 나제동맹(433~553)이 파탄에 이르렀다. 백제 성왕은 왜와 직접적인 관계를 더욱 강화하였다. 이는 전통적으로 왜와의 교역을 중개하던 가야를 고립시켜 약화시키고 왜의 군수물자 및 군사력을 동원하여 신라와의 전쟁에 동원하기 위한 것이었다. 그리하여 백제는 552년에 왜에 불교를 전수하고, 554년에는 유학과 역법 및 의약 등을 전수하였으며, 왜는 백제의 요청에 따라 말·화살과 원군 1,000명 등을 보냈다.[358]

그러자 백제는 554년에 가야 및 왜의 원군을 이끌고 신라에 쳐들어가 管山城(충북 옥천) 전투를 일으켰다. 이 전쟁은 ≪삼국사기≫의 기록과 같이 백제와 가야가 신라를 침으로써 유발된 것이며, 여기서 그 연합군이 패하여 군사 29,600명이 전사하는 대규모의 것이었다.[359] 그

---

356) 盧泰敦, 1976 <高句麗의 漢水流域 喪失의 原因에 대하여> ≪韓國史硏究≫ 13 (한국사연구회) ; 1999 ≪고구려사 연구≫ (사계절, 서울) 429~433
357) ≪위 책≫ 433
358) ≪日本書紀≫ 卷19, 欽明天皇 13년(552) 10월, "百濟聖明王[更名聖王]遣西部姬氏達率怒唎斯致契等 獻釋迦佛金銅像一軀·幡蓋若干·經論若干卷" ; 같은 왕 14년(553) 6월, "遣內臣[闕名] 使於百濟. 仍賜良馬二匹·同船二隻·弓五十張·箭五十具 勅云 所請軍者 隨王所須. 別勅 醫博士·易博士·曆博士等 宜依番上下 今上件色人 正當相代年月. 宜付還使相代. 又卜書·曆本·種種藥物 可付送" ; 같은 왕 15년(554), "春正月 (中略) 於是 內臣奉勅而答報曰 卽令遣助軍數一千·馬一百匹·船卌隻 (中略) 夏五月 丙戌朔戊子 內臣率舟師 詣于百濟"
359) ≪三國史記≫ 卷4, 新羅本紀4 眞興王 15년 7월, "百濟王明穠與加良 來攻管

런데 ≪일본서기≫의 기록에 의하면, 백제는 554년 6월에 九州의 왜군 1,000명을 받아 12월 9일에 函山城 즉 관산성을 공격하였고, 백제는 군사 10,000명을 보내 임나를 돕고 있었다.360) 그렇다면 이 전쟁에서 전사한 29,600명 중에 18,600명 이상이 임나 즉 가야의 군대이니, 관산성 전투의 주력부대가 가야군이었던 셈이다.

말하자면 백제는 백제−가야−왜 연합군의 대부분을 가야인으로 구성하여 신라에 대한 공격에 나선 것이다. 그러나 백제 성왕이 그 전투를 지휘하고 있던 아들 餘昌을 위로하기 위해 久陀牟羅塞(충북 옥천)로 가다가 신라군에게 잡혀 뜻하지 않은 죽음을 당하자,361) 백제−가야−왜 연합군은 사기가 떨어져 급격히 패퇴되었다. 그 결과 백제에 의지하던 가야연맹 제국은 독립을 유지하기 어렵게 되었다. 그 후 신라는 555년부터 558년에 걸쳐 한강 유역 경영을 마치고 나서362) 가야연맹을 병

山城. 軍主角干于德·伊湌耽知等 逆戰失利 新州軍主金武力 以州兵赴之 及交戰 神將三年山郡高干都刀 急擊殺百濟王. 於是 諸軍乘勝 大克之 斬佐平四人·士卒二萬九千六百人 匹馬無反者"

360) ≪日本書紀≫ 卷19, 欽明天皇 15년 12월, "而天皇遺有至臣 帥軍以六月至來. 臣等深用歡喜 以十二月九日 遺攻斯羅 先遺東方領物部莫奇武連 領其方軍士 攻函山城 有至臣所將來民竹斯物部莫奇委沙奇 能射火箭 蒙天皇威靈 以月九日酉時 焚城拔之 故遺單使馳船奏聞 (中略) 伏願 速遺竹斯嶋上諸軍士 來助臣國 又île任那 則事可成. 又奏 臣別遺軍士萬人 助任那"

361) ≪위 책≫ 欽明天皇 15년 12월, "餘昌謀伐新羅. 耆老諫曰 天未與 懼禍及. 餘昌曰 老矣 何怯也. 我事大國 有何懼也 遂入新羅國 築久陀牟羅塞 其父明王憂慮 餘昌長苦行陣 久廢眼食 父慈多闕 子孝希成 乃自往仰慰勞 新羅聞明王親來 悉發國中兵 斷道擊破 是時 新羅謂佐知村飼馬奴苦都[更名谷智]曰 苦都賤奴也. 明王名主也. 今使賤奴殺名主 冀傳後世 莫忘於口 已而苦都 乃獲明王 (中略) 苦都斬首而殺 堀坎而埋"

362) ≪三國史記≫ 卷4, 新羅本紀4 眞興王 16년(555), "冬十月 王巡幸北漢山 拓定封疆 十一月 至自北漢山 敎所經州郡 復一年租調 曲赦 除二罪 皆原之"; 같은 왕 18년(557), "以國原爲小京. 廢沙伐州 置甘文州 以沙湌起宗爲軍主. 廢新州 置北漢山州"; 같은 왕 19년(558), "春二月 徙貴戚子弟及六部豪民 以實國原. 奈麻身得作砲弩上之 置之城上"

합하기 시작했다. 그리하여 560년 무렵에 阿羅加耶(＝安羅國, 함안)가 먼저 신라에게 투항하는 등363) 쇠퇴의 분위기가 이어졌으나, 大加耶(＝加羅國, 고령)는 마지막 힘을 다하여 신라에게 굴복하지 않는 자세를 나타냈다. 이에 신라는 대군을 출동시켜 대가야를 정복하였다(562).

임나일본부설에서는 서기 562년을 임나일본부의 멸망으로 다루고 있다. 이는 ≪日本書紀≫ 欽明 23년 조의 기사를 토대로 한 것이다. 그런데 그 기사는 本文에서 "新羅打滅任那官家"라고 서술하고 그 細注에서 "一本云 卅一年 任那滅焉. 總言任那 別言 加羅國 安羅國 斯二岐國 多羅國 卒麻國 古嵯國 子他國 散半下國 乞飡國 稔禮國 合十國"이라고 하였으니, 이는 세주의 임나 멸망 기사를 토대로 하여 ≪일본서기≫ 편찬자가 '任那官家'라는 말을 작문해 넣어 변형한 것이다.

여기서 '官家(미야케)'는 단순히 명목상의 공납국이라는 뜻이므로364) 8세기 ≪일본서기≫ 찬자의 인식을 나타낼 뿐 별다른 역사적 실체가 있었던 것은 아니며, 신라가 멸했다는 '任那'는 가야연맹 전역에 대한 總稱이라고 하겠다. 그 細注에는 "모두 말하면 任那이고 따로 말하면 加羅國(고령), 安羅國(함안), 斯二岐國(부림), 多羅國(합천), 卒麻國(함양), 古嵯國(고성), 子他國(거창), 散半下國(초계), 乞飡國(단성), 稔禮國(의령) 등을 합해서 10국이다."라고 기록되어 있다.365)

이는 ≪三國史記≫ 新羅本紀 진흥왕 23년 조의 기사와 같이 진흥왕

---

363) ≪日本書紀≫ 卷19, 欽明天皇 22년(561), "故新羅築城於阿羅波斯山 以備日本"; 같은 왕 23년(562), "一本云 卅一年(560) 任那滅焉"

364) ≪日本書紀≫에서 官家는 屯倉과 같이 '미야케(みやけ)'라고 발음하지만, 실제로는 屯倉 즉 일본열도 내부에 있는 大和朝廷의 課稅地區로서의 直轄 農業經營地를 가리키는게 아니라, 대부분이 百濟나 加耶諸國 자체를 가리키며, 大和朝廷에 대한 貢納國의 의미로 쓰이고 있다. 坂本太郎外 3인, 1965 ≪日本書紀 下(日本古典文學大系 68)≫ (岩波書店) 551 補注 참조.

365) 지명 비정에 대해서는 金泰植, 2002 ≪미완의 문명 7백년(가야사 2)≫ 200~204 참조.

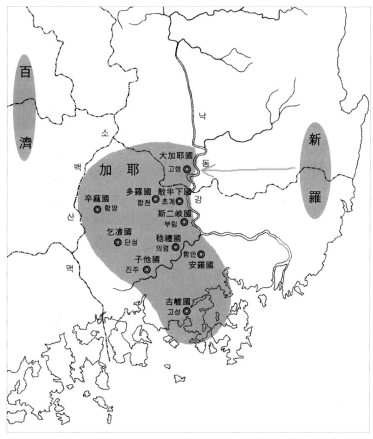

[지도 16] 가야 멸망기 10국의 위치

이 異斯夫에게 명하여 가야를 토벌케 하고 斯多含이 보좌하여 결국 함락시켰다는 사건을[366] 가리키는 것이다. 결국 562년 9월 대가야의 멸망을 끝으로 가야 10국으로 표상되는 마지막 시기의 가야연맹은 멸망하였다.

---

366) ≪三國史記≫ 卷4, 新羅本紀4 眞興王 23년, "九月 加耶叛 王命異斯夫討之 斯多含副之 斯多含領五千騎先馳 入栴檀門 立白旗 城中恐懼 不知所爲 異斯夫引兵臨之 一時盡降"

3. 소위 '임나일본부'의 성격

1) '임나일본부' 이해의 기준

任那日本府說과 관련된 6세기 한일관계사의 쟁점은 ≪日本書紀≫에
보이는 '任那日本府'가 무엇인가 하는 점이다. '임나일본부'라는 용어
는 541년부터 544년까지의 기록에 5회 나올 뿐이고, '日本府'라고만
나오는 것을 포함하면 464년부터 552년까지 35회 나오며, 그 중에 둘
은 '安羅日本府'라고도 나온다. 그리하여 근래의 '임나일본부' 관련 전
문 연구에서는 임나일본부의 성립 시기를 4세기나 5세기로 보는 견해
는 거의 없고, 대개 6세기 전반의 문제로 접근하고 있다.

다만 대부분의 '일본부' 관련 기사와 동떨어져 ≪日本書紀≫ 雄略 8
년(464) 조에 나오는 '일본부' 관련 구절은 앞의 제3장 제2절에서 논의
했듯이 '임나일본부' 관련 자료로 이용할 수 없다. 그 나머지의 '일본
부' 관련 사료들은 모두 ≪일본서기≫ 欽明 2년부터 13년 사이의 기록
에 나오는 것들이다. 그 자료들을 검토해 보면 몇 가지의 기준을 마련
할 수 있다.

첫째로 이른바 '임나일본부'라는 것은 541년부터 552년 사이에 존재
하였으며 그 전후로 몇 년 정도를 추가할 가능성이 있다.

둘째로 이 시기의 '임나일본부' 또는 '안라일본부'는 함안의 安羅國
에 설치되어 있었다.

셋째로 '임나일본부'는 卿＝大臣(的臣), 臣(吉備臣) 및 下級官人(河內
直, 移那斯, 麻都) 등으로 구성되어 있고, 이들은 왜인이거나 왜계 혈통
과 관련이 있었다.

넷째로 '임나일본부'의 官人들은 가야 각국의 지배자인 任那執事들
과 함께 가야연맹체의 대외정책 결정에 참여하였고, 그들의 방향은 가

야연맹의 독립적 발전을 위한 것이었다.

≪일본서기≫에 나오는 임나일본부라는 것은 이러한 성격에 불과한데, 기존의 임나일본부설에서는 이를 시간적으로 공간적으로 지나치게 확대 해석하였던 것이다. 6세기 중엽의 안라에 있었던 '임나일본부'는 그 존재가 인정되나, 이 문제는 분열상을 보이던 가야 말기의 정치 상황과 관련하여 해석되어야 한다.

임나일본부의 성격에 대해서는 크게 보아 (1) 任那支配說과 (2) 外交交易說로 나뉜다. 임나 지배설은 가야가 아닌 외부 세력이 군사적 정벌 또는 기타 방식을 통하여 가야 지역을 지배하고 있었다는 학설이고, 외교 교역설은 가야의 독립성을 인정한 위에서 가야와 외부 세력 사이의 외교 또는 교역관계를 중시한 학설이다. 그 안에서 (1)군에 속하는 학설은 4種으로, ① 倭의 任那支配說, ② 야마토의 日本列島內 미마나 支配說, ③ 百濟의 加耶支配說, ④ 倭系 任那豪族說 등이 있고, (2) 군에 속하는 학설도 4種으로, ① 交易機關說, ② 使臣團說, ③ 外交機關說, ④ 安羅倭臣館說 등이 있다.

2) 임나 지배설 4종

(1)-① 倭의 任那支配說은 통상 임나일본부설, 倭의 出先機關說, 또는 남한경영론이라고도 하는 것으로 왜가 임나를 369년부터 562년까지 통치하였음을 말하고 있다. 이는 8세기 초 ≪일본서기≫ 편찬자의 뜻을 이어 일본의 에도시대 국학자들이 계승하고 19세기 말부터 20세기 초의 문헌사학자인 菅政友, 那珂通世, 今西龍, 鮎貝房之進 등의 견해를 末松保和가 종합한 것이며 그 후로도 여러 개설적인 논고에서 반복적으로 기술되었다.[367]

1980년대 이후로는 임나 지배 기간을 축소하여, 제1기인 5세기 50년

대부터 70년대까지는 백제의 한 權臣이 임나를 직접 지배하고, 제2기
인 5세기 후반(480~490년대)에는 왜 왕권이 이를 '직접 경영'하였으
며, 제3기인 6세기 전반에는 왜 왕권이 백제왕을 사이에 끼고 이를 '간
접 경영'하였다고 보기도 한다.[368]

혹은 그 기간을 532년부터 562년 사이의 30년으로 축소하되, 임나일
본부는 신라와 백제로부터 독립을 원하는 임나 제국의 기대 아래, 532
년에 大和朝廷이 安羅에 出兵하고 官人을 파견하여 현지의 日系 세력
을 통일하고 설치한 出先機關이며, 일본부는 임나 제국 전체의 합의기
관에 참여하여 강한 영향력을 행사함으로써 임나 지배를 실현하였다고
본 견해도 있다.[369]

또는 더 나아가 왜의 임나 지배 기간을 심지어 530년부터 531년 사
이의 1년으로 축소하여, 임나일본부는 530년부터 531년에 걸치는 매우
짧은 기간 동안에 가야 재지 지배층의 정치질서에 의거하면서 활동한
왜왕권의 관인 및 군사적 집단이며, 군사력의 제공을 매개로 한 왜왕
권과 안라 사이에는 일종의 臣從關係가 인정되나, 531년 백제의 안라
진주 이후, '在安羅諸倭臣'은 이미 가야 제국의 맹주의 지위에 있었던
백제왕의 통제에 복속하고, 왜 왕권의 파견군은 백제의 '傭兵'的 성격
으로 변질되었다고 보기도 하였다.[370]

그러나 ≪일본서기≫의 기사들로 보아, '임나일본부' 관인들은 가야

367) 末松保和, 1949 ≪任那興亡史≫ (大八洲出版) ; 1956 再版, (吉川弘文館) 69 ;
　　 石母田正, 1962 <古代史槪說> ≪岩波講座日本歷史≫ 1 (岩波書店, 東京) ;
　　 八木充, 1963 <任那支配の二形態> ≪山口大學大學會誌≫ 14~2 ; 1964
　　 <大伴金村の失脚-官家支配から日本府支配へ-> ≪日本書紀硏究≫ 1, 71~74
368) 山尾幸久, 1983 ≪日本古代王權形成史論≫ (岩波書店) 216~219
369) 大山誠一, 1980 <所謂'任那日本府'の成立について> 上·中·下 ≪古代文化≫
　　 32-9·11·12 (古代學協會, 京都) 537~548
370) 鈴木英夫, 1987 <加耶·百濟と倭-'任那日本府'論-> ≪朝鮮史硏究會論文
　　 集≫ 24, 83~87 ; 1996 ≪古代倭國と朝鮮諸國≫ (靑木書店)

연맹의 旱岐들과 함께 회의에 참석하는 면모는 보여도, 가야연맹의 왕이나 한기들에게 명령을 내린다거나 지배를 하는 모습은 전혀 없다. 가야 지배를 위한 경찰이나 군사력의 존재도 보이지 않는다. 그렇다면 그 관인들이 왜계의 인물로 추정된다고 해도 '임나일본부'를 왜의 임나 지배기구로 인정하기 어렵다.

(1)-② 야마토의 일본열도 내 미마나 지배설은 分國說이라고도 하는 것으로, '왜의 임나 지배'를 인정하면서도, 그 지배 대상인 '미마나'의 위치를 일본열도 내에서 구하고, 임나일본부는 기비[吉備] 지방의 미마나[任那] 소국에 설치된 긴키[近畿] 야마토[大和]의 통치기관이라고 보았다.371)

이 학설은 기존의 임나일본부설에 안주하고 있었던 일본학계의 반성을 촉구하는 성과를 거두기도 하였다. 그러나 ≪일본서기≫를 비롯한 문헌사료들을 이용할 때 무리한 억측이 많아서 그 반론으로서의 분국설 자체도 그다지 유력한 결론이 되지 못한 듯하다.372)

(1)-③ 百濟의 加耶支配說은 百濟軍司令部說이라고도 하는 것으로서, '임나 지배설'의 관점에 서면서도, 그 지배의 주체를 왜가 아닌 백제로 보아 ≪일본서기≫의 사료를 재정리하였다. 즉 4세기 후반부터 6세기 중엽까지 백제가 가야 지역을 지배하였으며, 소위 '임나일본부'는 백제의 가야 지배를 위한 派遣軍司令部였다는 것이다.373)

혹은 이런 관점을 이어받아 발전시킨 傭兵說도 있다. 백제는 그의 直轄領인 '任那'에 군사지휘자인 郡令·城主를 보내 통괄하고 거기에

---

371) 金錫亨, 1966 ≪초기조일관계연구≫ (사회과학원출판사) ; 1988 ≪초기조일관계사 하≫ (사회과학출판사) 209

372) 金泰植, 1991 <書評: 조희승·김석형著『초기조일관계사』상·하> ≪韓國古代史論叢≫ 1 (駕洛國史蹟開發研究院)

373) 千寬宇, 1977 <復元加耶史> 中 ≪문학과 지성≫ 29, 925 ; 1991 ≪加耶史研究≫ (一潮閣) 33

백제군을 주둔시키고 본국에서 백성도 들여보내 살게 하였으며, '任那
日本府'는 그것을 통할하던 기관명이라고 하였다. 백제는 신라와의 국
제관계상 그 곳에 부분적으로 大和政權으로부터 日人傭兵을 받아 배치
하고, 日系百濟官僚를 보내 그들을 지휘하게 하였다는 것이다.374)

그런데 ≪일본서기≫의 기사들을 볼 때, '임나일본부' 관인들은 대
체로 백제에 반대하여 신라 측에 가담하거나 고구려에 백제 침공을 권
유하는 등의 행위를 하였다. 이는 '임나일본부'의 실상이 백제의 파견
군사령부, 또는 백제 직할령의 통할기관이라고 보기 어렵게 하는 자료
들이다.

(1)-④ 倭系 任那豪族說은 僞倭 自治集團說이라고도 하고 또는 '가야
거주 왜인설'이라고도 하는 것으로, 임나일본부는 신라·백제와의 접촉
지대에 있었던 '日本府의 郡縣'을 통치하는 기관이었다고 하였다. '임
나 경영'의 실태는, 왜인으로 칭하는 임나의 지방 호족이 일본의 중앙
귀족이나 지방 호족과 관계를 가진 것에 의하여 임나 제국의 연합 조
직에 파고들어 그 세력을 확대하고 외교권을 통제할 수 있었다는 것이
다.375) 또한 남한 지역에 어느 정도의 왜인이 거주하고 있었고 임나일
본부에는 吉備·的·河內·爲哥(伊賀) 등 왜국 중앙·지방의 豪族名을 자
칭하는 자가 있었으나, 이 왜인의 정치 집단과 大和朝廷과의 직접적인
관계는 없었다고 하였으므로, 전혀 '僞倭'만으로 되어있는 것은 아니고
거기에는 '가야 거주 왜인집단'이 포함되어 있었다는 것이다.376)

이는 餘他 임나 지배설들과 달리 군사 정벌을 상정하지 않았으나,
왜인 또는 왜인을 사칭하는 호족이 가야 지역에 거주하며 그 일부를

---

374) 金鉉球, 1985 ≪大和政權の對外關係硏究≫ (吉川弘文館) ; 1993 ≪任那日本
府硏究≫ (一潮閣) 218~233
375) 井上秀雄, 1966 <任那日本府の行政組織> ≪日本書紀硏究≫ 2 ; 1973 ≪任
那日本府と倭≫ (東出版) 82~89
376) 井上秀雄, 1973 ≪앞 책≫ 109~110

통치하고 있었다고 본 점에서는 임나 지배설의 일종으로 파악할 수 있
다. 그러나 임나일본부가 가야 지역의 한 독립소국이라고 하면서, 그
중심지는 안라왕이 통치하던 안라국에 있었고 영역은 가야의 변경 지
대에 있었다고 하여 특이한 형태를 상정하고 있다. 이른바 '일본부의
군현'이라는 개념도 원래 大和朝廷이 가야 제국의 요청을 받아들여 그
의 외곽 백제·신라와의 분쟁 지대에 설치한 직할령이라고 하였던 것인
데,377) 그 사료적 근거는 불투명하다.

한편 왜계 임나호족설은 근래에 약간 성격을 달리 하여 가야에 거주
하는 왜인 집단을 좀 더 부각시키는 방향으로 변화되고 있다. 그에 따
르면, '日本府'란 5세기대의 왜와 한반도와의 관계 또는 지방 호족의
독자적 통교 등에 의하여 가야 지역, 특히 옛날부터 왜와 관련이 깊었
던 안라에 거주한 왜인의 一團이고, 가야 제국과 공통의 이해를 가져
거의 대등한 관계로 그들과 접하며 주로 외교 교섭에 협동하고 종사하
고 있었다고 하였다.378)

이는 '안라 거주 왜인 집단설'이라고 해야 옳을 듯하고 井上說보다
는 객관적인 표현이라고 보이나, 5세기부터 있었다는 그들의 존재가
어째서 540년대에 와서 부각되는지, 그들이 안라왕과 어떤 관계에 있
었는지에 대한 설명이 필요하다.

3) 외교 교역설 4종

(2)-① 가야와 왜 사이의 交易機關說은 한국 쪽에서 먼저 나온 견해
이다. '任那府'는 후세의 倭館 官吏와 같은 것으로서 본시 왜국이 가야

---

377) 井上秀雄, 1959 <いわゆる任那日本府について> ≪國史論叢≫ 1 ; 1973 ≪앞
   책≫ 7~12
378) 森公章, 2006 ≪東アジアの動亂と倭國≫ (吉川弘文館) 164~165

제국과의 무역관계를 위하여 설치한 公的 商館인데, 후에 가야 제국이 신라의 압력에 못 이겨 왜인의 원조를 구하기 때문에 이것이 다소 그 역할의 중심이 되었던 것 같다고 하였다.[379]

　일본 쪽에서도 비슷한 연구가 나와, 4세기 이래로 가야 지역은 왜의 각지 세력들에 대한 철소재 및 생산 기술의 공급지였는데, 차츰 기나이[畿內] 세력이 일본열도에서 국가 형성의 주체 세력으로 등장하여, 당시의 가야 제국 연합이 유지하고 있던 회의체에 자기 관료를 참어시켜 보다 많은 선진문물을 독점적으로 수용하고자 노력하였으며, 그것이 바로 임나 문제의 기본 성격이라고 하였다. 그러므로 그들이 파견한 관료로 구성된 임나일본부는 가야에 대한 統治機關이나 軍政機關이 아니라 交易機關이었다는 것이다.[380]

　또는 이를 일본 九州의 문제와 연관시켜, ≪三國志≫의 3세기 邪馬臺國이나 ≪宋書≫의 5세기 '倭의 五王'은 九州의 倭로 보아야 하므로, '임나일본부'는 5세기 이전의 九州 왜왕조와 관련이 있는 문물 수용의 통로였던 것이고, 6세기 초 繼體朝 이후에야 국제적으로 등장하기 시작한 大和勢力과는 실제적 연관을 갖지 않는다고 본 견해도 있다.[381]

　(2)-② 왜의 使臣團說은 '任那日本府'라는 용어의 풀이를 중시하여, 소위 '日本府'의 語義는 일본의 관청이란 뜻이지만 그 訓은 '야마토노미코토모치'로서 倭宰의 뜻이요 宰는 곧 '御事持'로서 천황의 명령을 받아 일을 집행하기 위해 파견된 자라고 하였다. 그러므로 임나일본부는 왜가 가야 제국과의 외교 교섭을 위해 임시로 파견한 使臣, 官人 또는 그 집단에 지나지 않는다고 하였다.[382]

---

379) 李丙燾, 1937 <三韓問題의 新考察> 六 ≪震檀學報≫ 7, 113 ; 1976 ≪韓國古代史硏究≫ (博英社, 서울) 305

380) 吉田晶, 1975 <古代國家의 形成> ≪岩波講座日本歷史≫ 2, 54~57

381) 李根雨, 1994 <日本書紀에 引用된 百濟三書에 관한 硏究> (한국정신문화연구원 박사학위논문) 43

이는 '임나일본부'의 성립 원인으로 군사 행동을 전제하지 않아, 그 성격에 대한 견해로 한일 연구자들 사이에 무난하게 받아들여지고 있다. 그러나 '미코토모치'는 야마토 왕권의 명령을 받고 다른 지역으로 가서 말을 전하기만 하는 단순한 사신에 머무르는 것이 아니라 '國司' '國守'와 같이 해당 지역을 지배하기 위해 파견된 지방 장관을 포함하며, ≪일본서기≫의 용례로 보아 '日本府'라는 용어는 대부분이 기관으로서의 용례를 보이고 있기 때문에, '미코토모치'의 용어에 기반을 둔 사신(단)설에 안주할 수는 없다는 반론이 있다.[383] 더욱이 ≪일본서기≫의 기사에서 그 관인들을 왜 왕권이 파견한 흔적이 분명치 않고 그들은 왜 왕권의 견해대로 움직이지 않는 독자성을 보이고 있기 때문에 문제가 남는다.

그리하여 '임나일본부'는 왜에서 안라에 파견된 특수 외교사신으로서 執事−卿−大臣 등의 직제를 가지나, 이들은 안라에 반영구적으로 거주하면서 안라의 정책에 따르고 있기 때문에 실제로는 안라국 소속의 '왜계 안라관료'라고 보아도 좋다는 절충적 견해가 있다.[384] 혹은 야마토 정권의 중앙집권 능력을 문제 삼아, 임나일본부는 야마토 정권과 별개의 정치 주체로서의 倭로부터 파견된 外交官人들의 殘存形態라고 보는 견해도 있다.[385]

382) 請田正幸, 1974 <六世紀前期の日朝關係−任那'日本府'を中心として−> ≪朝鮮史研究會論文集≫ 11, 197 ; 鈴木靖民, 1985 <東アジア諸民族の國家形成と大和王權> ≪岩波講座日本歷史 1(原始·古代1)≫ ; 李永植, 1990 <古代日本の任那派遣氏族の研究−的臣·吉備臣·河內直を中心として−> 富士ゼロックス·小林節太郞記念基金1989年度研究助成論文, 48~49 ; 1993 ≪加耶諸國と任那日本府≫ (吉川弘文館) 274

383) 李在碩, 2004 <소위 任那問題의 過去와 現在−문헌사학의 입장에서−> ≪전남사학≫ 23, 64~74

384) 白承忠, 2003 <'임나일본부'와 '왜계백제관료'> ≪강좌 한국고대사≫ 4 (가락국사적개발연구원) 178

385) 鬼頭淸明, 1974 <加羅諸國の史的發展について> ≪古代朝鮮と日本≫ (龍溪

(2)-③ 가야와 왜 사이의 外交機關說에서는 그 설치 주체를 왜가 아닌 가야 쪽으로 옮겨, 이른바 '임나일본부'의 설치 주체가 임나 제국이었다고 보는 견해가 유력하다.[386] 이에 더하여 '임나일본부'는 530년대 이후 국가적인 위기에 놓여 있던 안라가 자국의 독립 보존을 위해 조직한 외교기구로, 여기에는 안라와 이해관계를 같이하는 己汶國系 망명세력, 서일본 호족, 일본계 안라인까지 참여하였다고 보아 논점을 좀 더 분명히 한 견해도 있다.[387] 혹자는 6세기 전반 안라국이 친신라적인 외교를 통해 독자성을 유지하려고 하자, 야마토 조정이 그 곳에 왜계 인물을 파견하여 안라국의 친신라적인 외교활동에 동조한 것이라고 하여, 임나일본부를 안라국과 왜국의 합작기관으로 보기도 하였다.[388]

혹은 그 성격을 백제와 왜 왕권의 中間者的 外交機關이라고 보는 견해도 있다. 그에 의하면 금관가야의 '倭宰'에 소속되어 통역 기능을 중심으로 외교와 해상 교역을 담당했던 인물들이 532년에 금관가야가 멸망하자 그에 항거하여 안라와 對馬島 등지로 흩어져 임나 부흥과 韓日 海域世界의 질서를 되찾고자 노력하였다고 한다. 그들은 각국에 소속되지 않은 '중간자적 존재'로서, 왜 왕권이 공식적인 외교 인력을 양성하지 못한 상태에서 해상을 통한 외교와 교역시스템의 관리를 위임받았던 것이라고 하였다.[389]

書舍) 251

386) 奧田尚, 1976 <'任那日本府'と新羅倭典> ≪古代國家の形成と展開≫ (吉川弘文館) 123

387) 延敏洙, 1990 <任那日本府論-소위 日本府官人의 出自를 中心으로-> ≪東國史學≫ 24, 동국사학회, 124; 1998 ≪고대한일관계사≫ (혜안) 267~268

388) 이연심, 2004 <임나일본부의 성격 재론> ≪지역과 역사≫ 14 (부경역사연구소) 160

389) 鄭孝雲, 2005 <6世紀東アジア政勢と'任那日本府'> ≪日語日文學≫ 27 (大韓日語日文學會) ; 2007 <중간자적 존재로서의 '임나일본부'> ≪동북아문화

(2)-④ 安羅倭臣館說은 위의 교역기관설과 사신단설 및 외교기관설을 합하여, 가야연맹체 말기의 정치 상황과 연동시켰다. 그에 따르면, '임나일본부'라는 것은 가야 말기인 530년대 후반부터 550년대까지 존재하였고, 외형상으로는 '倭國使節 駐在館'의 명분을 지닌다. 그러나 실제로는 530년대 후반의 설립 초기에는 백제가 親百濟 倭人 官僚를 안라에 들여보내 설치한 '百濟의 對倭 貿易仲介所'와 같은 것이었고, 신라의 卓淳國 병합과 함께 安羅에 대한 백제의 군사적 영향력이 소멸된 540년대 이후로는 남부 가야연맹의 맹주인 安羅王이 그 인원을 親安羅 倭人 官僚들로 재편하여 안라국의 외교를 지원하는 '安羅의 特殊外務官署'와 같은 성격으로 변모시켰다고 보았다.[390]

4) 안라왜신관의 성격과 그 관인들의 행적

위에서 논의한 바와 같이, 일반적으로 임나일본부설이라고 인식되어 온 (1)-① 왜의 임나 지배설은 이제 대부분의 학자들이 부정하는 설이 되었다. '임나일본부'라는 단어는 ≪일본서기≫에만 나타나고 있다. 그러나 그 한반도 관련 기사들은 대부분이 백제 쪽에 근거를 가지는 原典을 토대로 삼고 있기 때문에 백제의 주관이 강하게 반영되어 있으며, 이를 ≪일본서기≫ 편찬자들이 다시 왜곡하여 표현함으로써 7~8세기 고대 일본 상층부의 인식도 포함하고 있다.

결국 문제가 되는 것은 이른바 '임나일본부'라는 것의 실태이다. 다만 '日本'이라는 말은 왜가 7세기 후반부터 국명으로 표방한 것이므로, '임나일본부'라는 것은 해당 시기의 용어가 아니다. 반면에 欽明紀 15

연구≫ 13
390) 金泰植, 1993 ≪加耶聯盟史≫ (一潮閣) 229~250 ; 2002 ≪미완의 문명 7백년(가야사 1)≫ (푸른역사) 216~217

년 (554) 12월 조 기사에는 이들을 '在安羅諸倭臣', 즉 '안라에 있는 여러 왜신'이라는 용어로 부른 적이 있으며, 이것이 당시의 실제 용어에 가까운 것이었다고 생각된다. 그러므로 본고에서는, 실재하지도 않았을 뿐만 아니라 그릇된 선입견으로 오염된 '임나일본부'라는 용어를 '安羅倭臣館'으로 바꾸어 부르기로 한다.

현재 학계의 연구 동향을 보면 한국과 일본을 망라하여 (1)群의 임나 지배설 4종보다는 (2)群의 외교 교역설 4종에 많은 연구자들이 몰려 있어, (2)群의 견해가 보다 설득력을 가지고 있다고 보인다. 그 중에서도 (2)-② 사신단설과 (2)-③ 외교기관설에 많은 연구자들이 동조하고 있으며, 외교기관설은 그 성격이나 설립 주체를 어떻게 보는가에 따라 다양한 변이가 있다. (2)-④ 안라왜신관설은 크게 보아 외교기관설에 속하면서도 가야연맹 내부의 정치 상황을 연동시킨 점에 특색이 있다.

540~550년대 안라왜신관의 성격을 살피기 위해서는 무엇보다도 그 관인들이 어떻게 행동했는가를 정리해 보는 것이 지름길이라고 생각된다. 앞에서 정리한 바와 같이 大臣이라고도 불린 안라왜신관 卿은 的臣이고, 執事인 안라왜신관 臣은 吉備臣이며, 왜신관에 소속된 하급관인으로는 河內直, 移那斯, 麻都 등이 있다. 사료 상에 드러난 그들의 행동을 摘記하면 다음과 같다.

(3)-① 吉備臣은 541년 4월과 544년 11월에 任那 旱岐(執事)들과 함께 백제에 가서 喙己呑·南加羅·卓淳 3국 멸망 이후의 대책을 논의하였다.(欽明紀 2년 4월 조,[391] 5년 11월 조[392])

---

391) "安羅次旱岐夷呑奚·大不孫·久取柔利 加羅上首位古殿奚 卒麻旱岐 散半奚旱岐兒 多羅下旱岐夷他 斯二岐旱岐兒 子他旱岐等 與任那日本府吉備臣[闕名字] 往赴百濟 俱聽詔書"

392) "百濟遣使 召日本府·任那執事曰 遣朝天皇 奈率得文·許勢奈率奇麻·物部奈率奇非等 還自日本. 今日本府臣及任那國執事 宜來聽勅 同議任那. 日本吉備臣 安羅下旱岐大不孫·久取柔利 加羅上首位古殿奚 卒麻君 斯二岐君 散半

(3)-② 541년~544년 사이에 왜왕이 사신 印奇臣을 신라에 보내고 津守連을
　　　백제에 보내자, 그들이 신라나 백제에 가는 길에 加耶地域에 들렀을 때
　　　的臣이 사람을 보내 그 방문 취지를 물어보았다.(欽明紀 5년 2월 조의
　　　的臣의 발언393))

(3)-③ 的臣과 河內直 등은 541년 7월 前後에 신라에 왕래하며 安羅의 경작 문
　　　제 등을 논의하였다.(欽明紀 2년 7월 조,394) 5년 3월 조에 인용된 倭王
　　　의 국서395))

(3)-④ 543년 11월과 544년 정월에 백제가 사신을 보내 任那 執事와 倭臣館
　　　執事를 불렀는데 的臣이 倭王의 의도를 핑계로 대면서 그들을 백제에
　　　보내지 않았다.(欽明紀 4년 12월조,396) 5년 정월 조,397) 5년 2월 조398))

(3)-⑤ 548년 정월의 馬津城 전투에서 잡힌 고구려 포로를 통해, 安羅國과 倭
　　　臣館의 延那斯와 麻都가 고구려에 몰래 사신을 보내 백제를 벌주기를
　　　권하였음이 알려졌다.(欽明紀 9년 4월 조,399) 10년 6월 조400))

　　　奚君兒 多羅二首位訖乾智 子他旱岐 久嗟旱岐 仍赴百濟"

393) "會聞印奇臣使於新羅 乃追遣問天皇所宣. 詔曰 日本臣與任那執事 應就新羅
　　　聽天皇勅. 而不宜就百濟聽命也. 後津守連遂來過此. 謂之曰 今余被遣於百濟
　　　者 將出在下韓之百濟郡令城主"

394) "百濟聞安羅日本府與新羅通計. 遣前部奈率鼻利莫古・奈率宣文・中部奈率木
　　　刕眯淳・紀臣奈率彌麻沙等 [紀臣奈率者 蓋是紀臣娶韓婦所生 因留百濟 爲奈
　　　率者也. 未詳其父 他皆效此也] 使于安羅 召到新羅任那執事 謨建任那 別以
　　　安羅日本府河內直通計新羅 深責罵之. [百濟本記云 加不至費直・阿賢移那斯・
　　　佐魯麻都等 未詳也]"

395) "於是 詔曰 的臣等[等者 謂吉備弟君臣・河內直等也] 往來新羅 非朕心也 曩
　　　者 印支彌[未詳]與阿鹵旱岐在時 爲新羅所逼 而不得耕種. 百濟路迥 不能救
　　　急. 由的臣等往來新羅 方得耕種 朕所曾聞"

396) "是月 乃遣施德高分 召任那執事與日本府執事 俱答言 過正旦而往聽焉"

397) "百濟國遣使 召任那執事與日本府執事 俱答言 祭神時到 祭了而往 是月 百濟
　　　復遣使 召任那執事與日本府執事 日本府・任那 俱不遣執事 而遣微者 由是 百
　　　濟不得俱謀建任那國"

398) "日本府答曰 任那執事不赴召者 是由吾不遣 不得往之 吾遣奏天皇 還使宣曰
　　　朕當以印奇臣[語訛未詳]遣於新羅 以津守連遣於百濟 汝待聞勅際 莫自勞往新
　　　羅百濟也 (中略) 唯聞此說 不聞 任那與日本府 會於百濟 聽天皇勅 故不往焉
　　　非任那意"

399) "然馬津城之役[正月辛丑 高麗率衆 圍馬津城] 虜謂之曰 由安羅國與日本府招
　　　來勸罰"

이와 같은 자료들로 보아, 的臣, 吉備臣, 河內直, 移那斯, 麻都 등의 안라왜신관 관인들은 안라에 머무르면서 외국과 관련된 일에 관여하고 있음을 알 수 있다. (3)-①에서는 백제에 가서 가야연맹 전체의 앞날을 논의하는데 참여했고, (3)-③에서는 신라에 가서 안라의 경작 문제를 논의하였고, (3)-⑤에서는 고구려에 사신을 보내 백제 공격을 권유하였다. 안라왜신관 관인들은 그 중에서 (3)-①에서는 가야연맹 전체 사신단의 일원으로 갔고 (3)-⑤에서는 안라만을 위해 단독으로 간 것으로 판단된다. (3)-③에서는 '安羅日本府'라고도 나오고 백제가 '使于安羅召到新羅任那執事'하였다고 한 것으로 보아 왜신관 관인들이 任那 執事, 즉 가야연맹 旱岐(執事)들과 함께 신라에 간 것으로 추정되나, 왜신관 관인이 논의한 것은 주로 안라의 경작 문제였던 것으로 보아 그들은 대외적으로 안라의 이익을 위해 행동하고 있었음을 알 수 있다.

또한 (3)-②에서는 신라나 백제에 가는 왜의 사신을 맞이하여 그 목적을 확인하였으며, (3)-④에서는 그 때 얻은 왜왕의 의도에 대한 정보를 기반으로 하여 가야연맹 집사들이 백제왕이 주도하는 회의에 참여하지 않는 명분을 제공하였다. 이로 보아 왜신관 관인들은 왜 왕권과 직접적인 관련을 맺고 있지는 않지만 한반도에 오래 거주한[401] 왜인이거나 왜계 인물이기 때문에, 일본어 소통 능력을 토대로 일본열도의 정보를 알아내어 가야연맹이 타국과 대외관계를 수립하는 데 중요한 역할을 하였다고 추정된다.

따라서 사료 상에 나오는 왜신관 관인들은 가야연맹체, 그 중에서도 특히 안라국의 독립성 유지 및 대외교섭을 위해서 활동하였던 것을 확인할 수 있다. 현재의 연구 경향으로 볼 때, 이제 6세기의 '任那日本府'

---

400) "因詔曰 延那斯·麻都 陰私遣使高麗者 朕當遣問虛實 所乞軍者 依願停之"
401) 《日本書紀》 卷19, 欽明天皇 2년 7월, "日本卿等 久住任那之國 近接新羅之境 新羅情狀 亦是所知 毒害任那 謨防日本 其來尙矣 匪唯今年"

문제는, 왜 왕권과의 관계는 그리 크지 않고 오히려 백제사나 가야사와 밀접한 관련을 가진다고 생각할 수밖에 없게 되었다. 그에 따라 볼 때, 안라왜신관은 540년대에 가야연맹이 대가야 중심의 연맹체를 유지하고 있으면서 주위의 중앙집권적 고대국가인 신라와 백제의 복속 압력을 받고 있던 시기에, 가야연맹의 제2인자였던 안라국이 자신을 중심으로 한 연맹체를 도모하기 위해 운영하였던 기구였다. 그 관인들의 행동을 토대로 생각해 볼 때, 그들이 속한 안라왜신관은 실질적으로 안라의 외무관서였다고 해도 과언이 아니다.

4. 삼국의 정립과 왜

1) 삼국의 안정과 통치체제 보완

6세기 후반의 한반도는 고구려, 백제, 신라의 삼국이 정립하여 경쟁적으로 중국의 남북조와 교섭하며 한동안 평화를 유지하였다. 고구려 平原王은 중국의 北齊 및 周, 陳, 隋나라에 조공하고[402] 586년에는 도

---

402) ≪三國史記≫ 卷19, 高句麗本紀7 平原王 2년(560), "春二月 北齊廢帝封王爲使持節領東夷校尉遼東郡公高句麗王"; 같은 왕 3년(561), "冬十一月 遣使入陳朝貢"; 같은 왕 4년(562), "春二月 陳文帝詔授王寧東將軍"; 같은 왕 6년(564), "遣使入北齊朝貢"; 같은 왕 7년(565), "春正月 立王子元爲太子. 遣使入北齊朝貢"; 같은 왕 8년(566), "冬十二月 遣使入陳朝貢"; 같은 왕 12년(569), "冬十一月 遣使入陳朝貢"; 같은 왕 13년(570), "春二月 遣使入陳朝貢"; 같은 왕 15년(573), "遣使入北齊朝貢"; 같은 왕 16년(574), "春正月 遣使入陳朝貢"; 같은 왕 19년(577), "王遣使入周朝貢 周高祖拜王爲開府儀同三司大將軍遼東郡開國公高句麗王"; 같은 왕 23년(581), "十二月 遣使入隋朝貢. 高祖授王大將軍遼東郡公"; 같은 왕 24년(582), "春正月 遣使入隋朝貢. 冬十一月 遣使入隋朝貢"; 같은 왕 25년(583), "春正月 遣使入隋朝貢. (中略) 夏四月 遣使入隋朝貢. 冬 遣使入隋朝貢"; 같은 왕 26년(584), "春 遣使入隋朝貢. 夏四月 隋文帝宴我使者於大興殿"; 같은 왕 27년(585), "冬十二月 遣

읍을 長安城으로 옮겨403) 번영을 구가하였다. 백제 威德王은 管山城 패전 직후의 위기를 수습하고 北齊 및 北周, 隋, 陳나라에 조공하며404) 안정을 추구하였다.

신라 眞興王은 553년에 한강 하류지역을 점령하고 562년에 가야를 병합한 이후, 564년에 北齊, 566년 이후에 陳에 사신을 보내 조공함으로써405) 중국과의 직접 교섭에 나섰다. 신라는 중국에 토산물을 보냈으며, 北齊가 진흥왕을 '使持節東夷校尉樂浪郡公新羅王'으로 봉했다 하고, 陳이 불교 경론 1,700여 권을 보냈다고 하므로,406) 6세기 중엽의 신라가 원하는 것은 국제사회에서의 지위 획득과 불교와 같은 고급 정신문화의 수입이었다고 보인다.

또한 진흥왕은 영토가 팽창됨에 따라 이를 관리하기 위하여 각지에 州를 추가하고 軍主를 파견하여 다스렸다. 그리하여 한강 유역에는 新州(553), 北漢山州(557), 南川州(568)를 교대로 설치하였고, 옛 가야 지

使入陳朝貢"
403) ≪위 책≫ 平原王 28년(586), "移都長安城"
404) ≪三國史記≫ 卷27, 百濟本紀5 威德王 14년(567), "秋九月 遣使入陳朝貢"; 같은 왕 17년(570), "高齊後主 拜王爲使持節侍中車騎大將軍帶方郡公百濟王"; 같은 왕 18년(571), "高齊後主 又以王爲使持節都督東靑州諸軍事東靑州刺史"; 같은 왕 19년(572), "遣使入齊朝貢"; 같은 왕 24년(577), "秋七月 遣使入陳朝貢 (中略) 十一月 遣使入宇文周朝貢"; 같은 왕 25년(578), "遣使入宇文周朝貢"; 같은 왕 28년(581), "王遣使入隋朝貢 隋高祖詔 拜王爲上開府儀同三司帶郡公"; 같은 왕 29년(582), "春正月 遣使入隋朝貢"; 같은 왕 30년(583), "冬十一月 遣使入陳朝貢"; 같은 왕 33년(586), "遣使入陳朝貢"
405) ≪三國史記≫ 卷4, 新羅本紀4 眞興王 25년(564), "遣使北齊朝貢"; 같은 왕 27년(566), "春二月 (中略) 遣使於陳貢方物"; 같은 왕 28년(567), "春三月 遣使於陳貢方物"; 같은 왕 29년(568), "夏六月 遣使於陳貢方物"; 같은 왕 31년(570), "夏六月 遣使於陳獻方物"; 같은 왕 32년(571), "遣使於陳貢方物"; 같은 왕 33년(572), "三月 王太子銅輪卒 遣使北齊朝貢"
406) ≪위 책≫ 眞興王 26년(565), "春二月 北齊武成皇帝詔 以王爲使持節東夷校尉樂浪郡公新羅王 (中略) 九月 (中略) 陳遣使劉思與僧明觀 來聘 送釋氏經論 千七百餘卷"

역에는 完山州(555), 大耶州(565), 신라 북부 지역에는 沙伐州에 대신한 甘文州(557), 고구려 동남부 지역에는 比列忽州(556), 達忽州(568)를 번 갈아 설치하였으며,407) 國原(충북 충주)을 小京으로 만들고 부유한 사람들을 이민시켜 충실하게 만들었다.408) 진흥왕은 자신이 확보한 영역을 돌아보며 경상남도 창녕(561), 서울 북한산, 함경남도 황초령, 마운 령(모두 568)에 순수비를 세우기도 하였으며, 그런 일련의 과정에서 年號를 開國(551), 大昌(568), 鴻濟(572) 등으로 바꾸어409) 국가의 면모를 일신코자 하였다. 또한 종전의 촌락공동체 내부에 있었던 청년 조직들을 중앙에 일괄 흡수하여 화랑도를 창설하고,410) 불교를 장려하여 祇園寺, 實際寺, 皇龍寺를 짓고 八關筵會를 개최하였다.411)

眞平王은 579년에 왕위에 오르자 밖으로 중국의 隋, 唐과 조공 외교

---

407) ≪위 책≫ 眞興王 14년(553), "秋七月 取百濟東北鄙 置新州 以阿湌武力爲軍主"; 같은 왕 16년(555), "春正月 置完山州於比斯伐"; 같은 왕 17년(556), "秋七月 置比列忽州 以沙湌成宗爲軍主"; 같은 왕 18년(557), "廢沙伐州 置甘文州 以沙湌起宗爲軍主. 廢新州 置北漢山州"; 같은 왕 26년(565), "九月廢完山州 置大耶州"; 같은 왕 29년(568), "冬十月 廢北漢山州 置南川州. 又廢比列忽州 置達忽州"

408) ≪위 책≫ 眞興王 18년(557), "以國原爲小京"; 같은 왕 19년(558), "春二月徙貴戚子弟及六部豪民 以實國原. 奈麻身得作砲弩上之 置之城上"; 같은 왕 26년(565), "秋八月 命阿湌春賦 出守國原"

409) ≪위 책≫ 眞興王 12년(551), "春正月 改元開國"; 같은 왕 29년(568) "改元大昌"; 같은 왕 33년(572), "春正月 改元鴻濟"

410) ≪위 책≫ 眞興王 37년(576) "春 始奉源花. 初君臣病無以知人 欲使類聚群遊以觀其行義 然後擧而用之 遂簡美女二人 一曰南毛 一曰俊貞 聚徒三百餘人二女爭娟相妬 俊貞引南毛於私第 强勸酒 至醉 曳而投河水以殺之 俊貞伏誅徒人失和罷散 其後 更取美貌男子 粧飾之 名花郎以奉之 徒衆雲集 或相磨以道義 或相悅以歌樂 遊娛山水 無遠不至 因此知其人邪正 擇其善者 薦之於朝"

411) ≪위 책≫ 眞興王 14년(553), "春二月 王命所司 築新宮於月城東 黃龍見其地. 王疑之 改爲佛寺 賜號曰皇龍"; 같은 왕 27년(564), "春二月 祇園·實際二寺成. (中略) 皇龍寺畢功"; 같은 왕 33년(572) "冬十月二十日 爲戰死士卒設八關筵會於外寺 七日罷"

를 하면서, 안으로 중앙 조정의 관부 설치에 많은 노력을 기울였다. 그리하여 581년에는 문관 인사를 담당하는 位和府를 설치하고, 583년에는 선박에 대한 관리를 하는 船府를 설치하였으며, 584년에는 조세 수취의 업무를 담당하는 調府, 수레와 가마를 만들고 관리하는 乘府를 설치하였다.[412] 586년에는 외교를 담당하는 禮部를 두고, 591년에는 외국 사신의 접대를 관장하는 領客府를 두어[413] 늘어나는 중국과의 외교 교섭에 대비하였다.

이처럼 삼국은 각기 내실을 도모하며 안정을 유지하고 있었으나, 589년에 隋나라가 陳나라를 멸망시키고 중국을 통일하자 한반도에서 경계의 움직임이 나타나기 시작하였다. 백제 위덕왕은 수나라의 전함 한 척이 耽牟羅國(제주)에 표류했다가 돌아갈 때, 필요한 물건을 주고 사신을 보내 진나라 평정을 축하하였다.[414] 고구려 평원왕은 陳나라가 망했다는 소식을 듣고 크게 두려워하여 군사를 훈련하고 군량을 쌓아서 방어할 계책을 세웠다. 그러나 590년에 수나라 高祖가 고구려에 국서를 보내 "비록 藩國이라고 칭하기는 하지만 정성과 예절을 다하지 않는다"고 위협하자, 양국 사이에는 戰雲이 감돌았다.[415]

---

412) ≪위 책≫ 眞平王 3년(581), "春正月 始置位和府 如今吏部"; 같은 왕 5년 (583), "春正月 始置船府署 大監·弟監各一員"; 같은 왕 6년(584), "春二月 改元建福. 三月 置調府令一員 掌貢賦. 乘府令一員 掌車乘"

413) ≪위 책≫ 眞平王 8년(586), "春正月 置禮部令二員"; 같은 왕 13년(591), "春二月 置領客府令二員"

414) ≪三國史記≫ 卷27, 百濟本紀5 威德王 36년(589), "隋平陳 有一戰船 漂至耽 牟羅國. 其船得還 經于國界 王資送之甚厚 幷遣使奉表 賀平陳"

415) ≪三國史記≫ 卷19, 高句麗本紀7 平原王 32년(590), "王聞陳亡大懼 治兵積 穀 爲拒守之策 隋高祖賜王璽書 責以 雖稱藩附 誠節未盡"

2) 백제의 문화 전수와 왜의 왕권 성장

왜와의 교역 중심은 6세기 전반 내지 중엽 이후로 백제로 옮겨졌으니, 奈良의 飛鳥 문화는 곧 그 반영이었다. 당시에 백제는 왜국의 요청에 따라 주로 고급 정신문화를 전하였다. 그리하여 백제는 513년, 516년의 오경박사 段楊爾·漢高安茂에 이어 554년에 오경박사 馬丁安·王柳貴 등을 보내 유학을 전수하였다.[416) 또한 백제는 552년에 怒唎斯致契 등을 보내 釋迦佛金銅像 1軀와 幡蓋 약간, 經論 약간 권을 보냈고, 577년에는 경론 약간 권과 律師, 禪師, 比丘尼, 呪禁師, 造佛工, 造寺工 6인을 보내고, 588년에는 佛舍利와 僧侶, 寺工, 鑪盤博士, 瓦博士, 畫工 등을 보냈으며 法興寺(飛鳥寺)를 지었다고 하였다.[417) 일본의 불교와 사찰 건축은 실질적으로 그 때부터 시작된 것이다. 또한 554년에 백제가 왜국에 易博士, 曆博士, 醫博士, 採藥師, 樂人 등을 보냈다고 하였으니,[418) 역법 및 의약 등도 백제로부터 전수되었다고 하겠다.

왜국은 백제로부터 불교와 유교를 비롯한 정신문화를 받아들였으나, 552년에 백제 성왕이 보낸 불상을 둘러싸고 奉佛可否에 대하여 蘇我氏와 物部氏가 대립하자 이를 결정짓지 못하였다. 蘇我馬子는 왕실과의 외척 관계를 두텁게 하고, 백제와의 우호관계를 통하여 불교를 수용하면서 중앙집권을 강화하였으며, 推古 때인 596년에는 일본 최초의 사찰인 法興寺를 완공하기에 이르렀다. 여기서 숭불을 장려하고 法興寺

---

416) ≪日本書紀≫ 卷17, 繼體天皇 7·10년 조·卷19, 欽明 15년 조 ; ≪日本書紀≫ 應神天皇 15년과 16년 조의 백제 阿直岐와 王仁, 또는 ≪古事記≫의 和邇吉師가 論語 10권과 千字文 1권을 전했다고 하여, 이것이 儒學의 최초 전수라고도 하지만, 어느 정도의 사실성을 가지고 있는지는 알 수 없다.

417) ≪日本書紀≫ 卷19, 欽明天皇 13년(552) 10월 조·卷20, 敏達天皇 6년(577) 11월 庚午朔條·卷21, 崇峻天皇 元年(588) 是歲條

418) ≪위 책≫ 欽明天皇 15년(554) 2월 조

건립을 주도한 蘇我氏는 한반도에서 이주한 집단을 배경으로 정계에 두각을 나타냈으며, 그들의 조상인 蘇我滿智는 백제 귀족 木滿致와 동일인일 가능성이 있다.[419] 한편 敏達 때 고구려와의 정식 국교가 개시되었으나 백제만큼 영향을 미치지는 못하였다.

3) 이른바 '任那調'의 문제

≪日本書紀≫를 보면, 임나 멸망 이후에 일본은 신라의 가야 영유를 승인하는 대신 이른바 '任那의 調'를 신라로부터 7세기 전반까지 수취했다고 하였다. 이에 대해서는 ≪일본서기≫ 편찬자가 야마토 정권의 임나 지배라는 사관에 맞추기 위해 조작해낸 것이라는 비판이 있고[420] 또는 임나의 조는 존재하지도 않은 가공의 것이며, 그 표현은 6세기 말 推古朝 이래 고조되기 시작한 국가의식과 ≪일본서기≫ 편찬 당시의 新羅敵視觀 및 蕃國觀이 융합되어 나타난 관념적 허상이라는 연구가 있다.[421]

신라는 575년에 多多羅·須奈羅·和陀·發鬼 4邑의 調, 즉 이른바 '任那調'를 보냄으로써 왜국과의 화해를 도모하였으나, 그 후 다시 신라가 위압적 자세를 보여 한동안 관계가 단절되었다. 그러나 610년 이후로는 왜국에 대하여 자주 외교 사절을 파견하였으며, 그중 서너 차례는 任那使人과 동행한다는 명목으로 더 많은 방물을 전달하였을 것으로 추측된다. 任那 사신은 이름 앞에 喙部·習部와 같은 신라 6부의 이름과 관등이 붙되, 동시에 파견된 신라 사신의 관등인 奈末보다 한 등급

419) 山尾幸久, 1978 <任那に關する一試論 – 史料の檢討を中心に–> ≪古代東ア
    ジア史論集≫ 下卷 (末松保和博士古稀記念會)
420) 金鉉球, 1985 ≪大和政權の對外關係研究≫ (吉川弘文館, 東京)
421) 延敏洙, 1992 <日本書紀の'任那の調'關係記事の檢討> ≪九州史學≫ 105

아래인 大舍였던 것으로 보아, 신라사절단의 正使를 보조하는 副使格의 존재였다고 보인다. 신라는 7세기의 치열한 삼국전쟁 속에서 그 배후에 있던 왜국과의 외교를 정상화하기 위하여, 그들의 요구에 따라 한동안 신라 사절에 임나 사신 일행을 추가한 것이니, 이것이 왜국의 新羅蕃國觀을 키워주는 요인이 되었을 수도 있다.

V. 결 론

혹자는 고대 한일관계사의 사료가 어째서 이렇게 일본 쪽에 유리하게 서술되어 있는가 하고 한탄하기도 한다. 모든 문자 기록을 그대로 믿고 싶은 마음은 순진한 것일 수 있으나, 이는 사료 고증과 비판을 선행해야 하는 역사학의 근본을 沒覺한 것이다. 한일간의 문헌 사료 遺存 상태를 보면, 한국측은 1145년에 편찬된 ≪三國史記≫가 가장 오래된 것임에 비하여, 일본측은 720년에 편찬된 ≪日本書紀≫가 한일관계에 대하여 많은 기사를 보존하고 있다.

그런데 ≪삼국사기≫는 신라가 고대 문명의 찬란함을 자랑하다가 덧없이 무너지고 난 후, 그에 대한 반성을 바탕으로 성립한 고려시대의 융성기에 유교적 합리성과 국제적 균형감을 기반으로 하여 저술된 것이기에, 자신의 과거 문화에 대한 자만이나 과시와 같은 서술은 보이지 않는다. 그에 비하여 ≪일본서기≫는 일본이 동아시아에서 가장 늦게 출발하여 이제 막 고대국가를 완성한 후의 자신감 속에 편찬된 것이며, 그 안의 일부에는 주변 국가를 배려하지 않는 稚氣가 배어 있기도 하다. 그보다 앞선 5세기 후반의 ≪宋書≫ 倭人傳에 나오는 외교적인 주장은 그에 비할 바 아니다.

그러므로 고대 한일관계사를 서술할 때 관련 사료만을 그대로 나열하고 아무런 논평을 하지 않는 것은, 특히 많은 문제점을 남긴다. 위에 언급한 바와 같이 한일 양국의 관련 사료들의 상당수는 사실에 입각한 객관성을 바탕으로 한 것이 아니기 때문이다. 본고는 사료 상태의 이런 불균형을 해소하여 올바른 역사인식을 모색하는데 중점을 두었다. 여기서는 장편에 걸친 논문의 요지를 간략하게 요약하는 것으로 결론에 대신하고자 한다.

4세기 전반에는 西晉의 혼란으로 인한 東部都尉의 몰락, 고구려의 樂浪·帶方郡 병합, 이에 따른 加耶聯盟의 동서 분열 등으로 말미암아, 한반도와 일본열도 사이에 일원적인 문화의 흐름이 이어지지 않았다. 따라서 그 시기에는 일본열도 畿內 중심의 연맹체도 그다지 큰 기능을 발휘하지 못하고 각 지역이 한반도 남부의 세력들과 개별적인 교섭을 하였다.

백제는 4세기 중엽에 크게 발전하여, 근초고왕은 366년과 368년에 신라에 사신을 보내 우호를 타진하고, 369년 雉壤(황해도 백천) 전투와 371년 平壤城 전투에서 고구려와 싸워 고국원왕을 살해하였으며, 372년에는 東晉과의 공식적 교류를 시작하였다.

≪日本書紀≫ 神功 49年條의 해석을 통해 369년 왜의 임나 정벌을 사실로 인식하는 견해가 있다. 이에 대한 감사의 표시로 3년 후에 백제가 七支刀를 왜에 보냈다고 하나, 그 제작 연도에 대해서는 年號 글자가 분명치 않아 확정할 수 없으며, 칠지도의 모양, 칠자경과의 관련, 다량의 글자를 금은으로 상감한 鐵劍類의 유행 시기 등을 고려해 볼 때 5세기 후반 내지 6세기 초의 것일 가능성이 높다. 神功紀 기사를 欽明紀 2년(541) 조의 성왕 회고 기사와 비교해 볼 때, 그 실상은 4세기 후반에 백제가 가야와 처음으로 친교를 트고, 이를 토대로 왜와 연결된 것이며, 신공기 49년 조는 이를 후대에 왜곡한 기사라고 할 수 있다.

고구려는 4세기 후반 소수림왕 때 성숙한 고대국가 체제를 완비하고 신라에 사신을 보내 수호하였다. 이 시기 한반도 관련 국제 정세의 기본은 고구려와 백제 양대 강국의 대결구도였으며, 그에 비하면 한반도 남부의 신라와 가야는 부수적으로 연동되어 움직이는 측면이 강하였다. 거기에 또 하나 고려해야 할 사항이 한반도 남부에 출몰한 왜의 문제이다.

광개토왕릉비문에 나오는 왜군의 성격에 대해서는 대개 일본 畿內 大和 세력의 파견군이되 각국의 대등한 국제관계 속에서 들어온 것으로 보고 있다. 그들은 加耶의 의도에 따라 對新羅 戰線에 투입되기도 하고 백제와 가야의 교섭에 따라 고구려와의 전쟁에 투입되기도 하였다고 보는 것이 합리적이다. 게다가 왜군들의 무장 상태가 가야에 비해서 빈약하였다는 사실을 고려한다면, 실상 광개토왕릉비에 나오는 '倭賊' 또는 '倭寇'는 가야-왜 연합군이었고, 그 내부에서 왜군은 가야군에 부속된 존재였다고 할 수 있다.

고구려군의 400년 任那加羅 전투, 404년의 帶方界 전투 승리 등으로 인하여, 백제는 황해도 지역의 영토와 함께 낙동강 유역을 중개기지로 하는 대왜 교역망을 상실하게 되었다. 고구려군의 南征은 한반도 사국의 세력판도를 백제 위주로부터 고구려 위주로 바꾸어 놓았으며, 그에 수반하여 김해 金官加耶 중심의 전기 가야연맹은 큰 타격을 입고 해체되었다.

5세기 이후 일본열도의 고대 문화에는 급격한 변화가 일게 되었다. 즉 공격·방어도구가 모두 한반도계의 실용 무장으로 혁신되었고, 공격력이 높은 긴 목 달린 철촉, 못으로 연결하는 갑주 제작기법, 마구 등도 나타나게 되었다. 또한 금동제의 장신구류도 많아지고, 종래의 움집 주거에 화덕이 부설되었고, 토기에서도 단단한 스에키 생산이 시작되었으며, 횡혈식 석실의 매장시설이 나타났다.

4세기 말에서 5세기 초에 일본열도에 갑자기 나타난 각종 선진문물 제작 기술은 한일간 문화 교류의 결과로 보기도 하나 한반도계 주민의 이민과 함께 전해진 것으로 보는 견해가 많다. 4~5세기에 해당한다고 볼 수 있는 ≪日本書紀≫ 武烈紀 이전 시기의 일본 대외관계 기사에서도 한반도에서 일본열도로의 대량 이민을 전하고 있다. 그 이민의 성격에 대해서는 임나 경영에 따른 歸化人 또는 渡來人說, 騎馬民族征服說 등이 있으나, 그 실상은 가야로부터의 援助工人과 流亡民, 즉 가야계 이주민으로 보는 것이 타당하다.

고구려 장수왕은 427년에 평양으로 천도하여 안정을 도모하였다. 백제 전지왕은 주로 왜국과 교섭하였으나, 비유왕은 왜국 일변도의 교섭에서 벗어나 중국 남조 및 한반도 남방 제국의 네트워크를 구성하려고 노력하였다. 신라는 한동안 고구려의 영향력에 시달렸으나, 눌지왕은 중앙집권 능력을 높여나가면서 백제의 화친 요청을 수락하였다.

가야 지역은 고구려-신라 연합군의 임나가라 정벌 이후 큰 타격을 입고 약화되었으나, 그 중에서 고령의 伴跛國은 철광산을 개발하며 발전을 주도하였다. 5세기 중엽에 반파국은 大加耶로 국명을 바꾸고 가야연맹을 복구하였으며, 나아가 소백산맥을 서쪽으로 넘어 호남 동부 각지의 세력들을 연합하였다. 그에 힘입어 加羅王 荷知는 479년에 중국 남제에 조공하여 '輔國將軍 本國王'의 작호를 받았다.

고구려는 동북아시아의 중추적 중개교역자로 성장하여, 479년(장수왕 67)에는 柔然과 모의하여 地豆于 분할을 시도하였고, 남쪽으로는 한강 이남에 대한 남진정책을 추진하였다. 고구려의 공격에 의해 475년 백제 수도 慰禮城(서울 송파구)이 함락되고 개로왕이 전사하자, 백제는 熊津(충남 공주)으로 천도하였다.

또한 고구려는 481년에 신라의 彌秩夫(경북 포항시 흥해)까지 쳐내려갔다. 이에 대하여 백제 동성왕은 원병을 보내 고구려군의 남침을 물리치고 493년에 신라와 결혼 동맹을 맺었다. 가야도 481년에 신라를 구원하고 496년 신라에 白雉를 보냈다. 당시의 정세는 고구려의 남진에 대처하여 백제－신라－가야가 군사 동맹을 맺어 방어하는 형국이었다. 해당 시기의 ≪일본서기≫에는 雄略紀와 顯宗紀 등에 일본열도의 일부 중앙귀족 또는 지방호족들의 家傳에 의하여 왜군이 고구려군과 싸우거나 혹은 내통하는 등의 기사가 나오는데, 그들은 왜왕의 명령 아래 한반도 남부에 와서 독자적으로 활동하는 군대가 아니었다. 그들의 실상은 가야와의 인적·물적 교류의 대가로, 일본열도의 각 지역에서 개별적으로 가야로 동원되어 와서, 가야군에 부속되어 움직이던 존재에 지나지 않았다.

≪宋書≫ 百官志에 의하면 征東, 鎭東, 安東將軍號는 모두 제3품에 해당하며 정원은 1명이다. 승진 사례를 살펴 볼 때 그 사이에 서열은 정동장군, 진동장군, 안동장군의 순서였으니, 정동장군 고구려왕이 제일 높았고, 그 다음이 진동장군 백제왕이었으며, 그 다음이 안동장군 왜국왕이었다. 그러한 장군호는 國家間의 국제적 지위를 반영한다.

그럼에도 불구하고 5세기 한일관계사의 쟁점은, ≪송서≫ 왜국전에 나오는 왜 5왕이 자칭한 七國諸軍事號의 성격이 무엇인가 하는 점이다. 왜왕 武가 479년에 보낸 상표문을 통해서 볼 때, 그는 한반도 남부를 군사적으로 통솔할 수 있는 권리를 중국으로부터 인정받고자 했던 듯하다. 그러나 왜왕의 한반도 남부 지역명이 포함된 諸軍事號 인정 여부와 실제로 한반도 남부에서 군사적 지휘권을 행사할 수 있었는지 여부는 별개의 문제이며, 그러한 실상은 문헌 사료나 고고학 자료를 통해서는 확인되지 않는다. 그러므로 혹시 ≪송서≫에서 왜왕의 제군사호 관련 기사를 인용만 한다면, 그 자체로서는 서술의 오류가 아니나, 독자들에게 史實을 오도할 우려가 있어, 결과적으로는 역사의 왜곡이다. 그것은 왜왕의 의도일 뿐, 실효성이 없는 행위였다는 점을 반드시 병기해야 오해의 여지가 없을 것이다.

5세기 후반 내지 6세기 전반의 한일관계를 둘러싸고 고고학계에서 새로운 문제가 제기되었는데, 그것은 전남 영산강 유역에서 발견된 10여 기의 '前方後圓墳'이다. 그 고분 축조 세력의 성격에 대해서는 이들을 在地首長으로 보는 견해와 倭人으로 보는 견해로 크게 나뉘나, 아직 전반적인 증거가 부족하여 어느 학설이 더 우세하다는 결론을 내리기 어렵다. 다만 유의해야 할 문제는 그 안에서 백제계 威信財가 다수 출토된다는 점이며, 이로 보아 그 고분군은 피장자의 혈통 여부와 관계없이 ≪삼국사기≫ 백제본기나 ≪송서≫ 백제전에 기록된 백제의 호남 서부지역 병합 과정과 관련 있다고 볼 수 있다.

5~6세기 후기 가야의 교역은 전기만큼 활발하지는 못했으나, 왜와의 교역은 김해를 대신하여 고령을 중심으로 계속되어 나갔다. 가야 계통 유물의 분포로 보아, 대가야는 장신구, 마구, 토기, 철소재와 같은 물품의 유통권을 낙동강 유역과 섬진강 유역에 걸쳐 대내적으로 장악하는 한편, 멀리 바다 건너 對倭 교역 창구를 독점하는 면모를 보였다.

6세기에 들어 백제 무령왕은, 북쪽으로 금강부터 한강에 이르는 영토를 회복하고, 남쪽으로 왜와의 교역을 회복한다는 명분 아래 가야 세력권에 있던 '任那 4縣'과 己汶, 즉 호남 동부의 섬진강 유역을 잠식해 들어갔다. 신라 지증왕은 주군현제를 제정하고 于山國을 정벌하였으며, 그를 이어 법흥왕은 율령 반포, 불교 공인 등을 통하여 중앙집권 체제를 완비하였다.

대가야는 백제에게 호남 동부지역을 빼앗기자, 子呑(경남 진주), 帶沙(하동), 爾列比(의령군 부림면), 麻須比(창녕군 영산면) 등에 성을 쌓음으로써(514) 중앙집권적 지배체제를 강화시켰다. 이 시기에 대가야는 초기 고대국가를 성립시켰다고 할 수 있다. 그런 조건에서 異腦王은 522년에 신라와 결혼 동맹을 맺었다. 그러나 몇 년 후에 가야연맹에서 분열이 생겨나자, 신라는 가야의 喙己呑國(경남 영산), 南加羅國

(김해), 卓淳國(창원)을 병합하였다. 백제도 安羅國(경남 함안) 주변의
乞乇城과 久禮牟羅城(칠원) 등에 군대를 주둔시켰다.

백제 무령왕은 가야를 배제하고 왜와의 직접적인 교류를 도모하여
513년과 516년에 오경박사를 왜에 보내 유학을 전수하였다. 이 시기를
전후하여 고대 한일 교류의 패턴은 기존의 百濟 - 加耶 - 九州倭 - 近畿
倭를 거치는 형식으로부터 百濟 - 近畿倭로 직결되는 형식이 우세하게
되었고, 이로 인하여 가야와 九州倭는 원거리 교역을 중개함으로써 얻
고 있던 기존의 이득을 상실하게 되었다. 527년에 筑紫國造 磐井이 왜
국 중앙조정에게 반기를 든 것은, 백제와 왜국 사이의 교류를 막기 위
한 가야 및 신라의 계책과 관련 있다고 추정된다.

530년대를 거치면서 후기 가야연맹은 대가야국과 안라국 중심의 남
북 이원체제로 분열된 상태였음에도 불구하고, 7~8개국의 執事들로
구성된 대외교섭단체를 마련하여 백제·신라 양측과의 외교 교섭을 도
모하였다.

백제의 聖王은 538년에 泗沘(충남 부여)로 천도하고 중흥을 꾀하여,
梁에 방물을 보내고 倭와 문화교류를 하였으며, 외교적으로 가야연맹
을 부속시키려고 하였다. 그는 가야연맹 집사들을 두 차례에 걸쳐 불
러들여 사비회의를 개최하고 선진문물을 증여함으로써, 결국 550년을
전후하여 가야연맹을 종속적으로 연합시켰다.

성왕은 551년에 그 권위를 가지고 신라와 동맹하여 고구려를 쳐서
한강 하류 지역을 회복하였다. 반면에 신라 진흥왕은 백제 성왕과 함
께 고구려를 쳐서 한강 상류 지역을 차지하더니, 2년 후인 553년에는
백제가 점령한 하류 지역까지 탈취하였다.

당시에 백제는 왜에 불교, 유학, 역법, 의약 등을 전수하였다. 그 대
가로 왜가 원군 1,000명을 보내자, 백제는 554년에 신라를 침공하여
管山城(충북 옥천) 전투를 일으켰으나 백제 - 가야 - 왜 연합군은 패퇴

되었다. 그리하여 560년에 阿羅加耶(=安羅國, 경남 함안)가 신라에게 투항하고, 大加耶(=加羅國, 경북 고령)는 562년에 정복당하였다.

任那日本府說과 관련된 6세기 한일관계사의 쟁점은 ≪日本書紀≫ 欽明紀에 보이는 '任那日本府'가 무엇인가 하는 점이다. 그 자료들에서 중시되어야 할 것은, 이른바 '임나일본부'라는 것이 541년부터 552년 사이를 전후한 짧은 시기에만 존재하였고, 그 관인들은 가야연맹 집사들과 함께 대외정책 결정에 참여하였으며, 그들의 정책 방향은 가야연맹의 독립적 발전을 위한 것이었다는 점이다.

'임나일본부'의 성격에 대해서는 크게 보아 任那支配說 4種과 外交交易說 4種으로 나뉜다. 이제 왜의 임나 지배를 논하던 전형적인 임나일본부설은 설득력을 상실하였다고 보아도 좋다. 그리고 관련 사료의 분석에 의하여, '임나일본부'는 4~5세기에는 존속하지 않았고 6세기에만 존재했다고 본다.

게다가 그 6세기의 '임나일본부' 문제도 이제 백제사와 가야사를 배제하고는 생각할 수 없게 되었다. 그에 따라 볼 때, '임나일본부'는 6세기 당시의 용어도 아니고 그릇된 선입견을 불러일으키는 용어이기 때문에, 보다 사실에 가까운 安羅倭臣館이라는 용어로 대체하는 것이 타당하다. 그리고 안라왜신관은 540년대에 가야연맹이 신라와 백제의 복속 압력을 받고 있던 시기에, 가야연맹의 제2인자였던 안라국이 자신의 王廷에 왜계 관료를 영입하여 왜국과의 대외관계를 주도함으로써, 안라를 중심으로 한 연맹 체제를 도모하기 위해 운영하였던 외무관서와 같은 성격의 기구였다. 그러나 550년을 전후하여, 이 기구는 상호간의 동맹 관계를 공고히 해가고 있던 백제와 왜 왕권의 불신임 속에 해체되었다.

6세기 후반의 한반도는 고구려, 백제, 신라의 삼국이 정립하여 중국의 남북조에 조공 교섭을 하며 한동안 평화를 유지하였다. 왜국은 백제로부터 불교와 유교를 비롯한 고급 정신문화를 받아들이며 국가체제를 정비하였다.

이 시기에 신라는 이른바 '任那調'를 보냄으로써(575) 왜국과의 화해를 도모하였던 듯하나, 그 후 신라가 위압적 자세를 보여 한동안 관계가 단절되었다. 그러나 610년 이후로는 왜국에 대하여 자주 외교사절을 파견하였으며, 그중 서너 차례는 任那使人과 동행토록 하였다. 여기서 任那使人이라는 것은 신라사절단의 正使를 보조하는 副使格의 존재였다. 신라는 6세기 후반 이후 7세기의 치열한 삼국 전쟁 속에서 그 배후에 있던 왜국을 달래기 위하여, 그들의 요구에 따라 한동안 외교사절에 임나 사신 일행을 추가한 것일 뿐이다. 그러므로 '任那調'의 문제는 신라가 일본의 임나 지역에 대한 연고권을 인정한 증거로 받아들일 수는 없다.

【참고 문헌】

한국 사료

- ≪廣開土王陵碑文≫ 永樂 6年 丙申 "王躬率水軍 討伐殘國. 軍□□首 攻取壹八城 臼模盧城 各模盧城 幹氐利城 □□城 閣弥城 牟盧城 弥沙城 □舍蔦城 阿旦城 古利城 □利城 雜珍城 奧利城 勾牟城 古模耶羅城 莫□□□城 □而耶羅城 瑑城 於利城 農□城 豆奴城 沸□□利城 弥鄒城 也利城 大山韓城 掃加城 敦拔城 □□城 婁賣城 散那城 那旦城 細城 牟婁城 于婁城 蘇灰城 燕婁城 析支利城 巖門□城 □城 □□□□□□利城 就鄒城 □拔城 古牟婁城 閏奴城 貫奴城 彡穰城 曾□城 □□盧城 仇天城 □□□□□其國城. 殘不服義 敢出迎戰. 王威赫怒 渡阿利水 遣刺迫城 □□歸穴 □便圍城. 而殘主困逼 獻□男女生口一千人 細布千匹 跪王自誓 從今以後 永爲奴客. 太王恩赦先迷之愆 錄其後順之誠. 於是 得五十八城 村七百 將殘主弟幷大臣十人 旋師還都"
- ≪廣開土王陵碑≫ 永樂 9年 己亥 "百殘違誓 与倭和通. 王巡下平穰. 而新羅遣使白王云 倭人滿其國境 潰破城池 以奴客爲民 歸王請命. 太王恩慈 矜其忠誠 特遣使還 告以密計"
- ≪廣開土王陵碑文≫ 永樂 10年 庚子 "教遣步騎五萬 往救新羅. 從男居城 至新羅城 倭滿其中. 官軍方至 倭賊退卻 乘背急追 至任那加羅從拔城 城卽歸服 安羅人戌兵. 拔新羅□農城 倭寇萎潰 城夫十九 盡煞抑徙 安羅人戌兵. 師□□□□其□□□□□□□言□□□□□□□□□□□□□□□□□□□辭□出□□□□□□□殘□潰□□城 安羅人戌兵. 昔新羅寐錦 未有身來服事 □□□□廣開土境好太王□□□□寐錦□□僕勾□□□□朝貢"
- ≪廣開土王陵碑文≫ 永樂 14年 甲辰 "而倭不軌 侵入帶方界 □□□□□石城 □連船□□□. 王躬率□□ 從平穰 □□□鋒相遇. 王幢要截盪刺 倭寇潰敗 斬煞無數"
- ≪三國史記≫ 卷3, 新羅本紀3 奈勿尼師今 26년 "遣衛頭入苻秦 貢方物. 苻堅問衛頭曰 卿言海東之事與古不同 何耶. 答曰 亦猶中國 時代變革 名號改易 今焉得同"
- ≪三國史記≫ 卷3, 新羅本紀3 奈勿尼師今 37년 "春正月 高句麗遣使. 王以高句麗强盛 送伊湌大西知子實聖爲質"
- ≪三國史記≫ 卷3, 新羅本紀3 奈勿麻立干 37년 "春正月 高句麗遣使. 王以高句麗强盛 送伊湌大西知子實聖爲質"
- ≪三國史記≫ 卷3, 新羅本紀3 奈勿麻立干 46년 "秋七月 高句麗質子實聖還"
- ≪三國史記≫ 卷3, 新羅本紀3 訥祗麻立干 卽位年 "奈勿王三十七年 以實聖質於高句麗. 及實聖還爲王 怨奈勿質己於外國 欲害其子以報怨 遣人招在高句麗時相知人 因密告 見

訥祗則殺之. 遂令訥祗往 逆於中路, 麗人見訥祗 形神爽雅 有君子之風 遂告曰 爾國王使
我害君 今見君 不忍賊害. 乃歸, 訥祗怨之 反弑王自立"

■ ≪三國史記≫ 卷3, 新羅本紀3 訥祗麻立干 2년 "春正月 親謁始祖廟 王弟卜好 自高句麗
與堤上奈麻還來. 秋 王弟未斯欣 自倭國逃還"

■ ≪三國史記≫ 卷3, 新羅本紀3 訥祗麻立干 18년 "春二月 百濟王送良馬二匹. 秋九月 又送
白鷹. 冬十月 王以黃金明珠 報聘百濟"

■ ≪三國史記≫ 卷3, 新羅本紀3 訥祗麻立干 34년 "秋七月 高句麗邊將 獵於悉直之原. 何瑟
羅城主三直 出兵掩殺之. 麗王聞之怒 使來告曰 孤與大王 修好至歡也 今出兵殺我邊人
是何義耶. 乃興師侵我西邊, 王卑辭謝之. 乃歸"

■ ≪三國史記≫ 卷3, 新羅本紀3 訥祗麻立干 38년 "八月 高句麗侵北邊"

■ ≪三國史記≫ 卷3, 新羅本紀3 訥祗麻立干 39년 "冬十月 高句麗侵百濟 王遣兵救之"

■ ≪三國史記≫ 卷3, 新羅本紀3 慈悲麻立干 6년 "春二月 倭人侵歃良城 不克而去. 王命伐
智・德智 領兵伏候於路 要擊大敗之. 王以倭人屢侵疆埸 緣邊築二城"

■ ≪三國史記≫ 卷3, 新羅本紀3 慈悲麻立干 11년 "春 高句麗與靺鞨 襲北邊悉直城"

■ ≪三國史記≫ 卷3, 新羅本紀3 慈悲麻立干 12년 "春正月 定京都坊里名"

■ ≪三國史記≫ 卷3, 新羅本紀3 慈悲麻立干 13년 "築三年山城"

■ ≪三國史記≫ 卷3, 新羅本紀3 慈悲麻立干 14년 "春二月 築芼老城"

■ ≪三國史記≫ 卷3, 新羅本紀3 慈悲麻立干 17년 "秋七月 高句麗王巨連 親率兵攻百濟.
百濟王慶 遺子文周求援. 王出兵救之 未至百濟已陷 慶亦被害"

■ ≪三國史記≫ 卷3, 新羅本紀3 慈悲麻立干 17년 "築一牟・沙尸・廣石・沓達・仇禮・坐羅等
城"

■ ≪三國史記≫ 卷3, 新羅本紀3 炤知麻立干 3년 "三月 高句麗與靺鞨入北邊 取狐鳴等七城
又進軍於彌秩夫 我軍與百濟・加耶援兵 分道禦之 賊敗退 追擊破之泥河西 斬首千餘級"

■ ≪三國史記≫ 卷3, 新羅本紀3 炤知麻立干 8년 "春正月 拜伊湌實竹爲將軍 徵一善界丁夫
三千 改築三年・屈山二城"

■ ≪三國史記≫ 卷3, 新羅本紀3 炤知麻立干 9년 "春二月 置神宮於奈乙 奈乙始祖初生之處
也. 三月 始置四方郵驛 命所司修理官道"

■ ≪三國史記≫ 卷3, 新羅本紀3 炤知麻立干 18년 "春二月 加耶國送白雉 尾長五尺.

■ ≪三國史記≫ 卷4, 新羅本紀4 智證麻立干 4년 "冬十月 羣臣上言 始祖創業已來 國名未定
或稱斯羅 或稱斯盧 或言新羅. 臣等以爲 新者德業日新 羅者網羅四方之義 則其爲國號
宜矣. 又觀自古有國家者 皆稱帝稱王 自我始祖立國 至今二十二世 但稱方言 未正尊號.
今羣臣一意 謹上號新羅國王. 王從之"

■ ≪三國史記≫ 卷4, 新羅本紀4 智證麻立干 6년 "春二月 王親定國內州郡縣. 置悉直州 以
異斯夫爲軍主. 軍主之名 始於此"

■ ≪三國史記≫ 卷4, 新羅本紀4 智證麻立干 13년 "夏六月 于山國歸服 歲以土宜爲貢. 于山

國在溟州正東海島 或名鬱陵島 地方一百里 恃嶮不服. 伊飡異斯夫爲何瑟羅州軍主 謂
于山人愚悍 難以威來 可以計服. 乃多造木偶師子 分載戰船 抵其國海岸 誑告曰 汝若不
服 則放此猛獸踏殺之. 國人恐懼 則降"

- ≪三國史記≫ 卷4, 新羅本紀4 智證麻立干 15년 "春正月 置小京於阿尸村. 秋七月 徙六部
  及南地人戶 充實之"
- ≪三國史記≫ 卷4, 新羅本紀4 法興王 4년 "夏四月 始置兵部"
- ≪三國史記≫ 卷4, 新羅本紀4 法興王 7년 "春正月 頒示律令 始制百官公服 朱紫之秩"
- ≪三國史記≫ 卷4, 新羅本紀4 法興王 9년 "春三月 加耶國王遺使請婚 王以伊飡比助夫之
  妹送之"
- ≪三國史記≫ 卷4, 新羅本紀4 法興王 11년 9월 "王出巡南境拓地. 加耶國王來會"
- ≪三國史記≫ 卷4, 新羅本紀4 法興王 15년 "肇行佛法. (中略) 不復非毁佛事."
- ≪三國史記≫ 卷4, 新羅本紀4 法興王 18년 "夏四月 拜伊飡哲夫爲上大等 摠知國事. 上大
  等官 始於此 如今之宰相"
- ≪三國史記≫ 卷4, 新羅本紀4 法興王 19년 "金官國主金仇亥 與妃及三子 (中略) 以國帑
  寶物來降"
- ≪三國史記≫ 卷4, 新羅本紀4 法興王 19년 "金官國主金仇亥 與妃及三子 長曰奴宗 仲曰
  武德 季曰武力 以國帑寶物來降. 王禮待之 授位上等 以本國爲食邑. 子武力仕至角干"
- ≪三國史記≫ 卷4, 新羅本紀4 法興王 23년 "始稱年號 云建元元年"
- ≪三國史記≫ 卷4, 新羅本紀4 眞興王 2년 "百濟遺使請和 許之"
- ≪三國史記≫ 卷4, 新羅本紀4 眞興王 5년 "春二月 興輪寺成 三月 許人出家爲僧尼 奉佛"
- ≪三國史記≫ 卷4, 新羅本紀4 眞興王 11년 "春正月 百濟拔高句麗道薩城. 三月 高句麗陷
  百濟金峴城. 王乘兩國兵疲 命伊飡異斯夫 出兵擊之 取二城增築 留甲士一千戌之"
- ≪三國史記≫ 卷4, 新羅本紀4 眞興王 12년 "春正月 改元開國"
- ≪三國史記≫ 卷4, 新羅本紀4 眞興王 12년 "王命居柒夫等 侵高句麗 乘勝取十郡"
- ≪三國史記≫ 卷4, 新羅本紀4 眞興王 14년 "春二月 王命所司 築新宮於月城東 黃龍見其
  地. 王疑之 改爲佛寺 賜號曰皇龍"
- ≪三國史記≫ 卷4, 新羅本紀4 眞興王 14년 "秋七月 取百濟東北鄙 置新州 以阿飡武力爲
  軍主"
- ≪三國史記≫ 卷4, 新羅本紀4 眞興王 15년 7월 "百濟王明禮與加良 來攻管山城. 軍主角
  干于德·伊飡耽知等 逆戰失利. 新州軍主金武力 以州兵赴之. 及交戰 神將三年山郡高
  干都刀 急擊殺百濟王. 於是 諸軍乘勝 大克之 斬佐平四人·士卒二萬九千六百人 匹馬
  無反者"
- ≪三國史記≫ 卷4, 新羅本紀4 眞興王 16년 "冬十月 王巡幸北漢山 拓定封疆. 十一月
  至自北漢山 敎所經州郡 復一年租調 曲赦 除二罪 皆原之"
- ≪三國史記≫ 卷4, 新羅本紀4 眞興王 16년 "春正月 置完山州於比斯伐"

- ≪三國史記≫ 卷4, 新羅本紀4 眞興王 17년 "秋七月 置比列忽州 以沙湌成宗爲軍主"
- ≪三國史記≫ 卷4, 新羅本紀4 眞興王 18년 "以國原爲小京. 廢沙伐州 置甘文州 以沙湌起宗爲軍主. 廢新州 置北漢山州"
- ≪三國史記≫ 卷4, 新羅本紀4 眞興王 18년 "廢沙伐州 置甘文州 以沙湌起宗爲軍主. 廢新州 置北漢山州"
- ≪三國史記≫ 卷4, 新羅本紀4 眞興王 19년 "春二月 徙貴戚子弟及六部豪民 以實國原. 奈麻身得作砲弩上之 置之城上"
- ≪三國史記≫ 卷4, 新羅本紀4 眞興王 23년 "九月 加耶叛 王命異斯夫討之 斯多含副之 斯多含領五千騎先馳 入栴檀門 立白旗 城中恐懼 不知所爲 異斯夫引兵臨之 一時盡降"
- ≪三國史記≫ 卷4, 新羅本紀4 眞興王 25년 "遣使北齊朝貢"
- ≪三國史記≫ 卷4, 新羅本紀4 眞興王 26년 "春二月 北齊武成皇帝詔 以王爲使持節東夷校尉樂浪郡公新羅王. (中略) 九月 (中略) 陳遣使劉思與僧明觀 來聘 送釋氏經論千七百餘卷"
- ≪三國史記≫ 卷4, 新羅本紀4 眞興王 26년 "秋八月 命阿湌春賦 出守國原"
- ≪三國史記≫ 卷4, 新羅本紀4 眞興王 26년 "九月 廢完山州 置大耶州"
- ≪三國史記≫ 卷4, 新羅本紀4 眞興王 27년 "春二月 祇園·實際二寺成. (中略) 皇龍寺畢功"
- ≪三國史記≫ 卷4, 新羅本紀4 眞興王 27년 "春二月 (中略) 遣使於陳貢方物"
- ≪三國史記≫ 卷4, 新羅本紀4 眞興王 28년 "春三月 遣使於陳貢方物"
- ≪三國史記≫ 卷4, 新羅本紀4 眞興王 29년 "改元大昌"
- ≪三國史記≫ 卷4, 新羅本紀4 眞興王 29년 "夏六月 遣使於陳貢方物"
- ≪三國史記≫ 卷4, 新羅本紀4 眞興王 29년 "冬十月 廢北漢山州 置南川州. 又廢比列忽州 置達忽州"
- ≪三國史記≫ 卷4, 新羅本紀4 眞興王 31년 "夏六月 遣使於陳獻方物"
- ≪三國史記≫ 卷4, 新羅本紀4 眞興王 32년 "遣使於陳貢方物"
- ≪三國史記≫ 卷4, 新羅本紀4 眞興王 33년 "春正月 改元鴻濟"
- ≪三國史記≫ 卷4, 新羅本紀4 眞興王 33년 "三月 王太子銅輪卒. 遣使北齊朝貢"
- ≪三國史記≫ 卷4, 新羅本紀4 眞興王 33년 "冬十月二十日 爲戰死士卒 設八關筵會於外寺 七日罷"
- ≪三國史記≫ 卷4, 新羅本紀4 眞興王 37년 "春 始奉原花. 初君臣病無以知人 欲使類聚羣遊 以觀其行義 然後擧而用之. 遂簡美女二人 一曰南毛 一曰俊貞 聚徒三百餘人. 二女爭娟相妬 俊貞引南毛於私第 强勸酒 至醉 曳而投河水以殺之. 俊貞伏誅 徒人失和罷散. 其後 更取美貌男子 粧飾之 名花郎以奉之. 徒衆雲集 或相磨以道義 或相悅以歌樂 遊娛山水 無遠不至 因此知其人邪正 擇其善者 薦之於朝"
- ≪三國史記≫ 卷4, 新羅本紀4 眞平王 3년 "春正月 始置位和府 如今吏部"

- ≪三國史記≫ 卷4, 新羅本紀4 眞平王 5년 “春正月 始置船府署 大監·弟監各一員”
- ≪三國史記≫ 卷4, 新羅本紀4 眞平王 6년 “春二月 改元建福 三月 置調府令一員 掌貢賦 乘府令一員 掌車乘”
- ≪三國史記≫ 卷4, 新羅本紀4 眞平王 8년 “春正月 置禮部令二員”
- ≪三國史記≫ 卷4, 新羅本紀4 眞平王 13년 “春二月 置領客府令二員”
- ≪三國史記≫ 卷18, 高句麗本紀6 故國原王 12년 “十一月 皝自將勁兵四萬 出南道 以慕容翰·慕容覇爲前鋒 別遣長史王寓等 將兵萬五千 出北道以來侵. (中略) 諸軍乘勝 遂入丸都 王單騎走入斷熊谷. 將軍慕輿埿 追獲王母周氏及王妃而歸. 會王寓等 戰於北道 皆敗沒. 由是 皝不復窮追 遣使招王 王不出. (中略) 皝從之 發美川王墓 載其尸 收其府庫累世之寶 虜男女五萬餘口 燒其宮室 毁丸都城而還”
- ≪三國史記≫ 卷18, 高句麗本紀6 故國原王 39년 “秋九月 王以兵二萬 南伐百濟 戰於雉壤 敗績”
- ≪三國史記≫ 卷18, 高句麗本紀6 故國原王 41년 “冬十月 百濟王率兵三萬 來攻平壤城. 王出師拒之 爲流矢所中. 是月二十三日 薨. 葬于故國之原”
- ≪三國史記≫ 卷18, 高句麗本紀6 故國壤王 8년 “春 遣使新羅修好 新羅王遣姪實聖爲質”
- ≪三國史記≫ 卷18, 高句麗本紀6 廣開王 원년 “秋七月 南伐百濟 拔十城”
- ≪三國史記≫ 卷18, 高句麗本紀6 廣開土王 원년 “九月 北伐契丹 虜男女五百口 又招諭本國陷沒民口一萬而歸”
- ≪三國史記≫ 卷18, 高句麗本紀6 廣開土王 2년 “秋八月 百濟侵南邊 命將拒之”
- ≪三國史記≫ 卷18, 高句麗本紀6 廣開土王 3년 “秋七月 百濟來侵 王率精騎五千 逆擊敗之 餘寇夜走. 八月 築國南七城 以備百濟之寇”
- ≪三國史記≫ 卷18, 高句麗本紀6 廣開土王 4년 “秋八月 王與百濟戰於浿水之上 大敗之 虜獲八千餘級”
- ≪三國史記≫ 卷18, 高句麗本紀6 廣開土王 9년 2월 “燕王盛 以我王禮慢 自將兵三萬襲之 以驃騎大將軍慕容熙爲前鋒 拔新城·南蘇二城 拓地七百餘里 徙五千餘戶而還”
- ≪三國史記≫ 卷18, 高句麗本紀6 廣開土王 11년 “王遣兵攻宿軍 燕平州刺史慕容歸 棄城走”
- ≪三國史記≫ 卷18, 高句麗本紀6 廣開土王 13년 “冬十一月 出師侵燕”
- ≪三國史記≫ 卷18, 高句麗本紀6 廣開土王 14년 “春正月 燕王熙來攻遼東城 且陷 熙命將士 ‘毋得先登 俟剗平其城 朕與皇后乘轝而入.’ 由是 城中得嚴備 卒不克而還”
- ≪三國史記≫ 卷18, 高句麗本紀6 廣開土王 15년 “冬十二月 燕王熙襲契丹 至陘北 畏契丹之衆 欲還. 遂棄輜重 輕兵襲我. 燕軍行三千餘里 士馬疲凍 死者屬路 攻我木底城 不克而還”
- ≪三國史記≫ 卷18, 高句麗本紀6 長壽王 15년 “移都平壤”
- ≪三國史記≫ 卷18, 高句麗本紀6 長壽王 24년 “夏四月 魏攻燕白狼城 克之. 王遣將葛盧·

孟光 將衆數萬 隨陽伊至和龍 迎燕王"

- ≪三國史記≫ 卷18, 高句麗本紀6 長壽王 38년 "新羅人襲殺邊將 王怒 將擧兵討之 羅王 遣使謝罪 乃止"

- ≪三國史記≫ 卷18, 高句麗本紀6 長壽王 42년 "秋七月 遣兵侵新羅北邊"

- ≪三國史記≫ 卷18, 高句麗本紀6 長壽王 56년 "春二月 王以靺鞨兵一萬 攻取新羅悉直州 城"

- ≪三國史記≫ 卷19, 高句麗本紀7 文咨明王 4년 "八月 遣兵圍百濟雉壤城. 百濟請救於新 羅. 羅王命將軍德智 率兵來援 我軍退還"

- ≪三國史記≫ 卷19, 高句麗本紀7 文咨明王 12년 "冬十一月 百濟遣達率優永 率兵五千 來侵水谷城"

- ≪三國史記≫ 卷19, 高句麗本紀7 文咨明王 15년 "冬十一月 遣將伐百濟 大雪 士卒凍皸 而還"

- ≪三國史記≫ 卷19, 高句麗本紀7 文咨明王 16년 "冬十月 遣使入魏朝貢. 王遣將高老 與 靺鞨謀 欲攻百濟漢城 進屯於橫岳下. 百濟出師逆戰 乃退"

- ≪三國史記≫ 卷19, 高句麗本紀7 文咨明王 21년 "秋九月 侵百濟 陷加弗·圓山二城 虜獲 男女一千餘口"

- ≪三國史記≫ 卷19, 高句麗本紀7 平原王 2년 "春二月 北齊廢帝封王爲使持節領東夷校 尉遼東郡公高句麗王"

- ≪三國史記≫ 卷19, 高句麗本紀7 平原王 3년 "冬十一月 遣使入陳朝貢"

- ≪三國史記≫ 卷19, 高句麗本紀7 平原王 4년 "春二月 陳文帝詔授王寧東將軍"

- ≪三國史記≫ 卷19, 高句麗本紀7 平原王 6년 "遣使入北齊朝貢"

- ≪三國史記≫ 卷19, 高句麗本紀7 平原王 7년 "春正月 立王子元爲太子. 遣使入北齊朝貢"

- ≪三國史記≫ 卷19, 高句麗本紀7 平原王 8년 "冬十二月 遣使入陳朝貢"

- ≪三國史記≫ 卷19, 高句麗本紀7 平原王 12년 "冬十一月 遣使入陳朝貢"

- ≪三國史記≫ 卷19, 高句麗本紀7 平原王 13년 "春二月 遣使入陳朝貢"

- ≪三國史記≫ 卷19, 高句麗本紀7 平原王 15년 "遣使入北齊朝貢"

- ≪三國史記≫ 卷19, 高句麗本紀7 平原王 16년 "春正月 遣使入陳朝貢"

- ≪三國史記≫ 卷19, 高句麗本紀7 平原王 19년 "王遣使入周朝貢 周高祖拜王爲開府儀同 三司大將軍遼東郡開國公高句麗王"

- ≪三國史記≫ 卷19, 高句麗本紀7 平原王 23년 "十二月 遣使入隋朝貢. 高祖授王大將軍 遼東郡公"

- ≪三國史記≫ 卷19, 高句麗本紀7 平原王 24년 "春正月 遣使入隋朝貢. 冬十一月 遣使入 隋朝貢"

- ≪三國史記≫ 卷19, 高句麗本紀7 平原王 25년 "春正月 遣使入隋朝貢. (中略) 夏四月 遣使入隋朝貢. 冬 遣使入隋朝貢"

- ≪三國史記≫ 卷19, 高句麗本紀7 平原王 26년 “春 遣使入隋朝貢. 夏四月 隋文帝宴我使者於大興殿”
- ≪三國史記≫ 卷19, 高句麗本紀7 平原王 27년 “冬十二月 遣使入陳朝貢”
- ≪三國史記≫ 卷19, 高句麗本紀7 平原王 28년 “移都長安城”
- ≪三國史記≫ 卷19, 高句麗本紀7 平原王 32년 “王聞陳亡大懼 治兵積穀 爲拒守之策 隋高祖賜王璽書 責以 雖稱藩附 誠節未盡”
- ≪三國史記≫ 卷24, 百濟本紀2 古爾王 13년 8월 “魏幽州刺史毌丘儉與樂浪太守劉茂·朔方太守王遵 伐高句麗. 王乘虛遣左將眞忠 襲取樂浪邊民. 茂聞之怒. 王恐見侵討 還其民口”
- ≪三國史記≫ 卷24, 百濟本紀2 責稽王 13년 9월 “漢與貊人來侵 王出禦爲敵兵所害薨”
- ≪三國史記≫ 卷24, 百濟本紀2 汾西王 7년 “春二月 潛師襲取樂浪西縣. 冬十月 王爲樂浪太守所遣刺客賊害薨”
- ≪三國史記≫ 卷24, 百濟本紀2 近肖古王 21년 3월 “遣使聘新羅”
- ≪三國史記≫ 卷24, 百濟本紀2 近肖古王 23년 3월 “遣使新羅 送良馬二匹”
- ≪三國史記≫ 卷24, 百濟本紀2 近肖古王 24년 “秋九月 高句麗王斯由帥步騎二萬 來屯雉壤 分兵侵奪民戶 王遣太子以兵徑至雉壤 急擊破之 獲五千餘級 其虜獲分賜將士”
- ≪三國史記≫ 卷24, 百濟本紀2 近肖古王 24년 9월 “高句麗王斯由帥步騎二萬 來屯雉壤 分兵侵奪民戶. 王遣太子以兵徑至雉壤 急擊破之 獲五千餘級 其虜獲分賜將士”
- ≪三國史記≫ 卷24, 百濟本紀2 近肖古王 26년 “高句麗舉兵來 王聞之 伏兵於浿上 俟其至急擊之 高句麗兵敗北. 冬 王與太子帥精兵三萬 侵高句麗 攻平壤城. 麗王斯由力戰拒之 中流矢死 王引軍退 移都漢山”
- ≪三國史記≫ 卷24, 百濟本紀2 近肖古王 27년 정월 “遣使入晉朝貢”
- ≪三國史記≫ 卷24, 百濟本紀2 近肖古王 28년 2월 “遣使入晉朝貢”
- ≪三國史記≫ 卷24, 百濟本紀2 近肖古王 30년 “秋七月 高句麗來攻北鄙水谷城陷之. 王遣將拒之 不克 王又將大擧兵報之”
- ≪三國史記≫ 卷24, 百濟本紀2 近肖古王 30년 “冬十一月 王薨. 古記云「百濟開國已來未有以文字記事 至是得博士高興 始有書記」然高興未嘗顯於他書 不知其何許人也”
- ≪三國史記≫ 卷24, 百濟本紀2 近仇首王 2년 “冬十一月 高句麗來侵北鄙”
- ≪三國史記≫ 卷24, 百濟本紀2 近仇首王 3년 “冬十月 王將兵三萬 侵高句麗平壤城 十一月 高句麗來侵”
- ≪三國史記≫ 卷24, 百濟本紀2 近仇首王 3년 10월 “王將兵三萬 侵高句麗平壤城”
- ≪三國史記≫ 卷24, 百濟本紀2 近仇首王 5년 3월 “遣使朝晉 其使海上遇惡風 不達而還”
- ≪三國史記≫ 卷24, 百濟本紀2 枕流王 원년 7월 “遣使入晉朝貢”
- ≪三國史記≫ 卷24, 百濟本紀2 枕流王 원년 9월 “胡僧摩羅難陁自晉至 王迎之致宮內

禮敬焉 佛法始於此"

- 《三國史記》 卷24, 百濟本紀2 枕流王 2년 2월 "創佛寺於漢山 度僧十人"
- 《三國史記》 卷25, 百濟本紀3 辰斯王 3년 "秋九月 與靺鞨戰關彌嶺不捷"
- 《三國史記》 卷25, 百濟本紀3 辰斯王 5년 "秋九月 王遣兵侵掠高句麗南鄙"
- 《三國史記》 卷25, 百濟本紀3 辰斯王 6년 "九月 王命達率眞嘉謨 伐高句麗 拔都坤城 虜得二百人"
- 《三國史記》 卷25, 百濟本紀3 辰斯王 8년 "秋七月 高句麗王談德 帥兵四萬 來攻北鄙 陷石峴等十餘城. 王聞談德能用兵 不得出拒. 漢水北諸部落多沒焉. 冬十月 高句麗攻拔 關彌城"
- 《三國史記》 卷25, 百濟本紀3 阿莘王 2년 "秋八月 王謂武曰 關彌城者 我北鄙之襟要也. 今爲高句麗所有 此寡人之所痛惜 而卿之所宜用心而雪恥也. 遂謀將兵一萬 伐高句麗南 鄙. 武身先士卒 以冒矢石 意復石峴等五城 先圍關彌城. 麗人嬰城固守 武以糧道不繼 引而歸"
- 《三國史記》 卷25, 百濟本紀3 阿莘王 3년 "秋七月 與高句麗戰於水谷城下 敗績"
- 《三國史記》 卷25, 百濟本紀3 阿莘王 4년 "秋八月 王命左將眞武等 伐高句麗. 麗王談德 親帥兵七千 陣於浿水之上拒戰. 我軍大敗 死者八千人. 冬十一月 王欲報浿水之役 親帥 兵七千人 過漢水 次於靑木嶺下 會大雪 士卒多凍死 廻軍至漢山城 勞軍士"
- 《三國史記》 卷25, 百濟本紀3 阿莘王 6년 "夏五月 王與倭國結好 以太子腆支爲質"
- 《三國史記》 卷25, 百濟本紀3 阿莘王 7년 "秋八月 王將伐高句麗 出師至漢山北柵. 其夜 大星落營中有聲. 王深惡之 乃止"
- 《三國史記》 卷25, 百濟本紀3 阿莘王 8년 "秋八月 王欲侵高句麗 大徵兵馬. 民苦於役 多奔新羅 戶口衰減"
- 《三國史記》 卷25, 百濟本紀3 腆支王 卽位年 "阿莘在位第三年 立爲太子. 六年 出質於 倭國. 十四年 王薨 王仲弟訓解攝政 以待太子還國. 季弟碟禮殺訓解 自立爲王. 腆支在 倭聞訃 哭泣請歸. 倭王以兵士百人衛送. 旣至國界 漢城人解忠來告曰 大王棄世 王弟碟 禮殺兄自王 願太子無輕入. 腆支留倭人自衛 依海島以待之. 國人殺碟禮 迎腆支卽位."
- 《三國史記》 卷25, 百濟本紀3 腆支王 5년 "倭國遣使 送夜明珠 王優禮待之"
- 《三國史記》 卷25, 百濟本紀3 腆支王 14년 "夏 遣使倭國 送白綿十匹"
- 《三國史記》 卷25, 百濟本紀3 毗有王 14년 "冬十月 遣使入宋朝貢"
- 《三國史記》 卷25, 百濟本紀3 毗有王 2년 "倭國使至 從者五十人"
- 《三國史記》 卷25, 百濟本紀3 毗有王 3년 "秋 遣使入宋朝貢"
- 《三國史記》 卷25, 百濟本紀3 毗有王 4년 "夏四月 宋文皇帝 以王復修職貢 降使册授先 王映爵號"
- 《三國史記》 卷25, 百濟本紀3 毗有王 7년 "遣使入新羅請和"
- 《三國史記》 卷25, 百濟本紀3 毗有王 8년 "春二月 遣使新羅 送良馬二匹 秋九月 又送白

鷹"

- ≪三國史記≫ 卷26, 百濟本紀4 文周王 3년 "秋八月 兵官佐平解仇 擅權亂法 有無君之心 王不能制. 九月 王出獵 宿於外 解仇使盜害之 遂薨"
- ≪三國史記≫ 卷26, 百濟本紀4 三斤王 3년 "冬十一月 王薨"
- ≪三國史記≫ 卷26, 百濟本紀4 東城王 6년 "春二月 王聞南齊祖道成 册高句麗巨璉爲驃 騎大將軍 遣使上表請內屬 許之. 秋七月 遣內法佐平沙若思 如南齊朝貢 若思至西海中 遇高句麗兵 不進"
- ≪三國史記≫ 卷26, 百濟本紀4 東城王 7년 "夏五月 遣使聘新羅"
- ≪三國史記≫ 卷26, 百濟本紀4 東城王 8년 "三月 遣使南齊朝貢"
- ≪三國史記≫ 卷26, 百濟本紀4 東城王 15년 "春三月 王遣使新羅請婚 羅王以伊湌比智女 歸之"
- ≪三國史記≫ 卷26, 百濟本紀4 東城王 20년 "八月 王以耽羅不修貢賦 親征至武珍州. 耽羅聞之 遣使乞罪 乃止.[耽羅 卽耽牟羅.]"
- ≪三國史記≫ 卷26, 百濟本紀4 聖王 4년 "冬十月 修葺熊津城 立沙井柵"
- ≪三國史記≫ 卷26, 百濟本紀4 聖王 16년 "春 移都於泗沘[一名所夫里] 國號南扶餘"
- ≪三國史記≫ 卷26, 百濟本紀4 聖王 19년 "王遣使入梁朝貢 兼表請毛詩博士·涅槃等經 義幷工匠·畵師等 從之"
- ≪三國史記≫ 卷27, 百濟本紀5 威德王 14년 "秋九月 遣使入陳朝貢"
- ≪三國史記≫ 卷27, 百濟本紀5 威德王 17년 "高齊後主 拜王爲使持節侍中車騎大將軍帶 方郡公百濟王"
- ≪三國史記≫ 卷27, 百濟本紀5 威德王 18년 "高齊後主 又以王爲使持節都督東靑州諸軍 事東靑州刺史"
- ≪三國史記≫ 卷27, 百濟本紀5 威德王 19년 "遣使入齊朝貢"
- ≪三國史記≫ 卷27, 百濟本紀5 威德王 24년 "秋七月 遣使入陳朝貢. (中略) 十一月 遣使 入宇文周朝貢"
- ≪三國史記≫ 卷27, 百濟本紀5 威德王 25년 "遣使入宇文周朝貢"
- ≪三國史記≫ 卷27, 百濟本紀5 威德王 28년 "王遣使入隋朝貢 隋高祖詔 拜王爲上開府儀 同三司帶方郡公"
- ≪三國史記≫ 卷27, 百濟本紀5 威德王 29년 "春正月 遣使入隋朝貢"
- ≪三國史記≫ 卷27, 百濟本紀5 威德王 30년 "冬十一月 遣使入陳朝貢"
- ≪三國史記≫ 卷27, 百濟本紀5 威德王 33년 "遣使入陳朝貢"
- ≪三國史記≫ 卷27, 百濟本紀5 威德王 36년 "隋平陳 有一戰船 漂至耽牟羅國. 其船得還 經于國界 王資送之甚厚 幷遣使奉表 賀平陳"
- ≪三國史記≫ 卷44, 列傳4 居柒夫 "十二年辛未 王命居柒夫及仇珍大角湌·比台角湌·耽 知迊湌·非西迊湌·奴夫波珍湌·西力夫波珍湌·比次夫大阿湌·未珍夫大阿湌等八將軍 與百濟侵高句麗. 百濟人先攻破平壤 居柒夫等 乘勝取竹嶺以外高峴以內十郡"

- ≪三國史記≫ 卷45, 列傳5 朴堤上傳 "及訥祇王卽位 思得辯士 往迎之 聞水酒村干伐寶鞨・一利村干仇里酒・利伊村干波老三人有賢智 召問曰 吾弟二人 質於倭・麗二國 多年不還 兄弟之故 思念不能自止 願使生還 若之何而可. 三人同對曰 臣等聞歃良州干堤上剛勇而有謀 可得以解殿下之憂. 於是 徵堤上使前 告三臣之言而請行. 堤上對曰 臣雖愚不肖 敢不唯命祇承. (下略)"

- ≪三國史記≫ 卷45, 列傳5 朴堤上傳 "遂徑入倭國 若叛來者. 倭王疑之. 百濟人前入倭讒言新羅與高句麗謀侵王國. 倭遂遣兵邏戍新羅境外 會高句麗來侵 幷擒殺倭邏人. 倭王乃以百濟人言爲實"

- ≪三國遺事≫ 第十八實聖王條 "王忌憚前王太子訥祇有德望 將害之 請高麗兵而詐迎訥祇. 高麗人見訥祇有賢行 乃倒戈而殺王 乃立訥祇爲王而去"

- ≪新增東國輿地勝覽≫ 卷29, 高靈縣 建置沿革 "按崔致遠釋利貞傳云 伽倻山神正見母主乃爲天神夷毗訶之所感 生大伽倻王惱窒朱日・金官國王惱窒靑裔二人 則惱窒朱日爲夷珍阿豉王之別稱 靑裔爲首露王之別稱"

- ≪新增東國輿地勝覽≫ 卷29, 高靈縣 建置沿革 引用 釋順應傳 "大伽倻國月光太子 乃正見之十世孫. 父曰異腦王. 求婚于新羅 迎夷粲比枝輩之女 而生太子 則異腦王 乃惱窒朱日之八世孫也. 然亦不可考"

- ≪昌寧眞興王拓境碑≫ "四方軍主. 比子伐軍主 沙喙 登口口智 沙尺干. 漢城軍主 喙 竹夫智 沙尺干. 碑利城軍主 喙 福登智 沙尺干. 甘文軍主 沙喙 心麥夫智 及尺干"

일본 사료

- ≪古事記≫ 中卷, 仲哀天皇 "故 備如敎覺 整軍雙船 度幸之時 海原之魚 不問大小 悉負御船而渡"

- ≪古事記≫ 中卷, 仲哀天皇 "故是以新羅國者 定御馬甘 百濟國者 定渡屯家"

- ≪古事記≫ 中卷, 仲哀天皇 "於是其國王畏惶奏言 自今以後 隨天皇命而爲御馬甘 每年雙船 不乾船腹 不乾柂楫 共與天地 無退仕奉"

- ≪古事記≫ 中卷, 仲哀天皇 "爾 順風大起 御船從浪 故 其御船之浪瀾 押騰新羅之國 旣到半國"

- ≪日本書紀≫ 卷9, 神功皇后 卽位前紀 仲哀九年 冬十月 己亥朔 辛丑 "從和珥津發之. 時飛廉起風, 陽侯擧浪, 海中大魚, 悉浮扶船"

- ≪日本書紀≫ 卷9, 神功皇后 卽位前紀 仲哀九年 冬十月 己亥朔 辛丑 "則大風順吹 帆舶隨波 不勞櫓楫 便到新羅. 時隨船潮浪 遠逮國中 卽知 天神地祇悉助歟"

- ≪日本書紀≫ 卷9, 神功皇后 卽位前紀 仲哀九年 冬十月 己亥朔 辛丑 "新羅王 於是 戰戰慄

慄厲身無所. (中略) 因以叩頭之曰 從今以後 長與乾坤 伏爲飼部. 其不乾船柁 而春秋獻
馬梳及馬鞭. 復不煩海遠 以每年貢男女之調"

- ≪日本書紀≫ 卷9, 神功皇后 卽位前紀 仲哀九年 冬十月 己亥朔 辛丑 "乃解其縛爲飼部
  遂入其國中 封重寶府庫 收圖籍文書. (中略) 於是 高麗·百濟二國王 聞新羅收圖籍 降於
  日本國 密令伺其軍勢 則知不可勝 自來于營外 叩頭而款曰 從今以後 永稱西蕃 不絶朝
  貢. 故因以 定內宮家屯倉. 是所謂之三韓也. 皇后從新羅還之"

- ≪日本書紀≫ 卷9, 神功皇后 攝政 49년 3월 "以荒田別鹿我別爲將軍 則與久氏等 共勒兵
  而度之 至卓淳國 將襲新羅. 時或曰 兵衆少之 不可破新羅. 更復奉上沙白蓋盧 請增軍
  士. 卽命木羅斤資沙沙奴跪[是二人 不知何姓人也. 但木羅斤資者 百濟將也.] 領精兵 與
  沙白蓋盧共遣之. 俱集于卓淳 擊新羅而破之. 因以平定比自㶱南加羅㖨國安羅多羅卓
  淳加羅七國. 仍移兵 西廻至古奚津 屠南蠻忱彌多禮 以賜百濟. 於是 其王肖古及王子貴
  須 亦領軍來會. 時比利辟中布彌支半古四邑 自然降服"

- ≪日本書紀≫ 卷9, 神功皇后 攝政 50년 "夏五月 千熊長彦·久氏等 至自百濟. 於是 皇太后
  歡之 問久氏曰 海西諸韓 旣賜汝國 今何事以頻復來也. 久氏等奏曰 天朝鴻澤 遠及弊邑.
  吾王歡喜踊躍 不任于心. 故因還使 以致至誠. 雖逮萬世 何年非朝. 皇太后勅云 善哉汝
  言. 是朕懷也. 增賜多沙城 爲往還路驛"

- ≪日本書紀≫ 卷9, 神功皇后 攝政 52년 9월 정묘삭 병자 "久氏等從千熊長彦詣之 則獻七
  枝刀一口·七子鏡一面 及種種重寶. 仍啓曰 臣國以西有水 源出自谷那鐵山. 其邈七日
  行之不及. 當飮是水 便取是山鐵 以永奉聖朝. 乃謂孫枕流王曰 今我所通 海東貴國 是天
  所啓. 是以垂天恩 割海西而賜我. 由是 國基永固. 汝當善脩和好 聚斂土物 奉貢不絶
  雖死何恨. 自是後 每年相續朝貢焉"

- ≪日本書紀≫ 卷9, 神功皇后 攝政 62년 "新羅不朝. 卽年 遣襲津彦擊新羅.[百濟記云 壬午
  年 新羅不奉貴國. 貴國遣沙至比跪 令討之. 新羅人莊飾美女二人 迎誘於津. 沙至比跪
  受其美女 反伐加羅國. 加羅國王己本旱岐 及兒百久至·阿首至·國沙利·伊羅麻酒·爾汶
  至等 將其人民 來奔百濟. 百濟厚遇之. 加羅國王妹旣殿至 向大倭啓云 天皇遣沙至比跪
  以討新羅. 而納新羅美女 捨而不討 反滅我國. 兄弟人民 皆爲流沈. 不任憂思 故以來啓.
  天皇大怒 卽遣木羅斤資 領兵衆來集加羅 復其社稷. (下略)]"

- ≪日本書紀≫ 卷10, 應神天皇 25년 "百濟直支王薨. 卽子久爾辛立爲王. 王年幼. 木滿致
  執國政 與王母相婬 多行無禮. 天皇聞而召之. [百濟記云 木滿致者 是木羅斤資討新羅
  時 娶其國婦而所生也. 以其父功 專於任那. 來入我國 往還貴國. 承制天朝 執我國政
  權重當世. 然天朝聞其暴 召之.]"

- ≪日本書紀≫ 卷14, 雄略天皇 5년 "夏四月 百濟加須利君[蓋鹵王也] 飛聞池津媛之所燔
  殺適稽女郎也] 而籌議曰 昔貢女人爲采女 而旣無禮 失我國名 自今以後 不合貢女. 乃
  告其弟軍君[昆支也]曰 汝宜往日本以事天皇. 軍君對曰 上君之命不可奉違 願賜君婦而
  後奉遣. 加須利君則以孕婦 旣嫁與軍君曰 我之孕婦旣當産月 若於路産 冀載一船 隨至

何處速令送國. 遂與辭訣 奉遺於朝"

- ≪日本書紀≫ 卷14, 雄略天皇 8년 "春二月 遣身狹村主靑·檜隈民使博德 使於吳國. 自天皇卽位 至于是歲 新羅國背誕 苞苴不入 於今八年. 而大懼中國之心 脩好於高麗. 由是 高麗王遺精兵一百人 守新羅. 有頃 高麗軍士一人 取假歸國. 時以新羅人爲典馬[典馬 此云于麻柯比] 而顧謂之曰 汝國爲吾國所破 非久矣.[一本云 汝國果成吾土 非久矣.] 其典馬聞之 陽患其腹 退而在後. 遂逃入國 說其所語. 於是 新羅王乃知高麗僞守 遣使馳告國人曰 人殺家內所養鷄之雄者. 國人知意 盡殺國內所有高麗人. 惟有遺高麗一人 乘間得脫 逃入其國 皆具爲說之. 高麗王卽發軍兵 屯聚筑足流城[或本云 都久斯岐城] 遂歌儛興樂. (中略) 二國之怨 自此而生.[言二國者 高麗·新羅也.] 膳臣等謂新羅曰 汝以至弱當至强. 官軍不救 必爲所乘 將成人地 殆於此役. 自今以後 豈背天朝也"

- ≪日本書紀≫ 卷14, 雄略天皇 8년 2월 "於是 新羅王 夜聞高麗軍四面歌儛 知賊盡入新羅地. 乃使人於任那王曰 高麗王征伐我國. 當此之時 若綴旒然. 國之危殆 過於累卵. 命之脩短 太所不計. 伏請救於日本府行軍元帥等. 由是 任那王勸膳臣斑鳩[斑鳩 此云伊柯屢俄]吉備臣小梨難波吉士赤目子 往救新羅. 膳臣等 未至營止. 高麗諸將 未與膳臣等相戰皆怖. 膳臣等乃自力勞軍 令軍中 促爲攻具 急進攻之. 與高麗相守十餘日 乃夜鑿險 爲地道 悉過輜重 設奇兵. 會明 高麗謂膳臣等爲遁也 悉軍來追. 乃縱奇兵 步騎夾攻 大破之"

- ≪日本書紀≫ 卷15, 顯宗天皇 3년 "是歲 紀生磐宿禰 跨據任那 交通高麗. 將西王三韓整脩官府 自稱神聖. 用任那左魯那奇他甲背等計 殺百濟適莫爾解於爾林.[爾林 高麗地也.] 築帶山城 距守東道 斷運粮津 令軍飢困. 百濟王大怒 遣領軍古爾解·內頭莫古解等率衆趣于帶山攻. 於是 生磐宿禰 進軍逆擊 膽氣益壯 所向皆破 以一當百 俄而兵盡力竭知事不濟 自任那歸. 由是 百濟國殺佐魯那奇他甲背等三百餘人"

- ≪日本書紀≫ 卷17, 繼體天皇 6년 "夏四月 辛酉朔丙寅 遣穗積臣押山 使於百濟. 仍賜筑紫國馬卌匹. 冬十二月 百濟遣使貢調. 別表請任那國上哆唎·下哆唎·娑陀·牟婁 四縣. 哆唎國守穗積臣押山奏曰 此四縣 近連百濟 遠隔日本. 且暮易通 鷄犬難別. 今賜百濟合爲同國 固有之策 無以過此 然縱賜合國 後世猶危. 況爲異場 幾年能守. 大伴大連金村 具得是言 同謨而奏. (中略) 由是 改使而宣勅 付賜物幷制旨 依表賜任那四縣"

- ≪日本書紀≫ 卷17, 繼體天皇 7년 6월 "百濟遣姐彌文貴將軍·州利卽爾將軍 副穗積臣押山[百濟本記云 委意斯移麻岐彌] 貢五經博士段楊爾. 別奏云 伴跛國略奪臣國己汶之地. 伏願天恩, 判還本屬"

- ≪日本書紀≫ 卷17, 繼體天皇 7년 11월 신해삭 을묘 "於朝廷 引列百濟姐彌文貴將軍·斯羅汶得至·安羅辛巳奚及賁巴委佐·伴跛旣殿奚及竹汶至等 奉宣恩勅. 以己汶·滯沙 賜百濟國. 是月 伴跛國 遣戢支 獻珍寶 乞己汶之地. 而終不賜"

- ≪日本書紀≫ 卷17, 繼體天皇 8년 3월 "伴跛築城於子呑·帶沙 而連滿奚 置烽候邸閣 以備日本. 復築城於爾列比·麻須比 而絙麻且奚·推封. 聚士卒兵器 以逼新羅. 駈略子女 剝掠村邑. 凶勢所加 罕有遺類. 夫暴虐奢侈 惱害侵凌 誅殺尤多 不可詳載"

- ≪日本書紀≫ 卷17, 繼體天皇 9년 “是月 到于沙都嶋 傳聞 伴跛人 懷恨衘毒 恃强縱虐. 故物部連 率舟師五百 直詣帶沙江. 文貴將軍 自新羅去. 夏四月 物部連於帶沙江停住六日. 伴跛興師往伐 逼脫衣裳 劫掠所齎 盡燒帷幕. 物部連等 怖畏逃遁 僅存身命 泊汶慕羅.[汶慕羅 嶋名也.]”

- ≪日本書紀≫ 卷17, 繼體天皇 10년 “秋九月 百濟遣州利卽尔大將軍 副物部連來 謝賜己汶之地. 別貢五經博士漢高安茂 請代博士段楊爾. 依請代之”

- ≪日本書紀≫ 卷17, 繼體天皇 21년 6월 임오삭 갑오 “近江毛野臣 率衆六萬 欲住任那 爲復興建新羅所破南加羅·喙己呑 而合任那. 於是 筑紫國造磐井 陰謨叛逆 猶豫經年. 恐事難成 恒伺間隙. 新羅知是 密行貨賂於磐井所 而勸防遏毛野臣軍. 於是 磐井掩據火豊二國 勿使修職. 外邀海路 誘致高麗·百濟·新羅·任那等國年貢職船. 內遮遣任那毛野臣軍”

- ≪日本書紀≫ 卷17, 繼體天皇 22년 11월 갑인삭 갑자 “大將軍物部大連麤鹿火 親與賊帥磐井 交戰於筑紫御井郡. 旗鼓相望 埃塵相接 決機兩陣之間 不避萬死之地. 遂斬磐井 果定彊場”

- ≪日本書紀≫ 卷17, 繼體天皇 23년 3월 “是月 遣近江毛野臣 使于安羅. 勅勸新羅 更建南加羅·喙己呑. 百濟遣將軍君尹貴·麻那甲背·麻鹵等 往赴安羅 式請詔勅. 新羅恐破蕃國官家 不遣大人 而遣夫智奈麻禮·奚奈麻禮等 往赴安羅 式請詔勅. 於是 安羅新起高堂 引昇勅使. 國主隨後昇階. 國內大人 預昇堂者一二. 百濟使將軍君等 在於堂下. 凡數月 再三 謨謀乎堂上. 將軍君等 恨在庭焉”

- ≪日本書紀≫ 卷17, 繼體天皇 23년 3월 “百濟王謂下哆唎國守穗積押山臣曰 夫朝貢使者 恒避嶋曲[謂海中嶋曲崎岸也. 俗云美佐祁.] 每苦風波. 因玆 濕所齎 全壞无色. 請 以加羅多沙津 爲臣朝貢津路. 是以 押山臣爲請聞奏”

- ≪日本書紀≫ 卷17, 繼體天皇 24년 9월 “於是 阿利斯等 知其細碎爲事 不務所期 頻勸歸朝 尚不聽還. 由是 悉知行迹 心生飜背. 乃遣久禮斯己母 使于新羅請兵 奴須久利 使于百濟請兵. 毛野臣聞百濟兵來 迎討背評[背評地名 亦名能備已富里也] 傷死者半. 百濟則捉奴須久利 杻械枷鏁 而共新羅圍城. 責罵阿利斯等曰 可出毛野臣. 毛野臣 嬰城自固. 勢不可擒. 於是 二國圖度便地 淹留弦晦 築城而還. 號曰久禮牟羅城. 還時觸路 拔騰利枳牟羅·布那牟羅·牟雌枳牟羅·阿夫羅·久知波多枳 五城”

- ≪日本書紀≫ 卷17, 繼體天皇 25년 12월 조 細注의 百濟本記 인용문 “太歲辛亥三月 軍進至于安羅 營乞乇城”

- ≪日本書紀≫ 卷19, 欽明天皇 2년 4월 “安羅次旱岐夷呑奚·大不孫·久取柔利 加羅上首位古殿奚 卒麻旱岐 散半奚旱岐兒 多羅下旱岐夷他 斯二岐旱岐兒 子他旱岐等 與任那日本府吉備臣 [闕名字] 往赴百濟 俱聽詔書”

- ≪日本書紀≫ 卷19, 欽明天皇 2년 4월 “聖明王曰 昔我先祖速古王貴首王之世 安羅加羅卓淳旱岐等 初遣使相通 厚結親好 以爲子弟 冀可恒隆”

■ ≪日本書紀≫ 卷19, 欽明天皇 2년 4월 "其卓淳 上下携貳 主欲自附 內應新羅. 由是見亡"

■ ≪日本書紀≫ 卷19, 欽明天皇 2년 4월 "任那旱岐等對曰 (中略) 夫建任那者 爰在大王之意. 祇承敎旨 誰敢間言. 然任那境接新羅 恐致卓淳等禍.[等謂喙己呑・加羅. 言卓淳等國有敗亡之禍.]"

■ ≪日本書紀≫ 卷19, 欽明天皇 2년 7월 "日本卿等 久住任那之國 近接新羅之境 新羅情狀亦是所知. 毒害任那 謨防日本 其來尙矣 匪唯今年"

■ ≪日本書紀≫ 卷19, 欽明天皇 5년 3월 "新羅春取喙淳 仍擯出我久禮山戌 而遂有之"

■ ≪日本書紀≫ 卷19, 欽明天皇 5년 3월 "至於卓淳 亦復然之. 假使卓淳國主 不爲內應新羅招寇 豈至滅乎"

■ ≪日本書紀≫ 卷19, 欽明天皇 5년 11월 "日本吉備臣 安羅下旱岐大不孫・久取柔利 加羅上首位古殿奚 卒麻君 斯二岐君 散半奚君兒 多羅二首位訖乾智 子他旱岐 久嗟旱岐 仍赴百濟"

■ ≪日本書紀≫ 卷19, 欽明天皇 5년 11월 "竊聞 新羅・安羅兩國之境 有大江水 要害之地也. 吾欲據此 修繕六城. 謹請天皇三千兵士 每城充以五百 幷我兵士 勿使作田 而逼惱者久禮山之五城 庶自投兵降首. 卓淳之國 亦復當興. 所請兵士 吾給衣粮. 欲奏天皇 其策一也. 猶於南韓 置郡令・城主者 豈欲違背天皇・遮斷貢調之路. 唯庶剋濟多難 殲撲强敵. 凡厥凶黨 誰不謀附. 北敵强大 我國微弱. 若不置南韓 郡領・城主 修理防護 不可以禦此强敵 亦不可以制新羅. 故猶置之 攻逼新羅 撫存任那. 若不爾者 恐見滅亡 不得朝聘. 欲奏天皇 其策二也. 又吉備臣・河內直・移那斯・麻都 猶在任那國者 天皇雖詔建成任那不可得也. 請 移此四人 各遣還其本邑. 奏於天皇 其策三也"

■ ≪日本書紀≫ 卷19, 欽明天皇 5년 11월 "於是 吉備臣・旱岐等曰 大王所述三策 亦協愚情而已. 今願 歸以敬諮日本大臣[謂在任那日本府之大臣也]・安羅王・加羅王 俱遣使同奏天皇. 此誠千載一會之期 可不深思而熟計歟"

■ ≪日本書紀≫ 卷19, 欽明天皇 6년 9월 "百濟遣中部護德菩提等 使于任那 贈吳財於日本府臣及諸旱岐 各有差"

■ ≪日本書紀≫ 卷19, 欽明天皇 7년 정월 "百濟使人中部奈率己連等罷歸. 仍賜以良馬七十匹・船一十隻"

■ ≪日本書紀≫ 卷19, 欽明天皇 7년 6월 "百濟遣中部奈率掠葉禮等獻調"

■ ≪日本書紀≫ 卷19, 欽明天皇 8년 4월 "百濟遣前部德率眞慕宣文・奈率奇麻等 乞救軍. 仍貢下部東城子言 代德率汶休麻那"

■ ≪日本書紀≫ 卷19, 欽明天皇 9년 정월 "百濟使人前部德率眞慕宣文等請罷. 因詔曰 所乞救軍 必當遣救. 宜速報王"

■ ≪日本書紀≫ 卷19, 欽明天皇 9년 4월 "百濟遣中部杆率掠葉禮等奏曰 (中略) 然馬津城之役[正月辛丑 高麗率衆 圍馬津城] 虜謂之曰 由安羅國與日本府招來勸罰. 以事准況

寔當相似. 然三廻欲審其言 遣召而並不來 故深勞念"

▪ ≪日本書紀≫ 卷19, 欽明天皇 12년 "是歲 百濟聖明王 親率衆及二國兵[二國謂新羅·任那也] 往伐高麗 獲漢城之地. 又進軍討平壤. 凡六郡之地 遂復故地"

▪ ≪日本書紀≫ 卷19, 欽明天皇 13년 "是歲 百濟棄漢城與平壤 新羅因此入居漢城. 今新羅之牛頭方·尼彌方也.[地名未詳]"

▪ ≪日本書紀≫ 卷19, 欽明天皇 13년 10월 "百濟聖明王[更名聖王]遣西部姬氏達率怒唎斯致契等 獻釋迦佛金銅像一軀·幡蓋若干·經論若干卷"

▪ ≪日本書紀≫ 卷19, 欽明天皇 14년 6월 "遣內臣[闕名] 使於百濟. 仍賜良馬二匹·同船二隻·弓五十張·箭五十具. 勅云 所請軍者 隨王所須. 別勅 醫博士·易博士·曆博士等 宜依番上下. 今上件色人 正當相代年月. 宜付還使相代. 又卜書·曆本·種種藥物 可付送"

▪ ≪日本書紀≫ 卷19, 欽明天皇 15년 "春正月 (中略) 於是 內臣奉勅而答報曰 卽令遣助軍數一千·馬一百匹·船卌隻. (中略) 夏五月 丙戌朔戊子 內臣率舟師 詣于百濟"

▪ ≪日本書紀≫ 卷19, 欽明天皇 15년 12월 "而天皇遣有至臣 帥軍以六月至來. 臣等深用歡喜. 以十二月九日 進攻斯羅. 臣先遣東方領物部莫奇武連 領其方軍士 攻函山城. 有至臣所將來民竹斯物部莫奇委沙奇 能射火箭. 蒙天皇威靈 以月九日酉時 焚城拔之. 故遣單使馳船奏聞. (中略) 伏願 速遣竹斯嶋上諸軍士 來助臣國 又助任那 則事可成. 又奏 臣別遣軍士萬人 助任那"

▪ ≪日本書紀≫ 卷19, 欽明天皇 15년 12월 "餘昌謀伐新羅. 耆老諫曰 天未與 懼禍及. 餘昌曰 老矣 何怯也. 我事大國 有何懼也. 遂入新羅國 築久陀牟羅塞. 其父明王憂慮 餘昌長苦行陣 久廢眠食. 父慈多闕 子孝希成. 乃自往仰慰勞. 新羅聞明王親來 悉發國中兵 斷道擊破. 是時 新羅謂佐知村飼馬奴苦都[更名谷智]曰 苦都賤奴也. 明王名主也. 今使賤奴殺名主. 冀傳後世 莫忘於口. 已而苦都 乃獲明王 (中略) 苦都斬首而殺 堀坎而埋"

▪ ≪日本書紀≫ 卷19, 欽明天皇 22년 "故新羅築城於阿羅波斯山 以備日本"

▪ ≪日本書紀≫ 卷19, 欽明天皇 23년 "一本云 卅一年 任那滅焉"

중국 사료

▪ ≪建康實錄≫ 南齊 高麗傳 "其官位加長史司馬參軍之屬. 拜則申一脚 坐則跪 行則走 以爲恭敬. 國有銀山 採爲貨 並人參貂皮. 重中國綵纈 丈夫衣之. 亦重虎皮"

▪ ≪南齊書≫ 卷58, 列傳39 高麗國 "宋末 高麗王樂浪公高璉爲使持節散騎常侍都督營平二州諸軍事車騎大將軍開府儀同三司. 太祖建元元年 進號驃騎大將軍"

▪ ≪南齊書≫ 卷58, 列傳39 東南夷傳 東夷 "加羅國 三韓種也. 建元元年 國王荷知使來獻. 詔曰 量廣始登 遠夷洽化. 加羅王荷知 款關海外 奉贄東遐. 可授輔國將軍本國王.

▪ ≪南齊書≫ 卷58, 列傳39 百濟國 "建武 二年 牟大遣使上表曰 (中略) 今假沙法名行征虜

將軍·邁羅王 贊首流爲行安國將軍·辟中王 解禮昆爲行武威將軍·弗中侯 木干那 前有
軍功 又拔臺舫 爲行廣威將軍·面中侯. 伏願天恩特愍聽除. (中略) 詔可 並賜軍號"

- ≪南齊書≫ 卷58, 列傳39 百濟國 "報功勞勤 實存名烈. 假行寧朔將軍臣姐瑾等四人 振竭
忠效 攘除國難 志勇果毅 等威名將 可謂扞城 固蕃社稷 功力料勤 宜在甄顯 今依例輒假
行職. 伏願恩愍 聽除所假. 寧朔將軍·面中王姐瑾 歷贊時務 武功列顯 今假行冠軍將軍·
都將軍·都漢王. 建威將軍·八中侯餘古 弱冠輔佐 忠效夙著 今假行寧朔將軍·阿錯王.
建威將軍餘歷 忠款有素 文武列顯 今假行龍驤將軍·邁盧王. 廣武將軍餘固 忠效時務
光宣國政 今假行建威將軍·弗斯侯"

- ≪南齊書≫ 卷58, 列傳39 百濟國 "是歲 魏虜又發騎數十萬攻百濟 入其界. 牟大遣將沙法
名·贊首流·解禮昆·木干那 率衆襲擊虜軍 大破之"

- ≪南齊書≫ 卷58, 列傳39 倭國 "建元元年 進新除使持節都督倭新羅任那加羅秦韓(慕韓)
六國諸軍事安東大將軍倭王武 號爲鎭東大將軍"

- ≪梁書≫ 卷54, 列傳48 諸夷 百濟傳 "普通二年 王餘隆始復遣使奉表稱 累破句驪 今始與
通好 而百濟更爲强國"

- ≪梁職貢圖≫ 百濟國使 圖經 "普通二年 其王餘隆 遣使奉表云 累破高麗. 所治城曰固麻
謂邑檐魯 於中國郡縣. 有二十二檐魯 分子弟宗族爲之. 旁小國有叛波·卓·多羅·前羅·
斯羅·止迷·麻連·上己文·下枕羅等附之"

- ≪北史≫ 卷94, 列傳82 百濟 "其都曰居拔城 亦曰固麻城. 其外更有五方 中方曰古沙城
東方曰得安城 南方曰久知下城 西方曰刀先城 北方曰熊津城. (中略) 各有部司 分掌衆
務. 內官有前內部·穀內部·內掠部·外掠部·馬部·刀部·功德部·藥部·木部·法部·後宮
部. 外官有司軍部·司徒部·司空部·司寇部·點口部·客部·外舍部·綢部·日官部·市部.
長吏三年一交代. 都下有萬家 分爲五部 曰上部·前部·中部·下部·後部 部有五巷 士庶
居焉. 部統兵五百人. 五方各有方領一人 以達率爲之 方佐貳之. 方有十郡 郡有將三人
以德率爲之. 統兵一千二百人以下 七百人以上. 城之內外人庶及餘小城 咸分隷焉."

- ≪北史≫ 卷94, 列傳82 室韋國(南室韋) "多猪·牛. (中略) 其國無鐵, 取給於高麗. 多貂"

- ≪宋書≫ 卷97, 列傳57 夷蠻傳 東夷 高句驪國 "高句驪王高璉 晉安帝義熙九年 遣長史高
翼 奉表獻赭白馬. (中略) 璉每歲遣使 十六年 太祖欲北討 詔璉送馬, 璉獻馬八百匹. (中
略) 大明三年 又獻肅愼氏楛矢石砮"

- ≪宋書≫ 卷97, 列傳57 夷蠻傳 百濟國 "(元嘉)七年 百濟王餘毗 復修貢職 以映爵號授之.
二十七年 毗上書獻方物 私假臺使馮野夫西河太守 表求易林·式占·腰弩 太祖並與之"

- ≪宋書≫ 卷97, 列傳57 百濟國 "毗死 子慶代立 世祖大明元年 遣使求除授 詔許. 二年
慶遣使上表曰「臣國累葉 偏受殊恩 文武良輔 世蒙朝爵. 行冠軍將軍右賢王餘紀等十一
人 忠勤宜在顯進 伏願垂愍 並聽賜除.」仍以行冠軍將軍右賢王餘紀 爲冠軍將軍. 以行
征虜將軍左賢王餘昆·行征虜將軍餘暈 並爲征虜將軍. 以行輔國將軍餘都·餘乂 並爲輔
國將軍. 以行龍驤將軍沐衿·餘爵 並爲龍驤將軍. 以行寧朔將軍餘流·麋貴 並爲寧朔將

軍. 以行建武將軍于西·餘婁 並爲建武將軍. 太宗泰始七年 又遣使貢獻"

- ≪宋書≫ 卷97, 列傳57 夷蠻傳 東夷 "倭國 在高驪東南大海中 世修貢職. 高祖永初二年 詔曰 倭讚萬里修貢 遠誠宜甄 可賜除授. 太祖元嘉二年 讚又遣司馬曹達 奉表獻方物. 讚死 弟珍立 遣使貢獻. 自稱使持節都督倭百濟新羅任那秦韓慕韓六國諸軍事安東大將 軍倭國王. 表求除正. 詔除安東將軍倭國王. 珍又求正倭隋等十三人平西征虜冠軍輔 國將軍號. 詔竝聽. 二十年 倭國王濟 遣使奉獻. 復以爲安東將軍倭國王. 二十八年 加使 持節都督倭新羅任那加羅秦韓慕韓六國諸軍事 安東將軍如故. 并除所上二十三人軍號. 濟死 世子興 遣使貢獻. 世祖大明六年 詔曰 倭王世子興 奕世載忠 作藩外海 稟化寧境 恭修貢職. 新嗣邊業 宜授爵號 可安東將軍倭國王. 興死 弟武立. 自稱使持節都督倭百濟 新羅任那加羅秦韓慕韓七國諸軍事安東大將軍倭國王. (中略) 詔除武使持節都督倭新 羅任那加羅秦韓慕韓六國諸軍事安東大將軍倭王"

- ≪宋書≫ 卷97, 列傳57 夷蠻傳 東夷 "順帝昇明二年 遣使上表曰 封國偏遠 作藩于外. 自昔祖禰 躬擐甲冑 跋涉山川 不遑寧處. 東征毛人五十五國 西服衆夷六十六國 渡平海 北九十五國"

- ≪隋書≫ 卷81, 列傳46 新羅國 "其官有十七等 其一曰伊罰干 貴如相國 次伊尺干 次迎干 次破彌干 次大阿尺干 次阿尺干 次乙吉干 次沙咄干 次及伏干 次大奈摩干 次奈摩 次大 舍 次小舍 次吉士 次大鳥 次小鳥 次造位"

- ≪梁書≫ 卷54, 列傳48 新羅 "其官名 有子貴旱支 齊旱支 謁旱支 壹告支 奇貝旱支"

- ≪魏書≫ 契丹國傳 太和 3년 "高句麗竊與蠕蠕謀 欲取地豆于以分之. 契丹懼其侵軼 其莫弗賀勿于率其部車三千乘·衆萬餘口 驅徒雜畜 求入內附 止於白狼水東"

- ≪魏書≫ 卷100, 列傳88 百濟國 "延興二年 其王餘慶始遣使上表曰 (下略)"

- ≪魏書≫ 卷100, 列傳88 高句麗 "後貢使相尋 歲致黃金二百斤 白銀四百斤"

- ≪資治通鑑≫ 卷104, 晉紀26 太元 2년 "春 高句麗·新羅·西南夷 皆遣使入貢于秦"

- ≪晉書≫ 卷9, 帝紀9 簡文帝 咸安2년 "春正月辛丑 百濟·林邑王各遣使貢方物. (中略) 六月 遣使拜百濟王餘句爲鎭東將軍領樂浪太守"

논저

岡內三眞, 1996 <前方後圓形墳の築造モデル> ≪韓國の前方後圓墳≫ (雄山閣)

江上波夫, 1984 <日本における國家の形成 －倭人の國から大和朝廷へ－> ≪東洋研 究≫ 72

江上波夫, 1992 ≪江上波夫の日本古代史 －騎馬民族說四十五年－≫ (大巧社, 東京)

江畑武, 1968 <四〜六世紀の朝鮮三國と日本 －中國との册封をめぐつて－> ≪朝 鮮史研究會論文集≫ 4

姜鍾薰, 2008 <5세기 후반 고구려와 신라의 국경선> ≪韓國 古代 四國의 國境線≫ (書景文化社)

慶星大學校博物館, 2000 ≪金海大成洞古墳群Ⅰ≫ (慶星大學校博物館, 釜山)

高寬敏, 1996 <五世紀, 新羅の北邊> ≪三國史記の原典的研究≫ (雄山閣出版) ; 1997 ≪古代朝鮮諸國と倭國≫ (雄山閣出版)

高橋健自, 1914 <京畿旅行談> ≪考古學雜誌≫ 5-3

古田武彦, 1973 ≪失われた九州王朝≫ (朝日新聞社)

郭長根, 2004 <호남동부지역의 가야세력과 그 성장과정> ≪호남고고학보≫ 20

菅政友, 1907 <大和國石上神宮寶庫所藏七支刀> ≪菅政友全集≫ 雜稿 1

關晃, 1956 ≪歸化人≫ (至文堂)

關晃, 1996 ≪古代の歸化人－關晃著作集 第三卷≫ (吉川弘文館)

橋本達也, 2002 <古墳時代甲冑の系譜－朝鮮半島との關係－> ≪第5回 歷博國際シンポジウム 古代東アジアにおける倭と加耶の交流 發表要旨≫ (國立歷史民俗博物館, 佐倉)

국립공주박물관·충남대학교박물관, 1999 ≪大田 月坪洞遺蹟≫

宮崎市定, 1959 <三韓時代の位階制について> ≪朝鮮學報≫ 14

宮崎市定, 1982 <七支刀銘文試釋> ≪東方學≫ 64

宮崎市定, 1983 ≪謎の七支刀 －五世紀の東アジアと日本－≫ (中央公論社)

宮崎市定, 1992 ≪謎の七支刀(文庫版)≫ (中央公論社)

權五榮, 1999 ≪복암리고분군≫ (전남대박물관)

權五榮, 2003 <백제의 對中交涉의 진전과 문화변동> ≪강좌 한국고대사≫ 4 (駕洛國史蹟開發研究院)

權鶴洙, 1994 <가야 제국의 상관관계와 연맹구조> ≪한국고고학보≫ 31

鬼頭淸明, 1974 <加羅諸國の史的發展について> ≪古代朝鮮と日本≫ (龍溪書舍)

鬼頭淸明, 1994 ≪大和朝廷と東アジア≫ (吉川弘文館)

金琪燮, 2000 ≪백제와 근초고왕≫ (學研文化社)

金斗喆, 2003 <武器·武具 및 馬具를 通해 본 加耶의 戰爭> 韓國民族文化研究所 編, ≪加耶考古學의 새로운 照明≫ (혜안, 서울)

金斗喆, 2004 <加耶と倭の馬具> ≪國立歷史民俗博物館研究報告≫ 110 (佐倉)

金斗喆, 2005 <4세기 후반 ～ 5세기 초 고구려·가야·왜의 무기·무장체계 비교> 한일관계사연구논집편찬위원회 편, ≪광개토대왕비와 한일관계≫ (景仁文化社)

今西龍, 1919 <加羅彊域考> ≪史林≫ 4-3·4

今西龍, 1922 <己汶伴跂考> ≪史林≫ 7-4

今西龍, 1970 ≪朝鮮古史の研究≫ (國書刊行會)

金錫亨, 1963 <삼한 삼국의 일본열도 내 분국에 대하여> ≪력사과학≫ 1963-1

金錫亨, 1966 ≪초기조일관계연구≫ (사회과학출판사)

金錫亨, 1988 ≪초기조일관계사≫ 하 (사회과학출판사)

金世基, 1995 <대가야 묘제의 변천> ≪가야사연구≫ (경상북도)

金世基, 1997 <加耶의 殉葬과 王權> ≪加耶諸國의 王權≫ (新書苑)

金世基, 2003 ≪고분 자료로 본 대가야 연구≫ (學硏文化社)

金世基, 盧重國, 朴天秀, 李明植, 李熙濬, 朱甫暾 編, 1998 ≪가야문화도록≫ (경상
북도)

金英心, 1990 <5~6세기 百濟의 地方統治體制> ≪韓國史論≫ 22

金元龍·李熙濬, 1987 <서울 석촌동 3호분의 연대> ≪斗溪 李丙燾博士 九旬記念 韓國
史學論叢≫

金在弘, 2006 <大加耶地域의 鐵製農器具 -小形鐵製農器具와 살포를 중심으로->
≪大加耶의 成長과 發展≫ (고령군·한국고대사학회)

金正完, 1997 <신라와 가야토기의 발생 및 변화과정> ≪한국고대의 토기≫ (국립중앙
박물관)

金廷鶴, 1982 <古代國家의 發達(伽耶)> ≪韓國考古學報≫ 12 (한국고고학회)

金廷鶴, 1987 <加耶의 國家形成段階> ≪精神文化研究≫ 32

金昌錫, 2004 <高句麗 초·중기의 對中 교섭과 교역> ≪新羅文化≫ 24 (東國大學校
新羅文化研究所)

金哲埈, 1952 <新羅 上代社會의 Dual Organization> ≪歷史學報≫ 1·2

金泰植·宋桂鉉, 2003 ≪韓國의 騎馬民族論≫ (韓國馬事會·馬事博物館, 果川)

金泰植 외 6인, 2008 ≪韓國 古代 四國의 國境線≫ (書景文化社)

金泰植, 1985 <5세기 후반 大加耶의 발전에 대한 研究> ≪韓國史論≫ 12 (서울대학교
국사학과) ; 1988 再收錄(日本語譯), 齋藤忠·江坂輝彌 編≪先史·古代の韓國と
日本≫ (築地書館)

金泰植, 1986 <後期加耶諸國의 성장기반 고찰> ≪釜山史學≫ 11 (부산사학회)

金泰植, 1988 <6세기 전반 加耶南部諸國의 소멸과정 고찰> ≪韓國古代史研究≫ 1
(한국고대사연구회)

金泰植, 1991 <書評: 조희승·김석형著『초기조일관계사』(상)·(하)> ≪韓國古代史論叢≫
1 (駕洛國史蹟開發研究院)

金泰植 著, 淺井良純 譯, 1993 <六世紀中葉加耶連盟の滅亡過程> ≪朝鮮學報≫ 146
(朝鮮學會, 天理)

金泰植, 1993 ≪加耶聯盟史≫ (一潮閣, 서울)

金泰植, 1994 <廣開土王陵碑文의 任那加羅와 '安羅人戍兵'> ≪韓國古代史論叢≫
6 (駕洛國史蹟開發研究院, 서울)

金泰植, 1994 <咸安 安羅國의 成長과 變遷> ≪韓國史研究≫ 86 (한국사연구회, 서울)

金泰植, 1997 <百濟의 加耶地域 關係史: 交涉과 征服> ≪백제의 중앙과 지방≫ (忠南 大學校 百濟研究所)

金泰植, 1998 <日本書紀에 나타난 韓國古代史像> ≪韓國古代史研究≫ 14 (韓國古代 史學會)

金泰植, 2002 ≪미완의 문명 7백년 가야사 1권≫ (푸른역사)

金泰植, 2002 ≪미완의 문명 7백년 가야사 2권≫ (푸른역사)

金泰植, 2003 <初期 古代國家論> ≪講座 韓國古代史 제2권: 고대국가의 구조와 사회(1)≫ (駕洛國史蹟開發研究院)

金泰植, 2004 <加耶史輕視論への批判> ≪國立歷史民俗博物館研究報告≫ 110 (國立 歷史民俗博物館, 佐倉)

金泰植, 2005 <4世紀의 韓日關係史－廣開土王陵碑文의 倭軍問題를 中心으로－> ≪한 일역사공동연구보고서≫ 제1권 (한일역사공동연구위원회)

金泰植, 2006 <5~6세기 高句麗와 加耶의 관계> ≪北方史論叢≫ 11 (高句麗歷史財團)

金泰植, 2006 <韓國 古代諸國의 對外交易－加耶를 中心으로－> ≪震檀學報≫ 101

金泰植, 2007 <加耶와의 관계> ≪百濟文化史大系 9－百濟의 對外交涉≫ (忠淸南道歷 史文化研究院, 公州)

金泰植, 2008 <고대 한일관계사의 새로운 지평－박천수, 2007. 11 "새로 쓰는 고대 한일교섭사", 사회평론－> ≪한국고대사연구≫ 50 (한국고대사학회)

金鉉球, 1985 ≪大和政權의 對外關係研究≫ (吉川弘文館, 東京)

金鉉球, 1993 ≪任那日本府研究≫ (一潮閣)

旗田巍, 1975 <三國史記新羅本紀にあらわれた倭> ≪日本文化と朝鮮≫ 2

吉田晶, 1975 <古代國家の形成> ≪岩波講座日本歷史≫ 2

吉村武彥, 2006 <ヤマト王權と律令制國家の形成> ≪列島の古代史8 古代史の流れ≫ (岩波書店)

김병남, 2002 <백제 웅진시대의 북방 영역> ≪白山學報≫ 64

김병남, 2004 <백제 웅진 천도 초기의 북방영역 관련 지명 분석> ≪韓國上古史學報≫ 52

김영관, 2000 <백제의 웅진천도의 배경과 한성경영> ≪忠北史學≫ 11·12합

南在祐, 2003 ≪安羅國史≫ (혜안)

盧重國, 1988 ≪百濟政治史研究≫ (一潮閣)

盧重國, 1991 <百濟의 檐魯制 實施와 編制基準> ≪啓明史學≫ 2

盧重國, 1995 <大加耶의 政治·社會構造> ≪加耶史研究≫ (경상북도)

盧重國, 2005 <5세기 한일관계사 －"宋書" 倭國傳의 검토－> ≪한일역사공동연구보 고서≫ 제1권 (한일역사공동연구위원회)

盧重國, 2006 <5~6세기 고구려와 백제의 관계> ≪北方史論叢≫ 11 (高句麗歷史財團)

盧泰敦, 1975 <三國時代의 '部'에 關한 研究-成立과 構造를 中心으로-> ≪韓國史論≫ 2 (서울대학교 국사학과)

盧泰敦, 1976 <高句麗의 漢水流域 喪失의 原因에 대하여> ≪韓國史研究≫ 13 (한국사연구회)

盧泰敦, 1982 <三韓에 대한 認識의 變遷> ≪韓國史研究≫ 38 (韓國史研究會)

盧泰敦, 1989 <蔚珍鳳坪新羅碑와 新羅의 官等制> ≪韓國古代史研究≫ 2

盧泰敦, 1999 ≪고구려사 연구≫ (사계절, 서울)

盧泰敦, 2000 <초기 고대국가의 국가구조와 정치운영> ≪韓國古代史研究≫ 17

大山誠一, 1980 <所謂'任那日本府'의 成立について> 上·中·下, ≪古代文化≫ 32-9·11·12 (古代學協會, 京都)

大場磐雄, 1929 ≪石上神宮寶物誌≫ (吉川弘文館)

大澤正己, 2004 <金屬組織學からみた日本列島と朝鮮半島の鐵> ≪國立歷史民俗博物館研究報告≫ 110 (佐倉)

都出比呂志, 1967 <農具鐵製化の二つの劃期> ≪考古學研究≫ 13-3

東潮, 1995 <榮山江流域と慕韓> ≪展望考古學≫ (考古學研究會40周年紀念論叢)

東潮, 2001 <倭と榮山江流域 -倭韓の前方後圓墳をめぐって-> ≪朝鮮學報≫ 179 (朝鮮學會, 天理)

東潮, 2002 <倭と榮山江流域> 朝鮮學會 編, ≪前方後圓墳と古代日朝關係≫ (同成社)

東潮, 2004 <弁辰と加耶の鐵> ≪國立歷史民俗博物館研究報告 110- 第五回歷博國際シンポジウム: 古代東アジアにおける倭と加耶の交流-≫ (國立歷史民俗博物館, 佐倉)

藤間生大, 1968 ≪倭の五王≫ (岩波新書)

藤間生大, 1968 <七支刀> ≪倭の五王≫ (岩波新書)

藤尾愼一郎, 2004 <彌生時代の鐵> ≪國立歷史民俗博物館研究報告≫ 110 (佐倉)

柳澤一男, 2002 <全南地方の榮山江型石室の系譜と前方後圓墳> 朝鮮學會 編, ≪前方後圓墳と古代日朝關係≫ (同成社)

柳澤一男, 2008 <韓國の前方後圓墳と九州> ≪古代日本の異文化交流≫ (勉誠出版)

末松保和, 1936 <新羅六部考>; 1954 ≪新羅史の諸問題≫, 재수록.

末松保和, 1949 ≪任那興亡史≫ (大八洲出版) ; 1956 再版 (吉川弘文館)

末永雅雄, 1941 <象嵌銘文を有する鉾 -七支刀> ≪日本上代の武器≫ (弘文堂)

木村誠, 2000 <百濟史料としての七支刀銘文> ≪人文學報≫ 306 (東京都立大學 人文學部)

武末純一, 2002 <日本の九州および近畿地域における韓國系遺物-土器·鐵器生産關係を中心に-> ≪古代 東亞細亞와 三韓·三國의 交涉≫ (福泉博物館, 부산)

武田幸男, 1974 ＜新羅法興王代の律令と衣冠制＞ ≪古代朝鮮と日本≫

武田幸男, 1985 ＜四～五世紀の朝鮮諸國＞ 三上次男 外, ≪シンポジウム好太王碑≫ (東方書店, 東京)

文安植·이대석, 2004 ≪한국고대의 지방사회 － 영산강유역의 역사와 문화를 중심으로 －≫ (혜안)

朴淳發, 1997 ＜漢城百濟의 中央과 地方＞ ≪백제의 중앙과 지방≫ (忠南大學校 百濟研究所)

朴淳發, 2000 ＜百濟의 南遷과 榮山江流域 政治體의 再編＞ ≪韓國의 前方後圓墳≫ (충남대학교출판부)

朴淳發, 2001 ＜榮山江流域における前方後圓墳の意義＞ ≪朝鮮學報≫ 179 ; 2002 재수록, 朝鮮學會 編, ≪前方後圓墳と古代日朝關係≫ (同成社.)

朴淳發, 2003 ＜百濟の南遷と倭＞ ≪檢証古代日本と百濟≫ (大巧社)

朴升圭, 1993 ＜慶南 西南部地域 陶質土器에 대한 研究＞ ≪慶尙史學≫ 9 (慶尙大學校, 晋州)

朴燦圭, 1991 ＜백제 웅진초기 북경문제＞ ≪史學志≫ 24

朴天秀, 1995 ＜渡來系文物에서 본 加耶와 倭에서의 政治的 變動＞ ≪待兼山論叢－史學編29≫ (大阪大學文學部, 大阪)

朴天秀, 1996 ＜大伽耶의 古代國家 形成＞ ≪碩晤尹容鎭敎授停年退任紀念論叢≫

朴天秀, 1996 ＜日本 속의 加耶文化＞ ≪加耶史의 새로운 理解(發表要旨)≫ (韓國古代史研究會)

朴天秀, 1997 ＜政治體의 相互關係로 본 大伽耶王權＞ ≪加耶諸國의 王權≫ (仁濟大 加耶文化研究所編, 新書苑)

朴天秀, 1998 ＜대가야의 역사와 유적＞ ≪가야문화도록≫ (경상북도)

朴天秀, 1999 ＜器臺를 통하여 본 加耶勢力의 動向＞ ≪加耶의 그릇받침≫ (國立金海博物館)

朴天秀, 2002 ＜考古資料를 통해 본 古代 韓半島와 日本列島의 相互作用＞ ≪韓國古代史研究≫ 27 (韓國古代史學會)

朴天秀, 2002 ＜榮山江流域における前方後圓墳の被葬者の出自とその性格＞ ≪考古學研究≫ 49-2 (考古學研究會, 岡山)

朴天秀, 2003 ＜榮山江流域と加耶地域における倭系古墳の出現過程とその背景＞ ≪熊本古墳研究≫ 1 (熊本古墳研究會, 熊本)

朴天秀, 2003 ＜榮山江流域における前方後圓墳の出現の歷史的背景＞ ≪東アジアの古代文化≫ 117 (大和書房, 東京)

朴天秀, 2004 ＜榮山江流域における前方後圓墳が提起する諸問題＞ ≪歷史と地理≫ 577 (山川出版社, 東京)

朴天秀, 2006 <임나사현과 기문·대사를 둘러싼 백제와 대가야> ≪가야, 낙동강에서
　　영산강으로≫ 제12회 가야사국제학술회의 발표자료집 (김해시)

朴天秀, 2007 ≪加耶と倭 韓半島と日本列島の考古學≫ (講談社)

朴天秀, 2007 ≪새로 쓰는 古代 韓日交涉史≫ (社會評論, 서울)

朴天秀, 2008 <榮山江流域における前方後圓墳からみた古代の韓半島と日本列島>
　　≪古代日本の異文化交流≫ (勉誠出版)

朴漢濟, 1988 ≪中國中世胡漢體制研究≫ (一潮閣)

白石太一郎, 2000 ≪古墳と古墳群の研究≫ (塙書房)

白石太一郎, 2002 <倭國誕生> ≪倭國誕生(日本の時代史1)≫ (吉川弘文館)

白石太一郎, 2006 <倭國の形成と展開> ≪古代史の流れ(列島の古代史8)≫ (岩波書
　　店)

白承玉, 2003 ≪加耶 各國史 研究≫ (혜안)

白承忠, 1995 ≪加耶 地域聯盟史 研究≫ (부산대 박사학위논문)

白承忠, 2003 <'임나일본부'와 '왜계백제관료'> ≪강좌 한국고대사≫ 4 (가락국사적개
　　발연구원)

白承忠, 2005 <日本書紀 神功紀 소재 한일관계 기사의 성격> 한일관계사연구논집편찬
　　위원회 편, ≪광개토대왕비와 한일관계≫ (경인문화사)

福山敏男, 1951 <石上神宮の七支刀 補考> ≪美術研究≫ 162

福山敏男, 1951 <石上神宮の七支刀> ≪美術研究≫ 158

福山敏男, 1952 <石上神宮の七支刀 再補> ≪美術研究≫ 165

福山敏男, 1969 ≪日本建築史研究≫

福山敏男, 1971 ≪論集日本文化の起源≫ 2 (平凡社)

榧本杜人, 1952 <石上神宮の七支刀と其銘文> ≪朝鮮學報≫ 3 (朝鮮學會, 天理)

濱田耕策, 2005 <4世紀의 日韓關係> ≪한일역사공동연구보고서≫ 1 (한일역사공동연
　　구위원회)

山崎雅稔, 2002 <廣開土王時代の高句麗の南進と倭王權の展開> 高句麗研究會 編,
　　≪廣開土太王과 高句麗 南進政策≫ (學研文化社)

山尾幸久, 1978 <任那に關する一試論 － 史料の檢討を中心に－> 末松保和博士古稀
　　記念會 編, ≪古代東アジア史論集≫ 下卷 (吉川弘文館)

山尾幸久, 1983 ≪日本古代王權形成史論≫ (岩波書店)

山尾幸久, 1989 ≪古代の日朝關係≫ (塙書房)

山尾幸久, 2001 <五,六世紀の日朝關係－韓國の前方後圓墳の一解釋－> ≪朝鮮學報≫
　　179 (朝鮮學會)

森公章, 2006 ≪東アジアの動亂と倭國≫ (吉川弘文館)

三品彰英, 1962 ≪日本書紀 朝鮮關係記事 考證≫ 上卷 (吉川弘文館, 東京)

三品彰英, 1962 <石上神宮の七支刀> ≪日本書紀朝鮮關係記事考證≫ 上 (吉川弘文館)

上田正昭, 1965 ≪歸化人－古代國家の成立をめぐって－≫ (中央公論社, 東京)

上田正昭, 1971 <石上神宮と七支刀> ≪日本なかの朝鮮文化≫ 9

西谷正, 2002 <韓國の前方後圓墳をめぐる諸問題> 朝鮮學會 編, ≪前方後圓墳と古代日朝關係≫ (同成社)

西田長男, 1956 <石上神宮の七支刀の銘文> ≪日本古典の史的研究≫ (理想社)

石母田正, 1962 <古代史槪說> ≪岩波講座日本歷史≫ 1 (岩波書店, 東京)

石母田正, 1973 ≪日本古代國家論≫, 岩波書店; 1989 ≪石母田正著作集≫ 4

石井正敏, 2005 <5世紀の 日韓關係 －倭의 五王과 高句麗·百濟－> ≪한일역사공동연구보고서≫ 1 (한일역사공동연구위원회)

星野恒, 1892 <七枝刀考> ≪史學雜誌≫ 37 (東京)

小島憲之, 1962 ≪上代日本文學と中國文學≫ 上 (塙書房)

손영종, 1983 <백제 7지도의 명문해석에서 제기되는 몇 가지 문제> 1 ≪력사과학≫ 1983-4

宋桂鉉, 2000 <토론 요지: 금관가야의 성립과 연맹의 형성> 부산대학교 민족문화연구소 편, ≪가야 각국사의 재구성≫ (혜안, 서울)

宋桂鉉, 2004 <加耶古墳の甲冑の變化と韓日關係> ≪國立歷史民俗博物館硏究報告≫ 110 (佐倉)

松木武彦, 1999 <古墳時代の武裝と戰鬪> ≪戰いのシステムと對外戰略≫ (東洋書林, 東京)

松下見林, 1688 ≪異稱日本傳≫ 卷下, 東國通鑑卷之一 新羅始祖八年條 註釋 "仍齎赤絹一百疋 賜任那王 然新羅人遮之於道而奪焉 其二國之怨 始起於此際矣 終至神功皇后爭征之 蓋爲任那征之也 (中略) 於是 韓地置日本府 任宰以治之 新羅當親戴我與天地不變 而時逆天昔孟 違我恩義 數侵任那 至欽明天皇二十三年 新羅遂滅任那 自神功皇后以來五百九十三年 任那之存如此永久也 此非神功皇后之大神餘烈乎"

順天大學校 博物館, 韓國上古史學會, 2008 ≪전남동부지역의 가야문화≫, 제36회 한국상고사학회 학술발표대회, 2008년 11월 14일, 순천대학교 70주년 기념관 2층 대회의실

申敬澈, 1994 <가야 초기마구에 대하여> ≪부대사학≫ 18

申敬澈, 2000 <고대의 낙동강, 영산강, 그리고 왜> ≪한국의 전방후원분≫ (충남대출판부)

申敬澈, 2000 <금관가야의 성립과 연맹의 형성> 부산대학교 한국민족문화연구소 편, ≪가야 각국사의 재구성≫ (혜안, 서울)

申大坤, 2001 <榮山江流域の前方後圓墳> ≪飛鳥の王權と加賀の渡來人≫ (石川縣立 歷史博物館, 金澤)

神保公子, 1981 <七支刀銘文の解釋をめぐって> ≪東アジア世界における日本古代 史講座≫ 3

辻秀人, 2006 <榮山江流域의 前方後圓墳과 倭國 周緣地域의 前方後圓墳> ≪百濟硏究≫ 44 (忠南大學校 百濟硏究所, 大田)

辻秀人, 2007 <榮山江流域の前方後圓墳と倭國周緣域の前方後圓墳> ≪歷史と文化≫ 42 (東北學院大學)

安在晧·宋桂鉉, 1986 <古式陶質土器에 관한 약간의 고찰－義昌 大坪里出土品을 通하 여－> ≪嶺南考古學≫ 1 (嶺南考古學會, 大邱)

安在晧, 1997 <鐵鎌의 변화와 劃期> ≪加耶考古學論叢≫ 2 (駕洛國史蹟開發硏究院, 서울)

梁起錫, 2005 <5~6세기 백제의 북계－475~551 백제의 한강유역 영유문제를 중심으로 －> ≪博物館紀要≫ 20 (단국대학교 昔宙善기념박물관)

余昊奎, 1995 <3세기 고구려의 사회변동과 통치체제의 변화> ≪역사와 현실≫ 15 (한국역사연구회)

余昊奎, 1999 <高句麗 中期의 武器體系와 兵種構成> ≪韓國軍事史硏究≫ 2 (國防軍 史硏究所, 서울)

余昊奎, 2000 <4세기 동아시아 국제질서와 고구려 대외정책의 변화－對前燕關係를 중 심으로－> ≪역사와 현실≫ 36 (역사비평사, 서울)

延敏洙, 1990 <六世紀前半 加耶諸國을 둘러싼 百濟·新羅의 動向－소위 '任那日本府' 說의 究明을 위한 序章－> ≪新羅文化≫ 7 (東國大學校 新羅文化硏究所)

延敏洙, 1990 <任那日本府論－소위 日本府官人의 出自를 中心으로－> ≪東國史學≫ 24 (東國史學會)

延敏洙, 1992 <日本書紀의 '任那의 調' 關係記事의 檢討> ≪九州史學≫ 105

延敏洙, 1994 <七支刀銘文の再檢討 －年號の問題と製作年代を中心に－> ≪年報 朝 鮮學≫ 4

延敏洙, 1998 ≪고대한일관계사≫ (혜안)

鈴木英夫, 1987 <加耶·百濟と倭 －'任那日本府'論－> ≪朝鮮史硏究會論文集≫ 24

鈴木英夫, 1996 ≪古代倭國と朝鮮諸國≫ (靑木書店)

鈴木英夫, 2008 <韓國の前方後圓墳と倭の史的動向> ≪古代日本の異文化交流≫ (勉誠出版)

鈴木靖民, 1983 <石上神宮七支刀銘についての一試論> ≪坂本太郞頌壽記念日本史 學論集≫ 上

鈴木靖民, 1985 <東アジア諸民族の國家形成と大和王權> ≪岩波講座日本歷史 1

(原始·古代1)≫

鈴木靖民, 1988 <好太王碑の倭の記事と倭の實體> 讀賣テレビ放送 編, ≪好太王碑と
　　集安の壁畵古墳≫ (木耳社, 東京)

鈴木靖民, 2002 <倭國と東アジア> ≪日本の時代史2 倭國と東アジア≫ (吉川弘文館,
　　東京)

奧田尙, 1976 <'任那日本府'と新羅倭典> ≪古代國家の形成と展開≫ (吉川弘文館)

王健群 著, 林東錫 譯, 1985 ≪廣開土王碑硏究≫ (역민사, 서울)

王健群, 1984 ≪好太王碑硏究≫ (吉林出版社)

王健群, 1992 <임나일본부와 왜의 오왕> ≪가야문화≫ 5

禹在柄, 2004 <榮山江流域 前方後圓墳의 出現과 그 背景> ≪湖西考古學≫ 10 (湖西考
　　古學會)

熊谷公男, 2001 ≪日本の歷史03-大王から天皇へ≫ (講談社)

윤성용, 1997 <고구려 귀족회의의 성립과정과 그 성격> ≪한국고대사연구≫ 11 (한국
　　고대사연구회)

尹龍九, 1989 <樂浪前期 郡縣支配勢力의 種族系統과 性格> ≪歷史學報≫ 126 (歷史
　　學會)

尹日寧, 1990 <關彌城位置考-廣開土王碑文·三國史記·大東地志를 바탕으로->
　　≪北岳史論≫ 2 (국민대 국사학과)

尹貞姬, 1997 <小加耶토기의 성립과 전개> (경남대학교 대학원 석사학위논문)

栗原朋信, 1970 <七支刀의 銘文よりみた日本と百濟 東晉の關係> ≪歷史敎育≫ 18-4

李根雨, 1994 <日本書紀에 인용된 百濟三書에 관한 연구> (한국정신문화연구원 박사
　　학위논문)

李基白, 1978 <웅진시대 백제의 귀족세력> ≪백제연구≫ 9 (충남대 백제연구소)

李蘭暎·金斗喆, 1999 ≪韓國의 馬具≫ (韓國馬事會 馬事博物館, 果川)

李道學, 1995 ≪백제고대국가연구≫ (서울: 일지사)

李丙燾, 1937 <三韓問題의 新考察(六)> ≪震檀學報≫ 7

李丙燾, 1976 ≪韓國古代史硏究≫ (博英社, 서울)

李丙燾, 1976 <加羅諸國의 聯盟體> ≪韓國古代史硏究≫ (博英社)

李道學, 1995 ≪백제 고대국가 연구≫ (一志社)

李東熙, 2004 <전남동부지역 가야계 토기와 역사적 성격> ≪한국상고사학보≫ 46

李東熙, 2006 ≪순천 운평리 고분 발굴조사 자문위원회 자료≫ (전라남도·순천시·순천
　　대학교박물관)

李東熙, 2007 <백제의 전남 동부 지역 진출의 고고학적 연구> ≪한국고고학보≫ 64

李文基, 1981 <金石文資料를 통하여 본 新羅의 六部> ≪歷史敎育論集≫ 2

李文基, 1989 <蔚珍鳳坪新羅碑와 中古期의 六部問題> ≪韓國古代史硏究≫ 2

李丙燾, 1974 <百濟七支刀考> ≪震檀學報≫ 38 (진단학회, 서울)

李盛周, 1999 <考古學을 통해 본 阿羅加耶> ≪考古學을 통해 본 加耶(제23회 한국고고학 전국대회 발표요지)≫ (韓國考古學會)

이연심, 2004 <임나일본부의 성격 재론> ≪지역과 역사≫ 14 (부경역사연구소)

李永植, 1985 <加耶諸國의 國家形成問題－加耶聯盟說의 再檢討와 戰爭記事分析을 중심으로－> ≪白山學報≫ 32

李永植, 1988 <5세기 倭王 稱號의 해석을 둘러싼 一視角> ≪史叢≫ 34 (서울)

李永植, 1990 <古代日本の任那派遣氏族の研究－的臣・吉備臣・河内直を中心として－>, 富士ゼロックス・小林節太郎記念基金1989年度研究助成論文

李永植, 1993 ≪加耶諸國と任那日本府≫ (吉川弘文館, 東京)

李永植, 1995 <百濟의 加耶進出過程> 韓國古代社會研究所 編, ≪韓國古代史論叢≫ 7 (駕洛國史蹟開發研究院, 서울)

李暎澈, 2006 <前方後圓形古墳と墳周土器> ≪海を渡った日本文化≫ (鑛脈社)

李鎔賢, 1997 <五世紀末における加耶の高句麗接近と挫折> ≪東アジアの古代文化≫ 90

李鎔賢, 1999 ≪加耶と東アジア諸國≫ (日本 國學院大學 博士學位論文)

李鎔賢, 2008 <韓國古代における全羅道と百濟・加耶・倭> ≪古代日本の異文化交流≫ (勉誠出版)

李在碩, 2004 <소위 任那問題의 過去와 現在－문헌사학의 입장에서－> ≪전남사학≫ 23

이정호, 1999 <영산강유역의 고분 변천과정과 그 배경> 崔盛洛 編著, ≪榮山江流域의 古代社會≫ (學研文化社)

李鍾旭, 1980 <新羅上古時代의 六村과 六部> ≪震檀學報≫ 49

李進熙, 1987 <日本にある百濟の金石史料> ≪馬韓百濟文化研究の成果と課題(第九回馬韓百濟文化國際學術會議)≫ (圓光大學校 馬韓百濟文化研究所)

李漢祥, 1995 <5~6세기 新羅의 邊境支配方式> ≪韓國史論≫ 33 (서울대학교 국사학과)

李賢惠, 1988 <4세기 加耶社會의 交易體系의 變遷> ≪韓國古代史研究≫ 1 (韓國古代史研究會)

李賢惠, 2000 <4~5세기 영산강 유역 토착세력의 성격> ≪歷史學報≫ 166

李炯基, 2009 ≪大加耶의 形成과 發展 研究≫ (景仁文化社)

李熙濬, 1995 <토기로 본 대가야의 권역과 그 변천> ≪가야사연구≫ (경상북도)

李熙濬, 2007 ≪신라고고학연구≫ (사회평론)

日韓歷史共同研究委員會, 2005 ≪日韓歷史共同研究報告書 第1分科篇≫ (韓歷史共同研究委員會, 東京)

林起煥, 1995 <4세기 고구려의 樂浪·帶方地域 경영> ≪歷史學報≫ 147 (歷史學會)

林起煥, 1995 <高句麗 集權體制 成立過程의 研究> (경희대학교 박사학위논문)

林起煥, 2004 ≪고구려 정치사 연구≫ (한나래, 서울)

林起煥, 2004 <고구려와 낙랑의 관계> ≪韓國古代史研究≫ 34 (한국고대사학회)

林永珍, 1997 <湖南地域 石室墳과 백제의 관계> ≪湖南考古學의 제문제(제21회 한국
고고학회 발표요지)≫ (한국고고학회)

林永珍, 2000 <영산강유역 석실봉토분의 성격> ≪영산강유역 고대사회의 새로운 조명≫
(역사문화학회·목포대박물관, 목포)

林永珍, 2003 <百濟の成長と馬韓勢力, そして倭> ≪檢証古代日本と百濟≫ (大巧社)

全德在, 1992 <新羅 6部體制의 變動過程 研究> ≪韓國史研究≫ 77

全德在, 1996 ≪新羅六部體制研究≫ (一潮閣)

全德在, 2000 <7세기 중반 관직에 대한 관등규정의 정비와 골품제의 확립> 河一植
외 5인 공저, ≪한국 고대의 신분제와 관등제≫ (아카넷)

全榮來, 1985 <百濟南方境域의 變遷> ≪千寬宇先生還曆紀念 韓國史學論叢≫

田中俊明, 1992 ≪大加耶連盟의 興亡と'任那'≫ (吉川弘文館)

田中俊明, 2001 <韓國의 前方後圓形古墳의 被葬者·造墓集團に對する私見> ≪朝鮮學
報≫ 179 ; 2002 재수록, 朝鮮學會編, ≪前方後圓墳と古代日朝關係≫ (同成社)

田中晋作, 1990 <百舌鳥·古市古墳群의 被葬者の性格について> ≪古代學研究≫ 122
(古代學協會)

田中晋作, 2000 <巴形銅器について> ≪古代學研究≫ 151

田中晋作, 2004 <古墳時代의 軍事組織について> ≪國立歷史民俗博物館研究報告≫
110 (佐倉)

鮎貝房之進, 1937 <日本書紀朝鮮地名考> ≪雜攷≫ 7 下卷

井上秀雄, 1959 <いわゆる任那日本府について> ≪國史論叢≫ 1

井上秀雄, 1966 <任那日本府の行政組織> ≪日本書紀研究≫ 2

井上秀雄, 1973 ≪任那日本府と倭≫ (東出版)

鄭孝雲, 2005 <6世紀東アジア政勢と'任那日本府'> ≪日語日文學≫ 27 (大韓日語日
文學會)

鄭孝雲, 2007 <중간자적 존재로서의 '임나일본부'> ≪동북아문화연구≫ 13

趙榮濟, 1986 <西部慶南 爐形土器에 대한 一考察> ≪慶尙史學≫ 2 (慶尙大學校, 晉州)

佐伯有清, 1977 ≪七支刀と廣開土王碑≫ (吉川弘文館)

朱甫暾, 1982 <加耶滅亡問題에 대한 一考察 -新羅의 膨脹과 關聯하여-> ≪慶北史
學≫ 4

朱甫暾, 1992 <三國時代의 貴族과 身分制> ≪韓國社會發展史論≫ (一潮閣)

朱甫暾, 1995 <序說 -加耶史의 새로운 定立을 위하여> ≪가야사연구≫ (경상북도.)

朱甫暾, 2000 <백제의 영산강유역 지배방식과 전방후원분 피장자의 성격> ≪한국의 전방후원분≫ (충남대출판부)

酒井淸治, 2001 <倭における初期須惠器の系譜と渡來人> ≪4~5世紀 東亞細亞 社會와 加耶(제7회 加耶史 국제학술회의 발표요지)≫ (김해)

中村潤子, 1991 <騎馬民族說の考古學> ≪考古學その見方と解釋≫ (筑摩書房) ; 森浩一 編, 1993 ≪馬の文化叢書 第一卷 古代-埋もれた馬文化≫ (馬事文化財團, 橫浜) 再收錄

曾野壽彦, 1955 <新羅の十七等の官位成立の年代についての考察> ≪古代硏究≫ Ⅱ (東京大 敎養學部)

直木孝次郎, 1988 <神功皇后傳說の成立> ≪古代日本と朝鮮・中國≫ (講談社學術文庫)

千寬宇, 1976 <三韓의 국가형성> ≪韓國學報≫ 3 (一志社)

千寬宇, 1977・1978 <復元加耶史> 上・中・下, ≪문학과 지성≫ 28・29・31

千寬宇, 1991 ≪加耶史硏究≫ (一潮閣)

千賀久, 2002 <加耶と倭の馬文化> ≪第5回 歷博國際シンポジウム 古代東アジアにおける倭と加耶の交流 發表要旨≫ (國立歷史民俗博物館, 佐倉)

千賀久, 2004 <日本出土の'非新羅系'馬裝具の系譜-大加耶圈の馬具との比較を中心に-> ≪國立歷史民俗博物館硏究報告 110-第五回歷博國際シンポジウム: 古代東アジアにおける倭と加耶の交流-≫ (國立歷史民俗博物館, 佐倉)

請田正幸, 1974 <六世紀前期の日朝關係-任那'日本府'を中心として-> ≪朝鮮史硏究會論文集≫ 11

村上英之助, 1978 <考古學から見た七支刀の製作年代> ≪考古學硏究≫ 25-3

崔秉鉉, 1992 ≪新羅古墳硏究≫ (一志社)

崔秉鉉, 1992 <考古學的으로 본 加耶와 日本의 관계> ≪韓國史市民講座≫ 11 (一潮閣, 서울)

崔在錫, 1987 <新羅의 六村・六部> ≪韓國古代社會史硏究≫ (一志社)

忠北大學校博物館, 2004 ≪淸源 南城谷 高句麗遺蹟≫

土生田純之, 2000 <韓・日 前方後圓墳의 比較檢討> ≪韓國의 前方後圓墳≫ (충남대출판부) ; 2006 ≪古墳時代の政治と社會≫ (吉川弘文館)

土生田純之, 2008 <前方後圓墳をめぐる韓と倭> ≪古代日本の異文化交流≫ (勉誠出版)

樋口隆康, 1972 <武寧王陵出土鏡と七子鏡> ≪史林≫ 55-4

坂本太郎外 3인, 1965 ≪日本書紀 下(日本古典文學大系 68)≫ (岩波書店)

坂元義種, 1978 ≪古代東アジアの日本と朝鮮≫ (吉川弘文館)

坂元義種, 1978 <古代東アジアの日本と朝鮮-大王の成立をめぐって-> ≪古代東

アジアの日本と朝鮮≫ (吉川弘文館)

八木充, 1963 <任那支配の二形態> ≪山口大學大學會誌≫ 14-2

八木充, 1964 <大伴金村の失脚－官家支配から日本府支配へ－> ≪日本書紀研究≫ 1

平野邦雄, 1980 <金石文の史實と倭五王の通交> ≪岩波講座 日本歷史 1(原始・古代1)≫
    (岩波書店)

咸舜燮, 2002 <신라와 가야의 冠에 대한 序說> ≪大加耶와 周邊諸國≫ (高靈郡・韓國
    上古史學會)

穴澤義功, 2004 <日本古代の鐵生產> ≪國立歷史民俗博物館研究報告≫ 110 (佐倉)

喜田貞吉, 1918 <石上神宮の神寶七枝刀> ≪民族と歷史≫ 1-1

Growth of Royal Authority and Korea & Japan Relationship in Ancient Times

Kim, Tae-Sik

The 4th~6^{th}century were the periods of active growth in the history of North East Asia including the Korean peninsula and Japanese archipelagoes. Goguryeo and Baekje were developed using international conditions of the North and South Period of China and Silla, Gaya and Wa were developed by receiving culture from Goguryeo and Baekje again. The history of Korea & Japan's relationship during ancient period must be re-established centering on the process of the deployment of the history of Gaya.

Entering into the 4^{th}century, Goguryeo and Baekje had completed the ancient national system of centralized government based on statute, Buddhism and etc and had confronted in military rivalry to dominate on the Korean peninsula. Silla and Gaya, which were located in the south of Korean peninsula, were reacted and administered subsequently. On Japanese archipelagoes, Wa's royal authority centering on Kochi had exchanged with Baekje through the medium of Gaya.

The phrase 'Waejeok (Japanese enemy)' or 'Waegu (Japanese pirate)' appeared on a Tomb stone text of Great King Gwanggaeto. They were army dispatched by Yamato dynasty of Kinki region in Japan, but they were put on the Silla war front and wars against Goguryeo, according to the intention of Gaya and Baekje. They were in reality a Gaya-Japan allied army. However, when Goguryeo won victory in those wars, Baekje had lost trading networks with Wa which had the River Nakdong region as a trading post. And the former period of Gaya, alliances centering on Geumgwan Gaya, were significantly damaged and were dismantled.

In the 5[th]century, Goguryeo had grown as a pivotal intermediate trader of North East Asia and had carried out the policy to invade into the south of River Han. Baekje made alliances with Silla, Gaya and had repelled that invasion. Silla had built an ancient nation during this processes. The Gaya region had been weakened significantly after being conquered of Imna-Gara by Goguryeo-Silla allied force but Banpa nation in Goryeong was grown by developing iron ore mines and had changed its name to DaeGaya(Great Gaya) and had founded the latter period of Gaya federation.

After the 5[th]century, on the Japanese archipelagoes, changes took place, in which advanced culture of iron armor, horse fitting, porcelain and etc were introduced. The changes had been occured through assisting craftsmen and displaced people from Gaya, that is, immigrants of Gaya. And the trading between the Korean peninsula and Wa was continued through DaeGaya (Great Gaya) of Goryeong instead of Gimhae. Judging from titles of Wa's five kings appearing in the Wa's biography of ≪Songseo≫, it seems like that they tried to obtain approval of authority to rule the south of the Korean peninsula militarily from China but it was only the wishes and intentions of Wa's kings. It never happened in reality.

In the 6[th]century, Baekje had recovered the national territory reaching up to the Han River and had occupied 'Imna's four counties', that is, River Seomjin region in the east of Cheollanam-do, which had been under the control of Gaya. And Silla had completed the centralized government system through proclamation of statute through the official certification of Buddhism. Dae Gaya (Great Gaya) had successfully completed the establishment of the early ancient country by arranging centralized government ruling system during a confrontational process with Baekje. But it eventually merged with Silla.

Baekje sent the doctors of Five Classics and monks to Wa and succeed in instruct Confucianism and Buddhism. Around this time, patterns of interchanges of ancient Korea & Japan were converted into a mode of direct connection between Baekje and Kinki Wa from the past time going through Baekje-Gaya-Kushu-Kinki. With regard to the character of Mimana Nihonfu appearing in ≪Nihonshoki≫, Mimana ruling theory was withdrawn and was changed into a theory that diplomacy or trading with Baekje or Gaya was considered more important and it is proper that its terminology shall be replaced with Alla Wasinkan which is more realistic to the fact.

Key words : Goguryeo, Baekje, Silla, Gaya, Wa, Tomb stone text of Great King Gwanggaeto, Wa's Five kings, Mimana Nihonfu

古代王権の成長と韓日関係

金泰植

　4〜6世紀は、朝鮮半島と日本列島を含む東北アジアの歴史において非常に活発に成長した時代であった。高句麗と百済は中国の南北朝時代の国際条件を利用して成長し、新羅・加耶・倭は続けて高句麗と百済から文化を受容して成長した。この時期に対する韓日関係史は加耶史の展開過程を中心にして新たに定立されるべきである。

　4世紀に入り、高句麗と百済は律令と仏教などを土台に中央集権的な古代国家体制を完成し、朝鮮半島の覇権を勝ち取るために軍事的対決を起こし、朝鮮半島南部の新羅と加耶はそれに付随的に連動した。日本列島では河内を中心にした倭王権が、加耶を媒介にして百済と交流するようになった。

　広開土王陵碑文に見える「倭賊」または「倭寇」とは日本畿内の大和勢力の派遣軍だが、これは加耶および百済の意図により対新羅戦線や、あるいは高句麗との戦争に投入されており、実像は加耶　倭の連合軍であった。しかし、戦争で高句麗が勝利すると百済は洛東江流域を仲介基地とする対倭交易網を喪失するようになり、金海の金官加耶中心の前期加耶連盟は大きな打撃を被り解体した。

　5世紀に高句麗は東北アジアの中枢的仲介交易者に成長して漢江以南に対する南進政策を推進し、百済は新羅、加耶などと同盟を結びこれを防ぎ、その過程で新羅は古代国家を成立させた。加耶地域は高句麗　新羅連合軍の任那加羅征伐以後、大きな打撃を受け弱化したが、高霊の伴跂国は鉄鉱山を開発しつつ発展し、大加耶へと国名を変え、後期加耶連盟を建立した。

　5世紀以後、日本列島には加耶から援助工人と流亡民、すなわち加耶系移住民が来て、鉄製の甲冑、馬具、陶質土器などの先進文物が普及し変化が起き、朝鮮半島と倭の交易は金海の代わりに高霊の大加耶を中心に続けられた。『宋書』倭国伝に見える倭の五王の七国諸軍事号からは、朝鮮半島南部を軍事力で統率可能な権利を中国から認められるようにしたと考えられるが、それは倭王の意図に過ぎず、実効性を持たない行為であった。

　6世紀になり、百済は漢江に及ぶ領土を回復し、加耶勢力圏にあった‘任那4県’、すなわち湖南東部の蟾津江流域を占領し、新羅は律令の頒布、仏教の公認などを通じて中央集権体制を完備した。大加耶は百済との対決の過程で中央集権的支配体制を整備し、初期の古代国家を成立させたが、結局は新羅に併合された。

　百済は倭に五経博士と僧侶を送り儒学と仏教などを伝えたので、この時期を前後して古代韓日交流のパターンは、既存の百済　加耶　九州倭　近畿倭を経る形式から、百済　近畿倭へ直結する形式に転換した。『日本書紀』に見える‘任那日本府’の性格については任那支配説が退潮し百済や加耶との外交や交易を中心とする説へ変化しており、その用語も事実に近い安羅倭臣館に交替するのが妥当といえる。

主題語：高句麗、百済、新羅、加耶、倭、広開土土陵碑文、倭五王、
　　　　任那日本府

4~6세기 고구려 고총의 변질과 왕권

강 현 숙*

Ⅰ. 머리말

고고학에서는 거대한 분구를 가진 고총을 왕권의 외적 상징으로 해석하고 있다. 그러한 관점에서 볼 때 고총은 단순한 매장행위의 결과라기보다는 정치적 산물인 동시에 기념비적 성격을 갖고 있다고 할 수 있다. 때문에 고총의 등장과 변천에는 고대 국가의 형성과 성장에 따른 왕권의 변화가 반영되어 있다고 할 수 있다.

고구려 고총을 대표하는 것은 적석총과 봉토석실벽화분이다. 적석총은 돌을 덮어 매장을 마감한 무덤으로, 사회의 분화가 무덤의 규모와 분형에 잘 드러난다. 특히 4세기대에 들어서 나타나는 초대형 계단석실적석총은 커다란 규모 뿐 아니라 분형, 우월한 입지, 수적 희소성 등

─────────────

* 동국대학교 고고미술사학과 부교수

에서 집권화된 왕의 모습을 가시적으로 잘 드러내준다. 이처럼 적석총이 외부 지향적이라고 한다면, 봉토석실벽화분은 내부지향적인 무덤이라고 할 수 있다. 봉토석실벽화분은 묘실 내부에 그림을 그려 장식한 것이다. 4세기대부터 조성되기 시작한 봉토석실벽화분은 석실적석총과 함께 상위 신분의 무덤으로 채용되었고, 6세기대에 들어서 적석총을 대신하여 최상위 신분의 무덤으로 자리하면서 고총으로서 규모와 수적 희소성, 입지 조건 등의 조건을 유지한다.

고구려에서 고총이 정형성을 갖추고 가시적으로 드러나기 시작하는 것은 3세기 말, 4세기대에 들어와서부터라고 할 수 있다. 그 이전의 적석총에서는 규모에 따른 집단 내 분화는 관찰되지만, 규모와 분형의 중층적 분화는 관찰되지 않는다. 분형과 규모, 능원 등의 시설과 입지에서 배타적 우월성은 4, 5세기대의 집안 국내성을 중심으로 분포하는 계단석실적석총에서 관찰된다. 특히 초대형 계단석실적석총을 정점으로 분형과 규모에 따른 중층적 위계화는 피장자의 족적 기반 및 사회적 지위를 가시적으로 드러낸다. 그러나 6세기 이후의 봉토석실벽화분의 경우 우월한 지위가 분구의 규모와 묘실의 벽화에 표현되어 있으므로, 분형에 따른 차별은 가시적으로 드러나지 않는다. 때문에 6세기대에 들어서면서 고총이 변하였음을 상정할 수 있다. 즉 이는 왕권을 가시적으로 드러내는 외부지향적 고총에서 묘실 내부 장식에 치중을 둔 내부지향적 고총으로 변화라고 할 수 있으며, 그러한 변화의 과도기가 5세기대이다. 따라서 본 글에서는 4세기에서 6세기대에 걸쳐 일어난 고구려 고총의 변천과정을 통하여 왕릉의 변질이 의미하는 바를 설명하고자 한다.

Ⅱ. 고구려 고총의 변천

1. 4세기 이전의 초대형분

고분의 축조 기술에 따른 발전을 고려해 볼 때 4세기 이전 대형분의 무덤 형식으로는 무기단적석총이나 기단적석총을 상정할 수 있으며, 초대형분으로서 수적 희소성을 감안한다면 한 변 30m 넘는 규모를 가진 고분을 초대형분이라고 할 수 있다([그림 1]).

현재 3세기대까지 초대형분의 보고 예는 충분하지 않지만, 계장식으로 축조된 무기단적석총 중에는 한 변 30m를 상회하는 고분의 보고예가 있다. 따라서 현재 보고된 자료에 의해 볼 때, 3세기 이전의 초대형분으로는 계장식 적석총을 들 수 있다.

계장식으로 축조된 적석총은 기단이나 계단적석총 축조방식과는 다른 방식으로 축조되었다. 즉 무덤 외연에 울타리를 돌리듯이 돌을 덧쌓은 방식으로 축조된 것으로, 이는 분구가 무너지는 것을 방지하는 동시에 무덤의 외연 확대 효과를 걸 수 있다. 그러나 계장식 축조에 사용된 돌들은 커다란 냇돌이나 가공하지 않은 석재로, 치석 기술이 발달된 축조방식은 아니어서 수직적으로 확대하는 데에는 한계가 있을 수 밖에 없다. 그러한 점에서 볼 때 高大化가 가능한 계단식에 선행하는 축조방식이라고 할 수 있다. 시간적 선후관계 뿐 아니라 계장식 축조는 무덤 축조 시 기단이나 계단적석총과는 축조 기획의도도 달랐다.

기단이나 계단은 비교적 커다란 돌로 방형 평면을 구획하고, 그 내부를 잔돌이나 냇돌로 채워 넣어 기단을 만들고, 같은 방식으로 내축하여 쌓아 올려 계단을 형성하게 된다. 따라서 계단식은 무덤의 수직적인 확장이 가능한 축조방식으로 무덤 축조 전에 평면적과 높이에서

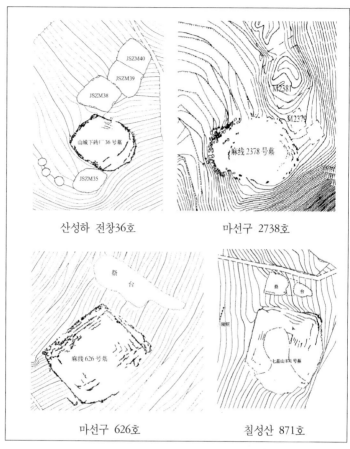

산성하 전창36호

마선구 2738호

마선구 626호

칠성산 871호

[그림 1] 4세기 이전의 고구려 계장식 적석총

高大化를 의도한 축조 방법이라고 할 수 있다. 따라서 계장식과 계단식의 축조 방식으로 볼 때 초대형분은 일정한 평면 확대가 이뤄진 후에 수직적 확대가 이루어졌다고 할 수 있다.

계장식 적석총으로는 집안 오도령구문 적석총, 장백 간구자 적석총과 마선구 2378호, 마선구 626호분과 산성하 전창 36호, 칠성산 871호분을 들 수 있다. 집안 오도령구문 적석총에서는 청동검, 동모, 동경과 함께 도끼날 철촉이 부장되었고,[1] 장백 간구자 적석총에서는 경질의 무문토기, 석기, 골기와 함께 반량전·일화전 등 중국의 戰國에서 秦·漢 時代에 걸친 화폐가 출토되었다.[2] 칠성산 871호분에서는 금동제 영락, 장식판, 그리고 철제 갑옷편이 출토된 바 있다. 이러한 유물의 조합상은 3세기 말로 비정되는 만보정 242호분이나 임강총과 유사하므로 서로 비슷한 시기로 비정된다. 따라서 계장식적석총은 무기단적석총과 함께 고구려 형성기부터 3세기대까지 지속적으로 축조되었다고 할 수 있다.

한편, 규모도 크지 않고 계장식으로 축조하지 않았지만, 부장 유물에 의해서 대형분이라고 판단되는 무덤도 있다. 환인 망강루 적석총이[3] 그 대표적인 예이다. 여기서 출토된 차축은 부여 유수노하심 중층 56호 출토 II식과 동형이며, 금제 이식은 유수노하심 중층 107호와 97호 출토품[4]과 유사형태이다. 금제 이식은 부여 유적으로 보기도 하는 서풍 서차구 유적에서도 출토된 바 있으며, 내몽고 지구의 한대 분묘에서도 출토된 바 있다. 금제 이식으로 미루어 환인 망강루 적석총은 기원전으로 소급될 가능성이 있으며, 그 상한은 前漢 末인 기원전 2세기 후반경이며, 늦어도 後漢 末인 2세기 중엽 이후로 내려가지 않을 것이다.

위에서 언급된 고구려 형성시기부터 3세기대까지의 대형분들은 분형이나 분구 축조방식에서는 차이가 있지만, 매장부는 모두 石壙이라는 점에서 공통된다. 석광은 지상에 돌을 깔고 목관이나 목곽을 놓고 그 주위와 위를 돌로 쌓거나, 주검이 놓일 공간을 비우고 둘레에 돌을 돌린 후 주검을 안치하고 돌을 덮어 매장한 결과, 후대의 변형으로 돌

1) 集安縣文物管理所, 1981 <集安發現青銅短劍墓> ≪考古≫ 1981-5
2) 吉林省文物考古研究所, 2003 <吉林長白干溝子墓地發掘簡報> ≪考古≫ 2003-8
3) 梁志龍, 王俊輝, 1994 <遼寧桓仁出土青銅遺物墓葬及相關問題> ≪博物館研究≫ 1994-2
4) 吉林省文物考古研究所編, 1987 ≪楡樹老河深≫

구덩이만 남은 것으로 인위적으로 돌을 쌓아 만든 石槨과는 구별된
다.5) 따라서 석광은 목관이나 목곽이 장구로 사용되었으므로 지하 매
장부의 묘광에 대응된다고 할 수 있다.

　살핀 바와 같이 3세기대 이전의 초대형분이라고 할 수 있는 무덤은
환인 망강루 적석총을 제외하고는, 분구의 크기는 대개 한변 30~50m
내외이다. 마선구 2738호분의 경우 동서 길이 46, 남북 길이 30m이고,
산성하 전창 36호분은 북변 길이 29.5, 동쪽 28, 남쪽 길이 37m, 그리
고 마선구 626호분의 북쪽과 서쪽 길이 42, 동쪽 길이 41, 남쪽 길이
48m이다. 부석시설이 없는 칠성산 871호분의 경우 무너져 내린 동쪽
과 남쪽의 길이가 각각 53~54, 52m이고, 북변은 51~53, 서변은 42m
이다. 이처럼 잔존 상태에서 정형화된 모습을 읽을 수 없고 오히려 무
너져 내린 쪽의 한변이 더 길다는 것은 후대의 변형이 상당히 컸음을
시사하는 것이다. 이러한 변수들을 고려한다면 계장식 적석총의 규모
는 한변 40m 전후일 것이며, 비슷한 시기의 동형 고분 중에서는 월등
한 규모라고 할 수 있다. 따라서 3세기대까지의 초대형분인 계장식 적
석총의 경우 피장자의 지위는 분형이나 매장부 구조, 석재의 가공 등
이 아니라 규모에 투영되었다고 하겠다.

　적석총의 경우 적석총의 축조기술에 따라 무기단에서 새로이 기단

---

5) 필자는 기존에 적석총을 석곽적석총과 석실적석총으로 분류하였다(강현숙,
　2000). 수혈식 장법이라는 점에서 중국에서 사용하는 석광이라는 표현을 남한
　에서 통용되는 석곽으로 대응시킨 결과였다. 그러나 발굴 보고 예가 증가하였
　음에도 3세기대 이전의 적석총 중에서 네 모서리를 맞추어 돌로 쌓은 석곽은
　거의 보이지 않는 반면, 집석공로간에서 보이는 석곽적석총 중에는 3세기대
　이전으로 소급되는 것이 보이지 않고, 석곽은 대개 4세기대 이후에 해당되었
　다(吉林省文物考古研究所, 集安文管所 1993). 따라서 기존에 통념적으로 사용
　하였던 석곽적석총은 석광과 석곽으로 구분할 필요가 있으며, 석곽의 출현은
　석광보다 늦으며, 광실이나 석실의 축조와 비슷한 시기였을 것으로 생각된다.
　석곽에 대한 분석은 추후 별고에서 다루고자 한다.

이 더해지고, 다시 계단이 더해지는 등의 변화와 함께 무기단보다는 기단이나 계단적석총의 규모가 더 큰 변화 경향을 보인다. 그러한 변화의 경향성을 감안해 볼 때 초대형분도 무기단에서 기단이나 계단으로 변해야 할 것이지만, 앞서 보았던 3세기대까지 계장식으로 축조된 초대형분에서 시간의 흐름에 따른 분형의 변화는 관찰되지 않는다. 이는 규모에 따른 분화는 있었다고는 하지만, 고분 전체를 아우를 일원화된 위계화가 이루어지지 않았기 때문이며, 따라서 3세기대까지의 초대형분을 통하여 전제 왕권의 모습을 읽기는 어렵다. 즉 고총이 전제 왕권의 표상이라는 고고학적 개념을 적용시킬 경우에 계장식 적석총은 고총의 범주에 넣기 어렵다고 하겠다.[6]

2. 4~5세기 고총의 변천

3세기대까지와는 달리 4세기대는 고분 변천과정에서 중요한 획기라고 할 만한 변화가 일어난다. 3세기 말부터 4세기를 경과하면서 초대형분들이 외형에서 정형화되기 시작하는 한편, 봉토분구와 합장이 가능한 매장부, 묘실 벽화 등의 새로운 요소들이 대형분에 수용되고 정착되어 간다고 할 수 있다. 따라서 4, 5세기에는 적석총 뿐 아니라 봉

---

6) 張福有, 2007 <高句麗王陵通考要報> ≪東北史地≫ 2007-4, 2~13
  중국 측에서는 마선구 2378호분을 1세기 전후의 왕릉으로 보고, 마선구 626호분을 대무신왕릉으로, 칠성산871호분을 태조대왕릉으로, 산성하전창36호분을 신대왕으로 보기도 한다. 이는 고분이 입지한 지리적 위치 정황과 문헌 기록을 결부시켜 비정된 것이지만, 묘주 비정에서 전제되어야 할 편년의 근거는 확보되지 못했다. 그러나 이들 무덤이 전기에 해당되는 초대형분임에는 틀림이 없으며, 이들 무덤에서 일관되게 제대라는 시설이 관찰되는데, 이러한 시설은 다음 단계의 왕릉으로 비정되는 무덤에서도 관찰되고 있으므로, 추후 정밀한 분석이 요구된다고 하겠다.

토분과 봉토석실벽화분이 병존하게 되고 대형분은 계단적석총과 봉토
석실벽화분이 있다. 그 중 임강총, 우산하 2110호분, 서대총, 우산하
992호분, 마선구 2100호분, 천추총과 태왕릉, 장군총 등 계단석실적석
총과 전 동명왕릉, 경신리 1호분(한왕묘) 등 기단봉토석실벽화분과 기
단봉토석실분이 왕릉으로 비정된 바 있다.

이 무덤들을 왕릉급의 무덤으로 보는 데에는 이견이 없지만, 묘주
비정에서는 여러 해석이 분분하다. 이는 연대를 판단할 만한 고고학적
증거가 불충분하기 때문인데, 그렇다고 연대 판단이 불가능한 것은 아
니다. 명문이 있거나 중국과의 교차 편년이 가능한 부장품을 통하여
대략의 시간적 위치를 추정해 볼 수는 있다.

임강총과 우산하 2110호분 두 무덤에서는 동형의 인면 차할이 출토
되었다([그림 2]). 이 인면 차할과 유사한 형태의 차할은 길림 모아산
유적에서 보고된 바 있다.[7] 모아산 유적에 대한 정밀 보고가 이루어지
지 않았으나, 부여가 285년에 멸망하였음을 고려해 볼 때 그 하한은 3
세기 말경이며, 임강총과 우산하 2110호분도 이 시기에서 그리 벗어나
지 않았을 것이다. 임강총이나 우산하 2110호분은 묘도와 연도를 갖춘
완비된 횡혈식 석실이 아니나 합장을 고려한 광실구조인 점으로 미루
어 최상위 무덤에서 횡혈식 장법의 도입은 이미 3세기말부터 이루어졌
을 것으로 보아도 무리 없을 것이다.[8] 이러한 편년은 수혈식과 횡혈식
장법이 연접되어 있는 만보정 242호분을 통해서 어느 정도 확인할 수
있다. 만보정 242호분의 재갈과 청동방울은 길림 부여 유수노하심 중층
에서 출토한 것와 유사하며, 유수노하심 중층 유적은 부여의 무덤으로
해석되고 있다.[9]

---

7) 黃斌 劉厚生, 2005 ≪夫餘國史話≫ 151
8) 봉토분구가 언제 등장했는지는 확실히 알 수 없지만, 봉토분구의 매장부가 횡
  혈식 석실인 점으로 미루어 고구려에 횡혈식 장법이 봉토석실분의 형태로 도
  입되었을 것으로 추정된다.

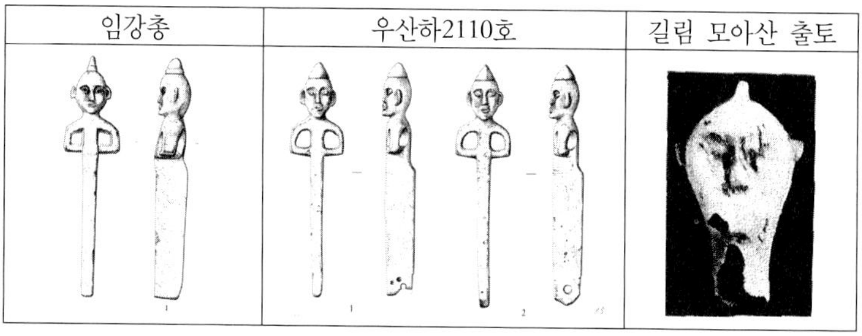

임강총	우산하2110호	길림 모아산 출토

[그림 2] 임강총, 우산하2110호 출토 인면 차할과 길림 출토 인면 차할

다음으로 서대총과 우산하 992호분의 연대는 비교적 안정적이라고 할 수 있다. 이 두 무덤의 분구에서 간지명이 있는 권운문 와당이 출토되었다. 서대총에서는 己丑명이, 우산하 992호분에서는 己丑과 戊戌명 와당이 출토되었는데, 명문이 있는 두 권운문 와당은 국내성의 생활유적에서 출토된 <太寧> 연호 있는 권운문 와당10)과 상사점이 있어서 이를 통하여 연대 추정이 가능하다. 즉, 서대총과 우산하 992호분에서 출토된 명문은 간지와 함께 大吉, 吉 등의 吉祥句와 와당 제작과 관련된 내용으로 구성되어 있으며, 명문의 위치가 중방과 연호문 사이인 점에서 <太寧> 년간의 명문 와당과 유사하다[그림2]. 태녕은 東晋 司馬紹의 연호로, 323년부터 325년까지 사용되었으며, 국내성에서 출토된 태녕명 권운문 와당은 323년에서부터 325년 사이에 해당된다고 할 수 있다.11) 따라서 太寧 年間과 가장 가까운 己丑年은 329년, 戊戌年은

---

9) 吉林省文物考古硏究所編, 1987 ≪앞 책≫

10) 강현숙, 2007 <고구려 고분출토 와당의 변천 연구> ≪한국고고학보≫ 64
   집안 인민욕지에서는 ≪太寧四年太歲□□閏月六日己巳造吉保子宜孫≫이, 국
   내성 남문리 출토 와당에는 중방에 ≪大吉≫명이, 연호문 사이 공간에 ≪太
   寧□年四月造作≫명문이 있다.

11) 태령 연호는 동진 명제 사마소의 연호로, 사마소는 323년부터 태령으로 연호
   를 바꾸었고, 사마소는 태령3년 즉 325년에 죽었으므로, 태령 4년은 없다. 때
   문에, 태령4년은 태령3년의 오기로 보아 325년으로 비정하기도 한다(李殿福,

338년이며, 己丑년 와당이 출토된 서대총은 329년, 戊戌년과 己丑년 와당이 공반된 우산하 992호분은 338년으로 연대 비정할 수 있다.

한편, 간지명 있는 권운문 와당은 우산하 3319호분에서도 출토되었다. 권운문 와당에서는 乙酉와 丁巳명이 판독되었다. 乙酉年이 있는 와당은 권선의 형태와 거치문의 시문이 태녕년간의 와당과 같으나, 중방에 명문이 없다는 점에서 차이가 있다. 중방에 명문이 없는 와당은 마선구 2100호분이나 천추총에서 출토된 퇴화형 권운문 와당에서 보이므로, 시간적으로 늦은 속성이라고 할 수 있다. 따라서 을유년은 태녕년간 이후로 비정된다. 그러나 권선의 표현은 태녕년간 권운문과 같으므로 태녕년간보다 그리 늦지는 않을 것이다. 태녕년간 이후 가장 빠른 을유년은 355년이 된다.[12] 을유명과 공반된 丁巳명 와당은 357년으로 비정되며, 정사명 와당은 명문에서 알 수 있듯이 무덤에 사용하기 위해 만든 것이므로,[13] 우산하 3319호분은 4세기 중엽으로 비정된다.

4세기 중엽으로 비정되는 우산하 3319호분의 연대는 부장품을 통해서 검증될 수 있다. 우산하 3319호분에서는 청자 반구호와 함께 시유

1984 ; 王綿厚, 2002). 그러나 고구려에서 권운문 와당을 제작할 당시에 중국 연호의 변화를 알지 못했을 수도 있으므로 태령 4년은 326년이 될 수도 있다. 경철화가 326년으로 보는 입장이다(耿鐵華, 2005). 필자도 이에 동의하지만, 325년이나 326년 중 어느 한 입장이라 하여도 분기 설정 기준으로서는 문제 없다고 생각된다.

12) 고구려 권운문 와당이 중국 한 대의 권운문 와당의 영향이라는 전제 하에 4분 구획된 을유년 와당이 가장 선행하는 형식으로 보아 이를 295년으로 비정하기도 하였다(耿鐵華, 2005 ; 강현숙, 2006). 그러나 우산하3319호분에서 을유명과 정사명 와당이 공반되었고, 출토 유물로 미루어 을유년을 295년으로 보는 입장을 수정하였다(강현숙, 2007).

13) 《太歲在丁巳五月廿日爲中郎及夫人造盖墓瓦又作民四千餕盦(禾+又)用(盈)時興詣得(享)萬世》로, 丁巳年 5월20일(357년 6월23일 하지)에 중랑 및 부인이 무덤을 덮을 기와를 만들고 사천역민을 일으켜 제사, 봉양 부장용의 각종 기물과 용품을 들여서 제사에 필요한 것을 채웠으니, 영세토록 누리라는 내용이다(張福有, 2004).

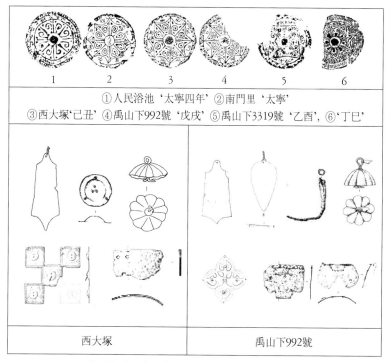

① 人民浴池 '太寧四年' ② 南門里 '太寧'
③ 西大塚'己丑' ④ 禹山下992號 '戊戌' ⑤ 禹山下3319號 '乙酉', ⑥ '丁巳'

| 西大塚 | 禹山下992號 |

[그림 3] 명문있는 권운문 와당과 공반유물

계수호, 호자, 장경호, 향로, 발, 반, 접시, 이배 등의 용기, 금동제와 철제 갑옷편, 금동제 화판형 입식부 운주와 화형 관장식 및 심엽형 보요와 철제 재갈과 철도 등 여러 유물이 출토되었다.[14] 청자 반구호는 東晉 전기(317~357년)로 비정되는 중국 남경 상산 7호분,[15] 곽가산 4호분 출토[16] 청자와 흡사할 뿐 아니라 부장 기물의 조합상에서도 서로 유사하다. 따라서 우산하 3319호분은 4세기 중엽경을 판단하는 기준이

14) 吉林省文物考古硏究所, 集安市博物館, 2005 <洞溝古墓群禹山下墓區JYM3319 號墓發掘報告> ≪東北史地≫ 2005-6
15) 南京市博物館, 1972 <南京象山5號,6號,7號墓淸理簡報> ≪文物≫ 1972-11
16) 南京市博物館, 1982 <南京北郊郭家山東晋墓葬發掘簡報> ≪文物≫ 1982-12

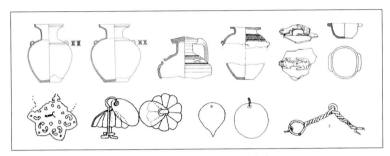

[그림 4] 우산하 3319호분 부장품

될 수 있다([그림 4]).

태왕릉은 남측 계단 버팀돌 아래에서 출토된 등자를 통하여 연대를 추정해 볼 수 있다. 태왕릉에서는 장식성이 강한 금동제의 등자와 행엽, 운주 등이 출토되었다. 등자는 나무에 금동판을 덧쌓은 후 용문이 투각된 금동판을 붙인 것으로, 답수부 씌운 중간에 못이 약간 돌출되어 있는 횡타원형이며 병부에는 횡타원형 현수공이 있다. 칠성산 96호분의 등자가 이와 유사한 형태이지만, 장식효과는 태왕릉 등자보다 크지 않다.[17] 행엽 또한 호랑이가 투조된 금동판을 덧댄 것으로, 장식이 부가되지는 않았지만 칠성산 96호분과 우산하 2891호분 출토 행엽도 이와 유사형태이다.[18] 따라서 태왕릉의 연대에 대해서는 칠성산 96호분을 통하여 접근할 수 있다.

칠성산 96호분은 계단적석총으로 분구에 3곳에 함몰부가 있고 부장품의 출토 정황으로 미루어[19] 同墳異穴合葬 무덤으로 판단된다. 중앙 함몰부의 입구로 추정되는 동남쪽에서 토기와 시유도기, 청동 초두와 정, 합과 함께 금동제 안교와 재갈, 등자, 행엽, 운주 등 마구와 철촉,

---

17) 吉林省文物考古硏究所, 集安市博物館, 2004 ≪집안 고구려 왕릉≫
18) 孫仁杰, 遲勇, 張雪岩, 1993 <集安洞溝古墓群禹山下墓區集錫公路墓葬發掘> ≪高句麗硏究文集≫
19) 集安縣文物保管所, 1979 <集安縣兩座高句麗積石墓的淸理> ≪考古≫ 1979-1

철모가 출토되었다. 시유도기는 어깨에 밀집사선문이 시문된 장동호로 우산하 3319호 출토 시유호와 동형이다. 청동 초두는 살짝 외반된 발에 수각형 다리와 용머리형 손잡이를 가진 것으로 남경 노호산 4호분 초두나 남경 상산 7호분, 조양 원대자 벽화분에서 유사한 유존 례가 있다. 남경 상산 7호분은 322년으로 비정되며, 조양 원대자 벽화분은 남 묘주도안과 묵서명으로 354년일 가능성이 높은 것으로 보고 있다.[20] 이로 미루어 보아 칠성산 96호분은 4세기 중엽경으로 보아도 무리 없을 것이다.

등자와 행엽 등 마구의 형태와 장식성으로 미루어 볼 때 태왕릉의 연대는 칠성산 96호분을 앞서지는 않을 것이다. 그렇다면 태왕릉의 하한은 어떻게 판단할 것인가? 칠성산 96호분과 마찬가지로 기승용 마구가 완비된 무덤으로는 만보정 78호분을 들 수 있다.[21] 만보정 78호분에서는 안교를 제외한 등자, 재갈, 행엽 등 기승용 마구가 복수 부장되었는데, 한 벌은 금동 투조 장식이 된 것이지만, 다른 한 벌은 장식하지 않은 것이다. 등자는 칠성산 96호분이나 태왕릉보다 답수부가 조금 커졌는데 답수부 아래 금동못 5개를 박아 미끄러지는 것을 방지하도록 기능적으로 고려하였다. 기능성 향상과 시간과의 관계를 고려해 볼 때 태왕릉은 칠성산 96호분과 만보정 78호분 사이에 위치 지울 수 있다.

만보정 78호분의 연대는 행엽을 통해 추정해 볼 수 있다. 행엽은 8점이 출토되었는데 한 종류는 중앙에 십자 금동판을 덧댄 것이고 다른 한 종류는 대칭되도록 투조한 금동판을 덧댄 것이다. 투조된 것은 8개의 못을 박았고, 십자판은 외연에 8개, 중앙에 3개의 못을 박았다. 이와 유사한 행엽은 장천2호분에서 출토 예가 있다. 장천 2호분은 사이전연

---

20) 田立坤, 2001 <袁台子壁畵墓에 대한 재인식> ≪요령지역의 고대문화, 중국 요령지역의 벽화와 문물 특별전 2000년전의 우리이웃 기념 국제학술대회≫ (서울대학교박물관)

21) 吉林省博物館文物工作隊, 1977 <吉林集安的兩座高句麗墓> ≪考古≫ 1977-2

호의 상대편년과 벽화내용으로 미루어 5세기 중엽으로 비정되므로, 만
보정 78호분의 연대는 5세기 중엽 이후로 내려가지는 않을 것이다.

따라서 4세기 중엽부터 5세기 중엽 사이에 칠성산 96호분, 태왕릉,
만보정 78호분 순으로 시간 위치를 정할 수 있다. 이러한 상대서열과
연화문 와당을 결부시켜보면 천추총과 장군총의 상대 서열도 추정가능
하다. 태왕릉에서는 여러 형식의 연화문 와당이 출토되었다. 그 중 6판
연화문 와당은 천추총에서 권운문 와당과 공반되었고, 8판 연화문 와
당과 동형은 장군총에서 출토되었다. 권운문 와당의 등장이 연화문 와
당보다 선행하며, 천추총의 권운문 와당은 우산하 3319호분 권운문 와
당보다 늦은 형식의 퇴화형이므로, 칠성산 96호분이나 우산하 3319호
분과 태왕릉 사이에 천추총을 위치 지울 수 있고, 태왕릉 다음에 장군
총을 위치 지울 수 있다.

봉토분의 경우 연대를 판단할 안정적인 근거는 확보되지 않았다. 다
만, 초대형 봉토분의 경우 주 분포지가 평양 일원인 점으로 미루어 평
양 천도 이후에 조성되었음을 알 수 있다. 기단봉토분인 경신리 1호분
과 기단봉토벽화분인 전 동명왕릉의 경우 묘실 내부를 사신도로 장식
하지 않았고, 봉토분구 조성 시 적석총의 축조방식이 적용된 초대형분
이라는 점에서 평양으로 천도한 427년 즈음에 조성되었음에는 이견이
없다. 경신리 1호분은 기단과 매장부에 사용된 석재의 치석이나 축조
기술, 그리고 석실의 구조가 장군총과 같으며, 분구 아래에서 출토된
연화문 와당이 태왕릉에서 출토된 가장 늦은 단계의 와당과 형식적으
로 유사한 점으로 미루어 장군총과 비슷한 시기로 연대를 비정해 볼
수 있다. 전 동명왕릉도 기단과 매장부 축조에 사용된 석재나 축조방
식은 장군총이나 경신리 1호분과 같다. 다만, 매장부의 경우 연도 좌우
에 측감이 있는 유사 두칸 구조이고, 연꽃으로 장식된 벽화분이라는
점이 다르다. 유사 두칸 구조에 연꽃이 장식된 벽화분으로는 집안 산

칠성산 96호	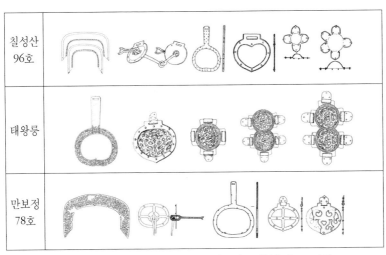
태왕릉	
만보정 78호	

[그림 5] 칠성산 96호, 태왕릉, 만보정 78호분 출토 마구

성하 332호분과 983호분이 대표적이다. 산성하 332호분은 고분에 부장된 사이전연호의 형식편년에 따르면 5세기 전반으로 비정된다. 따라서 전 동명왕릉도 여기에서 그리 벗어나지 않을 것이다.

위에서 살핀 주요 고분들의 편년을 고려하여 시간적 위치를 정리하면, 임강총, 우산하 2110호분은 3세기 말, 서대총은 329년, 우산하 992호분은 338년, 우산하 3319호분은 357년, 칠성산 96호분은 4세기 중엽으로 정리된다. 천추총과 태왕릉, 장군총이 4세기 중엽과 5세기 중엽 사이에 위치하며, 경신리 1호분과 전 동명왕릉은 5세기 중엽경이 될 것이다.

살핀 바와 같이 4, 5세기대 고총의 변천과정은 매장부 구조, 치석과 축조기술 및 부장유물 등을 기준으로 볼 때 좀더 세분 가능하다. 즉 매장부가 완전한 횡혈식 구조를 갖추었는지 여부와 분구의 치석 여부 그리고 기승용 마구의 부장과 분구에서의 와당을 기준으로 <표 1>과 같이 세 단계로 나누어 볼 수 있다.

첫 단계는 3세기 말부터 338년 사이로, 임강총, 우산하 2110호, 서대총과 우산하 992호분이 이 단계에 해당된다. 완전한 석실구조를 갖추지 못한 광실구조라는 점에서는 공통되지만, 임강총과 우산하 2100호분은 계단축조에 전면 가공된 석재를 이용하지 않았으며, 분구에서 와당도 수습되지 않은 반면, 서대총이나 우산하 992호분은 가공된 석재를 이용하여 계단을 축조하였으며, 분구에서 권운문 와당이 수습되었다. 뿐만 아니라 화판형 운주, 갑옷과 마주 등이 출토되었다. 이러한 차이는 시간성을 반영한 것으로 임강총과 우산하 2110호분이 서대총과 우산하 992호분보다 먼저 조성되었다고 할 수 있다.

둘째 단계는 4세기 중엽을 중심으로 한 시기이다. 우산하 3319호,[22] 마선구 2100호분이 이 단계에 해당된다. 매장부는 연도를 완비한 횡혈식 구조이며, 가공한 돌로 계단을 축조하였다. 분구에서 권운문 와당이 출토되며, 다종다양한 부장품 중 갑주와 기승용 마구의 완비가 이루어졌으며, 마구는 금동제 재질로 장식성이 두드러진다. 이러한 현상은 초대형분은 아니지만, 칠성산 96호분에서도 관찰된다.

셋째 단계는 4세기 말에서 5세기 전반대에 걸친 기간이다. 천추총, 태왕릉, 장군총과 경신리 1호분, 전 동명왕릉이 이 시기에 조성되었다. 계단이나 기단 축조에 전면 가공된 거대한 돌을 사용하였고 축조기술도 정교하다. 매장부는 단칸 구조로, 천추총과 태왕릉에서는 목관과 가형석곽, 방형 석실을 갖춘 3중 구조이며, 그 외 무덤들은 목관과 석실로 이루어진 2중 구조이다. 부장품은 전 단계와 마찬가지이나, 기승용 마구에서는 재질 뿐 아니라 투조 등 제작 기법에서 장식 효과가 한층 커졌다. 분구에서는 권운문 와당 대신 연화문 와당이 출토되었다.

---

22) 우산하 3319호분은 집안 고구려 왕릉 보고서에서는 왕릉 후보군으로 제시된 고분이다. 매장부는 벽돌로 쌓았으며, 연도 좌우에 측실이 있는 유사두칸구조이며, 분구는 돌을 이용한 계단적석총이다. 벽화가 확인되었으나, 그 내용은 알 수 없다.

〈표 1〉 4~5세기 고구려 고총의 변천 단계

		특징			초대형분 예		
		구조	부장품	장속	적석총	기단 봉토분	봉토분 (벽화분)
I	전	광실, 계단적석총	금동제 장식, 철제 투구, 마주, 권운문와당	번소	임강총 우산하 2110		
	후	광실, 계단적 석총, 능원		훼기	서대총 우산하 992		
II		석실 계단적석총,	금동제 장식, 갑주, 마구, 청동용기, 청자, 진식대금구, 권운문와당	?	우산하 3319 (전실, 벽화) 마선구 2100		
III		석실, 계단적 석총, 능원 기단봉토분	금동제장식, 갑주, 마구, 시유기, 대금구, 연화문와당	훼기	천추총 태왕릉 장군총	경신리1 전 동명왕릉 (벽화분)	

3. 6세기대 고총의 변천

6세기에 들어서면 초대형 적석총이 자리한 집안을 중심으로 한 압록강 중하류역에서는 대형 적석총이 더 이상 축조되지 않는다. 또한 대형분도 줄어들어 통구오회분, 사신총 등 일부 고분을 제외하고는 적석총이나 봉토분 모두 중, 소형분의 형태로 자리하며, 대형분의 중심지는 평양 일원이 된다. 6세기대의 대형분은 대성산록 동편 구릉의 내리, 토포리, 호남리, 남경리 일대와 대동강 건너 제령산의 진파리 일대, 그리고 강서 우현리 등지에 분포되어 있어서, 대형분의 분포 범위는 집안 일대보다 확대되었다.

그 가운데 현재 그 내용을 알 수 있는 6세기대의 초대형분으로는 토포리 대총, 호남리 사신총, 진파리 1·9호분과, 강서의 대·중·소묘 등을 들 수 있다. 토포리 대총과 강서의 소묘를 제외하면 모두 사신도가 그려졌으며, 토포리 대총과 호남리 사신총은 봉토분구 기저에 돌로 만든 기단이 돌아간다.

〈표 2〉 6세기 이후의 초대형분

분구			매장부(m)			부대시설	벽화
규모 (한변 길이 높이)	형태	시설	위치	현실 (길이,폭,높이) 천장	연도 (길이,폭,높이)		
진파리 1호[23]	30, 7	방형		지상	3.4, 2.5, 2.54 평행삼각고임	3.5, 1.5		사신
진파리 9호[24]	23, 6	방형		지상	3.04, 2.53 평행삼각고임	3.15, 1.5		사신
호남리 사신총[25]	20, 4	방형	기단	지상	3.1, 3.6, 2.9 평행삼각고임	2.5, 1.3, 2.5	분구 주위3m 폭 묘역	사신
토포리 대총[26]	29.4, 7.8	방형	기단	지상	2.7, 3, 3.45 평행삼각고임	길이 12.8		
강서대묘[27]	51, 1.9	방형		반지하	3.15, 3.5, 4 평행삼각고임	3, 1.8, 1.7	대, 중, 소묘 삼각상 배치	사신
강서중묘[28]	추정41	방형		지상	3.29, 3.09, 2.55 평행삼각고임	3.47, 1.71~1.77, 2.04		

　<표 2>에서 알 수 있듯이 6세기대의 초대형은 매장부 구조와 분구 형태에서 정형화된 모습을 갖고 있다. 분구 기저의 기단이나 사신도를 기준으로 상대적인 선후관계를 고려해 볼 때 강서의 세 무덤은 석실의 축조나 사신도의 표현 등으로 보아 사신도 벽화분의 최성기 무덤임에는 이견이 없다. 토포리 대총이나 호남리 사신총과 같이 돌로 만든 기

---

23) 1994 ≪동명왕릉에 관한 연구≫ ; 關野貞, 1941 ≪朝鮮の建築と藝術≫

24) 앞 주 21

25) 朝鮮總督府, 1917 ≪朝鮮古蹟調査報告 大正3年度調査報告書≫ ; 關野貞, 1941 ≪앞 책≫

26) 朝鮮總督府, 1917 <앞 보고서> ; 關野貞, 1941 ≪앞 책≫

27) 關野貞, 1941 ≪앞 책≫ ; 이병도, 1966 <강서고분벽화의 연구> ≪동방학지≫ 1집

28) 앞 주 25)

단이 있는 기단봉토분은 적석총과의 관계를 고려해 볼 때, 상대적으로 먼저 조성되었을 것이며, 4, 5세기대 최상위 무덤인 계단석실적석총에서 벽화채용을 하지 않을 점을 고려해 볼 때 기단봉토분인 토포리 대총이 사신도 벽화분보다는 상대적으로 앞선 무덤이라고 수 있다. 그러나 사신이 5세기 말경부터 벽화의 중심 제재가 되었음을 고려해 볼 때, 이러한 상대서열은 특정 요소나 특정 고분이 절대적으로 먼저 조성되었다는 것을 의미하지는 않는다. 때문에 기단봉토분구의 사신도가 있는 호남리 사신총과 진파리 1호, 9호분의 선후관계라든가, 초보적인 사신도 벽화분인 진파리 1호분과 토포리 대총의 선후관계를 설정하기는 쉽지 않다.

이에 진파리 고분군의 1, 9호분부터 살펴보자. 진파리 1, 9호분은 전 동명왕릉의 배후에 자리한 진파리 고분군에 속한다. 진파리9호분에서는 금동관모형 장식이 출토되었는데, 이와 동형의 관모형장식은 진파리 16호분에서도 출토된 바 있다. 진파리 16호분은 1호분과 중복관계에 있는 무덤으로, 유물의 출토 정황으로 미루어 관모형 장식은 진파리 16호분이 아니라 진파리 1호에서 속한 유물일 가능성이 크다.[29] 그렇다고 한다면 진파리 9호분과 1호분 사이의 시간은 그리 크지 않을 것이다. 다만, 진파리 1호분은 북벽에 현무가 자리하지 않고, 벽면의 일부를 선인과 사신이 함께 공유하는 반면, 9호분에서는 네벽에 사신이 배치되어 있으므로, 진파리 1호분이 9호분보다 상대적으로 앞서 조성되었을 것이지만, 시차는 그리 크지 않을 것이다.

---

29) 강현숙, 2008 <전 동명왕릉과 진파리 고분군의 성격 검토> ≪호서고고학≫ 18, 41~42

만약에 보고문대로 진파리 16호분의 유물로 인정한다면, 진파리 1호분과 16호분을 파괴하고 축조된 배경과 그 시차를 설명해야 하지만, 이를 설명할 근거는 없다. 오히려 무덤 구조로 미루어 볼 때 진파리 1호분과 진파리 9호분이 흡사하므로, 진파리 1호분의 유물로 인정하는 것이 정황상 자연스럽다.

다음으로 기단봉토분구와 사신도의 관계로, 진파리 1호분과 토포리 대총의 선후관계이다. 기단봉토분구는 5세기대부터 조성되다가 6세기 어느 시점에 소멸된 반면, 사신은 5세기 말~6세기 초를 거치면서 풍속도제재가 사라지고 6세기대부터 벽면의 중심제재로 자리 잡았다. 따라서 6세기초에는 양 요소가 병존하였을 개연성이 높다. 따라서 호남리 사신총과 진파리 9호분의 시차는 그리 크지 않았을 것이다. 다만, 초대형분에서 벽화 채용에 소극적이었던 점을 고려해 볼 때, 토포리 대총이 진파리 1호분보다 약간 앞섰을 것이다.

따라서 6세기대의 초대형분은 토포리 대총, 진파리 1호분, 그리고 호남리사신총과 진파리 9호분 순으로 조성되었을 것이며, 강서대묘와 중묘가 가장 늦게 조성된 것으로 상대서열을 정할 수 있다.

이와 같이 6세기대의 초대형분에서는 4, 5세기대 고총처럼 축조방식이나 매장부, 부장품에서 변화는 관찰되지 않는다. 오히려 무덤의 구조와 축조방식, 분형, 벽화 배치 등은 정형화되었고 중, 소형분도 초대형분과 동형으로 무덤에서 제일성이 확립되었다고 할 수 있다.

결국 4 ,5세기대를 거쳐 6세기대에 이르는 고구려 고분 변화의 방향은 분구에서는 적석분구에서 봉토분구로, 매장부는 광실에서 석실로, 묘실 벽화는 생활풍속의 여러 제재가 소멸하는 대신 사신이 화제의 중심이 되는 등 일정한 방향으로 전개되어 갔다. 이러한 과정 속에서 적석총과 봉토석실벽화분의 구조와 분포지에 따른 차이도 줄어들어 6세기대에 들어서면서 사신도 봉토석실벽화분을 정점으로 묘제에서 제일성을 갖추게 되었다.

Ⅲ. 4~6세기 왕릉의 변질과 왕권

1. 4~6세기 고총과 왕릉비정

전제 왕권의 외적 표상이 되기 위해서는 왕릉은 다른 고분들과 차별적이고 배타적인 특징을 드러내야 한다. 특히 제도가 완비되지 않은 왕권국가인 경우 왕릉은 고분 간 위계의 정점에 있었을 것이다. 따라서 왕릉을 판단하는 고고학적 증거로 수적 희소성, 월등한 규모, 우월한 입지의 독점, 그리고 다른 일정한 범위의 능역 등을 상정할 수 있다.

그러한 관점에서 볼 때 3세기대까지의 고분에서는 고분군 내에서의 분화는 관찰되지만 특정 고분을 정점으로 중층적 위계는 관찰되지 않는다.[30] 집권화된 왕권의 모습은 3세기 말 이후, 4~5세기대에 조성된 무덤에서 잘 드러난다. 이 시기의 왕릉 후보군으로 임강총, 우산하 2110호, 칠성산 211호, 서대총, 우산하 992호, 마선구 2100호, 천추총, 태왕릉, 장군총, 전 동명왕릉, 경신리 1호분 등이 있으며, 6세기 이후로는 토포리 대총, 호남리 사신총, 진파리 1, 9호분, 강서세무덤 등을 들 수 있다.

이러한 왕릉 후보군으로부터 왕릉을 비정하기 위해서는 안정적인

---

30) 중국측의 집안 왕릉보고서(中國 吉林省文物考古硏究所, 集安市博物館, 2004)에서는 이러한 조건을 갖춘 무덤 중 마선구 626호분을 왕릉으로 보아 2378호분을 1세기경으로 비정하여 이 시기 국내지역에서 왕릉이 축조되었다고 한다. 그러나 왕릉으로 비정된 고분 연대 판단의 기준은 객관적이라고 할 수 없으며, 국내로 천도시기에 대한 여러 견해가 있는 상황이다. 오히려 고구려 초기 왕릉으로 비정한 무덤과 동형의 계장식 적석총은 칠성산 871호분에서 볼 수 있듯이 3세기 후엽경에 축조되기도 하였다. 때문에 현재 보고된 자료로 초기 고구려 왕릉을 판단하는 것은 쉽지 않다.

편년안 뿐 아니라 歸葬과 壽陵 등도 고려되어야 한다. 귀장은 出自한 本據地에서 葬事지내는 것이므로, 매장 행위 전에 결정되어야 할 사항이다. 고구려 건국주체가 이주 집단임을 감안해 볼 때 고구려에서 귀장을 하였다면 초기 왕부터 하였을 것이다. 그러나 문헌기록이나 고고학적으로 초기 왕들의 귀장 증거를 찾기 어렵다. 예를 들어, 기록에 졸본에서 국내로 천도한 유리왕은 두곡에 갔다가 두곡이궁에서 죽자 그곳에서 장사지냈다.[31] 뿐만 아니라 초기 도읍지로 비정되는 환인 일대에 초기 왕릉으로 비정할 만한 무덤이 없고, 부여로 추정되는 지역에도 고구려 왕릉으로 볼 만한 유적이 확인되지 않았다. 그에 반해 집안 일대에는 4~5세기대의 초대형 계단석실적석총들이, 평양 일대에서는 사신도가 그려진 봉토석실분들이 집중하고 있다. 이는 초기 왕 뿐 아니라 후대의 왕들도 귀장하지 않았을 가능성을 시사하는 것이다.

수릉은 중국 고대 능제에서 사용된 개념으로, 왕이 생시에 만든 자신의 무덤이다. 생시에 만든 무덤이므로, 능호가 정해지지 않아서 長久하라는 의미로 수릉이라고 부른다. 고구려에서도 수릉은 왕릉을 비정하는데 있어서 중요한 관건이 되고 있다. 중국측에서 장군총을 장수왕릉으로 비정하는 근거로 수릉을 들고 있다.[32] 장군총이 장수왕의 무덤이 되기 위해서는 수릉과 귀장이 전제되어야 하지만, 수릉을 하지 않았다면 장수왕의 무덤은 평양 일대에서 찾아야 하고, 그렇다면 장군총과 비슷한 시기의 비슷한 구조를 가진 경신리 1호분이 장수왕릉일 가능성이 크다. 그런데, 장군총에 수릉을 적용한 중국에서는 천추총의 비정에는 수릉을 적용하지 않았다. 즉 천추총에서는 '未在永樂'으로 판독되는 명문 기와가 출토되었는데, 이 경우 수릉을 인정하게 되면 묘주

---

31) 《三國史記》 卷13, 高句麗本紀, "琉璃明王 三十七年 秋七月 王幸豆谷 冬十月 薨於豆谷離宮 葬於豆谷東原 號爲琉璃明王"
32) 中國吉林省文物考古硏究所, 集安市博物館, 2004 《앞 책》 362

는 광개토왕이 되어야한다. 수릉을 인정하지 않는 경우에는 광개토왕의 부왕인 고국양왕 무덤이 된다. 따라서 수릉을 인정하느냐의 여부에 따라서 왕릉 비정은 다른 해석이 가능하게 된다.

귀장과 수릉을 배제하더라도 왕릉 비정은 쉽지 않다. 가령, 4~5세기 왕릉 후보군의 무덤 중 매장부가 두기 있을 가능성이 있는 우산하 2110호분이나 와당이 출토되지 않은 칠성산 211호분, 또 다른 무덤에 비해 규모가 작은 우산하 992호분의 경우는 외적 상징성이나 배타적 독점이라는 측면에서는 왕릉으로서 고려의 여지가 있다. 이 경우에는 역사기록도 고려되어야 한다. 그 단적인 예가 바로 미천왕릉이다. 국내성에 침입한 모용황은 미천왕릉을 파혜치고 시신을 거두어 갔고, 후에 미천왕의 시신을 찾아왔다는 기록이 있다. 그렇다면 미천왕의 파혜쳐진 무덤을 그대로 두었겠는가, 아니면 改葬했는가 혹은 다시 무덤을 조성했는가 등을 고려해야 한다. 그뿐만이 아니다. 명문 자료로 절대연대를 알 수 있는 우산하 992호분의 경우 己丑년과 戊戌명 간지가 있는 권운문 와당이 출토된 바 있으므로, 두 명문와당 사이의 시간 차이를 어떻게 해석할 것인가도 문제이다. 고고학적 통념으로 무덤의 연대는 늦은 시간을 기준으로 판단하지만, 戊戌명 와당과 함께 己丑명 와당이 사용된 배경은 改葬이나 修葺과 관련하여 여러 해석의 여지가 있다. 그렇지만 이러한 문제들을 해결해줄 만큼 고고학적 증거가 충분한 것은 아니다.

이러한 여러 가지 사항을 고려하면, 왕릉 비정에 안정적인 4~5세기대의 무덤은 임강총, 서대총, 천추총, 태왕릉, 장군총 등 5기의 무덤이 남게 된다. 임강총은 3세기 말, 서대총은 329년, 천추총은 4세기 말, 태왕릉은 4세기 말이나 5세기 초로 연대 비정되므로, 임강총은 중천왕이나 서천왕, 서대총은 미천왕이나 고국원왕, 천추총은 고국원왕이나 소수림왕으로, 태왕릉은 고국양왕이나 광개토왕의 무덤이 될 것이다.

〈표 3〉 4, 5세기 왕릉 비정 시안

무덤	무덤 연대	위치, 입지	수릉 여 왕(즉위년)	수릉 여 장지	수릉 부 왕(몰년)	수릉 부 장지	선왕 과의 관계
임강총	3세기 말	우산하, 구릉 정상	서천왕(270) 봉상왕(292)	서천지원 고국천 봉산지원	중천왕(270) 서천왕(292)	중천지서 천지원 고국천원	부자
서대총	329	마선구, 구릉성대지	고국원왕 (331)	고국지원	미천왕 (330)	미천지원	부자 /조카
천추총	4세기 말	마선구, 평지	고국양왕 (384)	고국양	소수림왕 (384)	소수림	형제 /부자
태왕릉	4세기 말~5세 기 초	우산하, 2급 구릉성 대지	광개토왕 (391)	산릉, 국강상	고국양왕 (391)	고국양	부자
장군총	5세기 전	우산하, 3급 구릉성 대지	장수왕 (413)		광개토왕 (413)	산릉, 국강상	부자

　왕릉 비정의 어려움은 평양 일대 왕릉 후보군의 경우도 마찬가지이다. 평양 천도 이후의 왕들이 귀장을 하였다면 장수왕 이후의 왕릉은 집안 통구분지에서 찾아야 할 것이며, 그 후보로 사신도가 그려진 봉토석실벽화분인 통구 오회분의 4, 5호분과 사신총이 상정된다. 그런데 통구 오회분의 4, 5호분은 평양 일대의 사신도가 그려진 봉토석실분과는 세부적인 차이가 있다. 즉 오회분 4, 5호는 한 변 40m를 상회하는 초대형의 봉토석실벽화분으로, 횡장방형 석실에 관대가 3개 놓인 다인 합장 무덤이다.[33] 다인 합장의 예는 앞서 시기의 왕릉으로 비정된 무덤이나 평양 일대의 사신도가 그려진 봉토석실분에서 보이지 않은 현상일 뿐 아니라 무덤의 배타적 독점과 거리가 있다. 때문에 통구의 사신도 벽화분의 경우 최상위 신분의 무덤임에는 별 의문이 없지만, 왕릉 후보군에서 유보시켜도 무방하리라고 판단된다.

---

33) 吉林省博物館, 1964 <吉林輯安五盔墳四號和五號墓淸理略記> 《考古》 1964-2

설사 집안 통구의 사신도 벽화분이 왕릉이라고 하여도 몰년이 6세기대인 문자왕부터 영류왕까지의 7왕릉이 모두 집안 일대에 있었다고 보기 어렵다. 수적으로도 부족할 뿐 아니라 무덤의 연대와도 잘 부합되지 않기 때문이다. 오히려 토포리 대총, 호남리 사신총, 강서대묘 등으로 미루어 평양 일대에서 왕릉을 구하는 것이 고고학적 설득력을 가진다고 할 수 있다.

6세기 이후의 왕릉후보군으로 상정할 수 있는 고분군으로는 전 동명왕릉 배후의 진파리 고분군, 대성산의 동쪽에 있는 호남리, 토포리 일대의 고분군, 강서 우현리 등 세 곳을 상정해 볼 수 있다. 이 고분군에서는 우월한 자리를 독점하였던 4~5세기대 왕릉급 무덤과는 달리 대형분끼리 군을 이루고 있어 배타적인 묘역이 이들의 사회적 지위를 과시한다. 그 중에서 월등한 모습을 갖고 있는 토포리 대총, 호남리 사신총, 진파리 1·9호분, 강서대묘 등을 보장왕을 제외한 평양시기의 왕릉 후보로 상정할 수 있다. 그렇지만 연대를 판단할 증거가 충분하지 못하므로 이 역시 왕릉비정은 쉽지 않다.

2. 4~5세기 외래계 문물로 본 왕권

앞서 언급하였듯이 6세기대의 봉토분에서는 왕의 권위가 가시적으로 드러나지 않는 반면, 4~5세기대에는 왕의 권위가 분형과 규모에 잘 드러난다. 특히 4~5세기대의 왕릉이나 대형분에 부장된 문물 중에는 중국 중원왕조와의 관련을 보여주거나 북방왕조와의 관련을 보여주기도 하며, 신라나 왜와의 관련을 보여주는 문물이 포함되어 있어서, 외래계 문물을 통하여 왕권의 일면을 보다 구체적으로 살필 수 있다.

먼저, 중국 중원왕조와의 교류는 진식대금구, 청자와 청동 초두, 정

등 장식구와 용기류를 통해서 엿볼 수 있다. 晉式 帶金具는 漢代의 曲
棒形 대구와는 달리 龍紋이나 三葉紋 등이 투조된 鈴板과 垂下飾, 그리
고 鉸具로 이루어졌다. 중국 西, 東 兩晉시기에 유행하여 진식대구라고
한다. 왕릉으로 비정되는 고분에서 진식 대금구의 출토 보고 예는 없
지만, 환인 연강향 19호분, 집안 산성하 152호, 산성하 159호, 칠성산
96호, 우산하 3560호, 산성하 330호, 우산하 3142호, 우산하 151호, 우
산하 3162호분과 평양 고산동 10호분 등 왕도였거나 왕도인 곳에서 출
토되었다. 그 중 산성하 152호분의 대금구는 중국 서진대의 낙양서교
24호분과 산성하 159호분의 대금구는 중국 서진대의 의흥 주처묘 출토
품과 흡사하다.[34] 용기류로는 청자와 청동 용기가 있다. 우산하 3319호
분의 청자 반구호는 중국 동진의 남경 상산 7호분 출토품과 유사하며,
칠성산 96호분의 청동 초두는 중국 동진의 남경 상산, 노호산 고분 그
리고 조양 원대자벽화분 출토품과 매우 흡사하다.[35] 이처럼 중국 중원
과의 교류를 보여주는 문물은 주로 중국의 兩晉시기에 집중되어 있다.

중장기병과 관련된 금속제 갑주와 기승용 마구는 북방왕조와의 관
련을 보여준다. 3세기 말경의 만보정 242호분에서 재갈과 안교가, 임
강총에서 재갈이, 4세기 전엽의 서대총, 우산하 992호분 등에서 화판
형 운주와 갑주·마주가 부장되며, 기승용 마구와 갑주의 완비는 이후
4세기 중엽의 칠성산 96호분에서 관찰된다. 이어 태왕릉, 만보정 78호
분에 부장된 기승용 마구는 재질 뿐 아니라 제작 기법에서 장식성이
더해지는 한편 기능적으로 발전된 모습을 보여준다. 금속제 갑주와 마
구의 부장은 북방족 특히 모용선비의 前燕 무덤에서 두드러진다. 4세
기 중엽의 고구려 고분에 부장된 기승용 마구와 갑주는 중국 요령성

---

34) 강현숙, 2006 <고구려고분에서 보이는 중국삼연요소의 전개과정에 대하여>
    ≪한국상고사학보≫ 51
35) 박순발, 2005 <鐎斗考> ≪동북아고고논단≫ 창간호

조양 일대의 前燕시기의 무덤 출토품과 흡사하다.[36) 고구려와 前燕이 중국 요동지방을 사이에 두고 일진일퇴를 거듭하였음을 감안해 볼 때 고분에 부장된 중장기병과 관련된 문물들은 前燕으로부터 영향을 받았을 것이다. 그러나 진식대금구와는 달리 중장기병 관련 문물들이 중, 대형 고분 뿐 아니라 왕릉으로 비정되는 고분에서도 출토되어서 영토 확장전쟁에서 승리한 왕의 모습을 엿볼 수 있다.

이처럼 중국 중원 및 북방왕조와의 관련을 보여주는 문물들이 당시 왕도였던 집안 일대에 집중 출토되고 있어서 대외교섭권이 왕을 중심으로 집중되었음을 시사한다. 한편, 고구려가 수용한 중장기병 관련 문물을 포함한 외래계 문물은 신라로 파급되었다. 그리고 그 파급이 광개토왕 군대의 남정을 계기로 급속하고도 광범위하게 진행되었음은 도끼날 철촉과 기승용 금속제 마구, 특히 입식부 운주 등 장식 마구에서 잘 보인다. 고구려와 신라에서 공통되는 특징의 일부는 모용선비의 前燕 무덤에서도 관찰되지만, 입식부 운주의 착장 방법이나 등자와 행엽의 형태 등에서 전연보다는 신라와 고구려가 더 높은 상사성을 보인다.

신라로 파급된 고구려의 문물은 중장기병 관련 문물 외에도 장신구가 있다. 추형 수식이 달린 太鐶耳飾이나 羽毛技法의 冠飾, 삼엽문이나 용문 투조의 과대와 과판, 팔찌 그리고 바닥에 못이 달린 신발 등은 고구려의 것과 형태나 제작기법에서 연관성을 보인다. 그 중 황남대총 북분 출토 태환이식, 황오리 14호분 출토 세환이식 등의 장신구와 호우총 출토 盒과 금관총 출토 청동 壺는 고구려로부터 직접 신라로 전해졌을 가능성이 크다.

신라에 직, 간접 영향을 미친 고구려 문물은 신라를 거쳐 왜에도 영향을 미쳤을 것이다. 新澤 126호분 출토 금제 이식과 팔찌, 원형 영락과 대금구와 유리잔, 청동 초두, 그리고 新開 1호분의 기승용 마구류

---

36) 강현숙, 2006 <앞 글>

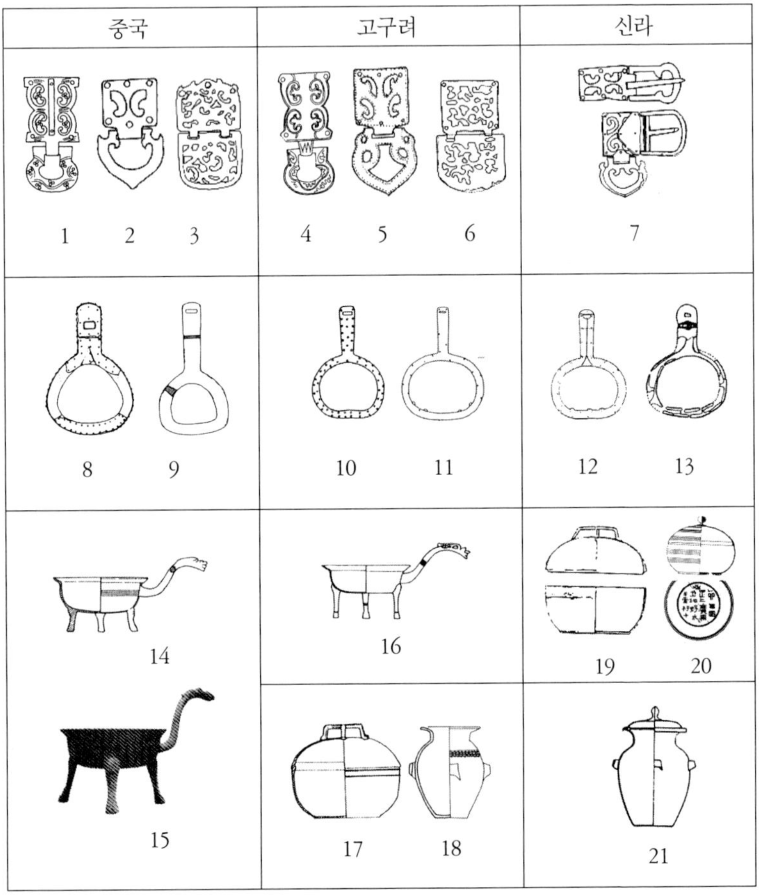

[그림 6] 문물로 본 4, 5세기 대외교류

1. 낙양24호 2. 북표서구촌 3. 의흥주처묘 4. 산성하152호 5. 산성하330
6. 고산동10호 7·12. 황남대총남분 8. 북표풍소불묘 9·14. 조양원대자묘
10·16·17. 칠성산96호 11. 만보정78호 13. 황남동109호 15. 노호산4호
18. 장천2호 19. 천마총 20. 호우총 21. 금관총

등을 포함한 영락장식 금속 장신구와 마구 등은 신라로부터 혹은 신라
를 경유한 고구려의 영향으로 볼 수 있다.

　前燕 그리고 신라와 倭와의 교류를 보여주는 문물들은 고구려의 다

원적 외교를 보여주는 한편, 외래 문물이 왕도였던 집안 일대의 고분에서 집중 출토되어서 대외 교섭권이 중앙으로 일원화되었음을 엿볼수 있다([그림 6]). 따라서 중, 대형분에서 보이는 외래계 문물과 왕릉으로 비정되는 무덤에 부장된 중장기병 관련 문물은 4~5세기대의 고구려왕이 강력한 군사권 뿐 아니나 대외교섭권을 장악한 권력자임을 보여준다고 할 수 있다. 강력한 왕의 모습은 이 시기의 왕을 대왕 혹은 태왕으로 불렸다는 문헌 기록에서도 확인 가능하다.

3. 왕릉의 변질과 왕권

앞서 살핀 바와 같이 왕릉으로 비정되거나 또는 왕릉 후보군으로 추정되는 초대형분의 형식은 階墻式 積石塚에서 階段積石塚과 基壇封土石室墳을 거쳐 封土石室壁畵墳으로 변화한다. 적석총에서 봉토분으로의 변화는 5세기의 과도기를 거쳐 6세기대가 되면 봉토분이 최상위 무덤이 된다. 적석총이 고구려 고유 묘제이며, 묘제가 갖는 전통적 속성을 감안해 볼 때 분구 축조에 사용된 재료의 변화는 형식 변화 이상의 의미를 갖고 있다고 할 수 있다.

고구려 건국이전부터 지속적으로 분구 축조에 돌을 사용하였던 고구려가 5세기를 경과하면서 왕의 권위가 표현된 분구를 돌 대신 흙으로 쌓았다는 것은 4세기대까지 진행되었던 변화와는 다른 차원의 변화라고 할 수 있다. 4세기대까지의 변화는 두가지 방향에서 이루어졌다고 할 수 있다. 하나는 분구의 확대이고, 다른 하나는 합장이 가능한 매장부의 수용이다. 이 중 가시적으로 드러나는 것은 분구의 확대이다. 분구의 1차 기능은 매장부 보호이지만, 분구를 통하여 무덤 축조에 들어간 노동력을 가름할 수 있기 때문에, 분구의 규모는 왕의 권위와 비례한다고 볼 수 있다. 실제 3세기대까지의 초대형분은 한 변 40m 내외의 규모이며, 4~5세기대 왕릉으로 비정된 무덤의 규모는 우산하 992호분 한 기를 제외하고는 모두 한 변 60~70m 내외로 커졌다.[37] 따라서 3세기 말, 4세기를 거치면서 평면은 한변 40m 내외에서 60~70m 정도로 넓어졌고, 계단 축조에 따라 높이도 높아졌다. 이는 다시 말하면, 분구가 시간의 경과에 따라 겪었을 변형을 감안하더라도 4세기까지의 왕릉으로 비정되는 무덤은 어느 정도 규격화되었으며, 분구가 高大化되는 방향으로 무덤이 변화했다고 할 수 있다.

4세기대까지 지속되었는 분구의 규격화와 확대에서 분구 축소로의 변화는 5세기 전, 중엽경에 일어난다. 그 과도기의 모습을 보여주는 것이 장군총과 경신리 1호분이다. 태왕릉과 같은 형식이나 태왕릉보다 늦게 축조된 장군총은 한 변 32.6m로 규모가 현격하게 줄어든 반면, 기단봉토분인 경신리 1호분은 한변 길이 54m로 4세기대의 규격화가 어느 정도 유지된다. 그러나 6세기대 왕릉으로 비정되는 무덤들의 분구는 30m 내외로 장군총과 같은 규격을 유지하고 있으므로 6세기대의 왕릉은 한변 30m 내외로 규격화되었다고 할 수 있다.

이와 같은 현상은 왕릉의 규모와 왕권이 비례한다는 고고학적 통념과 조금 거리가 있다. 즉 왕권의 강화에 따른 왕릉 규모의 확대는 4세기대의 무덤에서 지속적으로 관찰되지만,[38] 역으로 강력한 왕권을 지

---

37) 서대총에서부터 태왕릉까지의 무덤은 한변 60~70m 내외의 규모로, 개별 무덤마다 분구 규모에서 차이는 있지만, 규모의 차이는 분구의 인위적, 자연적 변형을 고려한다면, 어느 정도 무시할 수 있는 범위라고 판단된다.

38) 4세기대 들어서서 분구 규모의 확대는 왕권의 강화 뿐 아니라 치석 기술과 무덤 축조기술의 발달과도 관련 있을 것이다. 가령, 임강총의 경우 부분 가공된 돌을 이용하여 계단을 축조하였으나, 서대총, 천추총, 태왕릉, 장군총은 전면 가공 석재를 사용하였다. 특히 천추총, 태왕릉, 장군총의 경우 네모서리를 잘 짜 맞추어 방형 평면을 만들고, 층단을 지어 올라가면서 돌의 외연에 몰딩을 주어 위로부터의 압력에 계단석이 팅겨 나가는 것을 방지하도록 고려하였

닌 왕 중의 왕으로 불렸던 5세기대 왕릉의 규모가 축소되었다는 것은 고총이 가지는 고고학적 통념으로는 해석하기 어려운 부분이다. 이는 왕권의 약화가 아니라 다른 사회적 요인이 작용한 결과로, 고총이 가지는 사회적 의미가 변질되었기 때문일 것이다.

그러면 왕릉의 축소가 장속의 변화로 야기된 것인가부터 매장부를 통해 살펴보자. 매장부는 3세기 말에 들어서면서 추가 합장이 가능한 횡혈식 장법이 왕릉에 채용된 이후 묘도와 연도, 그리고 천장을 갖춘 현실이 완비된다. 천추총, 태왕릉은 목관, 목곽, 광실의 3중 구조이며, 장군총이나 경신리 1호분은 목관과 현실의 관, 실 2중 구조이다. 관, 실의 2중 구조는 6세기대의 사신도가 그려진 봉토석실벽화분에서도 마찬가지이다. 규모 또한 장군총을 제외하고는 매장부의 규모는 한 변 3.2~4m 정도로 규격화되었다고 할 수 있다. 평면 형태도 방형 현실 남벽 중앙에 연도가 달린 구조이고, 평행삼각고임으로 천장가구도 정형성을 띤다. 분구와는 달리 매장부는 장군총을 제외하고는 4세기대부터 규격화가 이루어진 채 변화가 없었으므로, 장속의 변화에 기인한 것은 아니다. 결국 가시적으로 드러난 왕릉 규모만이 변화한 것이며, 이는 곧 왕릉이 가지는 가시적 상징성의 약화로 해석할 수 있다.

이러한 해석은 왕릉을 구성하는 여러 요소에서도 관찰된다. 왕릉으로 비정된 적석총에서는 제대와 배장묘 그리고 능원 등의 부대시설들이 보고되었다.[39] 또한 전 동명왕릉의 전면에는 능사로서 정릉사가 확인되었다.[40] 이중 가장 먼저 나타난 제대는 초기 왕릉으로 보고된 무덤에서부터 장군총에 이르기까지 구조와 형태상의 변화 없이 일관된 모습이다.[41] 배장묘임이 확실한 예는 장군총이지만, 배장묘는 마선구

다. 이러한 고려는 기단봉토분인 경신리 1호분과 전 동명왕릉에서도 보인다. 따라서 치석과 축조기술의 발달이 분구 규모의 확대에 기여했음을 알 수 있다.

39) 吉林省文物考古研究所 外, 2004, 앞 주
40) 전제헌, 1994, 《동명왕릉연구》

626호, 칠성산 871호, 태왕릉, 장군총에서 보고되었다.[42] 능역을 표시하는 능원 시설은 담장이나 문지가 확인됨으로써 추정 가능한데, 능원은 서대총, 천추총, 태왕릉, 장군총에서 확인된다. 그러나 이러한 능원과 능원내 시설 등은 기단봉토석실분이나 봉토석실벽화분에서는 관찰되지 않는다.

왕릉으로 비정된 무덤에서의 변화를 정리한 것이 <표 4>이다.

〈표 4〉 왕릉 변천과정

		3C	4C 전	중	후	5C	전	후	6C	668
분구	형식	계장	계단---------- 전면 가공 몰딩 계단---------------				기단봉토-- 봉토--------			
	규모	40m 내외	60m 내외	----------------------------------			30m 내외	-----	----	
매장부		석광	목관, 곽, 광실	목관, 가형석곽, 석실			목관, 석실			
제대		------	------------------------------------							
배장묘							장군총			
능원			-- ------------------------------------					추정		
묘실벽화							사신-------			

---

41) 제대는 무덤의 측면이나 후면에 무덤과 평행하게 자리하며 장방형이나 세장방형 평면으로 정형화된 모습이지만, 제대로 보고된 시설물의 상면이 수평을 유지하지 못할 뿐 아니라 냇돌이나 할석을 채워 넣어 제대로서의 역할에는 의문이 든다. 더욱이 제대가 능제에서 주요한 부분임을 고려해 볼 때 이른 시기의 무덤에서부터 장군총에 이르기까지 발달된 축조기술이 제대 축조에 반영되지 않은 점으로 보아 그 기능과 왕릉 구성 요소에서 어떠한 비중을 점했는지는 알 수 없다.

42) 전 동명왕을 배후의 진파리 4, 5, 6호분도 배장묘일 가능성이 있지만, 전 동명왕릉이 특정 왕의 무덤인지 여부에 따라 그 배장묘의 성격도 달리 논의되어야 한다.

<표 4>에서 볼 수 있듯이 왕릉이 능원을 갖추고 정형화된 형태로 정비된 것은 4세기 이후이다. 4세기에 들어서면서 분구와 매장부에서 변화가 관찰된다. 이러한 변화는 서로 유기적으로 관련되어 있다. 즉 계장식 분구에서 계단식으로의 변화나 광실에서 석실로의 변화는 치석 기술과 무덤 축조 기술에 수반된 것으로 이는 시간의 흐름에 따른 기술의 변화로, 보다 발달된 기술로 고총을 축조한 결과인 것이다. 때문에 4세기대의 변화는 횡혈식 장법의 채용이라는 점에 있을 뿐 왕릉 자체에서의 획기적인 변화라기보다는 왕릉 구성요소가 서로 유기적으로 연결되어 일어난 변화인 셈이다.

그러나 5세기대를 경과하면서 나타나는 변화는 축조기술과는 다른 측면에서의 변화라고 할 수 있다. 분구 축조 재질에서의 변화와 함께 규모의 축소, 능원 내 시설에서의 변화는 왕릉이 가지는 가시적 속성이 변화한 것이다. 그리고 가시적인 속성의 변화가 매장부 등 장법에서의 변화에 수반된 것이 아니라는 점이다. 분구와 매장부가 어느 정도 규격화를 유지하고 있었던 점을 감안해 볼 때 매장부가 확대된 장군총의 경우 오히려 분구가 축소되었고, 반대로 무덤들은 분구 규모가 축소되었음에도 매장부의 변화는 관찰되지 않는다. 이로 미루어 장속에서의 변화 등 매장행위와 관련된 관념의 변화가 작용하였다고도 보기 어렵다. 때문에 왕릉이 가지는 가시적 효과 즉 상징적 기능의 약화로 해석할 수 밖에 없다.

이처럼 5세기대를 경과하면서 왕릉이 가지는 상징성의 약화는 왕권 약화의 결과가 아니라 왕릉의 사회적 기능의 축소, 소멸의 결과라고 할 수 있다. 이는 앞 장에서 살핀 바와 같이 왕릉으로 비정된 4~5세기대 고총에서 중장기병과 관련된 문물들이 부장되고, 외래계 문물이 왕도였던 집안 일대의 중, 대형분에 집중되어 강력한 왕과 그러한 왕을 정점으로 대외교섭권이 장악되었음에서도 알 수 있다.

따라서 6세기대 고총에서 일관되게 관찰되는 정형성은 왕권의 상징물로서 왕릉의 기능 축소가 왕권이 제도적으로 보장된 결과로 해석될 수 있다. 즉, 고구려 고유 묘제로서 적석총은 종족 기반과 피장자의 사회 내 지위가 분형과 규모에 반영된 외부지향적인 무덤형식인 반면, 4세기대에 고구려에서 본격적으로 수용하게 된 신 묘제인 봉토분은 분형에서 피장자의 종족적, 사회적 지위가 표출되지는 않는다. 오히려 벽화분의 경우 묘실에 더 많은 비용이 소용되므로, 내부지향적인 무덤이라고 할 수 있다. 5세기대를 경과하면서 관찰되는 외부지향적인 적석총에서 내부 지향적인 봉토분으로 변화는 두 가지 측면에서 설명 가능하다. 하나는 고구려 원주민의 묘제로서 적석총에 표현된 족적 기반이 무의미해졌다는 것이다. 이는 병합된 고구려 주민이 모두 고구려 민으로 동류의식을 가졌을 때 가능한 일이다. 다른 하나는 왕을 정점으로 한 일원적 지배 체제가 완성되었기 때문에 고구려의 왕이 군이 족적 기반이 드러나는 적석총을 왕릉으로 채용할 이유가 없어졌다는 점이다. 때문에 무덤은 사후의 매장공간으로 본연의 기능만이 남게 되었고, 석실에 사신을 그려 넣음으로써 사후 왕을 수호하는 관념적 역할만이 남게 된 것이라고 볼 수 있다. 이와 아울러 상정해 볼 수 있는 것이 불교의 수용이다. 왕릉을 대신하여 불교가 정신적 구심체로 역할을 하였을 가능성은 이미 광개토왕대에 평양에 9개의 절을 축조한 데서도 충분히 유추 가능하다.

이를 종합하여 보면, 고구려 왕릉의 변화는 분형과 규모에서 피장자의 권위를 드러내는 외부 지향적인 적석총에서 내부지향적인 사신도가 그려진 석실봉토분으로 변화라고 할 수 있다. 이러한 변화는 왕릉의 사회적 기능의 축소를 의미하는 것으로, 이는 왕권이 제도적으로 유지되고 통치제도가 안착된 결과라고 할 수 있다. 결국 고대국가에서 왕의 상징으로서 고총의 사회적 기능은 의미가 없어졌다는 것이다. 왕릉의 변질은 왕을 정점으로 한 일원적 지배체제가 완성되었기 때문이며, 고구려의 왕릉 변천과정은 이점을 보여주는 것이다.

Ⅳ. 맺음말

고구려 왕릉을 대표하는 적석총은 분형과 규모에 왕의 권위가 반영된 외부지향적인 무덤형식이라고 한다면, 봉토석실벽화분은 매장부에 사신을 그려 넣은 내부지향적인 무덤형식이라고 할 수 있다. 고구려 고분이 적석총에서 봉토분으로 변화하듯이 왕릉도 적석총에서 봉토분으로 변화한다. 적석총에서 봉토분으로의 변화와 함께 분구의 규모가 축소되면서 왕릉은 고총이 가지는 상징적 기능보다 매장공간이라는 본연의 기능만 남게 된다. 즉 3세기대까지의 고구려 왕릉은 계장식 적석총으로, 분구는 한 변 40m 내외로의 어느 정도 규격화되고, 이러한 가시적 경향성은 4세기에 들어서면서 보다 구체화되었다. 분구는 한변 60~70m로 확대되었고, 동시에 능원이 완비되면서 왕릉의 면모를 일신하게 된다. 그러나 5세기 전, 중엽을 경과하면서 분구의 규모가 축소되는 한편, 돌대신 흙으로 분구를 조성하게 된다. 그 과도기에 축조된 무덤이 장군총과 경신리 1호분이라고 할 수 있다. 이어 6세기대가 되면 적석총을 대신하여 봉토분으로 변화하며, 분구에서 드러났던 왕의 권위는 묘실 내부에 표현된 사신도에서 유지된다. 이처럼 분구 규모의 확대와 축소과정이라고 할 수 있는 4~6세기대 왕릉의 변화는 고총으로서 왕릉이 갖는 사회적 기능의 변화로 해석된다.

결국 고구려 왕릉이 외부지향적인 적석총에서 사신도가 그려진 내부지향적 봉토석실벽화분으로의 변화는 고대 사회에서 왕릉이 가지는 정치적, 사회적 상징성의 변화에 수반된 것이라고 할 수 있다. 즉 왕릉이 가지는 사회적 기능의 축소는 왕을 정점으로 하는 전제 왕권의 확립과 지배체제의 완성을 의미하는 것으로 볼 수 있다. 지배체제가 완비되고 안정적으로 실현되었다면 왕권의 외표로서 왕릉이 가지는 사회적 기능보다는 매장이라는 고유 목적이 중요시 되었을 것이기 때문이다.

건국 초부터 주변지역으로 영역을 확대한 다종족국가인 고구려에서 적석총은 왕권의 상징으로, 4~5세기대의 초대형 적석총은 집권화된 전제왕권의 외표로 기능하였다. 그러나 안정적인 지배체제가 구현됨에 따라 왕릉은 정치, 사회적 상징물로서의 기능이 약화되었고, 사신도가 그려진 석실봉토분은 왕을 수호하는 무덤의 고유 기능만을 유지하게 되었다. 이처럼 4, 5세기를 지나면서 왕권의 변화와 고대국가의 성장은 왕릉의 변질을 초래하였다.

A study on the development of huge tombs related to regal power of Goguryeo from the 4th to 6th Century

Kang, Hyun-Sook

On the point of whole process of Tomb's development in Goguryeo, it was changed the stone mound tomb from the earthen mound tomb. It was same that the whole process of royal tomb's development in Goguryeo.

The major breaking point in the development of Goguryeo tombs were 1) the transform from the digging cist stone mound to horizontally chambered stone mound and 2) the appearances of chambered earthen mound with mural painting of god of four directions. The first breaking point was happened at late-third Century A.D., and the second breaking point was happened at 6th century A.D.

The royal tombs of the first span from late-third Century A.D. to 5th century A.D. were characterized at the formation of stone-mound platform and burial chamber and large scale reflecting the top of class differences. Therefore it explains that the royal tombs were shown up the symbol of the regal power.

But the royal tombs after 6th century A.D. were transfer from stone mounds to chambered earthen mounds with mural painting of the god of four directions. And it was defined the reduction of the mound scale and the simplification of burial chamber. On the archaeological focus, the huge scale and complicated structure of the tomb was the tangible symbol of regal power. But, in opposition to the archeological view of huge tombs, the situation of the transformation of royal tombs after 6th century A.D. was explained the establishment of the regal power.

There were not established the ruling system in ancient state, so the huge tomb represented the regal power. But in accordance with the completing of the ruling system, the necessity of the huge tomb as the tangible symbol of regal power was decreased. So it means that the transform of royal tombs after mid 5th century A.D. was happened as the result of the completion of ruling system.

Therefore it shows that the royal tomb after 6th century A.D. was the tomb of the King in itself. It means that as the result of Goguryeo nations which were formed with several ethnic groups were unified under the King, the tomb's social function as the symbol of regal power was missed.

Key word : Stone mound tomb, earthen mound tomb, digging cist stone mound, horizontally chambered stone mound, and chambered earthen mound with mural painting of four deities of the four directions, Regal power, Goguryeo

4~6世紀における高句麗古墳の変遷と王権

姜賢淑

　高句麗の王陵を代表する積石塚が、その墳形と規模に王の権威が反映された外見中心的な墳墓形式とすると、封土石室壁画墳は埋葬部に四神を描きこむ内部中心的な墳墓形式と言える。高句麗の王陵は、6世紀からは埋葬空間としての墓本的な機能だけが残される。王陵のこのような変化は、王陵の社会的機能の変化として解釈することができる。

　高句麗の王陵において、外見中心的な積石塚から内部中心的な四神図の描かれた封土石室壁画墳へ変化するのは、古代社会で王陵が持つ政治的、社会的象徴性の変化に伴うものと見なされる。即ち、王陵が持つ社会的機能の縮小は、王を頂点とする専制王権の確立と支配体制の完成を意味するものと見ることができる。支配体制が安定的に実現されたことによって、王権の外表として王陵が持つ社会的機能よりは、王陵は埋葬としての固有目的が重要視されたからである。

　結局建国初から周辺地域に領域を拡大した多種族国家である高句麗において積石塚は種族の象徴として、そして4世紀5世紀代の超大型積石塚は集権化した専制王権の外部的表現として機能した。しかし、高句麗は、安定した支配体制が実現されることにより、王陵の政治、社会的象徴物としての機能が脆弱化され、四神図が描かれた石室封土墳は王を守護する墳墓としての固有的機能だけが残されるようになった。このように4世紀5世紀を経て、王権の変化と古代国家の成長は王陵の質的変化を招いた。

主題語：積石塚、封土墳、封土石室壁画墳、四神図、竪穴式、
　　　　横穴式葬法、王権、高句麗

4~6세기 백제 고분의 변천과 왕권

권 오 영*

Ⅰ. 머리말

 가시적인 고분의 규모, 부장품의 양만을 놓고 볼 때 백제의 왕릉은 신라나 가야에 비해 초라한 편이다. 일단 그 이유를 도굴되기 용이한 백제 고분의 구조에서 찾을 수 있다. 도굴되지 않은 상태로 발견되어 막대한 양의 부장품을 고스란히 우리에게 보여준 무령왕릉을 볼 때, 백제 고분의 부장품도 상당한 양이었다고 볼 수 있다.

 하지만 무령왕릉 역시 봉토의 규모만을 가지고 논할 때 신라, 가야 는 물론이고 영산강 유역의 지방 수장묘에도 못 미친다. 부장품의 종 류가 다양하고 수준이 높은 것은 사실이지만 이 무덤은 구조와 장법에 서 백제 왕릉의 보편적인 예라고 할 수 없는 예외적인 존재이다. 부여

---

* 한신대학교 국사학과 교수

의 사비기 왕릉이 극단적인 박장화를 추구한 결과 동 시기 주변 왕릉에 비해 규모면에서 작소며 부장품도 최소한의 장신구 위주였음을 상기할 필요가 있다. 도굴의 성행으로 설명할 수 있는 문제가 아닌 것이다.

결국 백제 왕릉이 외형적인 규모나 부장품의 양이란 측면에서 이웃한 신라, 가야, 그리고 바다 건너 왜와는 많이 다르다는 점을 인정할 수밖에 없다. 특히 물질적, 정신적으로 많은 영향을 준 일본의 왕릉과 커다란 차이를 보이는 점에 대한 설명도 필요하다. 그렇다면 고분의 규모와 부장품 분석을 통해 추출된 위계차를 가지고 피장자의 사회적 신분을 논하는 방법론을 기계적으로 백제와 여타 주변국가에 동일하게 적용할 수 없게 된다. 당시 최고 지배층의 고분에 대한 관념이 달랐던 만큼 고분을 통한 왕권의 성격 규명도 다른 방식을 택하여야 한다.

이 글은 한성기에서부터 웅진기를 거쳐 사비기에 이르는 백제 왕릉의 변화과정을 통해 백제 왕권의 변천과정, 그리고 주변 국가와 어떤 점이 다른지를 추적하는 것을 목표로 삼는다. 단지 고분의 외형적 변화를 추적하고 비교하는 것이 아니라 고분에 대한 관념의 차이를 추출하고자 한다. 이를 토대로 당시 주변 국가의 왕권과 백제 왕권이 어떠한 상사점과 상이점을 가지고 있었는지를 조망하는 것이 최종 목표이다.

Ⅱ. 백제 왕릉의 변천

1. 입지의 변화

1) 한성기

서울, 경기, 강원지역에 위치한 한성기 고분의 입지는 크게 3가지로 나눌 수 있다. 강변의 충적대지나 평지에 위치한 서울 석촌동 유형, 낮은 구릉 정상부와 경사면에 입지한 화성 마하리[1] 유형, 비교적 높은 산지에 입지한 화성 백곡리 유형이다. 석촌동 유형에 포함되는 것은 원주 법천리 고분군,[2] 마하리 유형에 속하는 것은 하남 광암동,[3] 오산 수청동, 성남 판교 고분군, 백곡리 유형에 속하는 것은 화성 화산고분군[4]이다.

충청지역에서는 청주 신봉동과 같은 야산 사면, 천안 용원리나 공주 분강·부여 저석리와 같은 구릉 정상부, 공주 수촌리와 같은 구릉 평탄면 등으로 나뉘는데 석촌동과 법천리와 같은 평지입지는 드물다.

석촌동 고분군의 경우는 인접한 풍납토성과 몽촌토성으로 구성된 도성체계 속에서 이해할 수 있을 것이며, 나머지의 경우도 취락 입지와 연동할 것으로 판단된다. 이러한 입지양상에서 관찰되는 것은 고분군의 위치 선정이 풍수와는 무관하게 이루어지고 있다는 점이다. 한성기에 이미 중국의 유교나 도교가 이입되었지만 고분의 選地에서는 풍수사상을 엿볼 수 없다.

2) 웅진-사비기

반면 웅진기에 들어서면 백제 고분의 입지는 야산의 경사면, 특히 남향한 지점에 입지하는 경우가 압도적으로 많아진다. 이와 같은 입지는 웅진기 지배층의 묘제가 횡혈식 석실분으로 통일되었다는 구조적 이유만으로는 설명할 수 없다. 한성기에도 이미 횡혈식 석실분이 존재하였지만 그 입지는 제각각이었기 때문이다.

그렇다면 그 배경에는 다른 요인, 예컨대 무덤의 위치를 선정하는

---

1) 이선복·김성남, 2004 ≪馬霞里 古墳群≫ (서울대학교박물관)
2) 송의정·윤형원, 2000 ≪法川里Ⅰ≫ (국립중앙박물관)
3) 세종대학교박물관·하남시, 2006 ≪하남 광암동유적≫
4) 權五榮·權度希, 2002 ≪華城 花山古墳群≫ (한신대학교박물관)

데에 모종의 사상적인 영향이 개재되었을 가능성이 높다. 그것은 곧 풍수사상의 수입이다.

당시 중국 남조에서는 풍수사상이 널리 퍼지면서 무덤의 위치를 선정하는 데에 많은 정성을 기울이게 된다. 무덤의 위치를 선정하는 전문인, 즉 相墓者가 활동하던 시기이다. 양자강 이남 각지에서 확인되는 남조 무덤들은 풍수에 입각하지 않은 예가 드물 정도이다.

따라서 웅진기 이후 백제 고분의 입지가 일변하는 것은 남조를 통해 유입된 풍수사상의 영향이라고 보아야 할 것이다. 이러한 경향은 사비기까지 이어지게 된다. 풍수사상의 도입은 단순히 고분의 위치 선정에서만이 아니라 다양한 분야에서 영향력을 행사하였을 것이 분명하다.

2. 구조의 변화

1) 횡혈식 석실분의 보급

한성기 이후 사비기에 걸친 백제 왕릉의 구조적인 변화를 한마디로 정의하자면 적석총에서 석실봉토분으로의 전환이다. 적석총의 매장주체에 대한 논의는 뒤로 미루고 다른 말로 표현하자면 횡혈식 아이디어의 보급과 본격화라고 할 수 있을 것이다.

종전 한성기에 횡혈식 석실분이 존재하는지 여부가 논쟁거리가 되었던 적이 있었지만 최근 많은 자료가 축적되어 그러한 논의는 불필요하게 되었다.

대표적인 예는 화성 마하리·왕림리, 하남 광암동([사진 1]), 성남 판교지구,[5] 시흥 능곡지구,[6] 원주 법천리, 청원 주성리, 청주 신봉동, 연

---

5) 문화재보호재단, 2007 <성남 판교지구 문화유적 2차 발굴조사(5차 지도위원회의 자료)>

[사진 1] 하남 광암동 1호 석실분

기 송원리, 공주 분강－부여 저석리, 공주 수촌리 유적 등을 들 수 있
다. 여기에 익산 입점리 1호분, 천안 용원리 석실분 등의 연대도 한성
기로 소급될 가능성이 있으며, 발굴조사된 것은 아니지만 화성 화산
고분군에도 횡혈식 석실분이 존재하는 것으로 추정된다.

　그런데 문제는 이러한 초기 석실분들은 구조적인 면에서 다양하다
는 점이다. 평면 형태를 보더라도 종장방향, 횡장방향, 방형이 공존하
고 보다 구체적으로는 현실의 벽석이 바깥으로 배가 부른 형태와 곧은
형태가 공존한다. 연도의 위치는 우편재식이 많지만 좌편재식과 중앙
연도식도 존재한다. 이는 초기 횡혈식 석실분의 계보가 단일하지 않았
음을 보여주는 것이다. 중앙만이 아니라 지방 각지의 수장묘로 횡혈식

---

6) 畿甸文化財硏究院, 2007 <始興 陵谷宅地開發地區內 文化遺蹟 試·發掘調査
　略報告書>

석실분이 채택되었다는 점 역시 초기 횡혈식 석실분의 수용이 중앙에 의해 단일한 경로를 밟은 것이 아니라 지방 각지에서 다양한 형태로 이루어졌음을 보여준다.

이런 점에서 최근 발굴조사가 진행된 성남 판교의 석실분은 많은 문제점을 제기한다. 우선 구조적인 면에서 종장방형 평면, 우편재 연도, 얇은 할석을 이용한 벽석 등에서 일본 오사카부 가시와라(柏原)시의 다카이다야마(高井田山) 고분을 연상시킨다. 다카이다야마 고분이 백제계라는 점은 그동안 인정되어 왔지만 웅진기의 어느 고분과 계보적으로 연결되는지 불분명한 상태였다. 이번에 판교에서 확실한 한성양식 토기를 부장한 다수의 횡혈식 석실분이 조사됨으로써 일본 기나이형 석실분의 조형이 백제라는 사실을 재삼 확인할 수 있었고, 시기적으로는 한성기까지 소급될 가능성이 높아졌다. 게다가 판교의 석실 내에서는 다양한 가랑비녀(머리뒤꽂이)가 다수 출토되어 일본 기나이형 석실분과의 관련성을 보다 높여주고 있다.

이 글에서 강조하고 싶은 것은 다카이다야마 고분의 존재로 인해 웅진기의 특징으로 간주되던 우편재연도의 종장방향 석실분이 실은 이미 한성기에 존재하였음이 명백해졌다는 점이다.

2) 횡혈식 석실의 왕릉 채택

다음으로 한성 백제의 중앙인 서울 강남에서 횡혈식 석실이 왕릉으로 채택되는 과정에 대해 살펴본다. 이 문제를 해명하기 위해서는 우선 석촌동 고분군에 대한 정리가 필요하다.

1916년의 분포조사에서 석촌동과 방이동, 그리고 가락동 일대에는 89기의 고분이 분포하고 있었다. 그 중 66기의 甲塚은 적석총임이 분명하고 23기의 乙塚은 봉토분을 지칭한 것으로 보인다. 즙석봉토분이 갑총에 포함되었는지, 을총에 포함되었는지는 불분명하다. 1916년도의 분포도를 보면 현 '방이동백제고분공원' 지구에 을총이 밀집되어 있기 때문에 을총은 주로 석실봉토분일 것으로 판단된다.

주로 횡혈식 석실로 구성된 방이동 고분군의 성격에 대해서는 축조 주체 및 시기를 둘러싸고 두 가지로 의견이 나뉜 상태이다. 발굴조사 당시부터 4~5세기의 백제 고분이란 견해,[7] 그리고 입지와 구조, 출토 유물 등을 볼 때 6세기 중반 이후 신라 고분이란[8] 견해이다.

문제를 더욱 복잡하게 만든 것은 가락동 고분군의 존재이다. 가락동 1, 2호분은 1969년도에 조사된 즙석봉토분으로 백제 고분임이 분명하다. 반면 가락동 3, 4, 5, 6호분은 횡혈식 석실분으로 방이동 고분군과 연결된 것으로 판단된다. 이런 상황에서 가락동 고분군이라 할 때 어떤 경우는 즙석봉토분, 즉 백제 고분을, 어떤 경우에는 횡혈식 석실분을 지칭하여 혼란을 가중시키고 있다. 가락동 5호분에서 출토된 후 이화여자대학교 박물관에 소장되어 있는 기와를 관찰한 결과[9] 고구려기와임이 확인된 지금, 이 고분이 고구려보다 늦은 시기, 즉 신라 고분일 가능성은 더더욱 높아지게 되었다.

따라서 송파 일대의 백제 고분군은 석촌동 일대의 기단식 적석총과 목관묘, 그리고 석촌동과 가락동에 걸쳐 분포하는 즙석봉토분으로 구성되어 있는 셈이다.

2기의 적석총이 연접한 석촌동 1호분에 대한 보고서에서는[10] 순수

---

7) 이남석, 2004 <백제의 고분> ≪백제문화의 원형≫ (공주대학교)
8) 崔秉鉉, 1997 <서울 江南地域 石室墳의 性格 - 新羅 地方石室墳硏究 1> ≪崇實史學≫ 10 ; 임영진, 2006 ≪백제의 영역 변천≫ (주류성)
9) 토지박물관 심광주선생의 관찰에 의하면 이 고분에서 출토된 기와는 모두 고구려 기와임이 분명하다고 한다. 그렇다면 가락동, 방이동 일대의 구릉에는 고구려의 유적이 존재하였고, 6세기 중반 신라가 이 지역을 점령한 후 묘역으로 사용하였던 것으로 볼 수 있다.
10) 서울特別市·石村洞發掘調査團, 1987 ≪石村洞古墳群發掘調査報告≫ ; 金元

적석총인 1호분 남분의 최하단에서 4기의 석곽이 발견되었다고 하지만 적석총의 매장주체가 최하단에 존재하는 경우는 없다. 보고서에 석곽으로 기술된 것도 일정한 정형성을 갖춘 매장시설로 보기 어렵다. 설령 4개의 '석곽'을 유구로 인정한다 하더라도 1호분의 매장주체가 아닌 별도의 구조로 보아야 한다. 1호분의 매장주체는 이미 삭평되어 버린 것으로 판단된다.

2호분은 기단식 적석총으로 외형은 3단으로 적석하고, 내부는 점토를 빽빽이 충전한 형태, 즉 한성식 적석총으로 소개되어 있다. 매장주체는 중앙의 십자 뚝을 기준으로 전체를 4등분하였을 때, 서북구에 해당되는 지점에서 발견된 목관으로 소개되어 있다. 그런데 이 목관의 레벨은 적석총의 최하단부에 가깝다. 발굴보고자의 견해대로 외형은 적석, 내부는 점토충전한 후 점토부를 다시 굴착하여 매장주체를 만든 방식이라면 굳이 이렇게까지 깊게 하강하여[11] 매장주체부를 만들 까닭이 없다. 이 목관의 상부에는 암적갈색의 소봉토가 단단히 판축된 상태로 포장되어 있었다. 한편 목관의 동편, 즉 십자 보크를 중심으로 삼을 때, 동북구에서는 잔자갈과 소토, 토기편 등이 깔린 평면이 확인되었다. 따라서 2호분의 구조가 간단치 않음을 알 수 있으며 목관을 2호분의 매장주체로 직접 연결시키는 것은 곤란하다. 목관이 선행하는 것은 분명하기 때문에 2호 목관을 비롯한 복수의 매장주체를 훗날 함께 포장하여 하나의 적석총, 즉 2호분을 만들었을 가능성이 높다. 이럴 경우 2호분의 실질적인 매장주체 역시 확인되지 않은 셈인데 삭평되었을 개연성이 높다.

3호분은 한성백제 최대의 적석총으로 동서 50.8m, 남북 48.5m이며

龍·任孝宰·林永珍, 1989 ≪石村洞1·2號墳≫ (서울대학교박물관)

11) 잔존 높이가 3.8m에 달한다는 점을 고려하면 최소 3m 이상을 파고 내려가 목관을 안치한 셈이다.

원래 7단 정도였을 것으로 추정되었다. 발굴조사 결과 1기의 부곽이
발견되었다고 하지만 신용할 수 없다. 왜냐하면 이 고분 역시 상부의
삭평이 극심하여 매장주체가 남아 있었다고 보기 곤란하기 때문이다.
비슷한 규모와 구조인 고구려 장군총의 경우 3단의 上面을 석실바닥으
로 사용하고 있는 점을 참조할 때, 3호분의 매장주체가 남아 있을 가
능성은 희박하다.

　문제의 수혈식 석곽은 발굴조사 당시부터 비닐 등이 섞여 나와 교란
의 가능성이 제기되었다. 일제 강점기에 3호분에 대한 간단한 시굴조
사가 이루어졌는데 당시에 굴착한 시굴 핏트일[12] 가능성이 매우 높다.
그렇다면 3호분의 매장주체 역시 확인되지 않은 셈이다.

　석촌동 4호분에 대한 최초의 발굴조사가 이루어진 1974년도 당시[13]
4호분 내부에서는 평면 방형, 남벽에 연도가 달린 중앙 연도식의 횡혈
식 석실이 발견되었다. 당시 도면에 의하면 안쪽 벽(奧壁)의 높이는 2m
이상, 벽석은 10여 단이 남아 있는 양호한 형태였다. 1983년도에 4호
분과 5호분의 정비복원을 위한 조사가 서울대학교 박물관에 의해 진행
되었는데 이때 4호분의 석실은 다시 한 번 노출되었다. 필자는 당시
조사에 참여할 수 있었는데 방형의 평면과 연도의 윤곽, 그리고 벽석
이 잘 남아 있었음을 뚜렷이 기억하고 있다. 하지만 어찌된 일인지 이
를 석실로 인정하는 견해[14]보다 부정하는 견해가 주류를 이루고 있다.

　일본열도 횡혈식 석실분의 기원을 백제에서 찾는 일본인 연구자들
도 백제 고분일 가능성이 희박한 방이동 고분군에만 주목할 뿐 석촌동
4호분의 횡혈식 석실은 무시하여 왔다. 최근 화성 마하리와 원주 법천
리, 하남 광암동, 성남 판교 등 곳곳에서 다양한 형태의 한성기 횡혈식

---

12) 朝鮮總督府, 1920 ≪朝鮮古蹟調査報告 大正六年度≫
13) 서울대학교박물관·고고학과, 1975 ≪석촌동 적석총 발굴조사보고≫
14) 成正鏞, 2001 <4~5세기 百濟의 地方支配> ≪韓國古代史硏究≫ 24 (한국고
　　대사학회)

석실분이 발견되어 웅진 천도 이전에 백제에서 횡혈식 석실분을 사용
하였음은 상식이 되었다. 유독 왕실에서만 횡혈식 석실분이 없었던 것
으로 주장할 근거가 없다. 이런 점에서 석촌동 4호분의 방형 석실의 존
재는 적극적으로 평가되어야 할 것이다. 고구려의 석실적석총과 유사한
구조의 대형 적석총이 석촌동에 존재하였고 이는 한성기 백제 왕족의
주류 묘제가 고구려와 마찬가지로 석실적석총일 가능성을 높여준다.

3. 매장방식의 변화

1) 단인장과 다인장

백제의 초기 왕릉에서 하나의 매장주체에 몇 사람을 매장하였는지
알 수 있는 자료는 매우 희박하다. 초기 왕릉의 구조가 석실적석총일
가능성은 앞에서 언급하였지만 양호한 상태로 조사된 예가 매우 드물
기 때문이다. 석촌동 4호분의 석실을 고구려 장군총이나 태왕릉과 같
은 초대형 석실적석총과 대비시킨다면 백제에서도 부부를 단위로 하는
2인 병렬합장이 이루어졌을 가능성은 높다.

부부합장의 분명한 예는 웅진기의 무령왕릉이다. 1쌍의 부부를 나란
히 매장하는 장속은 당시 동아시아사회에서는 중국과 고구려 중앙의
귀족 정도에 국한되어 있었다. 고구려 지방의 경우에는 횡혈식 석실분이
라도 부부 병렬 매장이 아니라 3인 이상의 가족을 단위로 매장이 이루
어지는 경우도 많았다.[15] 신라의 경우는 횡혈식 석실분이라 하더라도
부부를 넘어서는 가족단위를 매장하는 것이 원칙이었으며, 영산강 유역
과 倭 역시 부부보다는 친족원리에 입각해 복수의 구성원을 매장하였다.

---

15) 孫仁杰·遲勇, 2007 ≪集安高句麗墓葬≫ (香港亞洲出版社)

사비기에 크게 성행하는 능산리형 석실분은 그 규모의 협소함을 고려할 때, 부부나 개인을 매장의 단위로 삼고 있다. 이런 점에서 백제고분의 특징이 엿보인다.

2) 頭向

웅진기 백제 왕릉의 대표격인 무령왕릉에서는 병렬합장된 부부가 머리를 연도쪽으로 둔 채 매장되어 있었다. 이러한 양상은 위진남북조기 중국 고분에서 일반적으로 보이는 장속이다. 고구려의 경우는 최근 보고된 撫順시 施家묘지의[16] 예에서 보듯 연도쪽을 향한 사례가 추출되지만 아직 구체적인 비율은 계산된 바 없다.

백제에서는 판교 고분에서 가랑비녀 등 장신구의 위치를 볼 때, 연도쪽을 향하였을 가능성이 있으며, 한성기 말에 속하는 수촌리 4호분의 경우는 관대에 안치된 피장자가 확실히 연도쪽에 머리를 두고 있다. 하지만 마하리의 경우는 안벽쪽이어서 그 양상이 단일하지는 않았던 것 같다.

웅진기에는 무령왕 부부의 예에서 보듯이 머리를 연도쪽에 두는 장속이 왕실에서 유지되었음을 알 수 있다. 당시 지배층 내에 중국식의 묘제와 장속이 깊숙이 들어와 있었음을 보여주는 사례이다.

하지만 사비기에 접어들면 다시 안벽쪽에 머리를 두게 된다. 구조적인 측면에서도 남조식의 전축분을 버리고 단면 육각형에 판석조 석실, 즉 능산리형 석실을 창출해 낸 흐름과 연관될 것이다.

---

16) 遼寧省文物考古硏究所·撫順市博物館, 2007 <遼寧撫順市施家墓地發掘簡報>
≪考古≫ 2007-10

Ⅲ. 왕릉의 변천에 표현된 왕권의 변화과정

1. 한성기

앞에서 살펴본 결과 한성기에 횡혈식 석실분이 보급되었음은 분명해졌다. 문제는 왕릉에서는 어떠하였는가 하는 점이다.

여기에서 문제가 되는 것은 서울 석촌동 3호분이다. 이 고분은 적석부에서 출토된 東晉代 청자 盤口壺의 연대를 감안하여 근초고왕의 무덤으로 추정된 바 있다. 하지만 이 유물이 매장시의 부장품인지, 매장이 완료되고 일정한 시간이 경과한 후 치러진 제사의 제기인지는 알 수 없다. 게다가 중국 청자가 제작된 후 백제에 수입되어 부장되기까지 어느 정도의 시간이 경과하는지 알 수 없으며, 경우의 수도 매우 다양할 것으로 예상되므로 이 청자의 제작연대가 4세기 중엽이라 하더라도 이 무덤의 연대와 직결시키기는 곤란하다.

따라서 석촌동 3호분을 곧바로 근초고왕의 무덤으로 연결시키는 것은 불안하다. 이러한 논리가 성립되려면 이후 근구수왕을 비롯한 한성기 왕들의 무덤에 대한 비정이 병행되어야 한다. 훨씬 많은 자료가 남아 있는 집안의 고구려 왕릉과 경주의 대형 적석목관분에 대해서도 이견이 많은 점을 감안할 때 현 자료의 수준에서 한성기 백제 왕릉을 비정하는 것은 불가능하다.

다만 석촌동 3호분이 규모면에서 압도적으로 대형인 점은 분명하다. 따라서 어느 왕이라고 특정할 수 없을 뿐이지 이 무덤이 왕릉일 가능성은 여전히 높다. 문제는 이 고분은 파괴가 극심하여 내부의 매장주체를 분명히 하기 어려웠으며, 발굴조사 과정에서 확인된 성격 미상의 구덩이가 부곽으로 취급되면서 은연중 매장주체로서 수혈식 석곽을 연상하는 경향이 있었다. 하지만 앞에서 보았듯이 그 구덩이는 부곽이 아니라 일제강점기의 시굴 피트인 만큼 매장주체와는 무관하다. 남측의 석촌동 4호분의 예를 볼 때 3호분 역시 매장주체는 횡혈식 석실이었을 가능성이 농후하다.

그럴 경우 고구려의 장군총이나 태왕릉에 버금갈 정도의 대형 기단식 적석총, 그리고 매장주체로는 횡혈식 석실이 채용된 양상을 상정할 수 있다. 한성기 백제 왕릉의 위상에 손색이 없다. 하지만 주변의 석촌동 1, 2, 4호분도 왕릉급인지는 알 수 없다.

여기에서 참고되는 기사가 郁里河(한강)에서 大石을 취하여 槨을 만들고 부왕의 유해를 장사지냈다는 개로왕대의 기사[17]이다. 강돌을 이용하여 묘를 만든 것으로 보이는 이 기사는 횡혈식 석실분보다는 초대형 석실적석총에 부합된다. 집안의 초대형 석실적석총들은 외면을 거대 절석으로 마감하지만 내부에는 강돌과 산돌을 채워 넣은 형태이다. 따라서 개로왕대에 보수된 부왕의 무덤도 강돌을 채워 넣은 석실적석총이었을 가능성이 농후한 것이다.

2. 웅진기

4세기 경부터 사용되기 시작한 횡혈식 석실분은 웅진기에 접어들면 지배층의 주 묘제로 정착된다. 다듬은 괴석과 판석을 이용하여 평면 방형의 현실을 만들고, 우측에 편재된 연도를 달고, 석실의 4벽을 내경시켜 좁히고 마지막에 천정석을 얹어서 마무리하는 궁륭상 천정구조가 전형이다.[18] 송산리 일대의 석실분들이 이에 속하는데 4호분, 5호분,

---

17) ≪三國史記≫ 卷25, 百濟本紀3 蓋鹵王 21年 秋九月條
18) 崔完奎, 1997 ≪錦江流域 百濟古墳의 硏究≫ (숭실대학교 박사학위논문)의 웅진 1식에 해당된다.

[사진 2] 송산리 6호분과 무령왕릉

29호분이 대표적이다. 유사한 방형 평면의 석실분은 웅진동 고분군에서도 많이 확인할 수 있으며 금학동과 신기동 고분군은 평면이 장방형이란 점만 다를 뿐 전체적인 구조는 유사하다.[19]

웅진기 왕릉이 송산리 이외의 지역에 있을 가능성도 적지 않지만[20] 현재 확실한 왕릉은 송산리에만 존재한다. 무령왕릉 이외에 왕릉일 가능성이 있는 무덤은 6호분([사진 2])이다. 나머지 무덤은 왕릉으로 보기에는 규모면에서 여타 고분군과 격절성을 보이지 못하는 점에서 부적합하다. 6호분의 피장자에 대해서는 동성왕, 무령왕의 첫째 부인, 무령왕의 아들인 淳陀太子 등의 견해가 제기된 상태이다.[21] 여기에서 주목

---

19) 서만철·이남석·조기호, 1995 ≪公州地域百濟古墳調査≫ (公州大學校博物館·忠淸南道公州市)
20) 이남석, 2002 ≪백제의 고분문화≫ (서경문화사)
21) 권오영, 2005 ≪고대 동아시아 문명교류사의 빛, 무령왕릉≫ (돌베개) 118~119

하고자 하는 것은 다음의 두 가지이다.

첫째, 석실분과 전축분이란 구조 차이는 왕과 왕족이라는 신분의 차이를 반영하는가?

이 문제는 송산리 6호분이 과연 왕릉인지 여부와 직결되는 문제이다. 현재 이 고분의 상세한 실측도는 나와 있지 않으나 무령왕릉의 규모에 필적할 정도의 잘 다듬어진 전축분임은 사실이다. 다만 전돌의 상태나[22] 쌓는 방식은 무령왕릉에 미치지 못한다. 한 가지 주목되는 사실은 벽감의 크기이다. 무령왕릉 벽감은 등잔이 충분히 놓일 공간을 확보하고 있으며 실제로 등잔으로 사용한 청자 잔이 발견되었다. 반면 6호분의 경우는 벽감이 형식적인 것이어서 등잔이 들어갈 공간이 확보되지 못하였으며 내부에서 그을음도 발견되지 않았다. 이는 6호분이 애초부터 추가장을 염두에 두고 설계된 무덤이 아니었음을 반영한다. 그렇다면 무령왕을 추가장할 예정으로 첫째 부인을 매장한 무덤이란 견해, 그리고 동성왕 무덤이라는 견해에는 불리한 정황증거가 된다. 이런 점에서 배우자가 없는 무령왕의 친족, 즉 순타태자일 가능성이 높아진다.

그렇다면 무령왕을 제외한 웅진기의 나머지 왕들의 무덤은 어디에 있을까? 두 가지의 가능성을 상정할 수 있다. 송산리에 있는 횡혈식 석실분이 그들의 무덤일 가능성, 그리고 송산리 이외의 지역, 예를 들어 능치나 교촌리 등을 후보로 올릴 수 있다. 나머지 왕들이 송산리의 횡혈식 석실분에 매장되었다면 전축분은 무령왕 당대에 짧게 유행한 묘제일 뿐 웅진기 대부분의 왕들은 횡혈식 석실분을 여전히 왕릉으로 삼은 셈이다. 다른 지역에 나머지 왕릉이 있다고 하면 상황은 더 복잡해

---

22) 소성 과정에서 굽어지거나 표면이 터진 전돌을 그대로 사용한 부분이 6호분이 무령왕릉에 비해 많다. 이러한 차이는 무덤의 위계, 나아가 피장자의 신분차와 연동될 가능성이 있다.

진다. 전축분이 존재하는 교촌리, 혹은 왕릉을 의미하는 능치가 또 하나의 왕릉지역일 경우 웅진기 백제 왕실은 昭穆체제에 의해 왕릉을 축조하였던 셈이 된다.

이러한 변수가 워낙 많기 때문에 석실과 전실이란 재료의 차이가 왕과 일반 왕족의 신분차를 반영하는지 여부는 판정하기 곤란하다.

둘째, 무령왕릉 이외의 나머지 왕릉이 모두 송산리에 모여 있다고 한다면 너무 밀집되어 있는 것은 아닌가? 송산리 고분군의 분포양상은 육조 유력 사족들의 고분 분포양상과 흡사하다. 이 문제는 묘역을 표시한 陵垣의 존재 여부와 직결된다. 중국 황제릉은 무덤을 감싼 거대한 陵垣을 갖추고 있으며, 태왕릉에서도 陵墻이 발견되어[23] 고구려 왕릉은 능원을 갖추고 있음을 알게 되었다. 반면 육조 사족이나 백제 왕릉에서는 陵墻이나 神道 등의 능원시설이 확인된 바 없다.

웅진기와 시간적으로 병행한 남조 양의 경우를 살펴보자. 宋부터 陳에 이르기까지 남조의 황제릉은 神道碑, 石獸([사진 3]), 石柱 등의 石刻을 세우고 수 킬로미터에 이르는 神道를 통해 陵에 도달하게 되는 능원을 갖추고 있다.[24] 최근에는 양무제의 형제나 아들들의 무덤 주변에서도 陵墻이 발견됨으로써 능원시설이 황족에게도 해당됨을 보여주었다. 그렇다면 무령왕릉을 비롯한 백제 왕릉에도 능장 등의 능원시설이 부가되었을까? 이 문제는 앞으로의 발견을 기대할 수밖에 없다. 무령왕릉이 규모나 구조면에서 남조의 황족묘에 약간 못 미치고 사족묘보다는 우월한 점을 볼 때, 陵墻의 존재 여부를 적극적으로 규명하여야 한다.

---

23) 吉林省文物考古研究所·集安市博物館, 2004 ≪集安高句麗王陵≫ (文物出版社) 254~257

24) 曾布川寬, 傅江 譯, 2004 ≪六朝帝陵≫ (南京出版社)

[사진 3] 남조 양의 황족묘 앞의 석수

3. 사비기

1) 능산리식 석실분의 피장자

사비기에는 석실분의 보급이 더욱 왕성해져서 중앙의 왕족, 귀족은 물론이고 지방 수장층, 혹은 그 후예들도 대개 석실분에 매장된다. 석실분은 평면이나 천정 형태에 따라 다양한 형식으로 분류되지만 사비기에 집중적으로 축조된 것은 陵山里式, 保寧里式, 松鶴里式, 芝仙里式 등이다.[25]

능산리식은 천정부를 기준으로 할 때, 平斜天障式에 해당되는데 현문 양쪽에 문주석을 세우고 측벽은 가공된 판석을 세워 수직벽을 만들

---

25) 吉井秀夫, 1992 ≪熊津・泗沘時代 百濟 橫穴式石室墳의 基礎硏究≫ (경북대학교 석사학위논문) ; 吉井秀夫, 1993 <百濟地域における橫穴式石室分類の再檢討-錦江下流域を中心として-> ≪考古學雜誌≫ 79-2

고 그 위는 장대석을 직선적으로 내경시켜 평사천정을 형성한 것이다.[26] 잘 다듬은 장대한 판석의 사용, 단면 육각형의 석실구조, 절제되고 짜임새 있는 외형 등이 특징이다. 부여 능산리 고분군에서는 중하총, 동하총을 제외한 6기가 그 전형이며[27] 부여 염창리 고분군과[28] 능산리 공설운동장 신축부지[29] 등 부여에 집중되어 있다.

능산리식은 지방에서도 종종 발견되지만 부여처럼 대규모의 군을 이루는 경우는 좀처럼 찾아보기 힘들다. 왕궁리 유적과 미륵사의 존재에서 볼 수 있듯이 사비기 백제의 부도로서의 위상을 갖는 익산의 쌍릉은 능산리의 왕릉급 고분을 능가하며 목관의 규모나 장식성 역시 왕릉급이어서 무왕 부부의 무덤일 가능성이 있다.[30]

사비기 백제 고분의 분포상 특징은 형태적인 면에서 통일성이 강화된다는 점이다. 횡혈식 석실분이 지방 곳곳에 침투하면서 종전의 다양한 묘제는 대부분 사라지게 된다. 주구를 돌리고 분구를 조성한 후 복수의 매장주체를 마련하는 이른바 분구묘의 전통이 강한 전북 서남부 - 영산강 유역에도 능산리식 석실분, 혹은 그 변형, 지역형이 보급되면서 재래의 묘제는 사라지게 된다.

그렇다면 부여나 익산에 분포하는 왕릉이란 것도 결국 중앙, 지방의 고위 관료의 무덤과 구조적 동일성을 공유하며 규모면에서 약간 큰 정도에 불과한 것이다. 적어도 상장의례에서만큼은 왕이 관료들과 완전히 다른 차원의 세계에 존재하는 것이 아니라 함께 있음을 보여준다.

---

26) 崔完奎, 1997 ≪錦江流域 百濟古墳의 硏究≫ (숭실대학교 박사학위논문)의 사비 2식에 해당된다.

27) 東潮・田中俊明, 1989 ≪韓國의古代遺蹟 2(百濟・伽耶篇)≫ 135

28) 李南奭・徐程錫・李賢淑・金美先, 2003 ≪塩倉里古墳群≫ (國立公州大學校博物館)

29) 國立扶餘文化財硏究所・扶餘郡, 1998 ≪陵山里 - 扶餘 陵山里 公設運動場 新築 豫定敷地 百濟古墳1・2次 緊急發掘調査報告書≫

30) 李南奭, 2002 ≪百濟墓制의 硏究≫ (서경) 271

달리 표현하자면 백제 왕권은 율령을 초월하는 방식이 아니라 왕권이 율령적 지배의 안에 있었을 가능성을 보여주는 것이다.

한편 사비기 석실분의 규모에 대한 분석 결과 동 시기 신라 석실분에 비해 규격성이 강하다는 연구성과가 이미 나온 바 있다.[31] 이는 곧 백제의 喪葬에 대한 정비가 신라의 그것에 비해 엄격하다는 의미이다. 결국 고분에 나타난 사비기 백제 왕권은 율령적 지배의 강화, 특히 엄격한 상장령의 시행, 율령적 지배 내에 포함된 왕권 등으로 표현할 수 있을 것이다.

2) 부장품에서 공양구로

박장의 시행으로 인해 부장품이 극단적으로 적은 사비기 고분이지만 장신구이자 착장형 위세품의 일종인 은화관식이 발견되는 사례가 잦다. 은화관식은 6품인 奈率 이상의 관인이 착용한 관모의 장식인데 능산리식 석실분에서 출토되는 빈도가 높아 능산리식 석실 피장자의 정치적 위계를 엿볼 수 있다.

이 관식이 발견된 고분 구조는 모두 횡혈식 석실분으로서 중앙에서는 부여 염창리 Ⅲ-72호분,[32] 하황리, 능산리 능안골 고분군(36호분, 44호분)[33] 등이고 지방은 나주 흥덕리와 복암리 3호분, 남원 척문리,[34] 논산 육곡리 7호분[35] 등지이다. 은화관식은 관의 장식인 반면 관의 테

---

31) 山本孝文, 2006 ≪三國時代 律令의 考古學的 研究≫ (서경) 184

32) 李南奭·徐程錫·李賢淑·金美先, 2003 ≪塩倉里古墳群≫ (國立公州大學校博物館) 234~236

33) 國立扶餘文化財研究所, 1998 ≪陵山里≫

34) 洪思俊, 1968 <南原出土 百濟飾冠具> ≪考古美術≫ 90

35) 安承周·李南奭, 1988 ≪論山 六谷里 百濟古墳 發掘調査報告書≫ (百濟文化開發研究院)

가 출토된 경우는 부여 증산리 Ⅰ-1호분,[36] 청양 장승리 A-11호분,[37] 서천 추동리 A27호분,[38] 나주 복암리 3호분 7호 석실, 영동리 1호분 4-1호 석실 등이 있다. 이들 고분의 피장자는 은화관식을 착용할 수 없는 7품인 將德 이하로 보인다.[39] 한편 부여 왕흥사지에서는 운모로 만든 꽃 모양 장식이 철테와 함께 공양되어 은화관식 만이 아니라 운모로 만든 관식의 존재를 알게 되었다. 운모는 고급 장식의 재료일 뿐만 아니라 신선사상과도 연관된다는 점, 그리고 왕흥사에 공양된 점 등을 두루 고려할 때 은화관식보다 고급이었을 가능성이 높다. 그렇다면 운모로 장식된 관을 착용한 인물(왕자?), 은화로 장식된 관을 착용한 奈率 이상의 관인, 그리고 은화관식이 결락된 관을 착용한 率類보다 낮은 관인들이 확인된다.

최근 익산 미륵사지 서탑지에서는 다양한 사리공양구와 함께 2점의 은화관식이 출토되었다. 관식 이외에도 다양한 귀금속들이 발견되었는데 이러한 현상은 부여 왕흥사지 사리공양구에서도 확인된다. 이러한 물품들은 고분 부장품의 면모를 고스란히 갖추고 있다. 이는 곧 고분에 투여되었던 에너지가 사원조영으로 전환되었음을 웅변하는 것이다.

이러한 점에서 부여 능산리사지는 매우 주목된다. 금동대향로와 창왕명 사리감이 출토된 이 사원은 한 번에 조성된 것이 아니라 여러 번에 걸쳐 단계적으로 중심 건물이 들어선 것으로 이해되는데[40] 최초 단계에는 왕릉의 축조나 聖王을 추복하기 위한 각종 제사를 담당하던 祠廟, 혹은 祠堂 시설로 이해되고 있다.[41] 567년 사리가 공양되고 목탑이

---

36) 忠淸南道歷史文化院, 2004 ≪扶餘 甑山里遺蹟≫

37) 柳基正·田鎰溶, 2004 ≪靑陽 長承里 古墳群≫ (忠淸文化財硏究院)

38) 田鎰溶, 2006 <百濟時代 墳墓의 時·空間的 位置> ≪舒川 楸洞里遺蹟 Ⅰ地域≫ (忠淸文化財硏究院)

39) 山本孝文, 2006 ≪三國時代 律令의 考古學的 硏究≫ (서경) 155

40) 金吉植, 2008 <百濟 始祖 仇台廟와 陵山里寺址 - 仇台廟에서 寺廟로 - > ≪韓國考古學報≫ 69 (韓國考古學會)

건설되던 단계부터는 명실상부한 왕실, 혹은 성왕의 원찰로 기능하게
된다. 그렇다면 주변에 있는 능산리 고분군의 왕릉은 단순히 시신을
모신 장소로 그 의미가 축소되고 원찰이 보다 중요한 시설로 인식되었
을 것이다.

이러한 변화의 배후에는 중국식 상장의례의 도입이 놓여 있다. 541~
552년까지 백제에서 활동한 梁의 講禮博士 陸詡는[42] 저명한 유교식 제
례의 전문가이다. 그가 백제에서 활동하는 동안 중국식 상장제가 대폭
도입되고 정연하게 정비되었을 것임은[43] 분명하다. 백제 고분의 박장
화가 더욱 가속화되는 계기가 여기에 있다. 그 단초는 웅진기로 소급
될 가능성도 있다. 백제에서는 이미 웅진기에 대통사 등 대형 사찰이
조영되었기 때문에 고분 부장품에 어울리는 물품을 탑에 매납하는 행
위가 이때부터 시작되었을 가능성이 있는 것이다. 실물자료로는 모두
사비기의 것들만 남아 있는데 왕흥사지 목탑에 매납된 사리기는 577
년, 미륵사지 서탑에 매납된 사리기는 639년에 해당된다.

백제고 분에서의 극단적인 박장화는 고분 부장품에서 공양구로, 상
장의례에서 불교의례로 전환된 결과이다. 신라의 경우도 약간의 시차
를 갖고 동일한 현상이 전개되었을 것으로 추정되는데 황룡사 9층 목
탑이 세워지는 646년이 그 시점이 될 것이다. 결론적으로 고분 축조에
서 사원조영으로 국가적인 에너지가 전환되는 분위기 속에서 사비기
백제 왕권이 존재하였던 것이다. 고등종교의 유행이 고분의 축조를 억
제하는 현상은 널리 확인된다. 특히 유일신을 숭배하는 사회 분위기에

41) 李炳鎬, 2008 <扶餘 陵山里寺址 伽藍中心部의 變遷 過程> ≪韓國史硏究≫
143 (韓國史硏究會)
42) 趙景徹, 2000 <百濟 聖王代 儒佛政治理念－陸詡와 謙益을 중심으로－> ≪韓
國思想史學≫ 15 (韓國思想史學會)
43) 權五榮, 2007 <선진문물의 수용> ≪熊津都邑期의 百濟(백제문화사대계 연
구총서4)≫ (충청남도역사문화연구원) 211~212

서는 왕릉의 축조는 크게 억제된다. 이슬람권과 기독교문화권이 그 예이다.[44] 일본의 경우는 율령적 지배구조가 정비된 이후 왕의 무덤은 화장 후 사원에 납골하는 방식을 취하게 된다.[45]

IV. 주변국가와의 비교

1. 지방 수장묘와의 비교

백제 지방세력 중 독자성이 가장 강하였고 그 독자성이 가장 오랫동안 유지되었던 것으로 보이는 영산강 유역에서는 웅진기 이후에도 대형 옹관고분이 축조된다. 신촌리 9호분의 피장자는 한성 말~웅진 초 영산강 유역의 최고 유력 수장으로서 고유의 묘제(옹관고분)에 매장되면서도 백제 중앙에서 분여한 것으로 판단되는 금동 관모와 대관, 식리, 단봉문 환두대도를 비롯한 장식대도 등을 소유하고 있다. 신촌리 9호분으로 상징되는 영산강 유역 정치체는 묘제와 장제, 부장품의 종류와 내용면에서 비백제적 요소가 많으면서도 중앙의 착장형 위세품을 부장하고 있다. 이들은 백제의 정치적 영향권 언저리에서 끊임없이 유동하는 상황에 처해 있었을 것이다.[46]

이러한 상황에서 영산강 유역 분구식 고분의 분구가 高大한 것을 근거로 백제 중앙보다 권력의 강도가 강하였다는 주장은 성립할 수 없다. 우선 구조적으로 분구식고분과 중앙의 봉토식 고분은 단순 비교할

---

44) 都出比呂志, 2000 ≪王陵の考古學≫ (岩波新書) 157

45) 都出比呂志, 2000 ≪王陵の考古學≫ (岩波新書) 162~163

46) 권오영, 2007 <고고자료로 본 지방사회> ≪百濟의 政治制度와 軍事(百濟文化史大系 研究叢書 8)≫ (충청남도역사문화연구원)

수 없다. 봉토는 매장시설을 포장하기 위한 것이며 지나치게 커다란 봉토는 오히려 매장시설을 파괴하는 역기능을 하게 된다. 반면 분구식 고분은 장기간에 걸쳐 분구의 高大化가 진행되며 거대 분구로 인해 매장시설이 파괴될 위험성이 증가하는 것은 아니다. 따라서 영산강 유역의 분구식 고분의 규모를 과대평가해서는 안 된다. 중국 강남지역의 경우도 분구식 고분인 土墩墓의 규모가 봉토식 고분인 남조 황제릉보다 월등히 크지만 이를 근거로 토돈묘 축조세력의 왕권이 남조 황제를 능가한다고 주장하는 사람은 없기 때문이다.

1인 매장, 혹은 부부합장으로 그치는 중앙의 횡혈식 석실분의 봉토 체적과 수십 명의 친족집단을 하나의 분구에 매장한 분구식 고분의 분구체적을 단순 비교하는 것도 불가능하다. 매장인원의 수를 감안하여 1인당 점유한 면적과 분구(봉토)의 체적을 계산하여야 하기 때문이다. 이런 까닭에 분구의 高大함만으로 백제 중앙의 왕권과 지방 수장 권력을 비교하는 것은 방법론적으로 적절치 않다.

2. 고구려 왕릉과의 비교

한성기 백제의 왕릉이 석실적석총일 가능성이 높음은 이미 언급한 바 있다. 하지만 집안 일대의 초대형 석실적석총, 즉 고구려 왕릉과 석촌동 고분군의 적석총을 비교하면 뚜렷한 차이가 확인된다. 우선 묘역의 존재여부이다. 태왕릉에서는 陵墻이 확인된 반면 석촌동 고분군에서는 그 존재가 분명치 않다. 하지만 이는 조사의 불충분에서 비롯되었을 가능성도 있으므로 논외로 한다.

보다 현저한 차이는 고구려 왕릉이 능원을 갖건 가지지 않건 일정한 거리를 두면서 자신의 고유 묘역을 확보하고 있는 반면 석촌동 고분군

[사진 4] 바다를 향한 고시즈카 고분의 전방부

은 군집한다는 점이다. 고구려 왕릉은 산을 뒤에 두고 압록강을 정면에서 조감하는 입지를 택한다.[47] 이러한 입지는 강에서 보았을 때 왕릉의 규모가 실제보다 더 크게 보이는 효과가 있다. 5세기 일본의 대왕릉으로 추정되는 기나이(畿內) 지역의 초대형 전방후원분 역시 바다나 하구에서 조망하였을때 고대하게 보이게 설계되었다. 효고(兵庫)현의 고시즈카(五色塚) 고분([사진 4])이나 오사카(大阪)의 傳仁德陵이 이러한 범주에 속한다. 이런 점에서 고구려 초대형 석실적석총과 일본의 초대형 전방후원분은 상통하는 면이 있다. 반면에 석촌동의 적석총은 이러한 입지는 취하지 않았다.

평양의 대표적인 왕릉인 傳東明王陵은 주변에 많은 수의 소규모 고분들을 거느린 듯한 형태로 배치되는 반면 공주 송산리 고분군과 부여 능산리 고분군에서는 이러한 모습을 찾을 수 없다. 백제 왕릉은 한성

---

47) 고구려 왕릉의 입지선정은 동서남북의 방위와는 무관하고 고분의 전면에서 조망할 때 그 방향이 압록강의 흐름과 직교하도록 고려되어 있다.

기부터 사비기까지 고립적인 입지를 택하지 않고 여타 무덤과 群聚하고 있다. 이런 점에서는 신라, 가야 왕릉과 상통한다.[48]

3. 신라, 가야 왕릉과의 비교

신라와 가야지역에서는 5세기 이후 거대한 봉토를 씌운 고분, 이른바 고총이 발달한다. 5세기를 고총의 시대라 부를 수 있고 이를 고총체제라 부르는 견해도[49] 있다. 고대한 봉토에 걸맞게 대규모 매장주체부에 막대한 양의 부장품이 납입된다. 이러한 양상은 6세기 전반까지도 이어지게 된다.

백제로서는 한성 말~웅진기에 해당되는데 신라-가야와 백제는 완전히 다른 모습을 보인다. 이러한 차이는 신라-가야의 왕과 백제의 왕의 속성이 같지 않은 데에서 기원한다.

신라의 왕은 금관을 비롯한 다양한 종교적, 주술적 유물의 존재([사진 5])에서 보듯이 세속적인 권력자로서의 속성 못지않게 종교적인 기능을 강조하고 있다. 가야의 경우는 갑주와 무기의 다량 부장에서 나타나듯이 정치적 권력자이자 군사적 실권자로서의 면모를 보인다. 백제왕이 율령적 지배 내에 존재하는 관료적 속성을 강하게 띠고 있는 점과 비교하면 천양지차이다.

6세기 이전 신라-가야의 왕릉에서 순장이 자주 행하여진 점도 백제

---

48) 물론 부산 복천동, 김해 대성동, 고령 지산동, 함안 말산리 등지의 가야 왕릉은 구릉 사면이 아니라 시각적인 효과가 높은 능선에 입지한다. 이런 점에서는 왕릉과 기타 고분의 입지선정에서 구별이 존재하였음이 분명하다. 하지만 이는 상대적인 구분일 뿐 고구려나 후술할 일본처럼 왕릉의 격절성을 강조하는 방식은 아니었다.

49) 김대환, 2007 <고분자료로 본 신라의 국가형성> ≪국가형성에 대한 고고학적 접근≫ (한국고고학회)

[사진 5] 황남대총 남분의 유해부

와 다른 점이다. 순장이란 풍습이 묘제의 변화와도 연동된다는 점을 고려하면 6세기가 되어서야 횡혈식 석실분의 보급이 본격화되는 신라-가야지역과 4세기부터 본격화된 백제지역 묘제의 차이로 그 원인을 돌릴 수도 있을 것이다. 하지만 횡혈식의 개념이 도입되어 묘제가 횡구식으로 전환된 창녕 송현동 고분에서도 여전히 순장이 이루어지는 것을 보면 단지 묘제의 차이만이 아니라 순장에 대한 자세, 즉 순장을 필요로 하는 사회와 그렇지 않은 사회의 차이를 느낄 수 있다.

결국 고총을 특징으로 보이는 5세기 신라-가야의 왕과 백제왕은 완전히 다른 속성을 띠고 있었다고 볼 수 있다. 왕의 신비하고 초월적인 권력을 강조하여야 하는 신라, 무장적인 성격을 강조하는 가야에서는 고대한 고총을 축조하고 후장과 순장을 통해 일반 민중들에게 왕의 권력을 과시할 필요가 있었지만 지극히 현실적이고 세속적인 관료제 하의 백제에서는 그럴 필요도 없었고, 그럴 수도 없었을 것이다. 결국 백

제에서는 고총의 출현을 억제하는 메커니즘이 작동하였던 것으로 이해
된다.

4. 일본 고분과의 비교

　이러한 논리는 5세기 일본 고분과 비교하여도 마찬가지이다. 오사카
평야에 분포하는 초대형 전방후원분은 傳仁德陵이 포함된 모스(百舌
鳥) 고분군과 傳應神陵이 포함된 후루이치(古市) 고분군으로 양분되는
데 전체 길이 400m를 넘는 전방후원분들로 구성되어 있다.50)

　전방후원분을 필두로 한 거대한 토목공사에는 엄청난 인원이 동원
되었을 터인데 긴키(近畿) 지방 고분의 체적 총량은 1,800만 입방미터
이고 이 공사에는 연인원 일억명이 투입되었다는 계산이 있다.51) 이러
한 대규모 토목공사를 가능하게 한 5세기 왜 왕권의 성격에 대해서는
다양한 논의가 가능하지만 거대 고분의 출현 계기는 왕권의 신성화를
필요로 하는 사회적 분위기라는 점을 고려할 필요가 있다.

　이는 왜 왕권이 아직 신비하고 주술적인 권력의 수준을 못 벗어났다
는 의미이기도 하다. 한편 이 초대형 전방후원분의 배총에서는 막대한
양의 무기와 갑주류가 출토되어 무장적인 성격도 분명히 하고 있다.
결국 신라적인 속성과 가야적인 속성이 공존하는 셈이다.

　이러한 분위기가 일변하는 계기는 기나이(畿內) 지역에 백제에서 유
래한 횡혈식 석실분이 도입되는 단계, 그리고 7세기 이후 율령적 지배
의 강화와 맞물려 극도의 薄葬化가 진행된 横口式石室墳이 주류를 점
하는 종말기 고분([사진 6])의 단계이다. 그런데 이 두 단계는 모두 백

---

50) 堺市博物館, 1996 ≪大王墓の時代≫
51) 石川昇, 1989 ≪前方後圓墳築造の研究≫ (六興出版)

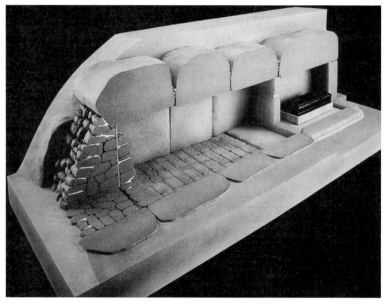

[사진 6] 일본의 종말기고분(츠카마와리고분)

제와 연관되어 있다. 결국 신라적이고 가야적인 속성에 머물러 있던 왜 왕권은 백제의 묘제, 장제의 수입과 함께 백제적인 왕권, 즉 율령적 지배 내의 왕권으로 그 성격이 바뀌게 되는 것이다.

V. 왕릉에 반영된 백제 왕권의 특징
─맺음말에 대신하여

이상의 내용을 통해 백제 고분이 이웃한 신라·가야와 왜의 왕릉, 그리고 지방 수장묘에 비해 규모면에서 소형이고 부장품의 양이 적은 薄葬인 이유가 결코 왕권의 미성숙에서 비롯된 현상이 아님을 논증하였다.

백제에서는 고분을 크게 축조하여 왕권을 과시하고 신성화할 필요가 이미 없어졌다고 판단된다. 다른 측면에서는 이러한 작업을 시도하는 것 자체가 불가능하였을 것이다. 그 이유는 비교적 이른 시기부터 유입된 중국식 禮制와 來世觀, 喪葬制의 존재이다.

백제에서는 3세기 이후 이미 중국제 도자기가 다량 수입되며 4세기 중앙의 귀족들은 老子의 《道德經》을 읊을 정도로 중국 문화에 친숙하였다. 그 배경에는 낙랑과 대방의 쇠락 이후 밀물처럼 들어온 중국계 유민의 영향이 컸을 것이다. 4세기 이후 급증하는 중국 청자의 수입은 이들로부터 유래된 飮茶 풍속에서 기인하였을 것이다. 이러한 분위기에서 백제 왕실이 왕릉의 규모를 크게 하고 殉葬과 厚葬을 실시하는 것은 불가능하였고 그럴 필요도 없었을 것이다. 시신의 매장이라는 본연의 목적에 충실한 지극히 현실적인 장묘 문화가 일찍부터 자리잡을 수밖에 없는 환경이었던 것이다.

사회적인 에너지를 무덤에 쏟아붓는 단계를 일찍 벗어나 성곽이나 사원 등에 투입하는 백제 지배층의 모습을 그려볼 수 있다. 이러한 양상은 세계 보편적으로 확인된다. 영웅이나 지배자의 고총을 축조하는 단계를 지나서 그 대신 사원, 교회 건축에 집중하면서 시신은 간단히 사원에 안치하는 중세 기독교, 이슬람세계의 모습을 연상시킨다.

이런 점에서 묘제와 부장품에서 거품을 뺀 현실적인 모습은 오히려 백제 사회의 발전 수준을 보여주는 것이며 백제 왕권의 특징을 나타낸다. 백제 왕실은 묘제와 장제가 아니라 오히려 상제를 통하여 왕권의 위엄을 강조한 것으로 보인다. 그것은 중국의 각종 사서에서 보이는 3년상의 존재, 그리고 무령왕릉 매지권과 정지산 유적에서 확인되는 27개월간의 殯葬이다.

The change of the royal tomb of Baekje and its sovereign power in the $4^{th}\sim6^{th}$ century

Kwon, Oh-Young

The scale of the royal tomb of Baekje is smaller than that of other neighboring countries and the tomb contains scarce furnishings. There has been some argument about immaturity of the kingdom of Baekje based on these facts, while the reality is different.

The reason why Baekje has a small size royal tomb is that this kingdom already went over the level of boasting its power by making large scale of tombs. The early influx of Chinese funeral customs can be a good reason. As Chinese funeral customs had settled in, the idea of concentrating energy into the construction of tomb and burying alive with the dead could not be supported.

As a result, Baekje concentrated on the construction of temple and castle. The recent research of temple and wooden tower excavated in Buyeo and Iksan proves it.

Key words : gilt bronze crown, silver crown ornament, vertical shaft-style tomb, horizontal entrance-style stone chamber, stone mound tomb, royal rites, clay coffins, sarira reliquary, temple site, wooden pagoda

4~6世紀における百済古墳の変遷と王権

権五栄

　百済の王陵は、規模の面から近隣国家等に比べ小さく、副葬品も貧弱である。このような特徴に基づいて、百済王権の未成熟さを主張するケースもあるが、実状はそうとはいえない。

　百済の王陵の規模が小さいのは、古墳を大きく作って王権を誇示する段階を既に通りすぎていたからである。その背景には、中国式の葬礼風習が他の国より早く取り入れられた事情がある。

　中国式の葬礼風習と社会制度が定着するに伴い、墓作りに莫大なエネルギーを注いだり、人を殺して殉葬する風習は支持されなくなった。

　その結果、百済は墳墓の築造に社会的なエネルギーを注ぎ込むより、寺院や城郭の建設に熱中した。最近、扶餘と益山で発掘された寺院と木塔の調査成果がこのことをよく象徴している。

主題語：葬礼風習、王権、金銅冠、銀製花形冠飾、竪穴式石槨墓、横穴式石室墳、積石塚、王室儀礼、甕棺、舎利荘厳具、木塔、寺院

4~6세기 신라 고분의 변천과 왕권

김 대 환*

Ⅰ. 머리말

신라 왕권의 연구는 신라사를 이해하는 첩경이라고 할 수 있으며, 신라 왕권의 성장사는 바로 당시 신라 사회의 정치적 수준의 흐름을 파악하는 주된 지표가 되고 있다. 또 이러한 왕권의 성장과 변화상은 신라 국가의 형성과정이라는 주제와도 밀접한 관련을 맺고 있으며, 따라서 다양한 학제적 접근을 통해 왕권을 이해하는 것이 필연적으로 요구되고 있는 실정이다. 여기에 대해 이미 우리나라 고대사학계에서 고대국가의 형성과 성장과정을 검토[1]하면서 삼국시대 왕권이 어떠한 과

─────────────

* 일본 교토대학 대학원 문학연구과

정을 거치면서 성립하고 중앙집권화를 갖추어 가는지를 치밀하게 고증하여 고대사회를 이해하는데 큰 성과를 거두고 있다. 특히 신라의 경우 냉수리비와 봉평비와 같은 금석문들이 새로이 발견되면서 왕권에 대한 많은 연구 성과들이 집적되어 있다.[2]

신라 왕권에 대한 역사학계의 두드러진 연구 성과에 비해 고고학계에서는 아직까지 구체적인 연구 성과를 내지 못하고 있는 것이 현실이다. 그러한 이유로는 무엇보다도 불안정한 신라 고분 편년관과 시기적으로 불균등하게 조사된 고분 자료, 왕릉에 대한 인식 부족, 왕릉급 고분에 대한 조사의 부재 등을 대표적으로 들 수 있다. 이는 상대적으로 최근 고구려의 왕릉급 고분의 발굴 자료를 토대로 진행되고 있는 학제적 연구[3]를 본다면 신라 왕릉급 고분을 통한 왕권에 대한 고고학적 연구는 매우 긴요한 것이다.

다행이도 최근 신라 고분에 대한 연구는 1990년대 이후의 새로운 발굴 자료와 이에 대한 수준 높은 해석의 틀로 인해 과거보다 꽤 진전된 논의가 가능하게 되었다. 특히 신라 고분의 편년관이 어느 정도 안정화되면서 황남대총과 같은 왕릉급 무덤에 대한 피장자 논의[4]가 가능하게 되었고, 이에 따라 4~6세기 왕릉에 대한 초보적인 논의들이 등장하게 되었다.

이중 마립간기 적석목곽분에 대한 왕릉 비정[5]과 중고기 석실묘에

---

1) 한국고대사연구회, 1990 ≪한국 고대국가의 형성≫ (민음사, 서울)

2) 한국고대사연구회, 1989 ≪한국고대사연구≫ 2 (지식산업사, 서울) ; 한국고대사연구회, 1989 ≪한국고대사연구≫ 3 (지식산업사, 서울)

3) 한국고대사학회, 2005 ≪집안 지역 고구려 왕릉의 제문제≫

4) 이희준, 1995 <황남대총 남분의 연대> ≪영남고고학≫ 17 (영남고고학회) ; 김두철, 1998 <신라 마구 연구의 몇 과제> ≪신라문화≫ 15 (동국대학교 신라문화연구소) ; 김용성, 2003 <황남대총 남분의 연대와 피장자 검토> ≪한국상고사학보≫ 42 (한국상고사학회)

5) 주로 신라 적석목곽분을 편년하면서 부차적으로 논의가 진행되고 있다. 이종

대한 왕릉 비정[6]이 논의의 핵심으로 부각되었는데, 제각기 입론의 방식이나 함의는 매우 다양하게 진행되어 많은 부분 혼란을 가중시키고 있는 점도 사실이다. 따라서 본 글에서는 이러한 한계를 인식하고 통시적인 안목에서 이를 정리하고 체계적인 해석의 틀을 제시해 보고자 한다.

그뿐만 아니라 신라 왕릉을 비정하고 이를 통해 왕릉의 묘제와 부장유물의 특성을 살펴 왕권의 성장과정을 논증하는 것은 신라사를 복원하고 이해하는데 핵심적인 과제이다. 그러나 아직까지 4～6세기 왕릉과 왕권에 대한 고고학적 연구가 거의 부진하므로 이 시점에서 이러한 문제점을 부각시키고 이를 기초적으로 정리하는 작업부터 시작하고자 한다.

Ⅱ. 연구의 배경과 과제

이 연구는 지금까지의 신라 왕권과 왕릉급 고분에 대한 연구가 서로 별개로 이루어졌기 때문에 이를 극복하고, 향후 좀 더 진전된 논의를 진행시키는 동시에 앞으로 신라 고분의 연구가 좀 더 사회상을 이해하는 방향으로 나아가기 위한 기초적 과정이다. 이러한 문제점을 낳은 이유는 여러 가지가 있겠으나 고고학적으로는 다음의 몇 가지를 지적할 수 있겠다.

선, 1992 <적석목곽분의 편년에 대한 제논의> ≪한국고대사논총≫ 3 (한국고대사회연구소편, 서울)
6) 강인구, 1987 <신라왕릉의 재검토 3> ≪삼국유사의 종합적 검토≫ (한국정신문화연구원) ; 이근직, 2005 <경주 서악동 신라 중고기왕릉 연구> ≪삼국유사 기이편 연구≫ (한국학중앙연구원) ; 이근직, 2006 ≪신라 왕릉의 기원과 변천≫ (영남대학교 박사학위논문).

  기존의 신라 왕릉의 연구는 주로 통일신라시대 왕릉을 중심으로 이루어져 왔으며,[7] 4~6세기 왕릉에 대한 연구는 거의 부진한 상태였다. 또 기존의 연구가 미술사적 연구에 국한되다보니 왕릉이 가지는 사회·문화적 의의는 드러나지 못한 문제점이 많다. 즉 시기적으로 4~6세기 왕릉급 고분에 대한 연구는 거의 이루어지지 않았고, 또 이를 왕권과 상관관계라는 측면에서의 접근 역시 거의 없으므로 현 시점에서 이 시기 왕릉급 고분에 대한 연구는 매우 큰 의의가 있다고 할 수 있다.

  현재 4~6세기 왕릉급 고분에 대한 연구는 왕릉에 초점이 맞추어져 있기보다는 신라 고총론[8]처럼 중앙과 지방을 위계화하고 이를 통해 지방의 지배방식을 논증하는 자료로 활용되고 있는 현실이다. 그렇다보니 경주와 주변지역과 관계성에만 논의가 부각되고 신라의 중앙인 경주지역에서 최고 위계 대형묘가 언제 어떻게 출현하고 그러한 최고 위계 대형묘가 가지는 의의가 무엇인지, 과연 왕묘로 볼 수 있는지에 대한 논의는 매우 부진했다. 따라서 관계사적 관점에서 비교 우위 수준으로 왕릉급 고분에 주목하기보다는 신라 중심지의 지역사적 관점에서 최고 위계 대형묘의 출현과 그 변천에 주목할 필요가 있다.

  최근 마립간기 왕릉의 묘주 비정에 대한 논의가 있었으나 그것은 신라 고분을 편년하는 과정에서 논의된 결과로 특정 묘주에만 지나친 관심이 치우쳐져 그 무덤이 가지는 사회사적 의미는 몰이해되고 말았다. 대표적인 예로 황남대총에 대한 연구를 들 수 있는데, 마립간기 발굴된 거의 유일한 왕릉인 황남대총에 대한 이해가 단지 피장자의 비정에만 그칠 것이 아니라 백제 무령왕릉의 연구처럼 거시적이고 다각적인

---

  7) 강우방, 1973 <신라 십이지신상의 분석과 해석> ≪불교미술≫ 1 (동국대학교박물관) ; 강우방, 1982 <통일신라 십이지신상의 양식적 고찰> ≪고고미술≫ 154·155합 (한국미술사학회)
  8) 이희준, 1996 ≪4~5세기 신라의 고고학적 연구≫ (서울대학교 박사학위논문) ; 김용성, 1997 ≪신라의 고총과 지역집단≫ (춘추각)

연구의 시각이 필요하므로 본 연구를 통해 이를 강조하고자 한다.

본 글에서는 다음의 내용을 과제로 논의하고자 한다.

우선 시기적으로 4~6세기에 해당하는 신라 고분 중 신라 중심지의 최고 위계 대형묘를 추출해 내고, 이들의 변천상을 통시적으로 서술할 것이다.

다음으로 추출된 최고 위계 대형묘를 왕릉급 고분으로 전제하고, 그 고분들에 대한 왕릉 비정 작업을 검토해 볼 예정인데, 아마도 발굴 조사된 자료가 워낙 적어 주로 연구사적 이해가 주가 될 것이다.

이렇게 논의된 왕릉 중 발굴조사가 이루어진 것과 그렇지 않은 것으로 대분하고, 발굴조사가 이루어진 왕릉에 대해서는 묘제와 부장품의 분석을 통해 왕릉이 가지는 고고학적 특성을 진단할 것이다. 그리고 왕릉급 고분의 제특성이 왕권의 성장과정과 어떠한 상관관계가 있는지를 시론적으로 전망해 볼 것이다. 이미 문헌사학에서 도출된 왕권에 대한 많은 연구 성과9)들이 있으므로, 이를 토대로 한 연역적 접근도 가능할 것이며, 고고학적인 추론을 토대로 한 귀납적 접근도 가능하므로 최대한 학계의 연구 성과를 종합하고, 검토한 후 문제점과 앞으로의 연구방향을 제시하고자 한다.

Ⅲ. 4~6세기 신라 고분의 변천과 최고 위계 대형묘

신라 고분의 변천에 대한 논의는 주로 경주지역의 고분 자료를 대상으로 매장주체 시설의 변화에 주안점을 두고 검토되어 왔다. 그 결과

---

9) 한국고대사학회, 2007 ≪한국고대연구의 새동향≫ (서경문화사, 서울)

조기의 토광묘 시기 - 전기의 적석목곽분 시기 - 후기의 석실분 시기로 구분하는 연구 성과가 나오게 되었는데, 이는 학사적으로 신라 고분의 변천을 통시적으로 종합 정리한 최초의 연구 성과라고 판단된다.[10]

이후 영남지방을 구성하는 각 지역 단위의 고분 자료가 급증하고, 이에 대한 새로운 해석이 진행되면서 신라 고분에 대한 이해는 새로운 국면을 맡게 되었다. 특히 신라의 공간적 범위에 대한 인식에 큰 변화를 가져왔는데, 당시까지만 하더라도 경주와 주변지역만이 신라이고 나머지 지역은 가야라는 인식에서, 늦어도 5세기에는 낙동강 이동 지방과 이서 지방의 가야산 이북은 신라의 공간이라는 인식으로 전환되게 되었다. 이는 고총을 연구단위로 한 신라 고분 연구와 신라 지방 지배를 주제로 한국고대사학계의 연구 성과가 큰 영향을 끼쳤다고 볼 수 있다.

그 결과 신라 고분의 변천도 단순히 경주지역만을 대상으로 하지 않고 앞에 언급한 공간적 범위를 모두 다루게 되었고, 고분의 변천도 목관묘 - 목곽묘 - 고총 - 석실묘 단계라는 범주가 설정되었다. 따라서 본 글에서는 위와 같은 신라 고분의 연구 성과를 토대로 신라 고분의 변천을 기술하되 4~6세기에 국한하며, 경주지역 최고 위계 대형묘를 중심으로 통시적인 변화를 논의할 것이다. 최근 이와는 달리 묘제 변화 뿐만이 아니라 사회사적 획기를 중심으로 고분의 변천을 설정하는 안도 제시되고 있는데, 이는 당시의 사회변동을 설명하는데 나름대로 의의가 있다고 생각된다. 따라서 아래에서는 매장주체 시설의 변화와 사회사적 획기를 동시에 고려하여 신라 중심지역의 최고 위계 대형묘의 변천을 서술해 보고자 한다.

---

10) 崔秉鉉, 1992 ≪新羅古墳硏究≫ (일지사, 서울)

1. 목곽묘 단계

목곽묘 단계는 2세기 중·후반부터 고총이 성립하는 4세기 중엽까지 해당되는데, 아래에서는 4세기대부터 살펴보고자 한다. 이 시기 경주지역 목곽묘는 크게 3개의 유형이 확인된다.

첫째, 이혈 주부곽식의 장방형 목곽묘로 구어리 1호묘가 가장 대표적인 예이다. 지금까지 이러한 유형의 목곽묘는 '김해식 목곽묘'라 불리면서 부산-김해지역에서만 나타나는 묘형으로 이해되었다. 그러나 최근 많은 연구자[11]들이 영남지방 4세기대 목곽묘에 지역성이 있다는 설보다는 지역성이 없다는 견해를 많이 주장하고 있으며, 필자 역시 일찍부터 경주지역의 이혈 주부곽식 장방형 목곽묘의 존재를 주장해 왔다. 앞으로 자료의 증가를 기다려야 하겠으나 지금까지 제시된 자료[12]만 보더라도 이러한 묘형의 목곽묘는 경주지역에 대형묘로 축조되고 있었다고 보아도 무리가 없을 것으로 판단된다.

둘째, 동혈 주부곽식의 세장방형 목곽묘로 학사적으로 구정동 3곽[13]이 널리 알려져 있다. 이 묘형은 구정동형,[14] 경주식 목곽묘,[15] 경주형

---

11) 車順喆, 1999 <同穴主副槨式 木槨墓 研究> (慶星大學校 碩士學位論文); 金大煥, 2002 <지배층묘를 통해 본 新羅 중심지역의 形成> ≪科技考古研究≫ 8 (아주대학교박물관, 수원); 李熙濬, 2002 <新羅の墳墓> ≪東アジアと日本の考古學Ⅰ≫ (同成社, 東京); 李在興, 2006 ≪慶州地域 木槨墓 研究≫ (경북대학교 대학원 석사학위논문); 김대환, 2007 <고분 자료로 본 신라의 국가형성> ≪국가 형성에 대한 고고학적 접근≫ (한국고고학회, 서울)

12) 일찍이 울주 양동유적을 조사한 부산대학교 박물관에서는 경주 조양동 김문환씨 부곽과 황오동 칠보여관 유구를 예안리와 복천동 type의 목곽묘(예안리형)로 보았으며[부산대학교박물관, 1985 ≪울주양동유적조사개보≫ 46], 최종규 역시 월성로 고분군의 4세기대 목곽묘가 폭이 넓은 대형목곽묘임을 논증한 바 있다[최종규, 1995≪삼한고고학연구≫ (서경문화사, 서울) 103].

13) 國立慶州博物館, 2006 ≪경주구정동고분≫

14) 부산대학교박물관, 1985 ≪울주양동유적조사개보≫

목곽묘,16) 신라식 목곽묘,17) 경주 – 울산식 목곽묘18) 등으로 불리는데, 가장 큰 특징은 잘 알려져 있듯이 장폭비가 3:1 정도의 세장한 평면 형태를 가지고, 주부곽이 동일한 묘광 안에 배치되어 있는 것이다. 이러한 세장방형 목곽묘는 최근 조사 예가 증가하면서 그 범위가 매우 광범위함이 밝혀지고 있는데, 서쪽으로는 경북 칠곡 심천리 고분군, 남으로는 울산 하대 유적 및 양산 소토리 유적, 북으로는 포항 옥성리 고분군까지를 포함하는 범위를 가지고 있다.

마지막 유형은 단곽식의 장방형 목곽묘로 중·소형의 목곽묘들이다. 이들은 전술한 세장방형 목곽묘보다 하위의 무덤으로 판단된다.

이 중 신라 최고 위계 대형묘로 세장방형 목곽묘가 주목되어 왔었다. 이는 3세기대 대형 목곽묘가 조사된 고분군들 – 옥성리 고분군, 황성동 고분군, 중산리 고분군 – 에서 대형묘의 묘형이 세장방형 목곽묘로 변화해 가는 양상이 확연히 나타나기 때문에 경주권역의 최고 위계 대형묘로 인식된 것으로 보인다.

그러나 최근 구어리 1호묘가 조사되고, 월성로 고분군의 재검토19)를 통해 폭이 넓은 장방형 목곽묘들의 존재가 확인되었다. 그 결과 이혈 주부곽식의 장방형 목곽묘가 신라의 최고 위계 대형묘이고, 그 하위에 세장방형 목곽묘가 위치할 가능성이 높다는 견해가 많이 제기되고 있

---

15) 申敬澈, 1993 <伽倻成立前後の諸問題> ≪伽倻と古代東アジア≫

16) 이희준, 1996 <신라의 성립과 성장과정에 대한 고찰 – 고고·역사·지리적 접근> ≪신라고고학의 제문제≫ (한국고고학회, 서울)

17) 이성주, 1996 <신라식 목곽묘의 전개와 의의> ≪신라고고학의 제문제≫ (한국고고학회, 서울) ; 김형곤, 1997 <신라식 토광목곽묘의 검토 – 중산리유적을 중심으로> ≪창원사학≫ 4 (창원대학교 사학회, 창원)

18) 김재홍, 1996 <신라(사로국)의 형성과 발전> ≪역사와 현실≫ 21 (한국역사연구회, 서울)

19) 金大煥, 2002 <지배층묘를 통해 본 新羅 중심지역의 形成> ≪科技考古研究≫ 8 (아주대학교박물관, 수원) ; 김대환, 2007 <고분 자료로 본 신라의 국가 형성> ≪국가 형성에 대한 고고학적 접근≫ (한국고고학회, 서울)

다. 따라서 4세기 신라의 최고 위계 대형묘는 구어리 1호묘와 같은 이
혈 주부곽식의 장방형 목곽묘일 가능성이 크다. 이 묘형의 구조상 특징
중의 하나는 주곽의 목곽 구조가 이중곽의 구조를 가지는 것이다. 즉
내곽과 외곽으로 구성된 이중곽에 내곽과 외곽 사이의 단을 마련하여
유물을 부장하는 구조인데, 이러한 예로 안계리 고분군, 황남동 110호,
경산 임당 G-5·6호묘, 복천동 고분군의 4세기 대형묘 등을 들 수 있다.

2. 고총 단계

1) 고총의 성립

신라 고총은 경주지역에서 늦어도 4세기 중엽 적석목곽묘를 매장시
설로 해서 성립한다.[20] 고총에 대해서는 그 개념 규정이 중요한데 그
이유는 고총 안에 담겨 있는 사회사적 의의가 크기 때문이다. 신라고
고학에서 가장 일반적인 개념으로는 "고총은 고분 가운데 확정된 묘역
을 가지고 있고 성토된 분구를 가진 무덤[21]" 또는 "성토 분구의 평면
형이 호석이나 주구 등에 의해 원형이나 타원형으로 나타나면서 분명
한 분묘 단위를 이루는 고분[22]" 으로 정의하는 것이다. 그러나 최근에
는 고총의 개념을 "영남지방의 고총 가운데 出자형 입식의 금동관과

---

20) 金龍星, 1996 <林堂ⅠA-1號墓의 性格에 대하여> ≪碩晤尹容鎭敎授 停年
退任紀念論叢≫ (碩晤尹容鎭敎授 停年退任紀念論叢 刊行委員會, 대구) ; 金
龍星, 2002 <新羅의 高塚社會> ≪동아시아 大形古墳의 出現과 社會變動≫
(國立文化財研究所) ; 金大煥, 2002 <지배층묘를 통해 본 新羅 중심지역의
形成> ≪科技考古研究≫ 8 (아주대학교박물관, 수원)
21) 金龍星, 1996 <林堂ⅠA-1號墓의 性格에 대하여> ≪碩晤尹容鎭敎授 停年
退任紀念論叢≫ (碩晤尹容鎭敎授 停年退任紀念論叢 刊行委員會, 대구)
22) 이희준, 1997 <신라 고총의 특성과 의의> ≪영남고고학≫ 27 (영남고고학
회)

태환수식(또는 이식), 삼엽문 대장식구를 기조로 한 경주식 또는 신라식이라 할 수 있는 위세품을 부장하였으며, 신라 토기(낙동강이동양식의 토기)를 부장하고 있는 것23)"으로 해, 보다 더 엄격하게 정의하여 그 이면에 정치·사회적 의의를 강조하고 있다.

경주지역에서 고총이 출현하는 과정에 대해서는 크게 2가지 관점이 있다. 고총이 완성된 형태로 일시에 등장한다는 견해24)와 점진적으로 완성되어 간다는 설25)이 그것이다. 그런데 고총을 정의하는 요소들이 완성된 고총으로 주장되는 이전의 분묘에서부터 보이기 때문에 전자보다는 후자의 과정을 거치면서 전개되었을 가능성이 크다.

예를 들면 묘역을 구획하는 호석과 주구는 울산 중산리 고분군의 ⅠA74·75호묘로 보아 일찍부터 등장하는 것 같고, 성토분구는 황남동 109호 3·4곽 전후에 완성되었을 가능성이 크다. 또 황남대총 단계는 고총이 초대형 고총으로 더욱 더 발전된 형식으로 나타난 것이 된다.

출토유물로 볼 때 고총의 성립은 월성로 가-13호묘의 매우 정선된 금공제품으로 보아 이 시기 전후에 그 정형이 완비된 것으로 보이지만 복식26)으로써 태환이식, 대장식구, 대도 등이 정형화되기 시작하는 시기는 그 보다 약간 늦다. 즉 황남동 109호 3·4곽과 황오리 14호묘 사이에는 완성된 것으로 보이는데, 이 자료들은 동 시기 최고 위계 무덤이 아니므로, 발굴되지 않은 최고 위계 대형묘에는 일찍부터 완성되어 있었을 개연성이 크다. 이러한 추론이 가능한 것은 황오리 14호분보다

---

23) 金龍星, 2002 <新羅의 高塚社會> ≪동아시아 大形古墳의 出現과 社會變動≫ (國立文化財研究所)

24) 최병현, 1998 <新羅 적석목곽분 기원 재론> ≪숭실사학≫ 12 (숭실대학교 사학회, 서울)

25) 金大煥, 2002 <지배층묘를 통해 본 新羅 중심지역의 形成> ≪科技考古硏究≫ 8 (아주대학교박물관, 수원)

26) 이희준, 2002 <4~5세기 신라 고분 피장자의 복식품 착장 정형> ≪한국고고학보≫ 47 (한국고고학회)

빠르다고 생각되는 지방의 이른 시기 고총인 경산 조영CII호분이나 조영EIII-3호묘, 부산 복천동 21·22호묘와 10·11호묘 등에서 정형화된 고총단계 유물들이 출토되기 때문이다.

이렇게 본다면 초기 고총은 늦어도 4세기 중반에는 출현하였으며, 복식까지 완비된 고총은 4세기 말을 전후하여 등장한다고 볼 수 있을 것이다. 즉 신라 고총은 4세기 중엽을 전후하여 경주지역에서 성립하였으며, 대표적인 예로 월성로 고분군의 가-6호묘, 12호묘, 29호묘 등이 해당될 수 있겠다.

2) 초대형 고총으로의 발전

적석목곽묘를 매장시설로 성립한 고총은 이후 영남지방의 특정 지역으로 확산되며, 이 기간 동안 경주지역 내의 고총은 초대형 고총이라는 또 다른 획기를 맞이한다. 예를 들어 황남대총은 직경이 80m 이상이고 그 높이도 20m가 넘는 것으로 영남지방의 최고대형분이라고 할 수 있으며, 이러한 초대형 고총의 출현은 新羅 고분 變遷史의 大劃期를 긋는 것이라고 할 수 있다. 결국 경주지역의 최고 위계 대형묘는 고총으로의 성립과 초대형 고총으로의 발전이라는 2가지 큰 특징이 확인된다.

초대형 고총으로 발전된 최고 위계 대형묘는 지상식의 적석목곽과 적석봉토의 구조를 가진 엄격한 의미의 적석목곽분이라고 할 수 있다. 적석봉토는 최근의 연구 성과에 의하면 경주지역에서도 극히 제한된 분묘에만 발견되는 것으로, 대체로 신라의 최고 위계 대형묘에만 적용된 것[27]이라고 할 수 있다. 이러한 구조가 정확하게 언제부터 출현하였는지는 알 수 없으나 현재 조사된 最古의 적석목곽분이 황남대총이

---

27) 이성주, 1996 <신라식 목곽묘의 전개와 의의> ≪신라고고학의 제문제≫ (한국고고학회, 서울)

므로 늦어도 5세기 중엽경에는 출현하였을 것으로 보인다. 그러나 현재까지 발굴 조사된 최고 위계 대형묘는 황남대총, 천마총, 금관총, 서봉총, 금령총 등 극히 일부에 지나지 않기 때문에 그 실체를 이해한다는 것은 매우 어려운 실정이다.

경주지역의 경우 조사된 분묘 중 적석목곽분이 몇 기 되지 않고, 이들은 봉분의 크기가 상대적으로 초대형분이라는 점에서 특수성이 잘 드러난다. 따라서 논리적인 비약이 없지 않지만 직경이 80m 이상의 적석목곽분은 황남대총의 예로 볼 때 마립간릉으로 볼 수 있으며, 나머지 대형의 적석목곽묘는 왕족과 그에 상응하는 상위계층의 무덤으로 볼 수 있을 것이다.

이러한 대형급 적석목곽분들은 나름대로 위계화된 것으로 볼 수 있는데 그러한 증거로 비슷한 시기에 축조된 황남동 110호묘와 황남대총을 비교해 보면 잘 알 수 있다. 황남동 110호묘의 경우 二重槨을 가지는 상부 적석목곽묘이다. 그런데 이 분묘는 규모로 보나 부장유물로 보나 황남대총보다 위계가 떨어지는 것이 분명한데, 특히 그 규모로 보아 계층적 차이는 격차가 큼을 알 수 있다. 이러한 사실은 대형급 적석목곽분 사이의 계층적 양상을 잘 알려주며, 특히 상위계층간에 위계도 상대적으로 심화되었음을 유추해 볼 수 있다.

적석목곽분은 비교적 자세하게 조사된 황남대총과 천마총의 구조를 검토하면 적석봉토의 구조가 나름대로 변화를 보인다는 사실을 알 수 있다. 또 황남대총의 남분과 북분은 봉분의 의미로 적석이 이루어지기보다는 목곽묘와 관련된 어떤 구조를 위해 적석구조가 만들어졌을 가능성이 크다.

적석목곽분의 축조방법은 목조가구를 설치하고 적석봉분을 축조하는 것(황남대총)과 봉토부와 적석부를 동시에 축조하는 방법(천마총)이 알려져 있는데, 그 변화방향은 전자에서 후자로 변천하는 것으로 보인다.[28) 또 이와 관련하여 전체봉분과 적석봉분의 크기를 비교해 보면 황남대총의 경우 3:1정도로 적석부가 확실히 작은 편이고 천마총의 경우는 전체봉토와 적석부가 대등함을 알 수 있다. 비록 황남대총과 천마총의 규모가 달라 비교에 무리가 있지만 이는 적석봉토분의 변화를 어느 정도 알려주는 것으로 초대형분을 축조하는 데 적석봉분의 규모가 커지는 변화[29)가 있었음을 알 수 있다.[30) 따라서 적석목곽분은 황남대총부터 천마총까지 어느 정도 변화의 과정이 관찰되므로, 적석목곽분이 완성된 일체구조로 일시에 출현하였다고 보기에는 무리가 있을 것이다. 또 적석부의 기원을 고구려 적석총에서 찾는 관점 역시 황남대총과 천마총의 적석봉분 변천과 유기적으로 관련성을 가지지 못하므로 기원을 직접적으로 연결시키기에는 어려울 것으로 보인다. 혹시 고구려와의 관련성이 깊다면 오히려 崔鍾圭[31)와 藤井和夫[32)의 지적대로 무덤을 高大化하는 이념을 모방하였을 뿐이지 직접적인 구조의 전파 및 수용은 없었던 것으로 보인다.

초대형 고총이 마무리되는 이 단계의 하한은 자료가 적어 알 수가 없으나 대형 적석목곽분들을 마립간시기의 왕과 왕족의 능으로 본다면, 이 시기의 마지막 왕인 지증마립간(왕)의 능을 끝으로 경주분지의

---

28) 적석봉토의 축조방법이 제대로 알려진 것은 이 2기뿐이므로 무리한 구분일지 모르나 황남대총과 천마총의 적석봉분의 구조가 다르고 시기적으로 차이가 있어 이를 구분해 놓는 것이 좋을 것 같다.

29) 李恩碩, 1998 ≪新羅 皇南大塚에 관한 硏究≫ (東亞大學校 碩士學位論文) ; 홍보식, 2000 ≪6~7세기 신라고분 연구≫ (부산대학교 박사학위논문)

30) 적석봉분의 규모가 시간의 흐름에 따라 상대적으로 커지는 양상 자체가 적석봉분이라는 것이 초대형분을 만들기 위해 자연스럽게 등장한 구조일 가능성이 크다는 것을 알려주는 것으로 보인다.

31) 崔鍾圭, 1983 <중기 고분의 성격에 대한 약간의 고찰> ≪부대사학≫7 (부산대학교 사학회, 부산)

32) 藤井和夫, 1990 <高靈池山洞古墳群의 編年 - 加耶地域出土陶質土器編年試案 Ⅴ> ≪東北アジアの考古學≫ (東北アジアの考古學硏究會, 東京)

초대형 적석목곽분은 사라진다고 보는 것이 합리적일 것 같다. 그렇다면 대체로 6세기 전반부터 중엽경이 될 것이다.

3. 석실묘 단계

1) 경주 지역 석실묘의 특징

경주권의 횡혈식 석실묘들은 경주 분지의 산지 구릉에 주로 위치한다. 월성지구 고분군의 묘역의 협소화로 인해 산지로 이동한 것으로 보는 견해가 일반적이다. 경주분지에서는 이른 석실이 조사된 서악리 고분군, 충효리 고분군, 동천리 고분군, 보문리 고분군 등이 아마 적석목곽분 다음으로 묘역이 형성된 곳일 것이다. 그러나 경주 시내 고분군 쌍상총(137호), 마총(133호), 131호(우총), 151호, 91호, 전내물왕릉(29호)과 주변 고분 일부(28호, 118호), 용강동 고분 등이 석실묘로 알려져 있어, 특수한 사정으로 평지 지점에도 석실묘가 축조되었던 것으로 보인다. 그러나 역시 이 시기 왕릉들은 월성지구 고분군을 벗어나 산지로 이동한 것은 분명하다.

경주지역에서 지금까지 조사된 석실묘들의 봉토 규모는 대략 9~16m 정도인데, 조사되지 않은 석실묘들을 고려한다면 이보다 대형의 봉토를 가진 석실이 조사될 가능성도 있다. 하지만 대형 석실을 제외하고 일반적인 석실의 봉토 규모는 이 정도로 일반화 되는 것 같다. 호석은 초기의 경우 자연석으로 돌린 호석이 주류를 이루나 용강동 석실이나 헌강왕릉의 경우 내호석과 외호석이 갖춰져 있으며, 외호석의 경우 잘 다듬은 석재로 쌓거나, 건축기단식으로 축조하는 특징이 있다. 다만 이러한 내호석과 외호석을 동 시기로 보지 않고 후대에 덧붙여졌을 가능성을 주장하는 견해[33]도 있다.

　조사된 석실은 모두 지상식으로 보아도 무방하며, 석실과 연도를 수평으로 유지하기 위해 사면을 'ㄴ'자식으로 파서 정지하거나 기층성토하여 축조한 것도 있는 것으로 추정된다. 석실의 평면형태는 크게 장방형과 방형으로 나누어 지는데, 이른 시기의 석실들이 주로 장방형이고, 후대로 갈수록 방형으로 정형화된다. 현실의 벽면도 장방형의 경우 사방향으로 경사지게 쌓고 여러 매의 천장석을 얹어 천정을 완성하는데 비해 방형의 석실들은 일정 부위까지는 수직으로 쌓고, 그 다음부터 경사지게 쌓아 1·2매의 판석을 덮어 궁륭상 천장으로 축조하였다. 또 벽면에는 대부분 회를 발라 정면했던 것으로 보인다. 연도는 석실 밖에서 볼 때 좌우편도, 중앙연도식이 모두 나타나는데 중앙연도와 좌편도식이 대세인 것 같으며, 특정한 의미는 아직 알려져 있지 않다. 또 비도가 있는 2차 연도도 통일기를 전후하여 축조된다. 연도의 폐쇄는 강돌이나 깬돌로 무질서하게 막거나, 정연하게 쌓아서 막은 것이 있다. 석실 내부에는 관대나 시상을 설치하는데 초기에는 관을 안치한 것과 시신을 안치한 것 모두가 보이지만, 정형화된 시기가 되면 대부분 시상을 안치하는 경우가 많다. 시상의 경우 두침, 견대, 족좌 등이 출토되고 있으며, 주로 연도와 직교되게 설치되고, 이러한 예는 현실 규모가 대체로 대형인 무덤에서 자주 확인되는 특징이 있다. 이로 보아 신라 왕경 석실의 대부분은 관을 안치한 것이 아니라 주검을 시상대 위에 올려놓았던 것이 일반적이었을 것으로 생각된다. 두향은 남북시상일 경우 남침일 가능성이 높고, 동서시상일 경우 동침이 일반적이다. 초기 석실묘의 경우 단장일 경우도 많다. 하지만 중소형의 경우 대부분 추가장이 이루어진 것으로 보이는데, 합장수는 시상이나 관대의 수, 유물의 공간 배치 등으로 볼 때 약 2~4인 정도 또는 그 이상으로 판단

---

33) 崔秉鉉, 1992 ≪新羅古墳研究≫ (일지사, 서울) ; 慶州文化財研究所, 1995 ≪憲康王陵補修收拾調査報告書≫

된다. 출토되는 유물은 대체로 박장화한 경향이 강해 고총단계에 비해 유물의 수량은 매우 줄어든다. 특히 단각고배와 부가구연장경호 세트부터 인화문토기가 주종을 이루며, 부장품이라기 보다는 祭器적 성격이 매우 강한 유물들이 대다수이다. 또 부장되는 위치도 시신의 머리 쪽 또는 석실의 특정 공간 내에서만 확인되는데, 부장에 일정한 정형도 확인된다. 시간이 지나면 이외에도 토용이나 청동제 십이지들이 출토되는 석실이 나타난다.

2) 석실묘 출현 과정

석실묘의 채용을 왕묘의 변동 또는 왕실의 장송의례의 변화로 이해한다면 매우 큰 의미를 시사한다고 할 수 있다. 특히 마립간의 왕묘로 채용된 적석목곽분이 6세기 중엽 석실묘로 대체되는 것[34]은 국가 차원의 의례 변화로 볼 수 있고, 사회제도적인 측면에서 이해되어야 할 것이다.

왕경에 석실묘가 채용되는 과정은 지금까지 자료로 보건데 매우 복잡하게 전개되었을 가능성이 크다. 왕경지역에서 조사된 초기 석실묘인 동천리 와총, 151호묘, 보문리 부부총 부묘는 모두 장방형 현실에 평천장을 가진 것들로, 이러한 석실묘들의 계보는 현재 영남지방과 마찬가지로 고구려로부터 횡혈식 아이디어를 받아들여 축조되었을 가능성이 높다고 한다.[35] 그러나 이 석실들을 당시 사회에서 왕릉급의 그것들과 비교해 볼 때 그 묘주들은 왕 또는 왕족급에 해당하는 상위 계층은 아니다. 또 일부 연구자는 이러한 유형의 석실을 지방 출신자가

---

34) 崔秉鉉, 1992 ≪新羅古墳研究≫ (일지사, 서울)
35) 강현숙, 1996 <경주에서 횡혈식 석실분의 등장에 대하여> ≪신라고고학의 제문제≫ (한국고고학회, 서울)

왕경으로 이주하여 축조한 것으로 보는데,[36] 이는 석실의 계통에 차이가 있다는 의미일 것이다. 그렇다면 여기서 중요한 것은 과연 석실묘를 매장시설로 채용한 최초의 왕묘는 무엇인가 라고 하는 문제의식이 중요하다고 생각된다. 왜냐하면 초기의 석실의 경우 다양한 계통을 가진 석실이 도입되었을 가능성이 크지만 왕묘로 채용된 석실이 출현한 이후는 이 석실유형으로 정형화 되어 갔을 가능성이 매우 높기 때문이다. 그렇다면 현재까지의 연구 성과로 보건데 적석목곽묘를 묘제로 한 마립간기 왕묘들은 월성지구 고분군에 있을 것이고, 다음의 왕묘는 서악리 고분군의 대형분-무열왕릉 뒤편의 4기의 대형분 중에 있을 것이다. 즉 마지막 마립간인 지증왕의 무덤은 월성지구 고분군에 위치하고, 그 다음의 법흥왕릉부터는 횡혈식 석실을 주체로 한 서악리 대형분 중 하나일 가능성이 매우 높다.[37]

4. 신라 최고 위계 대형묘의 변천

이상을 요약하면 4~6세기 신라 고분은 매장시설로 본다면 크게 목곽묘-적석목곽묘-석실묘 단계로 변천함을 알 수 있다. 목곽묘 단계는 크게 이혈 주부곽식의 장방형 목곽묘, 동혈 주부곽식의 세장방형 목곽묘, 단곽식의 장방형 목곽묘와 같이 3가지 유형의 목곽묘가 존재한다. 이중 최고 위계 대형묘로는 이혈 주부곽식의 장방형 목곽묘 또는 적석목곽묘의 묘형으로 고총이 성립하는 4세기 중엽까지 월성로 고분군 지점에 축조되었을 것이다.

적석목곽묘 단계는 구조상 사방 적석목곽묘, 상부 적석목곽묘, 지상

---

36) 홍보식, 2002 ≪신라 후기 고분문화 연구≫ (춘추각, 서울)
37) 강인구, 2000 ≪한반도의 고분≫ (아카넷, 서울) ; 이근직, 2006 ≪신라 왕릉의 기원과 변천≫ (영남대학교 박사학위논문)

적석목곽묘로 구분되며, 주부곽의 배치와 묘형은 매우 다양하게 전개
된다. 특히 목곽의 수가 단곽식, 이중곽식, 삼중곽식으로 구분되는데,
황남대총 남분이 삼중곽식이고 황남동 110호가 이중곽식인 것으로 보
아 아마도 곽의 수는 계층적인 요인이 강하다고 생각된다. 이 단계의
큰 획기로는 4세기 중엽 경주지역에서 적석목곽묘를 매장시설로 하는
고총의 출현과 황남대총과 같은 지상식의 초대형 고총으로의 발전이
다. 특히 황남대총은 초대형 고총임이 분명하고 나물 또는 눌지마립간
릉으로 비정되고 있는데,[38] 황남대총과 규모가 유사한 미발굴된 초대
형 고총 역시 구체적인 피장자 논의는 제외하더라도 마립간릉으로 보
아도 좋을 것이다. 그렇다면 이에 해당되는 동봉황대, 서봉황대, 인교
동 119호묘, 134호묘 등은 마립간릉으로 이해하여도 좋을 것이며, 초
대형 고총이 출현하기 이전의 고총 중 최고 위계 대형묘는 마립간기
이전의 최고 지배자의 무덤으로 추정된다.

　적석목곽묘 다음으로 석실묘를 채용한 최초의 왕릉은 법흥왕릉으로
추정되고, 이후 6세기 진흥왕릉, 진지왕릉 역시 석실묘를 매장시설로
하는 것이 분명할 것이다. 이 왕릉들은 서악리 고분군의 무열왕릉 뒤
편 4기의 대형분 중 하나로 비정되고 있다. 아직 그 구조는 발굴된 사
례가 없어 구체적으로 알 수 없으나 분형과 호석의 상태 등으로 보아
횡혈식 석실묘일 가능성이 크며, 그렇다면 그 구조는 전형적인 신라식
석실인 충효동 석실묘와 같은 정방형의 평면형태에 중앙연도 등이 달
린 구조일 가능성이 가장 크다. 즉 석실묘 단계 최고 위계 대형묘는 서
악리 고분군 중 4기의 대형묘로 이들은 중고기 왕릉의 일부가 포함되
어 있을 것으로 이해되고 있다.

---

38) 마립간릉에 대한 구체적인 피장자 비정 논의는 다음 장에서 논의한다.

Ⅳ. 4~6세기 왕릉 비정의 검토

위에서는 4~6세기 신라 고분의 변천을 개관해 보고, 왕묘 또는 왕릉이라고 할 수 있는 최고 위계 대형묘의 전개양상을 기술해 보았다. 지금부터는 이러한 최고 위계 대형묘들에 대한 왕릉 비정 논의를 마립간기와 중고기로 구분하여 연구사적으로 정리해 보고자 한다.

1. 마립간기 왕릉 비정

마립간기 왕릉에 대한 논의는 신라 고분의 많은 연구 성과에도 불구하고 구체적인 성과를 도출한 것은 아니다. 그것은 많은 연구들이 상대편년과 절대연대의 부여에만 주력했지 무덤의 주인공이 누구인지에 대해서는 큰 관심이 없었던 것으로 보이기 때문이다.

그러나 이러한 경향에도 불구하고 몇몇 연구자들에 의해서 마립간기 왕릉에 대한 피장자 논의가 진행되었고, 최근 황남대총 남분의 피장자 문제는 신라 고분 연구의 주된 논쟁점이 되었다.

마립간기 왕릉을 비정한 연구성과로는 최병현, 毛利光俊彦, 김정기, 藤井和夫, 由水常雄, 황용훈, 이종선, 이희준, 김용성, 김두철의 연구가 있는데, 이 중 이희준과 김용성의 연구를 제외하고는 대부분 고분 편년을 하면서 피상적으로 언급된 것에 불과하다.

우선 최병현은 고신라 적석목곽분은 4세기 전반에 출현하여 6세기 전반까지 약 200년간 조영된 마립간기의 묘제로서 실제 대형분의 축조 시점을 나물왕대에서 지증왕대로 보고 있다. 즉 특정 왕릉이 무엇이라고는 하지 않았으나 적석목곽분이 마립간의 능임은 분명히 하였고, 황남대총 남분은 연대로 보아 나물왕릉임을 묵시적으로 표현하였다.[39] 毛利光俊彦은 적석목곽분의 구조를 기준으로 편년하면서 황남대총의 피장자를 눌지마립간과 그 부인, 천마총의 피장자를 소지마립간 또는 지증마립간으로 추정하였다.[40] 김정기는 실제 발굴조사의 경험을 토대로 분묘의 규모와 구축방법, 그리고 출토유물의 내용과 부장방법 등으로 고분을 편년하고 황남대총 남분을 왕권 확립시의 왕 또는 그 선왕의 분묘로 추정하고 막연하나마 나물왕에 비정하였다.[41] 藤井和夫는 토기를 통한 세밀한 신라 고분 편년 체계를 확립하였는데, 황남대총 남분을 자신의 Ⅲ기에 위치시키고 자신의 역연대로 볼 때 눌지마립간으로 볼 수 있다 하였다. 또 자신의 연대관을 통해 천마총을 지증왕으로, 금관총의 피장자를 소지마립간으로 비정하였다.[42] 由水常雄은 적석목곽분에서 출토된 유리용기를 중심으로 고분을 편년하고 황남대총 남분을 5세기 초두로 본 후 나물왕 또는 실성왕으로 추측하였다.[43] 이외에 황용훈은 특이하게 일출을 기준으로 한 방위각과 고문헌을 이용하여 황남대총을 나물왕릉으로, 천마총을 자비왕릉에 비정하였으며,[44] 이종선도 고신라의 王世系에 보이는 김씨계 왕비의 결혼양상에 주목하여 황남대총 남분을 나물왕릉으로 보았고,[45] 추후 연구를 통해 이를

---

39) 崔秉鉉, 1992 ≪新羅古墳研究≫ (일지사, 서울)

40) 毛利光俊彦, 1983 <新羅積石木槨墳考> ≪文化財論叢≫ (奈良國立文化財研究所創立30周年記念論文集刊行會, 奈良) ; 毛利光俊彦, 1987 <新羅積石木槨墳の變遷について> ≪朝鮮學報≫ 122

41) 金正基, 1987 <發掘調査通じて見た慶州の新羅古墳> ≪朝鮮學報≫ 122

42) 藤井和夫, 1979 <慶州古新羅古墳編年試案> ≪神奈川考古≫ 6

43) 由水常雄, 1976 <古新羅出土のローマングラスについて> ≪朝鮮學報≫ 80

44) 황용훈, 1987 <고신라 묘제의 두향연구> ≪경희대학교논문집≫ 16 (경희대학교, 서울) ; 황용훈, 1988 <방위각과 신라고분> ≪제12회 한국고고학전국대회 발표요지≫ (한국고고학회).

45) 이종선, 1990 <환두도검과 장식문양(①고신라)> ≪미술사학회 월례발표회 발표문요지≫

보강하고 있다.[46]

　이상의 연구와는 차원을 달리한 것으로 이희준의 연구가 있는데, 그는 황남대총의 주인공을 구체적으로 비정하는 성과를 내었다. 우선 신라 고분에 편년안을 종합적으로 검토한 후 등자와 고구려 고분의 정치한 편년을 통해 황남대총의 연대와 피장자를 5세기 전엽 나물왕릉으로 확정하고 있는데,[47] 이는 적극적으로 황남대총의 남분의 주인공을 비정하려는 최초의 시도로 볼 수 있으며, 학사적으로 마립간기 왕릉 비정 연구의 큰 획기이다. 이에 대해 김용성[48]과 김두철[49]은 각각 토기와 마구를 통해 아주 정치한 편년안을 제시하고, 5세기 중엽설, 눌지왕릉설을 주장하고 있다.

　이외에도 발굴되지 않은 인교동 119호분을 나물왕릉으로 보는 견해가 있는데,[50] 이는 삼국유사의 나물왕릉의 위치 기록과 분형의 고식적 요소에 기인하고 있어 어느 정도 합리성을 가졌다고 볼 수 있다.

　이상의 논의를 정리하면 마립간기 왕릉은 발굴조사된 대형의 적석

---

46) 이종선, 1995 <고신라고분의 품계에 대하여> ≪제19회 한국고고학 전국대회 발표문요지≫ (한국고고학회, 서울) ; 이종선, 1996 <고신라 적석목곽분의 품계와 편년 - 上 : 왕족묘> ≪한국고고학보≫35 (한국고고학회, 서울) ; 이종선, 1996 <황남대총쌍분 : 적석목곽분연구의 새 지표> ≪신라고고학의 제문제≫ (한국고고학회, 서울)

47) 이희준, 1995 <황남대총 남분의 연대> ≪영남고고학≫ 17 (영남고고학회)

48) 김용성, 2003 <황남대총 남분의 연대와 피장자 검토> ≪한국상고사학회≫ 42 (한국상고사학회)

49) 김두철, 1998 <신라 마구 연구의 몇 과제> ≪신라문화≫ 15 (동국대학교 신라문화연구소) ; 김두철, 2007 <삼국·고분시대의 연대관(Ⅱ)> ≪한일 삼국·고분시대의 연대관Ⅱ≫ (한국 국립부산대학교박물관·日本國 國立歷史民俗博物館)

50) 함순섭, 1996 <대구 달성고분군에 대한 소고> ≪碩晤尹容鎭敎授 停年退任紀念論叢≫ (碩晤尹容鎭敎授 停年退任紀念論叢 刊行委員會, 대구) ; 김용성, 2003 <황남대총 남분의 연대와 피장자 검토> ≪한국상고사학회≫ 42 (한국상고사학회)

목곽분을 중심으로 피장자 비정이 진행되고 있으며, 특히 황남대총의 주인공에 대한 관심이 각별한데, 이는 신라 토기의 편년과 신라 고분의 연대관과 직결되는 것이기 때문이다. 일치된 견해가 나오기는 아직 많은 논의와 토론이 있어야 할 것으로 보이지만, 황남대총 남분의 주인공에 대해 나물왕릉과 눌지왕릉으로 보는 입장으로는 어느 정도 일치된 연구성과를 도출하였다고 할 수 있겠다.

2. 중고기 왕릉 비정

중고기 왕릉을 비정하는 연구는 논의의 대상이 되는 고분 중 정식 발굴 조사된 고분 자료가 전혀 없는데 그것은 그만큼 신라 고분 연구가 적석목곽분에 편중되어 있다는 것을 반영하는 것이다. 그러나 중고기는 문헌 기록의 신뢰도가 높고 왕의 장지에 대한 기사가 많은 까닭에 이를 토대로 한 연구 성과는 나름대로 괄목할만한 결과를 내고 있는데, 주로 서악리 무열왕릉 뒤 대형분에 대한 연구가 주된 관심이 되고 있다. 따라서 아래에서는 이 고분들에 대한 왕릉 비정연구를 검토해 보고자 한다.

서악리 왕릉에 대한 연구는 조선시대 추사 김정희의 고증까지 거슬러 올라간다. 1817년 4월말 32세의 나이로 경주를 찾은 추사 김정희는 무열왕릉 뒤편 서악리 대형분을 찾아 이 중 1호와 2호 피장자를 중고기의 진흥왕릉과 진지왕릉으로 비정한 바 있다.[51]

이후 강인구는 추사의 연구 성과를 이어받아 이들 고분에 대한 종합적인 왕릉 비정 작업을 실시하였다.[52] 특히 그는 무열왕릉 뒤편 서악

---

51) 민족문화추진위원회, 1996 <신라 진흥왕의 능에 대하여 상고하다> 《국역 완당전집①》 (도서출판 솔, 서울)
52) 강인구, 2000 <신라 왕릉의 재검토(1)> 《고분연구》 (학연문화사, 서울)

리 대형분 4기를 각각 법흥왕릉, 진흥왕릉, 진지왕릉, 문흥대왕으로 추정하였는데, 무열왕릉 바로 뒤편 4호분을 문흥대왕, 즉 무열왕의 아버지 김용춘의 묘로 본 것이 주목된다.

이러한 강인구의 견해에 대해 최근 이근직은 문헌기록과 고고 자료를 토대로 이 4기의 대형분에 대해 왕릉 비정을 종합적으로 시도하였다. 그런데 강인구의 추정안 중 법흥왕릉과 진흥왕릉, 진지왕릉은 인정하되 문흥대왕으로 추정된 4호분에 대해서는 문헌적으로나 고고학적으로 충분한 고려 없이 내려진 결론으로 비판하고 있다. 그리고 나서 장지와 능소재지 관련 문헌기록을 재검토하고 여기에 기준이 된 영경사와 애공사를 치밀하게 고증한 끝에 동일한 사원으로 보고 새로운 비정안을 제시하였다. 그 결과 4기의 대형분들은 강인구의 추정안과는 반대로 무열왕릉 바로 뒤 대형분인 4호분부터 축조가 시작되었으며, 4호분은 법흥왕릉, 3호분은 법흥왕의 부인인 보도부인릉, 2호분은 진흥왕릉, 1호분은 진지왕릉으로 비정하였다.[53]

이상의 연구 성과를 정리해 보면 중고기 왕릉 중 법흥왕릉과 진흥왕릉, 진지왕릉은 서악리 무열왕릉 뒤 편 4기의 대형분의 일부에 해당하고, 이들은 횡혈식 석실묘일 가능성이 매우 크다는 것이다. 나머지 1기의 비정에 대해서는 법흥왕릉의 부인인 보도부인릉으로 보는 견해와 무열왕의 아버지인 문흥대왕으로 보는 견해가 대립되고 있고 고분들의 조영순서 역시 상반된 입장이 나와 있는데 이러한 견해 차이에 대한 논의는 정식 발굴조사가 이루어져야 가능할 것으로 보인다.

---

53) 이근직, 2005 <경주 서악동 신라 중고기왕릉 연구> ≪삼국유사 기이편 연구≫ (한국학중앙연구원) ; 이근직, 2006 ≪신라 왕릉의 기원과 변천≫ (영남대학교 박사학위논문)

V. 고분자료로 본 왕권의 성장과정

1. 목곽묘 단계의 왕권

4세기가 되면서 경주 분지에는 주변 지역을 아우르는 최고 위계 대형묘의 등장으로 신라의 진정한 중심지로 부상하며, 중심지 면모에 어울리는 도시경관도 나타난다.[54) 아직까지 확실한 최고 위계 대형묘는 조사되지 않은 것 같으나 묘형은 구어리 1호묘와 같은 구조로 이해되고, 월성로 고분군에 조영되었을 가능성이 크므로 월성로 고분군을 중심 집단으로 하는 신라 중심지가 형성된 것으로 볼 수 있다.[55)

이 시기 신라의 공간적 범위는 최고 위계 대형묘보다 낮은 위계로 판단되는 세장방형 목곽묘의 분포범위로 유추가 가능하다. 특정 묘제의 분포권을 특정 정치체의 영향권이나 영역으로 보기에는 많은 검증절차가 있어야 하겠으나 세장방형 목곽묘의 경우 묘형이 매우 특징적이어서 특정 정치체의 정체성이 내재된 것으로 볼 수 있고, 여기에 부장된 유물 역시 궐수문 장식 철기나 압형토기와 같이 강한 동질성을 띠고 있다. 따라서 세장방형 목곽묘의 분포범위는 신라의 직접적인 영향력이 강화되어 신라에 통합된 공간을 의미한다고 보아도 무리가 없을 것이며, 최고 지배층의 권력이 미치는 물리적 공간으로 보아도 좋을 것이다.

이 시기 왕권이라고 할 수 있는 최고 지배층의 권위는 구어리 1호묘

---

54) 이성주, 2007 <왕릉의 성립과 신라 국가: 신라 고총(군) 등장의 정치·사회적 의미> ≪신라학 국제학술대회 발표문요지≫ (신라문화유산조사단, 경주)

55) 김대환, 2007 <고분 자료로 본 신라의 국가 형성> ≪국가 형성에 대한 고고학적 접근≫ (한국고고학회, 서울)

로 볼 때 판상철부와 주조철부와 같은 철 소재가 다량 부장되는 패턴
으로 보아 사라리 130호묘, 옥성리 78호묘로부터 이어져온 최고 지배
층의 정체성이 유지되는 것으로 보인다. 특히 철기와 같은 특수 물자
에 대한 생산과 유통권을 관할하는 영향력이 유추되는데, 이보다 하위
층에 해당하는 세장방형 목곽묘의 부장유물과는 차별성이 있다. 세장
방형 목곽묘에서는 철 소재보다는 무장적 성격이 강한 갑주들이 출토
되고, 철모와 같은 무기류의 복수 부장이 강조되는데, 이것은 세장방형
목곽묘가 축조된 지역집단의 지배층 권위가 무력이나 군사력을 기저로
유지된 것으로 추정된다. 이처럼 최고 위계 대형묘와 그 아래의 대형
묘간의 유물상의 차이는 당시 지배층이 계층상으로 직능분화된 양상을
알려주는 것으로 판단되며, 이러한 양상은 왕권의 초현기가 되면서 지
배집단이 계층적으로 매우 분화되어 한층 진전된 체제로 진입함을 보
여준다고 이해된다.

2. 고총 출현과 왕권

신라 중심지에서 확정된 묘역을 가지고, 성토 분구를 갖는 고총이
성립하는 시기의 최고 위계 대형묘는 본격적인 왕묘로 볼 수 있다. 필
자는 최근 고총이 성립되어 지방으로 확산되어 가는 일련의 상호작용
을 고총체계로 규정하고 이 체계를 초기국가로 이해한 바 있는데, 이
시기 최고 위계 대형묘는 초기국가의 최고 지배자임이 분명하다. 그리
고 이 최고 지배자의 왕권은 앞 시기에 비해 질적으로나 양적으로 확
대된 것은 분명하다.

경주지역 고총의 축조는 전술한 바대로 크게 2기로 구분되어 진다.
우선 고총의 성립기라고 할 수 있다. 이 시기는 월성지구 고분군 중 현

재 월성로 지점을 중심으로 초기 고총이라 할 만한 것들이 축조되는 시기인데, 이 일대는 본격적인 마립간기 이전의 최고 지배자급 묘역이다. 다음으로 초대형 고총이 축조되는 시기로 인교동 119호분을 이른 시기 초대형 고총으로 본다면, 인교동119호분 - 황남대총 - 동봉황대 - 서봉황대를 잇는 축을 형성하며, 고총들이 조영되어 간 것으로 보인다. 이 축에 가장 대형분들이 위치하고 있으므로, 최대형급 적석목곽분을 마립간기 왕릉으로 순수하게 비정할 수 있다면 몇몇 적석목곽분들은 각각 시기적인 마립간기 왕릉으로 비정할 수 있을 것이다.

경관적으로 마립간기 왕릉 묘역인 월성지구 고분군은 초대형분을 중심으로 중·소형분들이 결집되어 있는 양상을 보이므로, 공간적인 배치는 3~4세기대 대형 목곽묘와 중·소형 목곽묘의 배치양상을 닮아있다. 그러나 3~4세기 목곽묘는 분명한 묘역 구획 시설 없이 대형분과 중·소형분이 군집을 이루는데 비해 월성지구 고분군은 각각의 무덤들이 분명 확정된 묘역을 갖고 군집을 이루는 면에서 차이가 있다고 할 수 있다. 이러한 차이는 하나의 구릉으로, 하나의 묘역으로 정체성을 표현하던 시기에서 개별 묘역이 무리를 이루어 군집을 이루어가는 양상으로 변화하였음을 추정할 수 있다. 이는 대형분의 피장자가 이전 시기보다는 좀 더 독립적인 위치를 점하거나 상징적인 지위를 지속해가는 상황을 추론할 수 있다.

이 시기 또 다른 특징은 황남대총과 같은 초대형 고총의 출현으로 이는 최고 위계 대형묘의 분화가 좀 더 심화된 것으로 볼 수 있다. 즉 지배층의 계층분화가 좀 더 복잡해 진 것으로 이해되는데, 무덤의 규모와 부장유물의 양으로 계층화가 가능하나 질적 계층화는 분명하게 나타나지 않는 특징이 있다. 이는 최고 지배층 집단의 분화가 심화되지만 질적으로는 구분되기 어려운 면을 보여주는데 이러한 양상으로 볼 때 아직 전제적인 왕권은 완비되지 않았을 가능성이 높다.

3. 왕릉의 석실묘 전환과 왕권

적석목곽분을 매장시설로 하는 초대형 고총은 지중마립간을 마지막으로 더 이상 축조되지 않는다. 이후 왕릉으로 석실묘가 채용되는데 묘역도 월성지구 고분군에서 산지인 서악리 고분군으로 변화하는 것은 잘 알려진 사실이다. 이러한 변화는 분명 왕실 차원의 장송의례 개혁으로 상복법 개정과 같은 국가적 차원의 개혁과 밀접한 관련이 있으며, 또한 앞서 기술한 대로 질적 계층화가 분명하지 않은 당시의 실정을 타파하기 위한 신라 왕실의 사회적 실천 전략으로 이해된다. 즉 분명하지 않은 질적 계층화 양상은 당시 중앙집권화가 미약한 왕권의 일면을 보여주는 것이고, 묘역과 묘제의 변화를 통해, 즉 의례적 측면의 개혁을 통해 신라 왕실은 전제왕권의 성장을 꾀하려 하였을 것으로 추정된다.

또한 묘역이 변화하면서 月城地區 古墳群 외곽으로 새로운 묘역들이 형성되어 서쪽으로는 서악동·충효동·석장동 고분군, 북쪽으로는 동천동·용강동 고분군, 동쪽으로는 보문동 고분군 등에 석실묘를 주체로 하는 대형 고분군이 조영된다. 이와 함께 왕릉을 포함하는 고분군 내 개별 고분들의 배치 역시 새로운 변화를 보인다. 특히 왕릉과 중·소형분이 그룹을 이루면서 왕릉 주변으로 중·소형분이 조영되는 마립간기 공간배치에서 왕릉이 완전히 분리되어 독립적인 입지를 가지고, 중·소형분은 군집의 모양을 띠는 형상이 주목된다. 이러한 입지는 왕릉의 축조 이전에 이미 기획된 것으로, 이 기획 의도는 상복법 개정과 같은 의례 차원의 개혁정책과 매우 긴밀하게 맞물려 있을 것으로 추정되며, 독립된 묘역과 왕릉만 존재하는 특정 공간은 새로운 왕릉의 경관이 탄생하게 된 것이다. 이러한 경관의 의미는 중앙집권화된 전제왕권의 실상이 외형상으로 나타난 현상이 아닐까 한다.

VI. 맺음말

본 글에서는 신라 고분의 변천상을 토대로 최고 위계 대형묘의 전개 양상을 파악하고 이를 왕릉의 변천으로 환치하여, 왕권의 변천상을 시론적으로 논의해 보았다. 많은 부분이 논리상 모순이 많다고 판단되는데 그것은 발굴 조사된 최고 위계 대형묘가 워낙 부족해 정황적인 자료만을 이용해 논지를 전개하였기 때문이다.

신라 고분의 거시적인 변화상을 이해하기 위해서는 각 시기별, 각 묘제별 최고 위계 대형묘에 대한 조사가 필수적인데, 경주지역의 조사는 아직까지 특정 시기의 고분 자료에 집중되어 있는 탓에 좀 더 진전된 논의가 진행되지 못하고 있다. 이점은 앞으로 신라 고분 고고학이 나아가야할 큰 방향이라고 생각되며, 앞으로 신라 고분 연구의 문제점을 인식한 후 학술적이고 기획적인 연구나 조사가 실시되어야 함을 다시 한 번 강조하며 글을 마무리 하고자 한다.

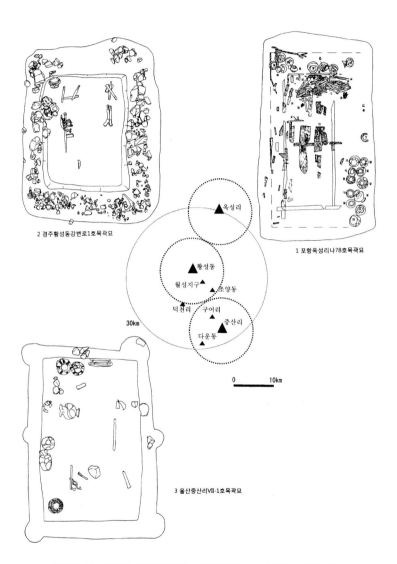

2 경주황성동강변로1호목곽묘

1 포항옥성리나78호목곽묘

3 울산중산리Ⅶ-1호목곽묘

[그림 1] 경주와 주변지역의 대형목곽묘 출현기의 지역집단

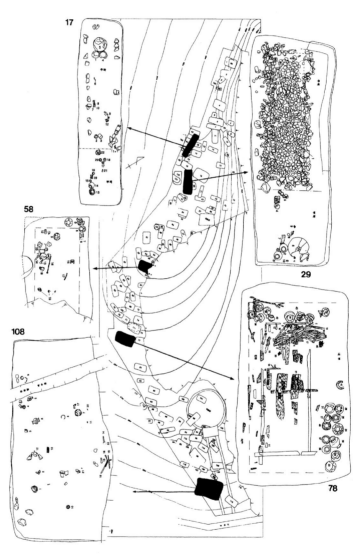

[그림 2] 포항 옥석리 고분군(나지구)의 대형묘 변천 및
세장방형 목곽묘의 출현(번호는 고분 호수)

1 월성로가29호묘

2 월성로가6호묘

3 월성로가12호묘

4 월성로가8호묘

[그림 3] 4세기대 신라의 최고위계 대형묘

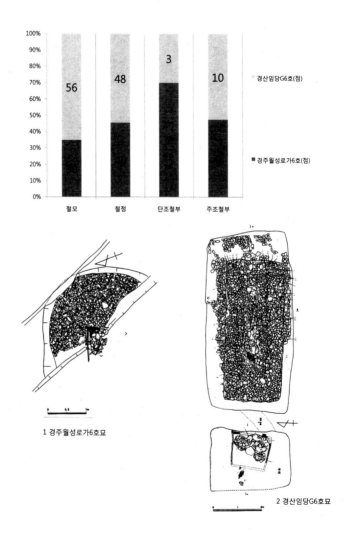

[그림 4] 4세기 대형묘의 비교

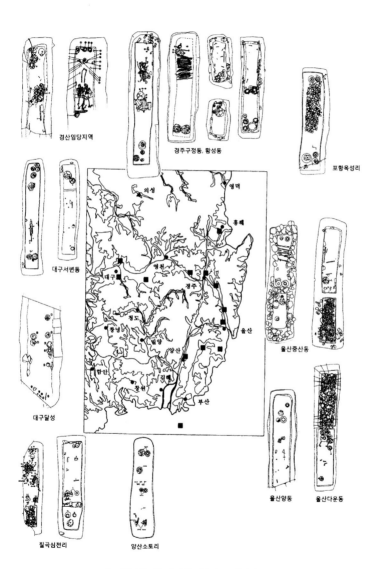

[그림 5] 세장방형 목곽묘의 분포

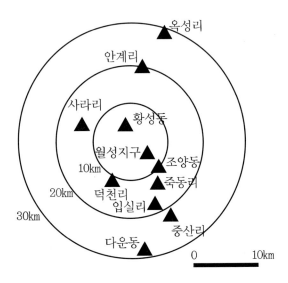

[그림 6] 목곽묘단계 지역집단의 관계

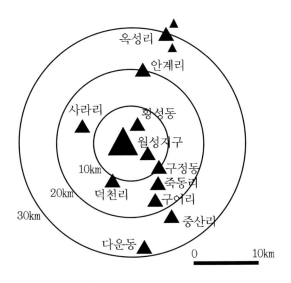

[그림 7] 고총단계 직전 지역집단의 관계

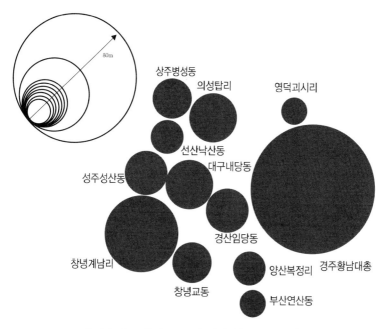

상주병성동
의성탑리
영덕괴시리
선산낙산동
대구내당동
성주성산동
경산임당동
창녕계남리
양산복정리
경주황남대총
창녕교동
부산연산동

80m

[그림 8] 고총의 규모와 위계화(S = 1/1,000)

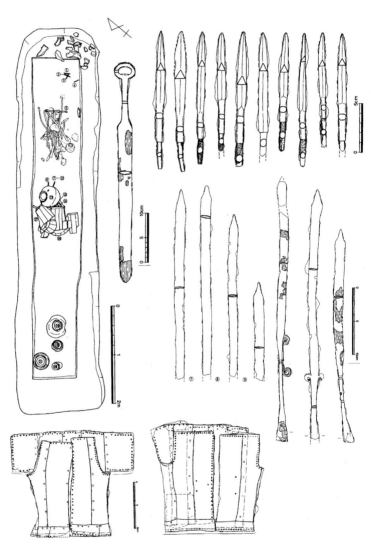

[그림 9] 경주형 목곽묘와 부장유물(구정동 3곽의 예)

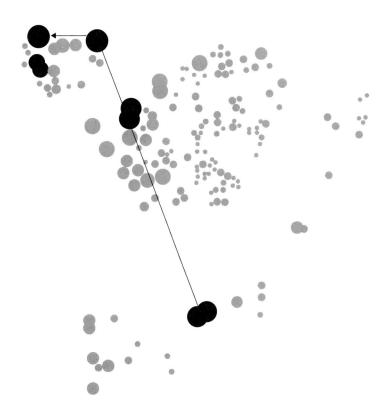

[그림 10] 마립간기 중심고분군의 분포패턴

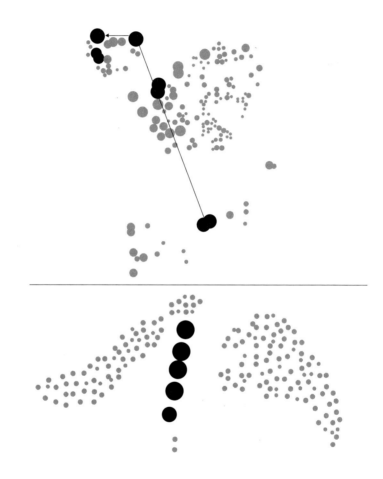

[그림 11] 적석목곽묘단계와 석실단계의 왕릉경관의 변화

The Changes of Ancient Silla Tomb and Royal Power in 4~6thcenturies

Kim, Dae-Hwan

Turning into 4thcentury, there appeared tombs, assumed to be royal tombs, in Gyeongju basin unlike before. The existence of these tombs means that Silla became a political center, subjugating nearby polities. There also appeared a cityscape fit for the aspect of center and the cityscape might be the formation of network with neighboring group centering on the tomb cluster in Wolseongno. The authority of the highest ruling class, the royal power, judging from the No. 1 tomb in Gueori where lots of steel spear and steel helmet were excavated, is assumed to have an effect on the production and distribution of special materials like steel goods with the control over it.

The highest ruling class' tomb at that period when the old tomb was established in the center of Silla might be a full-scale royal tomb and this period is the early state stage. Then the hero of the highest ruling class' tomb at this period must be the supreme ruler at the early state. The royal power of this supreme ruler must have been increased both in quality and quantity compared to the previous period seeing from the tomb size or excavated relics. Historically the supreme ruler at this period was called Maribkan(great chieftain) whose tomb may fall within the biggest tomb out of wooden chamber tombs with stoned mound in Gyeongju. The scene of royal tomb of Maribkan is in the aspect that middle and small tombs gather around the greatest tomb. It is assumed that the aspect was changed from individual tombs of previous period to a group. It suggests that the hero of the great tomb had a little more independent status compared to the one in previous period or there existed relatively superior group. Another characteristic in this period is the appearance of an ultra mound like Hwangnam Great Mound. It suggests that differentiation of great tombs was a little more deepened. In other words, it is the ground on which we can know the deepened classification of class within the rulers. However, any transcendent 'individual' had not yet appeared, though superior 'group' was seen.

The tomb of Jijeung maribkan is the last ultra mound with the interior structure of wooden chamber tombs with stoned mound. Afterward, stone chamber tomb was adopted as royal tomb and the zone of tomb changed from level ground to mountainous district. This change was a funeral ceremony reform on the level of royal family, a reform in the national dimension. Silla Dynasty attempted to grow the despotic power through ceremony reform.

The zone of the tomb of ruling class was also differentiated as the zone of royal tomb moved to mountainous district. Especially new zones of tombs were formed in various mountainous districts that constituted Gyeongju basin. Those are large size mound group comprised mostly of stoned tombs. Especially the royal tombs formed an independent zone of tomb that was totally alienated from middle and small tombs. Such location was already planned before the construction of royal tomb and such intention of plan was very close to the reformation policy to reinforce the royal power. Specific room of independent royal tomb means the birth of new scene of royal tomb, a phenomenon that the reality of more centralized royal power than before showed itself.

Key words : Change of Silla tomb, royal tombs, royal power, ancestral grave-site rites and graveyard, landscape of royal tombs

4~6世紀における新羅古墳の変遷と王権

金大煥

　4世紀より、慶州盆地では最高位の大型墓が築造され始める。この時期の慶州は新羅の中心地となり、中心に相応しい都市景観が作られる。高塚段階の最高位階級である大型墓は、本格的な王墓である慶州地域の高塚によって2期に区分される。まずは高塚の成立期である。この時期は月城地区古墳群内に初期高塚が築造された時期であり、この周辺は麻立干期以前の最高支配者の墓域である。次は超大型高塚が築造される時期である。校洞119号墳-皇南大塚-東鳳凰台-西鳳凰台を軸として形成し、この古墳は麻立干期の王陵として批定することが可能である。

　この時期のもうひとつの特徴は、皇南大塚と同じ超大型高塚の出現である。これは最高位階大型墓の分化を意味する。支配層の階層分化が複雑になったのである。墳墓の規模と副葬遺物の量をみると、上流階級の階層分化が深化したものとも思われ、まだ完備されていない王権の様子が伺える。

　積石木槨墳を埋葬施設とする超大型高塚は、智証麻立干を最後に築造された。以後石室墓が王陵で採用される。そして墓域も月城地区古墳群から西岳里古墳群へ変化する。即ち、平地から山地へと移動したのである。この変化は王室の葬送儀礼の改革という国家次元の制度変化であった。墓域と墓祭の変化は王室の葬送儀礼の変化とも見ることができるし、これは専制王権の確立とある程度類似に進行されるため、深い関連があると考えられる。また、月城地区周辺に新しい墓域が形成された。西側に西岳洞、忠孝洞、城乾洞古墳群が、北側に東川洞、龍岡洞、東側に普門洞古墳群など、石室を主体とした大型の古墳群が造営される。王陵を含む古墳群内の個別古墳の配置も新しく変化した。特に王陵が完全に分離され、独立的な立地を持つ。その周辺に中小型墳が立地する様相に変化する。

　このような立地は王陵築造以前に企画された。この企画は喪服法の改正と同じ改革政策として、非常に緊密である。独立した墓域と王陵だけが存在する特定の空間は、新しい王陵の景観が誕生したものであり、そのような景観は中央集権化した専制王権の成長を推し量ることができる。

主題語：新羅古墳の変遷、王陵批定、王権成長、墓祭と墓域、王陵景観

4~6세기 왜 고분의 변천과 왕권

박 천 수*

Ⅰ. 머리말

일본열도의 초대형 전방후원분은 奈良분지 동남부에서 3세기 중엽에 출현하여 그 후 나라분지 북부로 이동하였다가, 4세기 말에는 大阪평야로 이동한다.

한편 6세기 전엽에는 大阪평야 북서쪽 三島野 고분군에 남부의 전방후원분을 능가하는 今城塚고분이 조영된다([도판 1]).

이와 같은 奈良분지에서 大阪평야로의 초대형 전방후원분의 이동에 대해서는 크게 묘역이동설과 정권교체설로 크게 구분된다.

그런데 기존의 연구는 일본열도 내의 정치적인 변화에만 의거하여

───────────

* 경북대학교 고고인류학과 교수

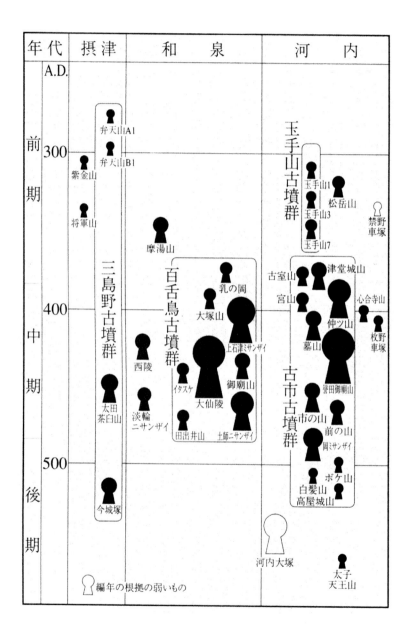

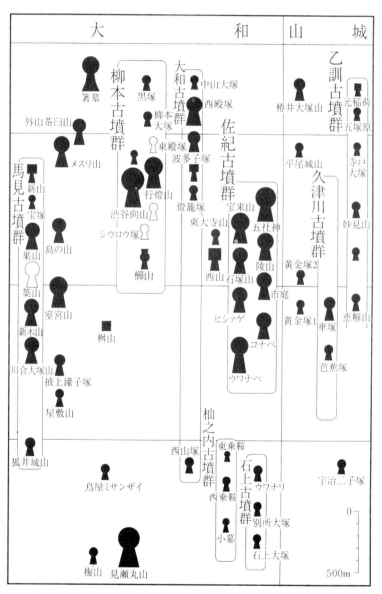

[도판 1] 畿內지역 대형고분군의 편년 (白石太一郞, 1999)

논의되어 그 국제적 계기를 고려하지 않은 점이 문제로 지적된다.

본 연구에서는 畿內지역의 초대형 전방후원분의 동태를 파악하고 특히 가야, 신라, 백제 왕권과의 교섭과 그 변천을 통하여 일본열도 왕조의 변천과 왕권의 위상에 대해 접근하고자한다.

초대형 전방후원분이 奈良분지에서 특히 大阪평야로 이동하여 譽田御廟山고분(현 應神陵), 大仙古墳(현 仁德陵)이 조영되는 시기와 繼體陵으로 비정되는 今城塚이 남부에서 북부로 이동하여 조영되는 시기의 한반도와 왜 왕권과의 교섭 주체가 바뀌는 점에 주목하고자한다.

본 연구에서는 河內왕조의 성립에 대하여 특히 譽田御廟山고분의 배총인 丸山고분의 금동제마구가 신라산인 것과 大仙古墳 출토 金裝甲胄가 신라계 공인에 의해 제작된 것을 분명히 하고, 신라와의 교섭을 통하여 논의하고자 한다. 아직까지 일본학계에서는 초대형 전방후원분인 譽田御廟山고분, 大仙古墳의 성립 배경에 대하여 4세기 후반 이래의 한반도 남부 특히 신라에 대한 침략의 산물로 보는 경향이 보인다. 여기에서는 이제까지 적대적인 것으로만 보아온 신라와 왜의 관계에 대한 기존의 인식을 재검토하고, 5세기 전반 양국간 교섭을 통하여 百舌鳥, 古市고분군의 출현 배경에 대해 접근하고자 한다.

특히 6세기 전반 일본열도에 백제산 문물이 유입되고 특히 繼體와 관련된 近江, 越前지역에 집중한다. 이 시기에 백제 문물이 일본열도에 유입되고 北陸, 近江지역에 백제계 문물이 집중하는 점으로 볼 때, 繼體세력은 종래 河內세력과 전통적으로 교섭하였던 가야세력을 배제하고, 백제를 창구로 선진문물을 도입하며 河內세력과의 차별화를 시도하여 畿內에서 우위를 확보한 것으로 파악된다. 그래서 繼體조의 성립 배경에 대해서도 백제왕권과의 관계를 통하여 논의하고자 한다.

Ⅱ. 연구사 검토

초대형 전방후원분의 소재지 이동에 대한 해석은 크게 묘역이동설과 정권중추이동설이 있다.

묘역이동설(近藤義郎, 吉村武彦, 廣瀨和雄 등)은 나라분지 동남부에 기반을 둔 大和세력이 중국 남조, 한반도와의 외교 진전과 河內평야의 개척과 더불어 초대형 전방후원분, 즉 왕릉의 묘역만을 大阪평야로 이동하여 조영하게 되었다는 견해이다.

近藤義郎은 古市 고분군과 百舌鳥 고분군에는 대왕가의 부족적 기반과 그 직무 집행기관의 존재를 보여주는 중 소형의 고분군이 적은 점을 지적하였다. 또 5세기에도 중·소형 고분군이 다수 조영되는 奈良분지 남부를 대왕가의 본거지로 보았다.[1]

그러나 이에 대해서는 白石太一郎이 지적한 바와 같이 奈良분지 남부에는 중·소형분이 다수 조영되나 집중하는 곳은 분지 서남부의 葛城 지역과 그 동쪽의 曾我川 유역으로 3~4세기 중심지인 大和·柳本 고분군에는 그다지 조영되지 않는 점을 문제로 들 수 있다.[2]

吉村武彦는 고분 소재지의 이동을 통하여 왕권의 이동을 상정하는 것에 대하여 정치적 중심지는 어디까지나 왕궁으로, 왕묘의 위치는 정치적 거점을 의미하지 않는 것으로 보았다.[3] 그러나 應神의 難破大隅宮, 仁德의 難破高津宮 등 5세기 大阪평야에도 왕궁이 조영되었다는 전승이 있는 점을 지적하며, 왕궁의 경우에는 당시 정치정세에 따라 규제될 가능성이 높으나 본관지에 조영되는 것이 원칙인 고분의 위치

---

1) 近藤義郎, 1983 ≪前方後圓墳の時代≫ (岩波書店, 東京)
2) 白石太一郎, 1999 ≪古墳とヤマト政權≫ (角川書房, 東京) 119
3) 吉村武彦, 1998 ≪古代天皇の誕生≫ (角川書房, 東京)

가 오히려 왕권의 씨족적 기반을 보여주는 것으로 보는 견해도 있다.[4]

廣瀬和雄는 河內王朝론이 王統系譜의 불연속과 왕궁이 河內에 조영 된다는 ≪記紀≫의 기술을 바탕으로 하고 있으나, 실은 古市 고분군과 百舌鳥 고분군과 같은 거대 전방후원분의 존재가 오히려 이를 규정하 는 요인이 된 것으로 보았다.[5] 그는 大和·柳本 고분군에 조영되던 왕 묘가 佐紀고분군으로 묘역을 옮겨 五社神고분과 宝來山고분이 조영되 고, 그 후 古市 고분군으로 다시 묘역을 옮겨 津堂城山고분이 조영된 것으로 보았다. 또 4세기 후반에서 5세기 후반까지 거대 전방후원분이 古市 고분군에 7기, 百舌鳥 고분군에 4기가 조영되나, 같은 시기 200m 를 넘는 거대 전방후원분이 佐紀 고분군에 6기, 馬見 고분군에 5기가 다수의 원분과 방분을 수반하면서 병립하며 조영되는 것을 지적하였 다. 그래서 古市 고분군과 百舌鳥 고분군의 탁월성은 인정되나, 5세기 의 왜왕권은 古市 고분군, 百舌鳥 고분군, 佐紀 고분군, 馬見 고분군의 4大 고분군의 조영을 주도한 4지역의 유력 수장이 각각 다수의 중소 수장층을 통솔하며 공동으로 통치한 것으로 보았다.[6]

그러나 佐紀陵山고분 이후에도 이를 계승하는 대형 전방후원분이 佐紀 고분군에 조영됨에도 불구하고, 이러한 고분의 규모를 초월하는 고분이 古市 고분군과 百舌鳥 고분군에 축조되는 것을 들어 宝來山고 분 이후 왕묘만이 이동하였다고 보는 것이 문제라는 지적이 있다.[7]

정권중추이동설은 大阪평야의 河內세력이 奈良분지에 기반을 둔 大 和세력을 대신하여 왕권을 장악한 것으로 보는 河內王朝론이다.

정권중추이동설은 크게 하내왕조정권탈취설, 정권교체설(上田正昭,

---

4) 白石太一郎, 1999 ≪古墳とヤマト政權≫ (角川書房, 東京) 123~124

5) 廣瀬和雄, 2003 ≪前方後円墳國家≫ (角川書房, 東京) 216

6) 廣瀬和雄, 2007 ≪古墳時代政治構造の研究≫ (塙書房, 東京)

7) 田中晋作, 1990 <百舌鳥·古市古墳群の被葬者の性格について> ≪古代學研究≫ (古代學協會, 大阪) 401

都出比呂志, 石部正志, 田中晋作 등)과 왜 왕권 내부의 맹주권이동설(白
石太一郎)로 크게 구분된다

都出比呂志는 京都府 桂川지역 맹주적 수장계보가 4세기대에는 向
日지구에 있었으나 5세기 전엽에는 長岡지구로 이동하는 것에 주목하
여 전자에 속하는 元稻荷고분의 피장자는 축조기획과 埴輪로 볼 때 箸
墓고분의 피장자와 밀접한 관계에 있었던 수장으로 보았다. 후자에 속
하는 惠解山고분의 피장자는 축조 기획과 전방부의 武器庫로 볼 때 大
仙古墳의 피장자와 밀접한 관계에 있었던 수장으로 보았다. 또 向日지
구에서 長岡지구로의 맹주적 수장권의 이동은 5세기 초를 전후한 시기
大王권력 주변의 정치적 변화와 連動하는 것으로 보았다. 즉 이 시기
의 대왕권력이 桂川수계에 지배권을 행사하는 가운데 전시기 奈良동남
부의 왕권과 정치적인 관계에 있었던 向日지구의 수장을 배제하고 새
로이 長岡지구의 수장과 관계를 맺는 것으로 상정하였다. 이와 같이 4
세기 후엽~5세기 전엽, 5세기 후엽, 6세기 전엽에 수장계보의 消長이
있었음을 밝히고, 또 이 시기의 변동이 지역 내에 국한된 것이 아니라
일본열도 전역에 걸쳐 連動하여 발생한 것으로 보았다. 더욱이 이러한
변동기가 畿內의 초대형 전방후원분의 이동과 河內왕조, 雄略왕조, 繼
體왕조의 생성과 소멸의 획기와 일치함을 지적하였다.[8]

白石太一郎은 고분은 본래 그 축조 세력의 본거지에 조영하는 것이
원칙인 점에서 大阪평야에 왕묘가 출현하는 것은 奈良분지의 세력을
대신하여 大阪남부의 세력이 왜왕의 지위에 오른 것을 반영하는 것으
로 보았다. 이 시기 새로이 맹주권을 장악한 大阪남부의 세력은 河內
남부와 和泉북부의 2大세력의 연합으로 양자간에는 교대로 왕권이 승
계된 것으로 파악하였다. 다만 나라분지 북부의 佐紀 고분군에서는 5

---

8) 都出比呂志, 1988 <古墳時代首長系譜の繼續と斷絶> ≪待兼山論叢 2(史學篇
2)≫ (大阪大學文學部, 大阪)

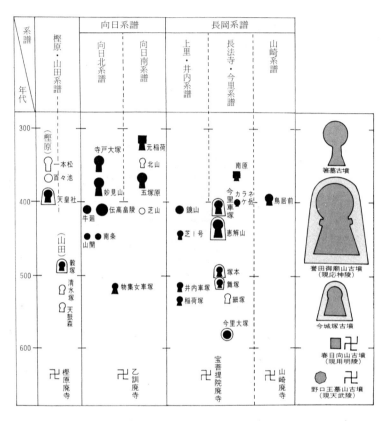

[도판 2] 京都府 桂川지역 수장계보의 변화 (都出比呂志, 1989)

세기대에도 大阪평야의 왕묘 규모에는 미치지 못하나 의연하게 거대 전방후원분이 조영되는 것을 지적하며 大和에서 河內로의 맹주권 이동이 무력에 의한 권력의 찬탈로 보지 않았다.[9]

田中晋作는 近畿 및 그 주변부에 소재하는 고분 부장품 가운데 三角緣神獸鏡, 腕輪形石製品, 甲冑와 같은 위세품은 각 시기의 상이한 주도 세력이 각 세력에 대하여 공급한 물품으로 파악하였다. 즉, 古市·百舌

---

9) 白石太一郎, 1999 ≪古墳とヤマト政權≫ (角川書房, 東京) 119~124

鳥 양 고분군의 출현이 상징하는 신흥세력의 대두에 의해 奈良분지를 중심으로 한 삼각연신수경을 공여하는 위신재 체계가 붕괴하고, 양 고분군의 피장자 집단을 중심으로 갑주 공급에 의해 상징되는 새로운 위신재의 분여체계가 구축된 것으로 보았다.[10]

Ⅲ. 초대형 전방후원분 소재지의 이동을 통해 본 왜왕권

고분시대 성립기의 거대한 전방후원분은 3세기 중엽에서 4세기 중엽까지 모두 奈良분지 동남부 三輪山 주변의 大和·柳本고분군에 축조된다.

奈良縣 著墓고분은 그 가운데 처음으로 조영된 정형화한 全長 276m 높이 29m의 전방후원분으로 卑弥呼의 묘로 비정된다. 그 후 西殿塚(全長 219m), 行燈山고분(현 崇神陵, 242m), 澁谷向山(현 景行陵, 全長 300m)과 같은 왕묘가 차례로 조영된다. 奈良분지 동남부의 大和에는 4세기 후반이 되어서도 柳本 고분군에 櫛山고분(全長 152m)이 조영되나 澁谷向山고분을 마지막으로 全長 200m를 넘는 초대형 전방후원분의 조영되지 않는다.

그런데 4세기 중엽 이후 奈良분지 북부의 佐紀 고분군과 그 부근에 초대형 전방후원분이 조영된다. 佐紀 고분군은 후에 平城京이 조영되는 나라분지 북단의 京都府 남부와의 경계를 이루는 낮은 구릉지대에 위치하며 그 남사면에는 전기 후반에서 중기에 걸친 거대 전방후원분이 분포한다.

---

10) 田中晋作, 1990 <百舌鳥·古市古墳群の被葬者の性格について> ≪古代學研究≫ (古代學協會, 大阪) 122

[도판 3] 畿內지역 대형고분군의 분포 (白石太一郎, 1999)

이 고분군에는 全長 200m이상의 거대한 전방후원분이 전기 후반에
五社神고분(현 神功陵, 全長 276m), 佐紀石塚山고분(현 成務陵, 全長
220m), 佐紀陵山고분(현 日葉酸媛陵, 全長 210m)의 3기가 조영된다. 중
기에도 우와나베(ウワナベ)고분(全長 265m), 市庭고분(현 平城陵, 全長
250m), 히시아게(ヒシアゲ)고분(현 磐之媛陵, 全長 218m), 고나베(コナベ)

고분(全長 204m)의 4기가 축조된다. 이 고분군의 서남방에는 전기 후반의 宝來山고분(현 垂仁陵, 全長 227m)이 위치한다.

전기 후반, 즉 4세기 중엽에서 후반에 조영된 4기의 거대 전방후원분은 당시 열도 내에서 최대 규모로서 왕릉으로 추정된다. 종래 埴輪와 분구의 형식에 의거하여 五社神고분 → 宝來山고분 → 佐紀陵山고분 → 佐紀石塚山고분의 순서로 조영된 것으로 편년되었다. 그런데 최근의 宮內廳 書陵部의 조사에 의해 출토된 圓筒植輪의 형식으로 볼 때 五社神고분이 佐紀陵山고분보다 늦은 시기에 조영된 것으로 확인되어, 宝來山고분 → 佐紀陵山고분 → 佐紀石塚山고분 → 五社神고분으로 편년되고 있다.11)

고분시대 중기인 4세기 말이 되면, 奈良분지 북부의 佐紀 고분군에 축조되던 왕릉이 大阪평야의 남부 羽曳野市에서 藤井寺市에 걸친 古市고분군과 堺市의 百舌鳥 고분군으로 이동한다.

古市 고분군은 譽田御廟山고분(현 應神陵, 全長 420m)을 맹주로 하는 고분군으로 4세기 후반 津堂城山고분(全長 208m)의 조영을 계기로 고분군의 형성이 시작된다.

5세기 초 仲津山고분(현 仲津媛陵, 全長 286m)과 墓山고분(全長 224m), 5세기 전엽 譽田御廟山古墳, 5세기 후반 市の山古墳(현 允恭陵, 全長 227m), 前の山古墳(현 日本武尊白鳥陵, 全長 190m) 등이 조영되었다. 5세기 후반에서 6세기에 걸쳐 岡ミサンザイ古墳(현 仲哀陵, 全長 238m), ボケ山古墳(현 仁賢陵, 全長 120m), 白髪古墳(현 淸寧陵, 全長 120m), 高屋城山古墳(현 安閑陵, 全長 120m) 등이 차례로 축조된다.

한편 이 시기 古市古墳群의 서쪽으로 약 10km 大阪만 연안의 百舌鳥古墳群에 거대고분이 연이어 조영된다. 5세기 초두~전반에는 上石

---

11) 白石太一郎, 2008 <倭國王墓造營地移動の意味するもの> ≪近畿地方における 大型古墳群の基礎的研究≫ (奈良) 451~457

津ミサンザイ古墳(현 履中陵, 全長 365m), 5세기 중엽 일본열도 최대 규모의 大仙古墳(현 仁德陵, 全長 365m), 5세기 후반 土師ニサンザイ古墳(全長 288m)이 축조된다.

古市古墳群과 百舌鳥古墳群의 왕릉급 고분을 埴輪의 형식 등과 스에키를 통하여 살펴보면 大阪평야에서 최초의 확실한 왕릉은 古市의 仲津山고분으로, 이어 百舌鳥의 上石津ミサンザイ古墳, 古市의 譽田御廟山古墳, 百舌鳥의 大仙古墳의 순서로 축조된다.

즉 이 시기 왕릉은 古市와 百舌鳥 두 고분군 간에 교대로 축조되는 것이다. 大仙陵古墳 이후 市の山古墳을 왕릉으로 본다면 古市의 市の山, 百舌鳥の土師ニサンザイ, 古市の岡ミサンザイ古墳의 순서로 조영되었을 가능성이 크다.

奈良지역에서 大阪으로의 초대형 전방후원분의 이동에 대해서는 한반도 정세 변화와 관련해 설명된다. 4세기 후반 고구려가 남하하자 백제와 가야는 왜와 연합하여 고구려와 신라에 대항한다. 이와 같은 동아시아 정세의 커다란 변화에 직면한 왜 왕권의 내부에는 邪馬臺國이래의 종교적·주술적 권위에 의존했던 奈良의 세력이 쇠퇴하고, 왜 왕권의 내부에서 일찍부터 외교와 교역을 담당하고 한반도 정세에 밝은 大阪평야 남부의 세력이 역할을 대신한 것으로 본다.[12]

한편 6세기 전엽에는 大阪평야 남부에 조영되던 초대형 전방후원분이 북부의 三島野고분군으로 이동한다. 즉 이 시기 三島野고분군에 繼體陵으로 비정되는 今城塚이 조영된다. 今城塚은 분구 全長 190m로 분구의 주위에는 이중의 호와 內堤가 둘러진 거대한 고분이다.

그런데 4세기 초 奈良분지 북부의 佐紀 고분군으로 초대형 전방후원분이 이동하는 시기에 三輪山 주변의 大和·柳本 고분군과 관련된 대규

---

12) 이상의 전방후원분의 동태에 대한 기술은 白石太一郎의 ≪古墳とヤマト政權≫(角川書房, 東京)에 의거하였다.

모 취락인 纏向유적이 급격하게 쇠퇴하는 점이 주목된다.

纏向유적은 3세기 초 돌연 출현하며 九州에서 關東에 걸쳐서 반입된 토기의 비율이 다수를 차지하는 대규모 취락유적으로, 왜 왕권의 정치적 의도에 의해 건설된 일본열도 최초의 도시로 파악[13]되고 있기 때문이다.

이는 奈良분지 동남부의 세력이 이 지역에 계속 근거지를 유지하고 단지 묘역만을 북부로 옮겼다는 해석과 상반되는 현상으로 보며, 중심지가 동남부에서 북부로 이동하였음을 웅변하는 것이다.

6세기 초에 대두하는 繼體는 ≪日本書紀≫에 應神의 5세손으로서 武烈이 대를 이을 자녀가 없이 죽자 왕위를 계승한 것으로 되어있다. ≪日本書紀≫는 왕의 계보에 관하여 자세하게 기록하고 있지만 繼體에 대해서는 언급이 소략하다. 繼體의 즉위 이전 이름은 男大迹王이며 父는 近江지역의 호족세력인 彦主人, 母는 越前지역의 호족세력인 振媛이다. 이러한 이유 등을 들어 계체의 즉위를 새로운 왕조의 출현으로 파악하는 견해가 많다. 또 繼體陵인 今城塚이 이전 시기의 초대형 전방후원분이 축조되던 河內남부와 和泉북부를 벗어난 지역에 조영되는 것도 이와 관련하여 주목된다.

Ⅳ. 4~6세기 한일교섭을 통해 본 왜왕권

본 연구에서는 초대형 전방후원분이 奈良분지에서 大阪평야로 이동하여 譽田御廟山고분(현 應神陵), 大仙古墳(현 仁德陵)이 조영되는 시기에 왜 왕권의 교섭 대상이 금관가야에서 신라로 바뀐 것에 특히 주목한다. 이는 금관가야 쇠퇴이후 일본열도와의 교역 장악과 함께 종래의 적대적인 관계를 타개하려는 신라의 의도에 의한 것으로 본다. 이와

---

13) 寺澤薰, 2000 ≪王權誕生≫ (講談社, 東京)

함께 금관가야의 쇠퇴이후 철과 함께 특히 신라의 금공품과 같은 위세품을 확보하기 위한 새로운 교섭 상대가 절대적으로 필요하였던 왜의 이해관계가 합치하여 이루어졌던 것이다.

왜인의 신라 금공품에 대한 憧憬은 《日本書紀》 仲哀紀에 신라를 眼炎之金銀彩色의 나라로 부른 것에서도 알 수 있다.

《三國史記》에는 신라와 왜의 교전 기록이 빈번하게 보이고 있으나, 《日本書紀》 垂仁 3년조의 天日槍 설화, 《삼국사기》 實聖王 원년(402년)조 奈勿王子 未斯欣 파견을 통한 통교 기사와, 《일본서기》 應神 31년(420년)조, 仁德 11년(443년)조 등의 신라 공인의 파견기사 등은 신라와 왜의 정치적 교섭을 시사한다.

특히 《일본서기》 允恭紀에는 加耶, 百濟와의 交涉記事가 전혀 보이지 않고 新羅와의 交涉記事만이 보여 주목된다. 즉 允恭 3년조 新羅로의 使節派遣과 新羅로부터의 醫師派遣, 允恭 42년조의 新羅로부터 弔問團의 派遣記事는 당시 新羅와 倭의 상당히 友好的인 關係를 반영하는 것이다.

이는 考古資料로 볼 때도 日本列島에 移入된 多數의 新羅産 金銅製 帶裝飾具와 馬具가 조합을 이루어 약 50년이라는 一定한 기간 동안 지속적으로 畿內 뿐만 아니라 日本列島 全域에 移入된 것에서도 그러하다. 이와 함께 소형분임에도 불구하고 신라산 금공품과 이를 경유한 유리제품을 다수 부장한 奈良縣 新澤千塚 126호분과 같은 피장자의 존재로 볼 때 상당히 우호적인 관계에서 이주민이 건너간 것으로 본다.

그래서 이 시기 신라와 왜는 반드시 적대적인 관계로만 볼 수 없다. 왜냐하면 일본열도의 大阪府 譽田御廟山(현 応神陵)고분의 배총인 丸山고분 또는 譽田御廟山고분 출토로 전하는 신라산 용문 금동제 안장과, 황남대총 북분, 금관총, 천마총, 신라 왕릉급 무덤에 부장된 금관과 금제 대장식구에 부착된 硬玉제 曲玉이 일본열도 新潟縣 糸魚川산인

점은 왕권간의 교섭을 상징하는 것이기 때문이다. 또한 신라산 금동제
대장식구와 일본열도산 경옥은 착장형 위신재인 것과 양자가 왕권과
지방과의 관계를 상징하는 정치적 장신구로 각각 활용된 것은 이와 같
은 교섭을 시사한다. 더욱이 신라산 철모, 갑주, 성시구와 같은 무기,
무구가 일본열도에 이입되고 신라의 공인에 의해 金裝甲冑와 釘結板甲
과 같은 갑주가 제작된 것은 양자간 교섭의 성격을 보여주는 것이다.
적대적인 관계에서 위신재적인 성격을 지닌 무기, 무구를 공유하기는
어렵기 때문이다.

특히 대왕묘인 大仙(현 仁德陵)古墳 전방부 출토의 신라계 공인에 제
작된 金裝甲冑는 이를 웅변하는 것이다.[14]([도판 4])

6세기 전엽 繼體陵으로 비정되는 수城塚이 남부에서 북부로 이동하
여 조영되는 시기에 왜 왕권과의 교섭 주체가 바뀌는 점에 주목하고자
한다.

즉 6세기 초를 전후하여 일본열도에 도입된 문물의 舶載地가 대가야
에서 백제로 전환되고 가야지역에 이입되던 왜계 문물이 백제 지배하
의 영산강 유역에 집중된다. 熊本縣 江田船山고분의 백제계 문물과 무
령왕릉의 棺材인 일본열도산 金松은 4세기 후반 왜와의 교섭을 시작한
이래 가야지역과 왜와의 전통적이고 일상적 교역관계를 넘어 백제가
일본열도와 교류의 주도권을 장악하게 된 것을 상징하는 것이다.

이시기 和歌山縣 隅田八幡神社의 인물화상경은 武寧王과 즉위전의
繼體와의 밀접한 관계를 반영하는 것이다.

---

14) 朴天秀, 1999 ≪加耶と倭≫ (講談社, 東京) 130~153

丸山古墳

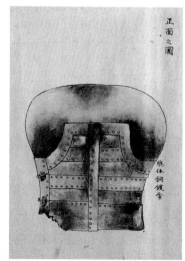

大仙古墳

[도판 4] 5세기 전반 일본열도의 신라계 문물 (朴天秀, 2007)

백제와 왜의 본격적인 교류가 6세기 초를 전후한 시기에 개시되고 繼體와 관련된 北陸, 近江지역에 백제계 문물이 집중하는 점으로 볼 때, 繼體세력은 종래 河內세력과 전통적으로 교섭하였던 가야세력을 배제하고, 백제를 창구로 선진문물을 도입하며 河內세력과의 차별화를 시도하여 畿內에서 우위를 확보한 것으로 파악된다.

그런데 이 시기를 전후하여 전방후원분이 영산강 유역에서 출현한다. 영산강 유역 전방후원분은 백제 웅진기의 후반에 한정되어 축조된 점, 의도적으로 분산되어 배치된 점, 백제의 위신재가 부장된 점에서, 그 피장자는 토착세력의 견제와 일본열도와의 외교 및 대가야 공략을 위해 백제 중앙에서 왕후제와 같은 지배방식의 일환으로 이 지역에 파견한 왜계 백제관인으로 판단된다. 백제가 영산강 유역에 왜인이 파견한 것은 한성 함락에 의해 일시적으로 통치 기구가 와해되어 웅진으로 천도한 후 자력으로 남방을 통치할 수 있는 역량과 특히 고구려전과 대가야전에 필요한 군사력이 부족했기 때문이다. 이는 왜계 고분에서 무기·무구의 부장이 탁월한 점에서도 그러하다.

이와 관련하여 《일본서기》 繼體 6년(512년)조에 보이는 穗積押山臣은 임나사현의 하나인 哆唎國守라는 백제의 지방 장관인 왜계 백제관료로서, 원래 대가야 영토인 임나사현 문제에 대해 백제측의 입장을 대변하고 원병을 왜에 요청하고 있다. 이는 영산강 유역의 전방후원분 피장자가 왜계 백제관료로서 지방 장관의 역할과 함께 대가야 공략, 대왜 교섭에 종사하는 모습을 보여준다.

6세기 전엽 백제지역 문물이 유입되는 것은 당시 일본열도에서 철 생산이 개시됨으로써 가야지역의 철소재에 대한 의존도가 낮아지고, 대신 국가 정비에 필요 불가결한 고등종교인 불교, 유학과 같은 선진 문물을 백제로부터 도입해야만 했기 때문인 것으로 본다.

[도판 5] 오사까부 이마시로쯔카 고분

V. 맺음말

4세기 초 奈良분지 북부의 佐紀 고분군으로 초대형 전방후원분이 이동하는 시기에 大和·柳本 고분군과 관련된 대규모 취락인 纏向유적이 급격하게 쇠퇴하는 점이 주목하여, 奈良분지 동남부의 세력이 단지 묘역만을 북부로 옮긴 것으로 볼 수 없고 중심지가 동남부에서 북부로 이동한 것으로 파악한다.

4~6세기 일본열도의 왕권은 왕묘인 초대형 전방후원분이 4세기 말 奈良분지에서 大阪평야로 이동하는 시기와 6세기 전엽 大阪평야 북부로 이동하는 시기에 왜 왕권 내의 정권이 교체된 것으로 본다.

특히 6세기 전엽 繼體왕조의 출현은 종래의 河內왕조와는 전혀 계통을 달리하는 왕조의 등장을 보여주는 것이다. 그런데 繼體陵으로 비정되는 수城塚이 大阪평야 남부에서 북부로 이동하여 조영되는 것에서 왕묘의 조영이 정권의 변화를 민감하게 반영함을 알 수 있다. 또한 이시기 일본열도에 이입되는 문물의 계통이 대가야에서 백제로 바뀌는 것은 한반도의 정치적 동향과 이로부터 선진문물의 확보가 왜왕권의 향방에 결정적인 영향을 미친 것으로 추정된다.

그래서 奈良분지에서 大阪평야로 초대형 전방후원분이 이동하는 것도 마찬가지로 정권의 교체를 반영하는 것으로 본다. 이는 양 시기 왜 왕권의 교섭 주체 즉 금관가야에서 신라로 바뀌는 것에서도 그러하다.

이러한 왕조의 교체로 볼 때 고분시대 왜 왕권의 권력기반이 상당히 불안정하였던 것으로 파악된다. 종래 3세기 중엽 이래 지속적으로 왜 왕권의 전제권력이 향상되고 이를 기반으로 한반도를 침략하였다는 일본 연구자들의 논리의 전제에 대한 근본적인 문제를 제기하는 것이다.

이와 함께 초대형 전방후원분의 이동에 보이는 일본열도 왕조의 지속과 단절이 한반도 남부의 정세와 밀접하게 관련되며, 특히 河內왕조의 성립과 繼體왕조의 성립이 신라, 백제 왕권과의 교섭과 관련된 것을 밝혀 그 외부적 요인의 중요성을 환기시키고자 한다.

The shift of Wa ancient tomb and kingship between the 4th~6th century

Park, Cheun-Soo

This study attempts to grasp the pattern of ultra-large tombs square at the front and round at the back in Kinai region. With this it also examines the phase and shift of ancient kingship in the Japanese Archipelago in terms of its interactions with Gaya, Silla, and Baekje kingship. The study found that the advent of the Keitai Dynasty in the early 6th century did not have any genealogical connection with the Kawachi Dynasty. It noticed that the construction of a royal tomb sensitively reflected the shift of regime in that Imashirotzka, which was presumed to be the tomb of Keitai, was built north beyond the southern Osaka Plain, the base of the Kawachi Dynasty. Thus, Wa kingship between the fourth and the 6th century witnessed a change of regime when the ultra-large tomb square at the front and round at the back, the royal tomb, moved from the Nara Basin to the Osaka Plain in the 4th century and when it moved to the northern Osaka Plain in the early 6th century.

This study captured that the Makimuku site, a large-scale residential area related to Yamato-Yanakimoto tombs, rapidly declined when the ultra-large key-hole shaped tomb moved to Saki tombs of the northern Nara Basin in the 4th century. Based on this, it found that it was not that the tomb site moved but that the center of the Nara Basin moved from the south east to the north. Besides, this study paid attention to the fact that the interactional partner of Wa kingship shifted from Gumgwan Gaya to Silla when the ultra-large tomb square at the front and round at the back moved from the Nara Basin to the Osaka Plain and that it again switched from Tae Gaya to Baekje when the tomb moved to northern Osaka.

The shift of kingship implies that the foundation of Wa kingship was to a significant degree unstable during the age of ancient tomb. This significantly undermines the Japanese scholars' argument that, from the mid-third century on, the despotic power of Wa kingship had become substantially robust, based on which the Wa Dynasty invaded the Korean Peninsula. This study found that the continuity and discontinuity of ancient kingship in the Japanese Archipelago observed from the movement of ultra-large key-hole shaped tombs was intimately linked with the political condition in the south of the Korean Peninsula. Especially, it emphasizes the significance of external factors that caused the shift of Wa kingship, unravelling that the formation of the Kawachi and the Keitai Dynasty was geared with their interactions with Baekje kingship.

Key words : ultra-large tomb square at the front and round at the back, Wa kingship, the Kawachi Dynasty, the Keitai Dynasty, interactions, the shift of kingship

4世紀~6世紀における倭の古墳の変遷と王権

朴天秀

　本研究では、畿内地域の超大型前方後円墳の様子を理解し、それと同時に加耶や新羅、百済王権との交渉とその変遷を通じて、日本列島王朝の変遷と王権の位相について接近した。

　6世紀初、継体王朝の出現は従来の河内王朝とは全く系統を異にしながら、継体陵として比定される今城塚が河内王朝の根拠地である大阪平野南部ではなく、北部へ移動して　造営されるものから王墓の造営が政権の変化を敏感に反映するものとみた。それで4～6世紀の日本列島の王権は、王墓である超大型前方後円墳が4世紀末の奈良盆地から大阪平野へ移動する時期と、6世紀前葉、大阪平野の北部へ移動する時期に倭王権内の政権が交替されたものとみた。

　4世紀初に奈良盆地北部の佐紀古墳群に超大型前方後円墳が移動する時期に、大和・柳本古墳群と関わる大規模集落である纏向遺跡が急激に衰退する点に注目し、これを墓域の移動ではなく、奈良盆地の中心地が東南部から北部へ移動したものと把握した。

　その上、超大型前方後円墳が奈良盆地から大阪平野へ移動する時期に、倭王権の交渉主体が金官加耶から新羅へ変わることと、大阪平野北部へ移動する時期に倭王権の交渉主体が大加耶から百済へ変わることに注目した。

　このような王朝の交替を見ると、古墳時代倭王権の権力基盤はかなり不安定だったものと思われる。3世紀中葉以降、持続的に倭王権の権力が向上し、これを基盤に朝鮮半島を侵略したという日本の研究者の論理の前提に根本的な問題があることを指摘したい。

　同時に、超大型前方後円墳の移動が象徴する日本の王朝の持続と断絶
が、朝鮮半島南部の情勢と密接に関連していること、特に河内王朝と継体
王朝の成立が各々新羅、百済王権との交渉と関わることを明らかにし、
その外部的要因の重要性を喚起させたい。

主題語：超大型前方後円墳、倭王権、河内王朝、継体王朝、交渉、
　　　　王朝交替

찾아보기

• 한일관계사연구논집 편찬위원

위원장 : 조　광(고려대학교 한국사학과 교수)
위　원 : 노태돈(서울대학교 국사학과 교수)
　　　　김태식(홍익대학교 역사교육과 교수)
　　　　조법종(우석대학교 사회교육과 교수)
　　　　손승철(강원대학교 사학과 교수)
　　　　이계황(인하대학교 일어일문학전공 교수)
　　　　한명기(명지대학교 사학과 교수)
　　　　주진오(상명대학교 역사콘텐츠학과 교수)
　　　　류승렬(강원대학교 역사교육과 교수)
　　　　하종문(한신대학교 일본지역학과 교수)
　　　　이석우(인하대학교 법학전문대학원 부교수)
　　　　이찬희(한국교육개발원 석좌연구위원)
　　　　정재정(서울시립대학교 국사학과 교수)
　　　　김도형(연세대학교 사학과 교수)
　　　　정진성(서울대학교 사회학과 교수)
　　　　현명철(경기고등학교 교사)
　　　　신주백(연세대학교 국학연구원 HK연구교수)

고대 왕권과 한일관계　　　　　　　　　　　값 28,000원

2010년 3월 15일 초판 인쇄
2010년 3월 25일 초판 발행

편　　자 : 한일관계사연구논집 편찬위원회
발 행 인 : 韓 政 熙
편　　집 : 신학태 김지선 문영주 정연규 안상준 문유리
발 행 처 : 景仁文化社
　　　　　 서울특별시 마포구 마포동 324-3
　　　　　 전화 : 718-4831~2, 팩스 : 703-9711
　　　　　 http://www.kyunginp.com
　　　　　 E-mail : kyunginp@chol.com
등록번호 : 제10-18호(1973. 11. 8)

ISBN : 89-499-0679-9 94910
　　　　89-499-0681-2 94910
* 파본 및 훼손된 책은 교환해 드립니다.